Kohlhammer
Urban Akademie

Ansgar Frenken

# Das Konstanzer Konzil

Verlag W. Kohlhammer

1. Auflage 2015


Gesamtherstellung: W. Kohlhammer GmbH, Stuttgart

Print:
ISBN 978-3-17-021303-6

E-Book-Formate:
pdf: ISBN 978-3-17-023619-6
epub: ISBN 978-3-17-023620-2
mobi: ISBN 978-3-17-026212-6

# Vorwort

Gerade einmal zwei Jahrzehnte ist es her, dass mit dem ersten Band von Walter Brandmüllers Monographie zum Konzil von Konstanz eine umfangreiche und quellennah geschriebene Gesamtdarstellung erschienen ist. Warum dann ein weiteres Buch über das Konstanzer Konzil?

Vor Brandmüller waren namhafte Gelehrte an diesem höchst ambitionierten Vorhaben gescheitert bzw. nicht dazu gekommen, die von ihnen selbst mehrfach angekündigte Darstellung des Konzils zu realisieren. Kein Wunder, wenn all das berücksichtigt werden soll, was August Franzen (Vorgeschichte, 1964, 4) vor einem halben Jahrhundert aufzählte: Eine Geschichte des Konstanzer Konzils habe »mit der Entstehung des großen abendländischen Schismas zu beginnen«, müsse ideengeschichtlich weit ausgreifen, habe »die ganze Fülle der philosophischen und theologischen Spannungen und kirchlich-politischen Gegensätze, die die Zeit bewegten, mit einzuschließen«. Mühelos ließen sich noch weitere Gesichtspunkte ergänzen. Offenbar waren damit aber nahezu unüberwindliche Hürden aufgebaut, die eine umfassende Darstellung des Konstanzer Konzils verhinderten.

Infolgedessen musste der am Konzil interessierte Leser noch zu Ende des vergangenen Jahrhunderts um mehr als 250 Jahre zurückgehen, um auf eine Gesamtdarstellung dieser Kirchenversammlung zurückgreifen zu können, die diesen Namen zu Recht verdient hätte. Dass die »*Histoire du concile de Constance*« des Jean Lenfant (Amsterdam 1714, [2]1727) indes modernen wissenschaftlichen Standards – weder inhaltlich noch von der methodischen Aufarbeitung der Quellen – genügen konnte, versteht sich von selbst. Alle seit Lenfant erschienenen Publikationen zum *Constantiense* waren aber, zumindest von ihrem Anspruch und ihrem Selbstverständnis her, eher begrenzte Überblicksdarstellungen. Wie manch andere, an dieser Stelle nicht eigens genannte Arbeiten waren diese alle letztlich nur Teilabschnitte in umfassenderen Handbüchern bzw. Teilbände größerer Reihen. Andere hier nicht en détail anzuführende Publikationen beschäftigten sich lediglich mit Einzelaspekten und -fragen zum Konzil, was ihren Wert für dessen Erforschung aber keineswegs schmälert. Ein

Ersatz für die ausstehende Synthese konnten sie jedoch weder sein, noch wurde dieser Anspruch je erhoben.

Die Arbeit Brandmüllers, des ehemaligen Augsburger Ordinarius für mittelalterliche und neuere Kirchengeschichte hat demgegenüber das unbestreitbare Verdienst einer umfassenden Schau, die den Ablauf der Ereignisse mit großer Detailgenauigkeit nachzeichnet. »Wer wissen will wer, was, wann, wo getan, gesagt, erwogen hat, erhält reiche und quellenbezogene Auskunft« (J. Miethke, DA 47 [1991] 693). Fakten und Chronologie der Ereignisse waren von ihm gründlich aus den Quellen erarbeitet worden; daneben hatte er außer den gedruckten Quellen noch zahlreiche eigene Funde aus den unterschiedlichsten Archiven und Bibliotheken erstmals auswerten können. Doch wie jedes größere Werk, das mit dem Anspruch antritt, eine erschöpfende Gesamtdarstellung zu liefern, bot auch dieses Buch im Detail wie in seinem Zugriff genügend Reibungsflächen für Diskussionen. Schon unmittelbar nach Erscheinen des ersten Bandes setzte eine kritische Auseinandersetzung mit den von Brandmüller vertretenen Thesen, seinen Ansichten und Wertungen ein. Es waren jedoch weniger einzelne Misshelligkeiten oder Versäumnisse, die beklagt wurden, als die vom Autor gewählte Perspektive. Schon J. Miethke (ebd.) monierte: »Was freilich die Analyse und Wertung des Geschehens anbelangt, erheben sich Bedenken.« Brandmüllers Blick auf das Konzil ist ein bewusst theologischer bzw., wie er selbst schrieb, »der katholische, der überdies in seinen wesentlichen Elementen mit dem der katholischen Kirche von heute identisch ist« (W. Brandmüller, Konzil von Konstanz II, S. XI). Daher bemängelte D. Girgensohn, »daß die Interpretation nach dem *Standpunkt* […] *der katholischen Kirche von heute* an mancher Stelle die Erkenntnis des tatsächlichen historischen Zusammenhangs denn doch zu versperren scheint« (QFIAB 79 [1999] 692). Allzu deutlich wird dies etwa bei der Bewertung des ekklesiologischen und dogmatischen Selbstverständnisses der Konstanzer Konzilsväter. Um der Arbeit Brandmüllers bei aller Kritik gerecht werden zu können, muss man seinen Forschungsansatz berücksichtigen, der davon ausgeht, dass Kirchengeschichte letztlich »die Kirche im Lichte ihres [eigenen] Selbstverständnisses zu sehen« hat (Geschichtliche Kirche 416). Diesen Standpunkt mag man teilen oder nicht, bei einer kritischen Würdigung seiner Geschichte des Konzils bleiben der methodologische Zugriff des Autors und dessen wissenschaftstheoretische Voraussetzungen aber mit zu berücksichtigen.

Angesichts der nicht einfach beiseite zu schiebenden Einwände J. Miethkes und D. Girgensohns erscheint es deshalb umso nötiger, das *Constantiense* ein weiteres Mal kritisch und unvoreingenommen – und dieses Mal aus der Sicht des profanen Historikers – in den Blick zu nehmen. Konstanz war nicht nur eine kirchliche Versammlung, sondern in hohem Maß auch ein politischer Kongress. Nicht nur kirchlich-theologische Probleme wurden hier behandelt, auch die weltlich-profanen Angelegenheiten nahmen einen bedeutsamen Rang im Gesamtrahmen des Konzils ein, ohne dass eine scharfe Trennung beider Sphären immer möglich wäre. Diese Vermischung zwischen geistlicher und weltlicher Sphäre wird in der Person des vielleicht wichtigsten ›Konzilsmachers‹, des römischen Königs Sigmund, allzu deutlich. Er trat nicht nur als *advocatus et defensor ecclesiæ* auf, sondern lud als oberster Reichsfürst zu Reichs- oder – terminologisch präziser – Hoftagen ein, auf denen die Angelegenheiten des Reichs verhandelt werden sollten. Reichsreform und Kirchenreform waren auf das Engste miteinander verzahnt, nicht nur in den Vorstellungen des Königs. Dass das Ereignis ›Konstanzer Konzil‹ ein wichtiges Kommunikationszentrum und eine bedeutende Drehscheibe für Ideen war, zudem einen zentralen Knotenpunkt in der Vernetzung wichtiger Persönlichkeiten aus Kirche, Politik und Wissenschaft bildete – davon erfährt man in Brandmüllers Darstellung gleichfalls recht wenig. Kaum mehr darüber, welchen Stellenwert das Konzil – zumindest indirekt – für die Entwicklung von Renaissance und Humanismus besessen hat. Erhebliche Fortschritte hat inzwischen die Forschung in der Beschäftigung mit Ritualen, Zeremonien und anderen Formen symbolischer Kommunikation gemacht. Auch dadurch ist der Blick auf das Konzil ein anderer geworden.

Das vorliegende Buch will und kann nicht Walter Brandmüllers quellengesättigte Monographie ersetzen, dafür reicht schon der relativ schmale Umfang nicht aus. Seine Darstellung des Konzils entlastet den Verfasser dieser Arbeit sogar darin, das von dem Augsburger Kirchenhistoriker aus den Quellen geschöpfte Gerüst an Fakten und die Chronologie der Ereignisse en detail überprüfen zu müssen. Allerdings wird hier der Anspruch erhoben, den Blick auf das Konzilsgeschehen multiperspektivisch zu erweitern sowie einzelne seiner Akzentsetzungen zu hinterfragen und zurechtzurücken. Dass damit auch manche Interpretation und manche Wertung anders ausfallen wird, versteht sich fast von selbst. Im zweiten Teil soll außerdem über die aktuellen Forschungsschwerpunkte und -ansätze sowie die in den letzten Jahren geführten Diskussionen um das *Constantiense* ein aussagekräftigen Überblick gegeben werden. Dabei wird auch auf die Lücken und Desiderate bisheriger Forschung (Stichdatum Mitte 2013) hinzuweisen sein. Es wäre allerdings geradezu vermessen, diese auf dem begrenzten Raum dieser Arbeit auch füllen zu wollen. Dem Leser – egal ob Studierender, Lehrender oder einfach am Thema Interessierter – soll damit die Möglichkeit eröffnet werden, sich kompetent über den derzeitigen Forschungsstand zum Konstanzer Konzil zu informieren, sich an den aktuellen Forschungsfragen und -problemen zu orientieren und sich auch selbst in die laufenden Debatten und Diskussionen einschalten zu können. Gerade jetzt – anlässlich der Feier der 600. Wiederkehr der hier darzustellenden Ereignisse – sollte dieses Ziel Anreiz genug sein, manch Neugierigen zur Lektüre anzuregen.

Der aufmerksame, kritische Leser dieses Buches mag es selbst beurteilen, ob die gesetzten Ansprüche zufriedenstellend eingelöst werden können. Sollte es diesem Band gelingen, ein neues Interesse für das Thema »Konstanzer Konzil« zu wecken und zu fruchtbaren Diskussionen anzuregen, vielleicht sogar Anstöße für eine weitere Erforschung zu geben, dann wäre ein wichtiges Ziel erreicht.

Abschließend sei Herrn Professor Dr. Johannes Grohe gedankt für manch kritische Anregung, ebenso Herrn Dr. Daniel Kuhn vom Verlag Kohlhammer für seine große Geduld und seine kompetente Betreuung.

# Inhaltsverzeichnis

# Teil A: Das Konstanzer Konzil und seine Geschichte

# 1 Das Konstanzer Konzil im Blick: Wahrnehmung und Forschungsergebnisse

Papst und König, Prälaten und Fürsten; feierliche Prozessionen, prachtentfaltende Zurschaustellungen öffentlicher Akte; vor allem aber, und immer wieder, Hus auf dem Scheiterhaufen und dazu jede Menge bunter Wappen – farbenprächtige Bilder prägen in hohem Maß unsere Wahrnehmung des Konstanzer Konzils. Nicht nur die Stadt Konstanz selbst und alle diejenigen, die momentan an die lange zurückliegenden Ereignisse erinnern wollen, wissen diesen Bilderschatz für ihre Zwecke zu nutzen. Denn, wen nicht gerade ein dezidiert theologisches Interesse zur Beschäftigung mit jener längst verflossenen Kirchenversammlung und ihren Beschlüssen veranlasst hat, der dürfte seine erste Begegnung mit dem Konzil in aller Regel den einprägsamen und auf den ersten Blick leicht verständlich erscheinenden Bildern der Richental-Chronik verdanken.[1] Die nicht mehr erhaltene »Urfassung« dieser Chronik, geschrieben von dem Konstanzer Bürger Ulrich Richental, entstand nur wenige Jahre nach dem Ende des dargestellten Ereignisses. Das Material hierfür hatte der Verfasser bereits in den Jahren des Konzils gesammelt und bald nach dessen Abschluss zusammengestellt.[2] In insgesamt 23 voneinander abweichenden Überlieferungen ist diese Chronik noch heute erhalten; offenbar wurde sie entsprechend den Wünschen und Interessen ihrer Abnehmer angepasst und umgestaltet.[3] Nicht viel später als der Text jener »Urfassung« dürften bereits die ersten bildlichen Darstellungen des Konzilsgeschehens entstanden sein; immerhin fünf der überlieferten Handschriftenzeugnisse sind mehr oder weniger stark illustriert.[4] Eine zentrale Rolle für die Überlieferung hat insbesondere die heute im Rosgartenmuseum aufbewahrte Konstanzer Handschrift gespielt, verfolgte sie doch ganz offensichtlich die Intention, die offizielle städtische Erinnerung an das Ereignis (*von gedachtnusse wegen*) zu bewahren.[5] Die ältesten farbenprächtigen Druckausgaben der Richental-Chronik reichen – wohl nicht zufällig – bis in das 15. und frühe 16. Jahrhundert zurück.

Diese unsere Vorstellungen vom *Constantiense* prägenden Darstellungen machen das Konstanzer Geschehen zu einem plastischen, ja geradezu medialen Ereignis.[6] Der hohe Wiedererkennungswert dieser Bilder, ihre schiere Allgegenwärtigkeit, besitzt ohne Frage einen stil- und erkenntnisprägenden Charakter für die Wahrnehmung des Ereignisses »Konstanzer Konzil«. Denn die Richental-Chronik ist zweifellos die bekannteste Konzilsquelle, aber nicht unbedingt die zuverlässigste. Sollte man etwa den Versuch wagen, aus diesem Text den genauen Ablauf des Geschehens zu rekonstruieren oder gar die zentralen Aufgaben und Anliegen dieser Kirchenversammlung herausdestillieren zu wollen, lässt die Chronik rasch ihre Grenzen erkennen. Ihr Verfasser, Sohn eines Konstanzer Stadtschreibers, warf quasi von außen – aus der Perspektive eines angesehenen Bürgers der gastgebenden Stadt – einen Blick auf die Ereignisse.[7] Was sich im engeren Rahmen der Kirchenversammlung tat, gar hinter den der Öffentlichkeit verborgenen Kulissen abspielte, das ist dem städtischen Bürger Richental möglicherweise entgangen, vielleicht wollte er auch gar nicht darüber berichten. Dagegen informiert er uns ausführlich über das Leben und den Alltag in der Stadt – Nachrichten, die sonst nirgends in den Quellen überliefert worden sind.

Das führt zu der Frage: Was weiß der Konzilshistoriker heute eigentlich über das *Constantiense* und woher bezieht er sein Wissen über die damaligen Geschehnisse?

Eine erste Rezeption des Konstanzer Konzils und damit der Anfang aller intensiveren Beschäftigung mit dieser Kirchenversammlung und ihren Entscheidungen setzte längst vor Richental ein, genau genommen sogar schon bevor Martin V. am 15. Mai 1418 den Schlusssegen erteilte und tags darauf den Konzilsort in Richtung Italien verließ. Spätestens mit dem Abschluss der Synode brach eine lebhafte und mitunter kontroverse Diskussion darüber aus, wie die zuvor gefassten Beschlüsse und Entscheidungen eigentlich auszulegen und umzusetzen seien, was wiederum der Überlieferung des Konzils und seiner Beschlüsse Vorschub leistete. Vergleichsweise einfach lagen die Dinge beim Dekret *Frequens*,[8] durch welches die Einberufung weiterer Versammlungen programmiert worden war: Festgeschrieben war darin eine periodische Abhaltung von Konzilien mit genauen Zeitvorgaben, wann diese stattzufinden hatten. Komplizierter war die Sachlage schon bei dem zweifellos wirkungsmächtigsten Dekret des *Constantiense*, bei *Haec Sancta*,[9] in dem das Konzil sein eigenes Selbstverständnis definierte, insbesondere jedoch auch seine Stellung gegenüber dem Papst bestimmt und festgehalten hatte. Die Interpretation dieses umstrittenen Dekrets führte alsbald zu einer massiven Auseinandersetzung, da der dogmatische und kirchenrechtliche Charakter sowie die Reichweite des Dekrets völlig unterschiedlich, ja geradezu gegensätzlich beurteilt wurden. Wenn das Konzil in Basel (1433–1437/49) gerade dieses Dekret rezipierte und es für nötig erachtete, es ein weiteres Mal zu dekretieren, zeigt dies eine Gegenwärtigkeit des Konstanzer Konzils, die weit über das Ende dieser Kirchenversammlung hinausreichte. Mit dem Abschluss des *Constantiense* stand darüber hinaus die Frage der kirchlichen Reform, die in Konstanz nur in ersten Ansätzen behandelt worden war und auf ihre konkrete Umsetzung noch wartete, auf der Tagesordnung. Das *Constantiense* hatte erst einen vorsichtigen Schritt, einen zögerlichen Anfang auf diesem schwierigen Weg gemacht; die angekündigte Synode in Pavia (1423) sollte diese Arbeit fortsetzen. Entsprechend wurde um die konkrete Umsetzung des Reformanliegens heftig gerungen. Zuvor hatte bereits eine vor allem in Böhmen geführte, äußerst kontroverse Diskussion um Jan Hus und den Umgang der Konzilsväter mit ihm eingesetzt. Mit allen Mitteln der Information und Desinformation suchten Hus-Anhänger[10] wie seine Gegner, nicht zuletzt die Konzilsväter selbst, ihr Verhalten zu legitimieren und für ihre Position zu werben.

Wie man an der mit wenigen Strichen gezeichneten Frührezeption unschwer erkennen kann, waren die drei *Causae* des Konzils mit dem Ende dieser ersten allgemeinen Kirchenversammlung auf Reichsboden am 15. Mai 1418 keineswegs erledigt. Ihre Rezeption in der unmittelbaren nachkonziliaren Phase blieb aber größtenteils noch auf die damals aktuellen Auseinandersetzungen beschränkt und war dementsprechend gekennzeichnet von Parteilichkeit und Polemik. Es ist indes kein Zufall, dass die Auseinandersetzungen zwischen den Konzilsbefürwortern und den Anhängern des dem Konzil äußerst reserviert gegenüberstehenden Papstes Eugen IV. auf dem in Konstanz bereits festgesetzten, übernächsten Folgekonzil in Basel das Bedürfnis weckten, die Texte mit den Dekreten des *Constantiense* zur Hand zu haben. Viele Teilnehmer der zurückliegenden Synode waren inzwischen gestorben, die Zahl der direkten Zeitzeugen wurde immer kleiner. Fragestellungen, die bereits in Konstanz eine wichtige Rolle gespielt haben, wie etwa das Verhältnis zwischen Papst und Konzil, wurden jetzt, im Kontext des Basiliense, erneut gestellt. In das zeitliche Umfeld dieser Folgesynode gehört daher auch die Entstehung der ältesten Zusammenstellung der Konstanzer Dekrete, die später Eingang in die einschlägigen Konziliensammlungen finden sollte. Das Scheitern des Basiliense und der Sieg des Papsttums über die Konzilsidee ließen dann aber das Interesse am Konstanzer Konzil in den nachfolgenden Jahrzehnten erst einmal deutlich zurückgehen – und mit ihr die Produktion von *Constantiensia*, von Quellen des Konstanzer Konzils.

Erst mit Erfindung des Buchdrucks machte die Konstanz-Forschung einen entscheidenden Schritt vorwärts. 1483 besorgte der Augsburger Verleger Anton Sorg die früheste gedruckte Ausgabe der Konzilschronik des Ulrich Richental. Nur wenig später erschienen weitere Texte, die in einem direkten, unmittelbaren Zusammenhang zum Konzil standen: Reden, Predigten und Traktate, so 1483 eine erste Teilausgabe der Werke des Theologen Jean Gersons. Konzilsakten im eigentlichen Sinne wurden allerdings erstmals im Jahre 1500 von Heinrich Gran im elsässischen Hagenau verlegt, weitere Druckausgaben dieser Akten lassen sich in rascher Folge an unterschiedlichen Orten 1506, 1510, 1511 und 1514 nachweisen, was auf ein wiederauflebendes Interesse am *Constantiense* im Kontext der beiden konkurrierenden Konzilien von Pisa II (1511/12) und Lateran V (1512–1517) hinweist.[11] 1524 fanden diese sog. Hagenauer Akten ihre Aufnahme in die schmale, gerade einmal zwei Bände umfassende Konziliensammlung des Pariser Kanonikus Jacques Merlin (Bd. 2);[12] über diese Ausgabe sollten sie in alle später zusammengestellten und immer umfangreicheren Konziliensammlungen gelangen. In vielem stellte die kurz nach der ersten Auflage des Binius (1606 – Bd. 3/2)[13] in den Jahren 1608–1612 erschienene *Editio Romana* ein Novum dar, berücksichtigte diese doch das *Constantiense*, obwohl es nicht zu den ökumenischen Konzilen gezählt wurde. Abweichend von der Konzilsliste des einflussreichen Kardinals Roberto Bellarmin fand es in dieser offiziösen Sammlung allgemeiner Konzilien seinen Platz, wenn auch außerhalb der Zählung.[14] Verglichen mit den älteren Sammlungen enthielt die *Editio Romana* aber keine neuen Quellen zum Konstanzer Konzil. Mit der Aufnahme in diese Sammlung war jedoch eine weitere intensive Beschäftigung mit der Konstanzer Kirchenversammlung quasi gesichert, selbst wenn ihr der kanonische Charakter als ökumenisches Konzil abgesprochen wurde.

Binius wiederum fand maßgeblich Berücksichtigung in der Konziliensammlung der beiden französischen Jesuiten Philippe Labbé und Gabriel Cossart (1672 – Bd. 12). Über Hardouin und Coleti führte von ihnen eine direkte Linie zu der monumentalen Sammlung des Luccheser Erzbischofs Giovanni Domenico Mansi (1784/85 – Bde. 27/28). Diese mehrfach nachgedruckte Quellensammlung ist bis heute – trotz ihrer bekannten Schwächen – die am meisten verbreitete und damit auch die meist verwendete.[15]

Ein Meilenstein für die wissenschaftliche Erforschung des Konstanzer Konzils war schließlich die Herausgabe des *Magnum Oecumenicum Constantiense Concilium* durch den Helmstädter Professor Hermann von der Hardt, ohne Zweifel die wichtigste ältere Quellenpublikation zum Konstanzer Konzil. In sechs schweren Foliobänden erschien dieses monumentale Werk in den Jahren 1697–1700.[16] Was war das Neue daran? Mit Ausnahme der Münchner Hofbibliothek hatte der protestantische Gelehrte alle wichtigen Bibliotheken des deutschsprachigen Raumes größtenteils selbst aufgesucht und nach *Constantiensia* gründlich durchforstet. Seine Funde wiederum fanden Eingang in seine Quellenedition. Ohne zu übertreiben, kann man sagen, dass auf der Basis dieser Publikation ein Großteil aller späteren Forschung fußt.

Eine weitere wichtige Wegmarke bei der Erforschung des Konstanzer Konzils kann mit dem Erscheinen der *Acta Concilii Constanciensis* (1896–1928) angesetzt werden. Federführend verantwortlich für diese zu großen Teilen aus neuen Funden zusammengestellte vierbändige Quellenedition war der seit 1899 in Freiburg lehrende Mediävist Heinrich Finke. Zum ersten Mal wurde eine Edition vorgelegt, die weitgehend den auch heute noch gültigen Standards historischer Forschung verpflichtet ist, selbst wenn die Publikationsform mit ihren zahlreichen Auslassungen, den berüchtigten drei »...«, nicht durchgängig befriedigen kann.[17] Nicht zuletzt leidet darunter der Gebrauchswert der ACC, sofern nicht gleichzeitig auf wichtige Referenzwerke wie etwa die Quellensammlungen von der Hardts und Mansis zurückgegriffen werden kann. – Im Geist des damals in Deutschland vorherrschenden Historismus durchwühlte der katholische Gelehrte die Archive insbesondere in Italien und Spanien, immer auf der Suche nach bislang noch Unentdecktem. Im *Archivo de la Corona de Aragón* in Barcelona stieß er auf den Briefwechsel zwischen den in Konstanz weilenden Gesandten und der Krone Aragón, der der Forschung einen gänzlich neuen Blick auf das Geschehen in der Konzilsstadt eröffnete. Die Quellen seiner spanischen Funde, die weit über das im *Archivo de la Corona de Aragón* liegende Material hinausgingen, wurden von ihm zum größten Teil im vierten Band der ACC publiziert. Hervorzuheben sind außerdem die in Band 2 abgedruckten »Tagebücher«, an erster Stelle das des Kardinals Fillastre, die zu einem Stützpfeiler aller späteren Konstanz-Forschung werden sollten. Von überragender Bedeutung ist daneben das umfangreiche Predigtmaterial, das Finke schwerpunktmäßig ebenfalls im zweiten Band der ACC abdruckte und durch ein alphabetisches Verzeichnis für den Benutzer erschloss.

Neben Finkes *Acta* waren in forschungsgeschichtlicher Hinsicht noch ein paar andere, seit Mitte des 19. Jahrhunderts gemachte Quellenfunde von größerem Wert. Zu erwähnen ist hier insbesondere die reichhaltige Korrespondenz der Wiener Konzilsgesandten mit ihrer Universität[18], außerdem die Briefsammlung des Deutschen Ordens[19] sowie verschiedene Quellenbestände reichsstädtischer Herkunft (Regensburg, Nürnberg[20]). Gedruckt wurde nun auch das *Concilium Constantiense* des Andreas von Regensburg sowie die Denkwürdigkeiten des Eberhart Windecke.[21] Tschechische Forscher machten sich verdient um die Aufarbeitung zentraler ›Hussitica‹ -Bestände.[22] Dazu kommen die nicht weniger reichen Funde aus italienischen Archiven, aus Florenz, Siena und Venedig,[23] die hier aber nicht im Einzelnen aufgeschlüsselt werden können. – Eine lange vernachlässigte Fundgrube für die Konzilserforschung stellen zudem die vielen Sermones* bzw. Predigten dar, die teilweise bereits in älteren Quellensammlungen abgedruckt waren, allerdings häufig in nur bruchstückhafter oder – nach heutigen Vorstellungen – unzulänglicher Form. Seit Kurzem liegt zu ihrer Erschließung ein wichtiges Hilfsmittel in einem von den einschlägig ausgewiesenen Amerikanern Phillip H. Stump und Chris Nighman zusammengestellten, benutzerfreundlichen Verzeichnis vor,[24] das den Anstoß für weitere Forschungen geben sollte. Auch zur Reformfrage erschienen zuletzt wichtige Quelleneditionen: Stump ordnete dazu das Material aus den Reformkommissionen des Konzils neu und ergänzte es um weitere Stücke; Jürgen Miethke veröffentlichte (zusammen mit Lorenz Weinrich) eine Reihe Reformtraktate und -vorschläge, die die Diskussionen auf dem *Constantiense* beeinflusst hatten bzw. diese widerspiegeln.[25] Ein bislang nur wenig ausgewertetes Feld stellt dagegen die deutschsprachige, zumeist literarische Textproduktion im Umfeld des Konzils dar, soweit man von den beiden »Leuchttürmen«, der Chronik Richentals und den Liedern des Oswald von Wolkenstein[26] absieht. Die insgesamt noch unbefriedigende Editionslage korrespondiert dabei mit einer bescheidenen Aufarbeitung, jedenfalls soweit es die Relevanz dieser Texte für das Konzil betrifft.[27]

Auch wenn für die Zukunft die eine oder andere Entdeckung von Einzeldokumenten oder kleineren Quellenbeständen nicht auszuschließen ist, so dürfte das grundlegende Material zur Rekonstruktion des Konzils heute aller Wahrscheinlichkeit nach bekannt sein.

Anders sieht es allerdings mit der Wahrnehmung des Konzilsereignisses aus: Neue Perspektiven und Fragestellungen, mit denen die bekannten Quellen konfrontiert werden, ebenso veränderte methodische Zugriffe auf das vorliegende Basismaterial können hier durchaus den Blick für Neues eröffnen und zur Korrektur bisheriger Einschätzungen führen. Entsprechend werden auch künftige Generationen das *Constantiense* mit eigenen Augen sehen und ihre Geschichte des Konstanzer Konzils schreiben. Eine abschließende und letztgültige Geschichte dieser Kirchenversammlung wird es nicht geben können.

Was für die Forschung grundsätzlich gilt, gilt in noch höherem Maß für die Interpretation und Beurteilung der Ereignisse. Diese fanden nie im wertfreien Raum statt, das Erkenntnisinteresse am *Constantiense* wurde immer auch von den Werten und Voreinstellungen der jeweiligen Autoren geleitet und war von den zeitgenössischen Debatten und den gerade aktuellen Ereignissen mehr oder weniger stark beeinflusst. Zeigen lässt sich dies exemplarisch an der Interpretation des Konstanzer Dekrets *Haec Sancta*, mit dem das Konzil auf die Situation nach der Flucht Papst Johannes' XXIII. reagierte. *Haec Sancta* stand – vor allem für die theologisch bzw. kirchenhistorisch ausgerichtete Forschung – gleichsam stellvertretend für das *Constantiense*; umgekehrt wurde das Konzil bis in die Gegenwart häufig nur noch durch eine Blickverengung auf das kontroverse Dekret wahrgenommen. Alles andere trat dahinter zurück. Im Kontext der jeweils geführten Diskussionen über die Stellung des Konzils vor dem Hintergrund des aktuellen Geschehens und zu Fragen der Ekklesiologie und Kirchenverfassung im Allgemeinen wurde das *Constantiense* dabei oftmals aus seinem historischen Zusammenhang herausgerissen und für die gerade ausgefochtene Auseinandersetzung instrumentalisiert.

Ein solches Schlüsselereignis für die Rezeption des *Constantiense* war die Einberufung des *Zweiten Vatikanums* am 25. Januar 1959. Schon zuvor hatte der Roncalli-Papst durch seine Namenswahl als »zweiter« Johannes XXIII. die Legitimität seines auf dem Konstanzer Konzil abgesetzten Namensvorgängers Baldassare Cossa *ex cathedra* in Frage gestellt, ohne aber die »historische Streitfrage autoritativ entscheiden zu wollen«.[28] Dass Roncallis Namenswahl wie die bald darauf erfolgende Konzilseinberufung theologische Konsequenzen haben würde, wurde schnell klar. Jedenfalls geriet das Dekret *Haec Sancta*, das für das Verhältnis von Papsttum und Konzil als einschlägig angesehen wurde, in den Fokus der Forschung. Die wiedergewonnene Aktualität des *Constantiense*, vor allem aber dessen perspektivische Verkürzung auf die Interpretation von *Haec sancta* spiegelt der 1965 entstandene Forschungsbericht des Freiburger Kirchenhistorikers August Franzen zum Konstanzer Konzil wider:[29] Allein zwei Drittel des Aufsatzes sind nahezu ausschließlich dieser Thematik gewidmet.

So lässt sich denn in den frühen 1960er Jahren »eine [deutliche] Verschiebung der Forschung vom Historischen zum Theologischen« beobachten.[30] Der Eindruck, dass es sich dabei bei manch einem Autor eher um einen Stellvertreterkampfplatz handelte, in Wirklichkeit aber – versteckt im historischen Gewand – um tagesaktuelle Zielsetzungen ging, ist indes nur schwer zu zerstreuen. Zweifellos gilt dies für die Arbeiten von H. Küng, P. de Vooght, G. Alberigo bis hin zu W. Brandmüller, um nur einige der Autoren zu nennen, die mit ihren Arbeiten ein lebhaftes und bisweilen überaus kontroverses Echo auslösten. Allesamt einflussreiche Theologen und in der Mehrzahl auch ausgewiesene Kirchenhistoriker standen ihre Namen für sehr unterschiedliche, ja gegensätzliche Positionen.[31] Ihre vornehmlich theologisch inspirierten Arbeiten zur Interpretation und Wertung von *Haec Sancta* sowie die in jenen Jahren zum Thema ›Konziliarismus‹ entstandenen Werke lassen die unter Zuhilfenahme der kirchlichen Tradition geführten Diskussionen im Umfeld des Zweiten Vatikanums (1962–1965) ebenso deutlich erkennen wie sie die kirchenpolitischen Positionen ihrer streitbaren Autoren sichtbar machen.[32] Allerdings ist der Erkenntniswert dieser Arbeiten für die Erforschung des Konstanzer Konzils trotz des erheblichen Aufwands an Scharfsinn und Gelehrsamkeit als eher gering zu veranschlagen.[33]

Für die Wiederbelebung der Erforschung der spätmittelalterlichen Konzilien war die damalige Diskussion trotzdem von unabschätzbarer Bedeutung. Gerade W. Brandmüller ist es durch die Schaffung eines organisatorischen und finanziellen Rahmens gelungen, der Konzilsforschung insgesamt einen wichtigen Impuls zu geben.[34] Die Arbeiten von H. Müller, J. Helmrath, A. Frenken u. a. sind in diesem Kontext zu verorten.

Eine deutlich längere Halbwertzeit für die wissenschaftliche Erforschung des Konstanzer Konzils als die stark ideologisierte »*Haec Sancta*-Diskussion« der 1960er Jahre hatte die bereits in den 1940er und 1950er Jahren insbesondere im anglo-amerikanischen Bereich verstärkt einsetzende kanonistische Forschung. Es dürfte an dieser Stelle ausreichen, die Namen Walter Ullmann und Brian Tierney zu nennen, die Bahnbrechendes für die Erforschung des Schismas und seiner Beendigung geleistet haben. Ullmann trug entscheidend dazu bei, die durch das Konstanzer Konzil aufgeworfene Problematik der Papstabsetzung aufzuhellen, indem er auf die kanonistische Entwicklung seit dem Hochmittelalter verwies:

Kanonisten* des 14./15. Jahrhunderts konnten eine Reihe von Umständen herausarbeiten, unter denen der Rücktritt, aber auch die Absetzung eines Papstes prinzipiell denkbar sind. Damit verlor der Konziliarismus den ihm bis dahin anhaftenden Geruch von Häresie.[35] Allerdings gewann diese in der kanonistischen Überlieferung zunächst nur theoretisch angelegte Möglichkeit erst im Kontext des nicht enden wollenden Schismas und der nahezu aussichtslos erscheinenden Versuche, die Spaltung doch noch zu überwinden, eine ungeahnte Aktualität. Einer der Wegbereiter war Francesco Zabarella, dessen enorme Bedeutung für die Überwindung des Schismas zunehmend erkannt wurde.[36]

Weit weniger als bei den Theologen wurde das Forschungsinteresse dezidiert historisch ausgerichteter Wissenschaftler von den jeweils aktuellen Auseinandersetzungen im kirchlichen Raum berührt. Seit der zweiten Hälfte des 19. Jahrhunderts galt ihr Augenmerk zunächst einer systematischen Verbreiterung der Quellengrundlage für die Erforschung des Konstanzer Konzils. Erst danach sollte es dann – so die Vertreter historistisch orientierter Forschung – möglich sein, eine wertfreie Geschichte des Konstanzer Konzils zu schreiben. Nicht die Interpretation und Wertung sollte im Vordergrund stehen, sondern die schiere Präsentation des Materials, das – im idealen Fall – für sich selbst sprechen und sich selbst erklärend sein sollte. Dieser selbstgesetzte Anspruch macht diese Arbeiten trotz aller gegen sie vorzubringender Kritik nicht überflüssig; sie sind auch heute noch eine reichhaltige Fundgrube für Informationen aller Art.

Neben Heinrich Finke ist in diesem Zusammenhang auf den Wiener Historiker Joseph von Aschbach und seine *Geschichte Kaiser Sigmunds* (1838–1845) hinzuweisen, der für die darin enthaltene Darstellung des Konstanzer Konzilsgeschehens systematisch Frankfurter und Wiener Archivalien ausgewertet hat.[37] Diesem Ansatz, auf der Basis neu erschlossener Quellen historiographische Werke zu schreiben, folgte einige Jahrzehnte später ein Kreis deutschsprachiger katholischer Forscher, die sich ihren Ruf in der Wissenschaft und ihre Anerkennung in der damaligen akademischen Welt erst mühsam erkämpfen mussten. Gebrandmarkt durch die vermeintliche Inferiorität katholischer Wissenschaftler im preußisch-protestantischen Deutschland, versuchten sie im Gegenzug mittels ihrer streng dem Historismus verpflichteten Forschung, durch Auffinden neuer Quellen und quellennaher Analyse »unter möglichst weitgehender Hintansetzung eigener Wertvorstellungen die historische Wahrheit zu erschließen«. Der bereits genannte Freiburger Mediävist Finke, der durch sein unermüdliches Suchen und Aufspüren von *Constantiensia* die Quellengrundlage für die weitere Erforschung dieser Kirchenversammlung erheblich verbreitern konnte, ist eine der markantesten Verkörperungen dieser Forschungsausrichtung.[38] Die von ihm erhoffte und auch mehrfach angekündigte Gesamtdarstellung hat Finke allerdings nicht geschrieben.

Aller Selbsteinschätzung zum Trotz war die wissenschaftstheoretisch und methodisch dem Historismus verpflichtete Forschung keineswegs wertfrei und nicht weniger erkenntnisgelenkt wie andere Forschungsrichtungen, was sich nicht zuletzt bei Finke selbst zeigen lässt. Aufgewachsen in der Kulturkampfzeit und geprägt von der Vorstellung der katholischen Unterlegenheit ging es ihm – hierin in der Nachfolge Johannes Janssens stehend und ähnlich dem Zeitgenossen, dem Papsthistoriker Ludwig von Pastor – um den Nachweis, dass das Spätmittelalter nicht als eine Epoche des Niedergangs und des von der protestantischen Geschichtsschreibung oftmals kolportierten Verfalls der spätmittelalterlichen Kirche zu interpretieren ist, dem erst die Reformation und Luther eine Wendung zum Besseren entgegensetzen konnten.[39] Daher war es sein Anliegen, die dieser Epoche vorhergehende Zeit, das »Zeitalter der Vorreformation«, wie er diesen Zeitabschnitt bezeichnenderweise benannte, gründlich aufzuarbeiten und daran die einseitig verengte Interpretation der damals vorherrschenden Forschung protestantischer Provenienz aufzuzeigen. Das Konstanzer Konzil war in diesem Kontext nur ein, wenn auch sehr wichtiges Bruchstück. Insofern überrascht es nicht, dass die Erforschung des *Constantiense* zu einem wichtigen Thema vor allem der deutschen Historiografie geworden war.

Nach Finkes Tod (1938) kam, trotz seiner großen Schülerschar, die historische Forschung zum *Constantiense* weitgehend zum Erliegen. Über die Gründe mag man spekulieren. War mit der Konzilsforschung, zumindest außerhalb der Theologie, keine Reputation mehr zu gewinnen? Symptomatisch war die Distanz der Profanhistoriker zu diesem Gegenstand noch auf der ersten Reichenauer Tagung des die deutsche Mediävistik repräsentierenden *Konstanzer Arbeitskreis für mittelalterliche Geschichte* (1964) zu spüren, die – zumindest auf den ersten Blick – dem Konzil gewidmet war. Geschickt die Aufmerksamkeit des Jubiläumsjahres ausnutzend, war die Intention der Veranstaltung jedoch eine völlig andere, als sie zu suggerieren schien. Ganz deutlich machte dies bereits der Leiter des Arbeitskreises, Th. Mayer, in seinem Vorwort zum Tagungsband: »Es geht hier nicht um das Konzil selbst, sondern um die Welt, in der es stattfand.«[40]

Die zunehmende Distanz zwischen der historischen Erforschung und der theologisch inspirierten Beschäftigung mit dem *Constantiense* – wie sie nach außen stärker wahrgenommen wurde, als sie es wohl tatsächlich war – schlug sich in den beiden von H. Boockmann und R. Bäumer gehaltenen, geradezu paradigmatischen Vorträgen auf dem 29. Historikertag in Regensburg (1972) nieder.[41] Nicht nur in den Personen der Vortragenden, auch thematisch machten diese beiden Vorträge sichtbar, wie stark die Konstanz-Forschung, zumindest im deutschsprachigen Raum, zwischen Kirchen- und Profanhistorikern in den vorangegangenen Jahrzehnten auseinandergedriftet war. Ein wenig später erschienener, gleichfalls von R. Bäumer in der Reihe »Wege der Forschung« herausgegebener Aufsatzband (1977) versuchte indessen die beiden Seiten wieder stärker zusammenzuführen.[42] Geradezu auffällig war allerdings das spärliche Interesse, das dieser Band unter Rezensenten gefunden hat – ein klares Indiz für die Abwendung der wissenschaftlichen Öffentlichkeit vom Thema »Konstanzer Konzil« in den 1970er und 1980er Jahren, zumindest im deutschsprachigen Raum.

Angesichts des Fehlens einer umfassenden, aus den Quellen erarbeiteten Darstellung kam den verschiedenen Handbuchbeiträgen, die seit dem späteren 19. Jahrhundert erschienen, eine immens wichtige Rolle zu. Sind sie es doch, die in einem hohen Maß das Bild des Konstanzer Konzils in weiten Kreisen der Fachwissenschaften wie der interessierten Öffentlichkeit geprägt haben. Ohne einen Anspruch auf enzyklopädische Vollständigkeit anstreben zu wollen, seien einige der verbreitetsten deutschsprachigen Handbuchbeiträge erwähnt und in ihrer Bedeutung für die Konstanz-Forschung kurz charakterisiert.[43] Am Anfang steht die Darstellung Hefeles,[44] die Anfang des 20. Jahrhunderts in französischer Übersetzung weit über den deutschsprachigen Raum hinaus ihre Wirkung entfaltete. Lange Zeit war »der Hefele« schlechthin die Referenzquelle für die Konzilshistoriographie. Für den deutschsprachigen Raum sind die von den beiden Finke-Schülern Hollnsteiner und Heimpel stammenden Beiträge zu nennen. Heimpels Darstellung in L. Justs *Handbuch der Deutschen Geschichte* ist allerdings infolge seiner Konzeption für ein nationalgeschichtliches Werk im Wesentlichen verkürzt auf die deutsche Perspektive, ebenso wie auch die Beiträge Baethgens und zuletzt Boockmanns in den unterschiedlichen Auflagen von *Gebhardts Handbuch der deutschen Geschichte*, dem Pendant zu dem von L. Just verantworteten Handbuch.[45] Einen wichtigen Platz nahm darüber hinaus in der breiteren

Wahrnehmung der Beitrag K.A. Finks in dem von H. Jedin herausgegebenen *Handbuch der Kirchengeschichte* ein.[46]

Den gewaltigen Fortschritt, den die Konstanz-Forschung in den letzten beiden Jahrzehnten gemacht hat, spiegelt der vor wenigen Jahren erschienene Beitrag J. Helmraths im Rahmen eines dezidiert kirchenhistorischen Handbuchs wider. Der von dem ausgewiesenen *Basiliense*-Experten verfasste, konzis informierende und schlüssig wertende Handbuchabschnitt zeigt die perspektivische Veränderung bzw. -erweiterung der aktuellen Forschung ebenso wie den in der jüngeren Vergangenheit erzielten Erkenntnisfortschritt in aller Deutlichkeit. Gerade im direkten Vergleich mit den älteren Arbeiten von Hollnsteiner und Fink wird dieser Gewinn erst richtig sichtbar.[47] Ähnliches gilt für den von H. Boockmann und J. Dormeier neu-verfassten Abschnitt in der jüngsten Auflage des *Gebhardt*.[48]

In der Rückschau scheinen die letzten Jahre vor der Jahrtausendwende einen erneuten Einschnitt bei der Erforschung des *Constantiense* zu markieren, was sich in einigen markanten Veröffentlichungen widerspiegelt. Damals erschien zunächst die nach mehr als zwei Jahrhunderten erste aus den Quellen erarbeitete Gesamtdarstellung aus der Feder des katholischen Theologen Walter Brandmüller,[49] nachdem der Autor kurz zuvor mit ähnlicher Schwerpunktsetzung bereits in seinen Lexikonartikeln für die *Theologischen Realenzyklopädie* (1990) und das *Lexikon des Mittelalter* (1991) einen knappen Überblick über das Konzil gegeben hatte.[50] Dieses Werk bezeichnete insofern einen Epocheneinschnitt, als der damalige Augsburger Kirchenhistoriker das ihm bekannte Material in seiner ganzen Breite in seine zweibändige Monographie einzubeziehen suchte. Fakten und die Chronologie des Geschehens werden in übersichtlicher Form präsentiert, unterschiedliche Stimmen kommen zu Wort. Gleichzeitig steht er aber mit seinem bewusst gewählten theologischen Ansatz, der das Geschehen aus einer (römisch-)katholischer Sicht bewertet, noch ganz in der Tradition der Auseinandersetzungen rund um das Zweite Vatikanum. Die dadurch zwangsläufig gegebene Verengung des Blickwinkels wurde daher mehrfach von der Kritik moniert.[51] Nicht zuletzt aufgrund eigener Quellenfunde in italienischen Archiven hatte sich Brandmüller zudem dafür entschieden, das Konzil aus einer »italienischen« Perspektive zu beschreiben. Damit stellte er der seit Finke dominierenden Darstellung aus spezifisch »deutscher« Sicht eine kontrastierende gegenüber: »Deutschland war nun einmal nicht das Zentrum der Ereignisse, wenngleich Konstanz eine deutsche Stadt war«.[52] Mit diesem Perspektivenwechsel, der für die

Vorgeschichte des Konzils mit durchaus einleuchtenden Gründen vorgenommen wurde, gelang es ihm dennoch nicht, alle seine Kritiker zu überzeugen.[53] Als Gesamtdarstellung bleibt dieses Werk jedoch – trotz aller kritischen Einwände – unverzichtbar und vorläufig auch unerreicht.

Zeitgleich mit dem Erscheinen von Brandmüllers Arbeit lassen sich in den 1990er Jahren Impulse für eine andere Rezeption des *Constantiense* erkennen. Neue Ansätze historischer Grundlagenforschung, die auch einige der jüngeren Arbeiten zum Konzil befruchteten, haben in der aktuellen Konstanz-Forschung sichtbare Spuren hinterlassen. Als »Brennpunkt der Weltgeschichte«, wie die Kirchenversammlung bezeichnet wurde, wurde sie nun zu einem »polyvalenten« Ereignis, das weit über die engeren Grenzen der historischen Konzilienforschung ein neues Interesse bei einer wachsenden Zahl auch jüngerer Forscher weckte. Ihr Forschungsfeld erstreckte sich von den – mitunter als Außenpolitik apostrophierten – internationalen Beziehungen zwischen Herrschern und Reichen bis hin zur Geschichte der Diplomatie und des Gesandtschaftswesen. Prosopographische Forschungen, die den personellen und ideellen Verknüpfungen der Teilnehmer und der Bildung von Netzwerken nachgingen, fanden mehr Aufmerksamkeit. Ein gesteigertes Interesse galt der Kommunikation und der Nachrichtenübermittlung, wie auch die öffentliche Wahrnehmung des Konzilsgeschehens stärker in den Fokus der Forschung rückte. Zunehmend weitete sich der Blick. Über das engere Konzilsgeschehen – sozusagen seine Primärfunktion – hinaus richtete er sich auf all das, was rund um die Kirchenversammlung geschah und als bemerkenswert erachtet wurde. Nicht zuletzt wurde das Konstanzer Konzil damit auch zu einem fruchtbaren Spielfeld der Zeremonial-, Ritual- und Kommunikationsforschung.

Zwei erst kürzlich publizierte Beiträge zeichnen gleichermaßen die Grundprobleme und die sich abzeichnenden Tendenzen der gegenwärtigen Forschung nach. Bei dem einen Werk handelt es sich um Heribert Müllers in der *Enzyklopädie Deutscher Geschichte* erschienenen Band »Die kirchliche Krise des Spätmittelalters«, der in knappen Zügen und klaren Akzentuierungen ein Bild des aktuellen Forschungsstands zum *Constantiense* nachzeichnet.[54] Der zweite ist ein Vortrag der Freiburger Mediävistin Birgit Studt, dessen programmatischer Titel lautete: »Das Konstanzer Konzil und die gegenwärtige Forschung«.[55] In diesem Vortrag benennt B. Studt vier Schwerpunkte, auf die sich die aktuelle Forschung konzentriert: 1. Das Konstanzer Konzil als Ereignis – Geschehen und

Geschichte, 2. Die Wahrnehmung des Konstanzer Konzils in der zeitgenössischen Historiographie, 3. Politik und Ritual, und 4. Das Konzil als politische Versammlung. Gewiss umfasst dies nicht alles und jedes, was in den letzten Jahren zum Konstanzer Konzil publiziert wurde; Schwerpunktbildungen werden allerdings umso klarer herausgearbeitet.

Trotz des Schließens mancher Forschungslücke, die noch bestehenden Defizite und Desiderate werden vor allem dann deutlich, wenn man die jüngere Erforschung des *Constantiense* mit der des Basler Konzils vergleicht, welche in den letzten Jahrzehnten einen großen Aufschwung erlebte. So sei beispielhaft darauf hingewiesen, dass es eine systematisch angelegte Studie, die nach der synodalen Praxis fragt, für Konstanz nach wie vor nicht gibt. Selbst Vorstudien dazu sind bislang Mangelware.[56] Wenn H. Müller hofft, dass die 600-Jahrfeier des Konzils auch für neue wissenschaftliche Aktivitäten Anlass genutzt wird, so lässt sich dem nur beipflichten.

Abschließend bleibt noch festzuhalten, dass im Rahmen dieses knappen Überblicks zum Gang der Forschungsgeschichte die Nennung mancher wichtiger Arbeiten zu Einzelaspekten der Konstanzforschung, zu Detailfragen etc. unterbleiben musste. Dies sagt natürlich noch nichts über deren Wert und deren Bedeutung für die Forschung aus. An passender Stelle wird darauf hinzuweisen sein, wobei Lücken aufgrund des beschränkten Gesamtumfangs dieses Bands nahezu unvermeidlich sind. Der Anspruch enzyklopädischer Vollständigkeit, der über die Aufnahme aller dieser Arbeiten in die Bibliografie hinausgeht, kann nicht das Ziel dieser Arbeit sein. Das Spektrum der Konstanzforschung in seiner ganzen Breite auch nur annähernd abzubilden, ist im Rahmen dieser knappen Übersicht nicht zu leisten.

---

1 H. Heimpel monierte in diesem Zusammenhang eine »manifeste »Bildlastigkeit« der älteren Richental-Forschung« (wiedergegeben nach Buck, Chronik S. XV mit Anm. 13). Zur Bedeutung der Bilder vgl. Thomas Cramer, Bilder erzählen Geschichte. Die Illustrationen in Ulrich Richentals Chronik als Erzählung in der Erzählung, in: Harald Haferland – Michael Mecklenburg (Hg.), Erzählungen in Erzählungen. Phänomene der Narration in Mittelalter und Früher Neuzeit, München 1996, 327–349; zuletzt: Buck, Figuren, Bilder, Illustrationen 411–443. – Zur Chronik allgemein: »Ulrich von Richenthal, Chronik des Konstanzer Konzils, http://www.geschichtsquellen.de/repOpus_04485.¬html, 2013-03-04«.

2 Einen profunden Überblick über den aktuellen Forschungsstand gibt: Buck, Chronik S. XIII–LIII [Kap. »Zur Konzilschronik Ulrich Richentals«]. Ob die angenommene »Urfassung« überhaupt existiert bzw. in welcher Form sie vorgelegen hat, ist nicht eindeutig geklärt.

3 Verzeichnis der Handschriften zuletzt in Buck, Chronik S. LVIIIf. – Zur Bearbeitung: Gisela Wacker, Ulrich Richentals Chronik des Konstanzer Konzils und ihre Funktionalisierung im 15.

und 16. Jahrhundert. Aspekte zur Rekonstruktion der Urschrift und zu den Wirkungsabsichten der überlieferten Handschriften und Drucke, (Diss.) Tübingen 2002 [»w210.ub.uni-tuebingen.de/¬volltexte/2002/520/pdf/Band_1.pdf«].

4 Thomas Martin Buck, Zur Geschichte der Richental-Edition, in ZWLG 59 (2000) 433–448.

5 Vgl. Buck, Chronik 3 Anm. 3. Ein Faksimile-Druck dieser im Konstanzer Rosgartenmuseum aufbewahrten Handschrift ist – pünktlich zu den aktuellen Feierlichkeiten – unlängst erschienen (zitiert als: Richental-Faksimile).

6 Zum Ereignisbegriff vgl. Rathmann, Geschehen; Ders., Schlacht 51–56.

7 Matthiessen, Richentals Chronik 71–191, 323–455; vgl. auch Dieter Mertens, Art. »Richental, Ulrich«, in: VL² 8 (1992) 55–60. – Als einstiger *clericus Constantiensis* war er allerdings durchaus an religiösen und liturgischen Fragen interessiert, worauf zuletzt Maurer, Städtisches Ereignis 149–172, hier 162, hingewiesen hat.

8 COD$^{3/4}$ 438f.

9 COD$^{3/4}$ 408f.; dazu Ansgar Frenken, Art. »Sacrosancta«, in: LexMA 7 (1995, ND 2002) 1248f. Zuletzt Decaluwé, Three Ways 122–139.

10 Das bekannteste Beispiel ist der Bericht des Peter von Mladoniowitz, eines Hus-Vertrauten, über das Martyrium, das dieser auf dem Konzil erlitten hatte. Die hagiographische Stilisierung des Textes analysierte Herkommer, Geschichte 114–147 [dazu Diskussionsbericht, ebd. 148–151].

11 Vgl. Nelson H. Minnich, *Rite Convocare ac Congregare Procedereque*: the struggle between the councils of Pisa-Milan-Asti-Lyons and Lateran V, in: Ders., Councils of the Catholic Reformation: Pisa I (1409) to Trent (1545–63), Aldershot 2008, part IX, demnächst auch in: Jörg Bölling – Nikolaus Staubach (Ed.), Proceedings of the conference Liturgie und Zeremoniell am Papsthof der Renaissance held at the Westfälische Wilhelms-Universität, Münster, 19–25 September 2005, Frankfurt am Main [in Vorb.], 1–54.

12 James V. Mehl, The first printed editions of the history of church councils, in: AHC 28 (1986) 128–143.

13 Sieben, Entstehung 387–415.

14 Zur Einordnung vgl. zuletzt Sieben, Liste, in: Ders., Studien zum Ökumenischen Konzil 180f.

15 Bäumer, Erforschung 3–34; Sieben, Katholische Konzilsidee 225–235 [Kap. »Anfänge der modernen Konziliengeschichtsschreibung. 1. Sammlung der Quellen«]; Frenken, Quellen 416–439. – Kritische Würdigung der Mansi-Sammlung: Henri Quentin, Jean-Dominique Mansi et les grandes collections conciliaires, Paris 1900; Heinrich Finke, Eine neue Konziliengeschichte? in: LitRdsch 28 (1902) 41–46; zuletzt Frenken, Quellen 432–438. Zur Herkunft der Texte: Stump, Official Acta 221–239.

16 MOCC; jetzt auch als pdf-Datei der UB Düsseldorf unter »digital.ub.uni-duesseldorf.de/ihd/content/titleinfo/952625«. – Crowder, Concile de Constance 409–445; Frenken, Quellen 421–428; Dieter Merzbacher, Die »Herwiederbringung der herrlichen Schriften, so fast verloren gewesen«. Das »Concilium Constantiense« – ein Editionsprojekt Hermann von Hardts und des Herzogs Rudolf August von Braunschweig-Lüneburg, in: Dorothea Klein u. a. (Hg.), Vom Mittelalter zur Neuzeit. FS für Horst Brunner, Wiesbaden 2000, 569–592.

17 Dazu: Frenken, Erforschung, hier 36–41, kritische Wertung: ebd. 46–48.

18 Firnhaber, Petrus de Pulka; der Briefwechsel der Kölner Universitätsgesandten: Martène – Durand (Ed.), Thesaurus II 1538–1712.

19 Koeppen, Berichte.

20 Heimpel, Regensburger Berichte 213–272; zu den Nürnberger Quellen: Frenken, Nürnberger Angelegenheiten 383–433.

21 Leidinger, Andreas von Regensburg, eine Aktensammlung zum Konstanzer Konzil, die wohl zwischen 1421/23 entstanden ist. || Altmann, Windeckes Denkwürdigkeiten. Eine kritische Edition im Rahmen der MGH durch J. Schneider ist geplant.

22 Palacký, Documenta; Novotný, Korespondence; Ders., Narracio 339–350.

23 Auswertung bei Brandmüller, Konzil von Konstanz, passim; Girgensohn, Kirche, passim.

24 Den Forschungsstand von 2007 spiegelt ein insgesamt 340 Sermones/Predigten verzeichnender Überblick wider: »http://www.bibsocamer.org/BibSite/Nighman-Stump/3-Main-Sermon-Register.¬pdf«. Vgl. dazu Nighman – Stump, Bibliographical Register 71–84.

25 Stump, Reforms; Miethke – Weinrich (Hg.), Quellen.

26 Karl Kurt Klein (Hg.), Die Lieder Oswalds von Wolkenstein [= Altdeutsche Textbibliothek 55], Tübingen 1962 [3]1989 (neubearb. u. erw.); dazu: Anton Schwob u. a. (Hg.), Die Lebenszeugnisse Oswalds von Wolkenstein I: 1382–1419, Wien 1999; Anton Schwob, Oswald von Wolkenstein. Eine Biographie, Bozen 1977 [4]1989. [*Maßgebliche wissenschaftliche Biografie! Ein Lesegenuss, wenn auch weniger für die Fachwissenschaft geschrieben, ist die Biografie »Ich, Wolkenstein« von Dieter Kühn, Frankfurt/M. 1977, überarb. und erw. als Tb.-Ausgabe 1980, zuletzt Frankfurt/M. [4]2000).*]

27 Zuletzt: Eckart Conrad Lutz, Spiritualis fornicatio. Heinrich Wittenwiler, seine Welt und sein ‹Ring›, Sigmaringen 1990; Schweitzer, Lehrgedicht 125–137; Robert shaw, Reimpublizistik 245–266.

28 Franzen, Konstanzer Konzil 557; ausführlich zu der Thematik: Fink, Beurteilung 335–343.

29 Franzen, Konstanzer Konzil 555–574, ND in: Bäumer (Hg.), Konstanzer Konzil 165–207. – Der Aufsatz erschien auch in englischer und französischer Sprache (»The Council of Constance: Present State of the Problem«, in: Conc(Glenn Rock, N.J.) 7 [1965] 29–68; »Le Concile de Constance devant l'histoire. Examen des problèmes qu'il soulève. Etat actuel de la recherche«, in: Conc(F) 1 [1965] 29–63).

30 Frenken, Erforschung 94.

31 Vgl. Frenken, Erforschung 359–389.

32 Müller, Konzilien des 15. Jahrhunderts 117 f.

33 Ergebnis der Kontroverse war nach E. Meuthen, »dass die Kritiker den Verfechtern der originären ›dogmatischen Verbindlichkeit‹ des Dekrets und seines (kanonistischen statt dogmatischen) Selbstverständnisses zuwenig Rechnung zu tragen« vorgehalten haben, worauf diese ansatzweise eingelenkt sind (Erich Meuthen, Das 15. Jahrhundert, überarb. v. Claudia Märtl [= Oldenbourg Grundriss der Geschichte 9], München [4]2006, 173).

34 Müller, Konzilien des 15. Jahrhunderts 131.

35 Walter Ullmann, The Origins of the Great Schism, London 1948 (ND Hamden/Conn. 1967 [2]1972); Ders., Medieval views on papal abdication, in: IER 71 (1949) 125–133; – Tierney, Foundations. Dazu: Francis Oakley, »Verius est licet difficilius«. Tierney's foundations of the conciliar theory after forty years, in: Gerald Christianson (Ed.), Nicholas of Cusa on Christ and the church. Essays in memory of Chandler McCuskey Brooks for the American Cusanus Society, Leiden u. a. 1996, 15–34 (ND in: Francis Oakley, Politics and Eternity. Studies in the History of Medieval and Early-Modern Political Thought, Leiden 1999, 73–95); Frenken, Grundlagen 405–415; Brian Tierney, Afterword: Reflections on a Half Century of Conciliar Studies, in: Gerald Christianson u. a. (Ed.), The church, the councils and reform: the legacy of the fifteenth century, Washington, D.C. 2008, 313–328. – Zur raschen Information vgl. Frenken, Erforschung 150–157.

36 Walter Ullmann, Cardinal Zabarella and his Position in the Conciliar Movement, in: Ders., Origins 191–231 (= Appendix); Tierney, Foundations 199–214.

37 Joseph von Aschbach, Geschichte Kaiser Sigmunds I–IV, Hamburg 1838–1845 (ND Aalen 1964), hier der Band II (1839).

38 Frenken, Erforschung 46–56; Zitat nach: Bernd Mütter, Die Geschichtswissenschaft in Münster zwischen Aufklärung und Historismus, Münster 1980, 261.

39 Vgl. seinen programmatischen Vortrag »Die Auffassung des ausgehenden Mittelalters« I–II, in: Allgemeine Zeitung (München), Beilage Nr. 32/33 vom 8./9. Februar 1900 [als eigenständige Veröffentlichung:] Das ausgehende Mittelalter. Ergebnisse und Lücken der Vorreformationsforschung, München 1900. – Noch den Kölner Basiliense-Forscher Erich Meuthen trieb nach Angaben seiner Schüler J. Helmrath und H. Müller das Problem eines möglichen Zusammenhangs von Konzilien und späterer Reformation um (Helmrath – Müller, Zur Einführung 15).

40 Konstanzer Arbeitskreis für mittelalterliche Geschichte (Hg.), Die Welt zur Zeit des Konstanzer Konzils. Reichenau-Vorträge im Herbst 1964 (= VuF 9), Konstanz-Stuttgart 1965. Das Zitat von Theodor Mayer, Vorwort (ebd.) 7.

41 In der von dem Göttinger Kirchenhistoriker Bernd Möller geleiteten Sektion Kirchengeschichte stand das Konstanzer Konzil im Zentrum (vgl. Bericht über die 29. Versammlung deutscher Historiker in Regensburg, 3. bis 8. Oktober 1972, in: Beiheft zur GWU Stuttgart 1973, 83–87). Die beiden Hauptvorträge wurden später gedruckt: Bäumer, Bedeutung 26–45 / Boockmann, Politische Geschichte 45–63.

42 Bäumer (Hg.), Konstanzer Konzil.

43 Eine Auswahl wichtiger fremdsprachiger Handbuchbeiträge: Étienne Delaruelle – Edmond-René Labande – Paul Ourliac, L'Église au temps du Grand Schisme et de la crise conciliaire (1378–1419), Tournai 1962 [= Augustin Fliche – Victor Martin (Ed.), Histoire de l'Église 14,1]; Paul Ourliac, Le schisme et les conciles, in: Michel Mollat du Jourdin – André Vauchez (éd.), Histoire du christianisme des origines à nos jours VI: Un temps d'épreuves (1274–1449) Paris 1990, 89–139; Howard Kaminsky, The Great Schism, in: Jones, Michael (Ed.), The new CMH VI, Cambridge 2000, 674–696; Anthony Black, Popes and councils, in: ebd. VII, Cambridge 1998, 65–86.

44 Hefele, Geschichte VII/1. – Vgl. die Bewertung Hefeles bei Bäumer, Erforschung 30 f. Zu seinen Voraussetzungen vgl. Claus Arnold, »Nur ein Nachschlagebuch«? Zum kirchenhistorischen Profil der »Conciliengeschichte« Hefeles, in: Hubert Wolf (Hg.), Zwischen Wahrheit und Gehorsam. Carl Joseph von Hefele (1809–1893), Ostfildern 1994, 52–77.

45 Heimpel, Deutschland im späteren Mittelalter 260–407; Ders., Deutschland im späteren Mittelalter (Neuausgabe) 1–159 [= 5. Abschnitt ] / Friedrich Baethgen, Das Konstanzer Konzil, in: Gebhardts Handbuch der deutschen Geschichte I, Stuttgart $^{8}$1954, 537–541, $^{9}$1970 (ND München 1973, 68–75).

46 Fink, Abendländisches Schisma 490–516, 539–588 (mit Übersetzungen ins Englische, Italienische und Spanische).

47 Helmrath, Schisma 133–165 – Johannes Hollnsteiner, Die Kirche im Ringen um die christliche Gemeinschaft. Vom Anfang des 13. Jahrhunderts bis zur Mitte des 15. Jahrhunderts, in: Johann Peter Kirsch (Hg.), Kirchengeschichte II/2, Freiburg 1940 (ND des 2. Kap. »Konziliare Idee« 396–408, in: Bäumer (Hg.), Entwicklung 59–74); Fink, Abendländisches Schisma.

48 Boockmann – Dormeier, Konzilien.

49 Brandmüller, Konzil von Konstanz I–II.

50 Brandmüller, Konstanz, Konzil (TRE) 529–535; Ders., Konstanz, Konzil (LexMA) 1402–1405; Ders., Art. »Constance, Council of«, in: Encyclopedia of the Renaissance 2 (New York 1999) 72–74.

51 J. Miethke (in: DA 47 [1991] 692–695; 56 [2000] 313 f.), D. Girgensohn (in: QFIAB 79 [1999] 690–693); K.-F. Johannes (in: ZSRG.K 90 [2004] 605–609). – Ausführlich zum ersten Band von Brandmüllers Geschichte des Konstanzer Konzils auch Frenken, Erforschung 400–426. Der zweite Band erschien erst ein paar Jahre später.

52 Brandmüller, Konzil von Konstanz I$^{2}$ 16.

53 Vgl. dazu oben Anm. 51. Dagegen fand Brandmüllers Darstellung eine positiv zustimmende Aufnahme in den Besprechungen von A. Kraus (ZBLG 61 [1998] 455–463), J. Goñi Gaztambide (AHIg 1 [1992] 398 f.) und J. Kejř (ZSRG.K 79 [1993] 494–498; ZSRG.K 86 [2000] 583–586).

54 Müller, Kirchliche Krise – hier vor allem die dem Konstanzer Konzil gewidmeten Abschnitte. Eine Rezension dieses Buches erscheint in Kürze in AHC 44 (2012) 450 f.

55 Studt, Konstanzer Konzil.

56 Nur wenige Autoren haben sich bislang mit der Geschäftsordnung des Konzils, mit Verfahrens- und Entscheidungsregeln, mit dem Aufbau von Institutionen etc. befasst. – Stellvertretend für die Basiliense-Forschung: Stefan Sudmann, Das Basler Konzil. Synodale Praxis zwischen Routine und Revolution, Frankfurt a. M. u. a. 2005; Hans-Jörg Gilomen, Bürokratie und Korporation am Basler Konzil. Strukturelle und prosopographische Aspekte, in: Helmrath – Müller, Konzilien 205–255.

# 2 Die Vorgeschichte des Konzils

Rom zu Beginn der 1370er Jahre: Seit vielen Jahren war der traditionelle Sitz der Päpste in der Stadt der Apostelgräber bereits verwaist; denn seit Beginn des Jahrhunderts residierten die Päpste mehr als sieben Jahrzehnte außerhalb Italiens. Schwer trug die Stadt an dem erlittenen politischen Bedeutungsverlust, der sie an die Peripherie der okzidentalen Welt hatte rücken lassen. Begleitet wurde diese Entwicklung durch einen nicht zu übersehenden wirtschaftlichen Niedergang, der mit einer starken Abnahme der Einwohnerzahl synchron ging.[1] Das Zentrum des Christentums hatte sich währenddessen an den Unterlauf der Rhône verlagert, wo Papst und Kurie für viele Jahre in Avignon ein neues Zuhause fanden. *Ubi papa, ibi Roma* – so drückte es eine zeitgenössische Redewendung zutreffend aus, sehr zum Missfallen und zum Ärger der Römer. Wie war es dazu gekommen?

1305 war mit Clemens V. ein Mann gewählt worden, der – wie auch die folgenden Päpste – aus dem Südwesten Frankreichs stammte und dem Italien zeitlebens fremd blieb.[2] Aufgrund der durch Adelskämpfe verursachten unsicheren Lage hatte sein Vorgänger Rom bereits verlassen. Nicht ein einziges Mal während seines knapp 9-jährigen Pontifikats setzte Clemens den Fuß auf italienischen Boden und blieb damit ganz im Bannkreis der französischen Politik gefangen. Die finanzielle Abhängigkeit des Papsttums von den französischen Ressourcen und die fehlende Alternative, da der Kirchenstaat und die Stadt Rom dem Papst infolge der instabilen militärischen Situation in Mittelitalien längst aus den Händen geglitten waren, schränkten seinen Handlungsspielraum immer stärker ein. Das Konzil von Vienne (1311/12) geriet so zum Triumph des französischen Königs über das Papsttum.[3] Clemens V. blieb auch nach Abschluss des Konzils in Frankreich, wo er sich an verschiedenen Orten aufhielt, vor allem in Lyon. 1314 starb er in der Provence. Auf seinen Nachfolger konnte sich das mittlerweile von Franzosen dominierte Kardinalskollegium erst zwei Jahre später – in Lyon – einigen.

Seit 1309 hatte Clemens mit der allmählichen Verlagerung der Kurie aus dem unruhigen Rom nach Avignon begonnen, wo er selbst zeitweilig im Dominikanerkloster Quartier bezog. Der großzügige Ausbau der Stadt zum ständigen Aufenthaltsort der Päpste begann allerdings erst unter seinem Nachfolger Johannes XXII. (1316–1334), der einige Jahre vor seiner Wahl zum Pontifex Bischof von Avignon gewesen war. Nun wurde der Bischofspalast zielstrebig zur repräsentativen Residenz der Päpste umgebaut und erweitert.[4] In dem Palastkomplex konzentrierten sich schon bald die zentralen Regierungs-, Verwaltungs- und Rechtsprechungsfunktionen der päpstlichen Herrschaft. Durch starken Zuzug, vor allem aus Italien, erlebte die Stadt einen starken Bevölkerungsanstieg auf am Ende mehr als 30 000 Einwohner; die Ansiedlung von Papst und Kurie brachte der aufstrebenden Metropole am unteren Rhônelauf einen enormen wirtschaftlichen Aufschwung.

Für das Papsttum war die Lage Avignons kein Hindernis. Mit den Mitteln der Diplomatie, v. a. der engmaschigen Legationen, und der Intensivierung der schriftlichen Kommunikation erfasste die jetzt von ihrem neuen Aufenthaltsort im Süden Frankreichs agierende Kurie ganz Europa.

Obgleich sich die Päpste bereits im 13. Jahrhundert in schwierigen Zeiten immer wieder in dem westeuropäischen Königreich aufgehalten hatten, bekamen erst die Jahre des »Avignonesischen Exils« bzw. der »Babylonischen Gefangenschaft des Papsttums« eine sich auch terminologisch niederschlagende negative Reputation. Deren Wurzeln liegen in nationalitalienischen Ressentiments, die sich bereits bei dem Zeitgenossen Petrarca († 1374) nachweisen lassen. Dabei sprachen für den neuen Papstsitz durchaus gute Gründe: Hier war man fern der immerwährenden Machtkämpfe der die Stadt Rom dominierenden Adelsfraktionen, der Orsini, Colonna und anderer Familienclans. Darüber hinaus verfügte die Rhônestadt über eine verkehrstechnische Zentrallage, ganz anders als die aus nordwesteuropäischer Perspektive in eine zunehmende Randlage gerückte Tiberstadt.

Die kritisch-negative Einschätzung des Avignoneser Exils dürfte nicht zuletzt mit dem Modernisierungsschub zusammenhängen, der sich als Folge fehlender Einkünfte aus dem Kirchenstaat in einer zunehmenden Zentralisierung und Fiskalisierung der päpstlichen Verwaltung niederschlug.[5] Darüber hinaus wurde das avignonesische Papsttum auch für andere Missstände der spätmittelalterlichen Kirche verantwortlich gemacht, die nur sehr bedingt mit der Verlegung des Papstsitzes zu tun hatten. Daher verstärkte sich der Ruf nach einer Rückkehr der Päpste nach Rom, versprach dieser Schritt doch am ehesten, die schwierige Lage im *Regnum** dauerhaft zu konsolidieren. Zudem war die Stadt der traditionelle Sitz der Nachfolger des hl. Petrus und blieb dies auch in den Augen vieler Gläubigen. Der Druck der Öffentlichkeit auf die an der Rhône residierenden Päpste wuchs, erhoffte man sich doch durch diesen Schritt eine Lösung all der Probleme, die man mit dem avignonesischen Papsttum verband.

1367 kam nach mehr als einem halben Jahrhundert mit Urban V. erstmals ein Papst wieder an den Tiber. Allerdings kehrte dieser nach nur zwei Jahren der Stadt wieder den Rücken, zermürbt von den ständigen Kämpfen mit der um Autonomie bestrebten römischen Stadtregierung. Einen erneuten Versuch unternahm ein Jahrzehnt später sein Nachfolger Gregor XI.,[6] der nach seinem Einzug in die Stadt am 17. Januar 1377 seinen Aufenthalt im Vatikan, am Grab des Apostels Petrus, aufschlug – statt in dem den Kämpfen der römischen Adelsparteien stärker ausgesetzten und ziemlich heruntergekommenen Lateran.[7] Das enge Bündnis mit den Anjou, die in Italien eigene dynastische, territorial- und herrschaftspolitische Interessen verfolgten, hatte ihm jedoch das nahe Florenz zum Feind gemacht, welches durch das Eingreifen des französischen Fürstengeschlechts auf der Apenninenhalbinsel das politische Gleichgewicht in Gefahr geraten sah.[8] Insofern verstärkte die Ankunft des Papstes in Rom bereits bestehende antifranzösische Ressentiments in Italien. Verstärkt wurde diese Stimmung durch das brutale Vorgehen von Söldnertruppen, die dem Papst und dem ihn begleitenden Teil der Kurie den Weg nach Rom geebnet hatten.

Seine Rückkehr in die Stadt der Apostelgräber war damit trotz eines freundlichen Empfangs alles andere als ein Triumphzug für den Papst. Gregor XI. sollte dieses gefährliche Abenteuer auch nur ein knappes Jahr überleben. Die Feindseligkeiten, die dem aus dem Limousin stammenden Papst in Italien und seitens des *popolo Romano* entgegenschlugen, zehrten an seinen Kräften. Am 27. März 1378 starb der Pontifex, wie es heißt an Erschöpfung, in Rom. Schon bald nach seinem Tod traten die in der Stadt anwesenden Kardinäle – in ihrer großen Mehrheit Franzosen – ins Konklave* ein, um einen Nachfolger zu küren. Zu aller Überraschung ging aus dieser Wahl der Erzbischof von Bari, Bartolomeo Prignano, hervor – ein gebürtiger Neapolitaner. Urban VI., wie er sich nennen sollte, war zuvor kein Kardinal gewesen, hatte aber lange Jahre in Avignon in der päpstlichen Verwaltung verbracht: Seine für Außenstehende überraschende Wahl am 8. April 1378[9] erfolgte unter starkem Druck der römischen Öffentlichkeit, die einen Römer, zumindest aber einen Italiener als

Papst gefordert hatte.[10] Trotz dieser Einmischung wie auch der dubiosen Begleitumstände der Wahl selbst wurde die Rechtmäßigkeit des neuen Papstes zunächst – von wenigen Stimmen einmal abgesehen – keineswegs in Frage gestellt.[11] Auch erkannten ihn rasch wichtige Fürsten an, darunter der römische König Wenzel, Karl V. von Frankreich, Richard II. von England und Königin Giovanna I. von Neapel. Allerdings sollten die tumultuarischen Geschehnisse rund um die Wahl den mit ihrer Entscheidung bald hadernden Kardinälen nur wenig später den entscheidenden Legitimationsgrund in die Hand geben, um von ihrer früheren Wahlentscheidung abzurücken (Ungültigkeitserklärung der vorangegangenen Wahl in Anagni am 2. August 1378; Aussprechung des Anathema* und der Absetzung des Gewählten am 9. August).[12] Der neue Papst hatte sich inzwischen bei der Umsetzung seines Reformprogramms mit wenig Rücksichtnahme und mangelndem Fingerspitzengefühl daran gemacht, die Privilegien der Purpurträger zu beschneiden.[13] Wohl nicht zufällig tauchten in dieser Situation Zweifel an seinem Geisteszustand (*incapacitas*) auf. Denn bei Vorliegen einer Geisteskrankheit wäre die Ungültigkeitserklärung der Wahl Prignanos auch kanonistisch abgesichert gewesen und man hätte sich im Zustand der Vakanz* befunden.

Schon bald nach dem totalen Bruch der Kardinäle mit Urban wählte daraufhin eine Mehrheit von ihnen am 20. September 1378 in dem nur unweit der Grenze zum Königreich Neapel gelegenen Fondi den Kardinal Robert von Genf, einen nahen Verwandten des französischen Königs, zum neuen Papst.[14] Dass diese Entwicklung ganz im Interesse der französischen Politik lag, daran dürfte kein Zweifel bestehen, wiewohl es nicht ganz einfach sein dürfte, die Verwicklung des Königreichs in die Geschehnisse von Anagni und Fondi im Detail nachzuweisen. Ein in Rom amtierender und dazu noch italienischer Papst ließ den Einfluss Frankreichs auf die Kirche jedenfalls zwangsläufig geringer werden.

Da sich Urban jedoch weiterhin als rechtmäßig gewählter Papst verstand, loste die Wahl Clemens' VII., wie der Franzose sich nannte, das (aufgrund der langen Dauer so bezeichnete) Große abendländische Schisma aus und stürzte die Kirche in eine schwere verfassungsmäßige und gleichermaßen tiefe religiöse Krise. Clemens VII. gelang es in der Folge aber trotz der französischen und neapolitanischen Unterstützung nicht, seinen Widersacher Urban VI. aus Rom zu verdrängen und ihn militärisch zu besiegen. Urban konnte sich in Italien behaupten. Unbesehen der schwierigen Umstände gelang ihm auch der Neuaufbau einer funktionierenden

Kurie, die sich maßgeblich auf Kräfte aus seiner neapolitanischen Heimat stützte. Clemens dagegen zog sich 1379/81 nach Frankreich zurück und residierte fortan in Avignon. Dabei profitierte er davon, dass er auf den erfahrenen und eingespielten Verwaltungsapparat seiner Vorgänger zurückgreifen konnte, was einen weitgehend kontinuierlichen Geschäftsgang an seiner Kurie sicherte. Das Papstschisma begann sich zusehends zu verfestigen;[15] die Christenheit wurde – nach dem noch immer bestehenden orientalischen Schisma mit seiner Spaltung der Ost- und Westkirche (seit 1054) – ein weiteres Mal einer harten Zerreißprobe ausgesetzt. Die Bruchlinie zwischen den beiden Obödienzen* zog sich bald quer durch Europa, reichte weiter in die großen Zentralorden, die in getrennten Ordenskapiteln tagten, und selbst bis in einzelne Klöster, deren Gemeinschaften sich mitunter in konkurrierende Konvente aufspalteten. Sie setzte sich fort in diversen Bistümern, Domkapiteln, reichte bis in einzelne Pfarreien und zerriss selbst einzelne Adelsfamilien in ihrer Entscheidung für den einen oder den anderen der beiden konkurrierenden Päpste. Die durch das Schisma manifest gewordene kirchliche Krise – ein wichtiges Kettenglied im Rahmen der spätmittelalterlichen Krisenerscheinungen[16] – beschleunigte eine sich abzeichnende Frömmigkeitskrise, ohne indes mit ihr einfach gleichgesetzt werden zu können. Durch die gegenseitige Belegung der Päpste und ihrer jeweiligen Anhängerschaft mit dem Anathema* und Kirchenstrafen wurde die Heilsunsicherheit, nicht zuletzt auch die der einfachen Gläubigen, wenn nicht verursacht, so doch erheblich verstärkt. Der ständige Einsatz von Exkommunikation* und Interdikt* machte diese aber als Waffe zunehmend stumpf. Neuere Forschungsergebnisse legen daher nahe, dass sich die Menschen im Alltag weit besser mit dem doppelten Papsttum und seinen Folgen arrangiert haben, als dies bislang gemeinhin vermutet wurde. Solange die heilsnotwendige Grundversorgung wie die Abhaltung von Gottesdiensten, die Spendung der Sakramente, die Sicherstellung kirchlicher Begräbnisse etc. funktionierte, waren die negativen Auswirkungen des Schismas auf den einzelnen Gläubigen offenbar geringer, als häufig behauptet.[17] Unmittelbarer von den Auswirkungen des Schismas betroffen waren allerdings Personen, die durch die Auswirkungen der Kirchenspaltung Pfründen und Privilegien verloren, nur weil sie für die falsche Seite Partei ergriffen. Dies betraf neben den Klerikern vor allem die Angehörigen der Universitäten, deren finanzielle Absicherung auf der Versorgung mit geistlichen Benefizien* beruhte, die ihnen vornehmlich von den Päpsten verliehen wurden. Auch dies ist zweifellos ein Grund dafür, dass im universitären Gelehrtenmilieu schon früh eine breite Diskussion einsetzte, wie das Schismas überwunden werden könne.

Der Ausbruch und die Verfestigung des Schismas waren allerdings nicht nur die Folge eines schier unlösbaren kanonistischen Problems, sondern – letztlich wohl sogar ausschlaggebend – das Ergebnis politischer Verwicklungen und Allianzen. Die politischen Voreinstellungen und Präferenzen waren es auch in hohem Maß, die darüber entschieden, auf welche Seite sich die einzelnen Königreiche und Fürstentümer stellten. Hatte sich Frankreich eindeutig auf Clemens VII. festgelegt[18] – ohne die französische Rückendeckung wäre es kaum zu seiner Wahl gekommen – folgte daraus nahezu zwangsläufig die englische Parteinahme für Urban VI. Der Hundertjährige Krieg warf damit seine dunklen Schatten auch auf die Entwicklung des Schismas. Schottland wiederum wandte sich daraufhin dem avignonesischen Papsttum zu, dem auch die unter der Herrschaft des Habsburgers Leopold III. stehenden südlichen und westlichen Gebiete Österreichs zuneigten.[19] Kaiser Karl IV., trotz seiner Nähe zum französischen Königshaus wenig geneigt, die Dominanz Frankreichs an der Kirchenspitze zu akzeptieren, entschied sich hingegen für den römischen Papst, nicht zuletzt auch deshalb, weil dieser bereit war, seinen Sohn Wenzel zum Nachfolger im Reich zu approbieren.[20] Damit blieben das Reich, Ungarn sowie das nördliche und östliche Europa weitgehend der römischen Obödienz* treu. Die meisten der italienischen Staaten standen ebenfalls fest zu Urban, darunter auch das Königreich Neapel, aus dem der Papst stammte. Zu sehr fürchtete man auf der Apenninenhalbinsel die Vorherrschaft Frankreichs. Allein die spanischen Königreiche hielten sich mit ihrer Entscheidung zunächst zurück und erklärten ihre Indifferenz; anfänglich – bis 1380 – auch Portugal, das sich später der avignonesischen Obödienz* anschloss, aber, als das benachbarte Kastilien sich ebenfalls für Avignon erklärte, sich umgehend nach Rom umorientierte.[21] Gerade die breit angelegten Untersuchungen zur Feststellung der Rechtmäßigkeit der beiden Papstwahlen zeigten jedoch, dass sich schon die Zeitgenossen keineswegs mehr sicher waren, welcher der beiden konkurrierenden Papstprätendenten der rechtmäßige Nachfolger Christi war. Die Umstände der Wahl waren ebenso umstritten wie die daraus abgeleitete Frage der Anerkennung. Die Spaltung verursachte zweifellos eine der schwersten Krisen der spätmittelalterlichen Kirche, führte längerfristig zu einem enormen Autoritätsverlust des Papsttums und zu einer Infragestellung der monarchischen Struktur der Kirche. Die Kirche selbst wurde indes – abgesehen von Randgruppen – nicht in Frage gestellt, auch reformorientierte und hierarchiekritische Strömungen sahen sich innerhalb der Kirche stehend, zuweilen auch als den besseren Teil der Kirche. Eine direkte Entwicklungslinie, die vom Schisma zur Reformation geführt haben soll, wie dies in der stark protestantisch geprägten älteren deutschen Historiographie häufig zu lesen ist, beruht auf einer aus dem Rückblick vorgenommenen teleologischen Sichtweise, die eine vermeintliche Kausalität der Ereignisse über Gebühr strapaziert. Das Scheitern der *via facti*, d.h. den Gegner durch Gewalt in die Knie zwingen zu können, an den politischen Rahmenbedingungen ließ eine einfache Lösung des Schismaproblems nach und nach außer Reichweite geraten. Beide Obödienzen* standen sich feindlich gegenüber, das gegenseitig verhängte Anathema* und die kanonischen Strafen negierten im Prinzip jede Möglichkeit einer vorsichtigen Annäherung oder gar einer Verständigung. Es bestand nicht einmal Raum für Verhandlungen, da diese eine Aufgabe von unverhandelbaren Rechtspositionen bzw. von vermeintlichen Rechtsansprüchen vorausgesetzt hätten. Sowohl die Anhänger Urbans als auch die seines Gegenspielers Clemens zementierten die Spaltung, indem die Kardinalskollegien beider Obödienzen* nach dem Ableben dieser beiden Päpste im Eiltempo einen Nachfolger kürten. Auf Urban folgten so Bonifaz IX. (1389–1404), Innozenz VII. (1404–1406) und schließlich Gregor XII. (ab 1406), auf seinen Kontrahenten Clemens Benedikt XIII.[22] (ab 1394). Die von ihnen vor der Wahl eingegangenen Selbstverpflichtungen, alles für die Herbeiführung der Union zu tun, blieben faktisch folgenlos. Einmal gewählt waren alle guten Vorsätze und Versprechen vergessen.[23] Das Beharren auf vermeintlichen Rechtspositionen versperrte jede Verständigung. Die vom Papst exemplarisch geforderte *caritas*, im Zweifelsfall entsprechend dem Vorbild Christi um das Heil der Gläubigen willen auf das eigene Recht zu verzichten, wich einem Verhalten, das zum *scandalum* für die Kirche wurde.[24] Wie bereits ausgeführt, waren es die weltlichen Fürsten und ihre politisch motivierten Parteinahmen, die nicht zuletzt für die Verfestigung der schismatischen Strukturen maßgeblich verantwortlich waren. Die Spaltung der westlichen Kirche war dadurch zu einer hochpolitischen Angelegenheit geworden. Eine Lösung war folglich nur zu erwarten, wenn auch die Fürsten und Landesherren darin involviert waren, was aber zunächst daran scheiterte, dass diese das Schisma zur Verfolgung ihrer eigenen Interessen instrumentalisierten und nutzten. Der von Frankreich bevorzugte Weg der Obödienzentziehung (*via subtracionis**), mit dem die leidige, da unlösbare Legitimitätsdiskussion ausgeklammert werden sollte, führte indes ebenso wenig zum Erfolg[25] wie die auf einen Kompromiss (*via compromissi**) bzw. auf die freiwillige Rücktrittsbereitschaft der beiden Päpste (*via cessionis**) setzenden Vorschläge. So musste der Anstoß zur Überwindung der Spaltung letztlich doch aus der Kirche selbst kommen. In der verfahrenen Situation eines sich verfestigenden Schismas fand die Konzilsidee jetzt immer mehr Anhänger. Bereits bald nach Ausbruch des Schismas war der Ruf nach einem Konzil (*via concilii**) als Königsweg zur Überwindung des Schismas aufgekommen. In Italien wie in Frankreich hatten renommierte Gelehrte, sowohl Theologen als auch Juristen, eine Kirchenversammlung vorgeschlagen, um auf ihr die Einheit der Kirche wiederherzustellen. Jedoch scheiterten alle Vorschläge an der mangelnden Unterstützung, ja der gezielten Obstruktion durch die politischen Mächte, die aus dieser Situation des doppelten Papsttums ihre eigenen Vorteile zu ziehen suchten, ebenso aber auch an den vielfältigen kanonistischen Hindernissen, die einer Umsetzung der Konzilsidee noch im Weg zu stehen schienen. Das vorläufige Scheitern der *via concilii** führte allerdings dazu, dass sich gelehrte Juristen und Theologen aus dem Dunstkreis der Universitäten Oberitaliens und der Sorbonne dezidiert mit den kanonistischen Voraussetzungen einer Konzilslösung auseinanderzusetzen begannen,[26] selbst unter der Maßgabe, dass der konziliare Weg vorläufig als wenig Erfolg versprechend galt.

Mitnichten wird man dies als die Geburtsstunde des Konziliarismus bezeichnen können.[27] Das, was in der Literatur vielfach als »konziliare Theorie« bezeichnet wird, war weder ein geschlossenes, in sich kohärent ausgebautes Gedankensystem, noch war es etwas grundlegend Neues, in seinem Kern schon gar nichts Revolutionäres. Das kollegiale Prinzip (vgl. Mt 18,15-20; 1 Kor 12,12; Apg 15), wie es in Konzilien und Synoden seinen lebendigen Ausdruck fand, hatte seit den frühesten Tagen des Christentums stets seinen festen Platz in der Kirchenverfassung gehabt, auch wenn es infolge des Aufstiegs des Papsttums im Hochmittelalter an praktischer Bedeutung verloren hatte. Ohne zu unmittelbaren Konsequenzen zu führen, war das kanonistische Fundament der konziliaren Idee indes im Kirchenrecht des 12./13. Jahrhunderts – im *Decretum Gratiani* und in weiteren Dekretalensammlungen – bereits fest verankert gewesen. Seine ganze Sprengkraft entwickelte das längst vorhandene Arsenal an Argumenten und Schlussfolgerungen allerdings erst jetzt, in der Notlage des nicht enden wollenden Schismas.[28] Der dem römischen Privatrecht entnommene Grundsatz *Quod omnes tangit, ab omnibus tractari et approbari debet* (»Was alle betrifft, soll auch von allen behandelt und gebilligt werden«)[29] bekam nun einen ganz besonderen Stellenwert – wenn man so will, eine Gegenreaktion auf den übersteigerten Anspruch päpstlicher Machtfülle (*plenitudo potestatis**), wie er im 13. und frühen 14. Jahrhundert nachdrücklich von papalistischen Autoren formuliert und insbesondere von Bonifaz VIII. auch politisch beansprucht worden war. Die Verwundbarkeit des päpstlichen Machtanspruchs war indes schon in der Auseinandersetzung mit dem französischen König Philipp dem Schönen und dann verstärkt in der Krise des Schismas deutlich sichtbar geworden. Der Rückgriff auf Gedanken der dekretalistischen Korporationstheorie, die eine Einheit von Haupt (*caput*) und Gliedern (*membra*) postulierte, sollte schließlich den Durchbruch für die Konzilsidee bringen. Im Generalkonzil, der die Gesamtkirche (*ecclesia universale*) repräsentierenden Versammlung (*congregatio fidelium**), mit deren Leitung der Papst – in der Christusnachfolge – beauftragt ist, fand die Vorstellung des *Quod omnes tangit …* ihre adäquate Umsetzung. Weder war darin aber ein Platz für eine unumschränkte päpstliche Gewaltenfülle vorgesehen noch für die Vorstellung, dass das Konzil die Superiorität* gegenüber dem Papst besäße. Papst und Konzil handelten stattdessen im Konsens. Allerdings lag in dieser Konstruktion bereits begründet, dass das Generalkonzil zu der Instanz werden konnte, die – potentiell – auch über die Absetzung eines Papstes entscheiden konnte. Der entscheidende Hebel für diese Entwicklung lag in der Rezeption eines anderen aus dem *Decretum Gratiani* stammenden Rechtsgrundsatzes: *Prima sedes a nemine iudicatur, nisi deprehendatur a fide devius* (»Der Papst kann von niemandem gerichtet werden, es sei denn, er fällt vom wahren Glauben ab.«).[30] Die im zweiten Teilsatz vorgenommene Einschränkung eröffnete einen gangbaren Weg, die prinzipielle Nichtjudizierbarkeit des Papstes unter besonderen Umständen aufzuheben: Simonie und das hartnäckige Verharren im Schisma wurden zum eigentlichen *scandalum*, das ein Vorgehen selbst gegen den Inhaber des Papstamtes ermöglichen sollte. Die entscheidende Frage war nun: Wie konnte ein Papst zum Häretiker werden? Um 1400 hatte sich bereits unter führenden Kanonisten* die Auffassung verbreitet: *Primo enim dicitur schisma, sed cum post tempus pertinaciter adhaeserit suae secta, dicitur haeresis* (»Zuerst nennt man es Schisma, doch wenn er hartnäckig seiner Parteiung eine [geraume] Zeit anhängt, sagt man dazu Häresie«).[31] Übertragen auf die Situation des Schismas bedeutete dies konsequent weitergeführt: Wenn die konkurrierenden Päpste nicht alles nur einem Menschen Mögliche unternähmen, um die zerbrochene Einheit wiederherzustellen, würden sie zu Förderern des Schismas und damit faktisch zu häretischen Päpsten.[32] Unter Berufung auf diese Auslegung zeichnete sich der zuerst auf dem *Pisanum* und später auch auf dem *Constantiense* eingeschlagene Weg in Richtung Papstabsetzung ab. Diese Aufgabe war allerdings dem Generalkonzil als *congregatio fidelium** vorbehalten, nicht etwa den Kardinälen.[33] Bis zur Einberufung eines solchen Konzils waren aber noch einige formalrechtliche Fragen zu klären, etwa danach, wer denn ein solches Konzil einberufen könne, falls die amtierenden Päpste sich dem widersetzen sollten. Denn seit dem 12. Jahrhundert galt das Einberufungsrecht ausdrücklich als päpstliches Vorrecht.

Die Dauer des Schismas und das Scheitern anderer Wege ließen die Gelehrten auch diese Fragen durchdenken und nach adäquaten, kanonistisch einwandfreien Lösungen suchen. Wegweisend waren hierfür die Traktate des Paduaner Kanonisten* Francesco Zabarella,[34] ebenso die in der Spätphase des Schismas entstandenen Schriften der beiden Franzosen Pierre d'Ailly und Jean Gerson. D'Aillys Traktat *De materia concilii generalis* (1400/03)[35] enthielt ein umfangreiches Reformprogramm, das in leicht veränderter Form ein weiteres Mal um den 1. November 1416 auf dem Konstanzer Konzil vorgelegt wurde – ein Beweis für die bleibende Aktualität seiner Schrift. Diesem Traktat[36] wird man mit H.J. Sieben einen insgesamt eher konservativen Charakter testieren dürfen, ging es seinem Verfasser doch darum, die durch das Schisma gestörte traditionelle kirchliche Ordnung durch ein Generalkonzil wieder herzustellen.[37] Ähnliches gilt für den kurz vor Zusammentritt des *Pisanum* entstandenen Traktat Gersons *De auctoritate concilii* (1408/09), dessen Schrift quasi eine Legitimationsschrift für die Einberufung des Konzils und dessen späteres Handeln gewesen ist und gleichzeitig die Unfehlbarkeit des Konzils begründete.[38]

Weder einen Zabarella noch einen d'Ailly oder Gerson wird man ernsthaft revolutionärer Ideen, gar umstürzlerischer Vorstellungen verdächtigen können. Dagegen spricht schon die spätere Berufung der beiden Erstgenannten in das Kardinalskollegium, ebenso wie ihr Handeln auf dem Konstanzer Konzil, das sie nicht nur durch ihre Ideen maßgeblich mitgeprägt haben. Beide wurden im Vorfeld der Papstwahl von 1417 sogar als aussichtreiche Kandidaten auf das Papstamt, als *papabili* gehandelt.

Die Wahl des Venezianers Angelo Correr[39] zum Papst der römischen Obödienz* 1406 schien einen Durchbruch zu verheißen, da sein vorher gegebenes und später wiederholtes Versprechen, unverzüglich in Verhandlungen mit dem Oberhaupt der gegnerischen Obödienz* zur Überwindung des Schismas zu treten, eine tatsächliche Realisierungschance erwarten ließ.[40] Der neue Papst schickte auch umgehend seinem Gegenspieler Benedikt XIII. die Einladung zu einem Treffen in dem für beide Seiten als sicher geltenden, an der ligurischen Küste gelegenen Savona. Eher vorgeschobene Sicherheitsbedenken ließen allerdings diese Zusammenkunft erst gar nicht zustande kommen. Im Grunde waren beide Seiten an Verhandlungen, die am Ende auf einen beidseitigen Verzicht auf die Papstwürde (*via cessionis**) hinausgelaufen wären, nicht interessiert. Die Hartnäckigkeit, mit der die beiden Päpste ihren jeweiligen Rechtsstandpunkt verteidigten, und ihre jeden Kompromiss ausschließende Haltung führten schließlich zu einem grundlegenden Umdenken in den Köpfen vieler Kardinäle. Ihr Frust über das notorische Verhalten der beiden Päpste ist wohl verständlich; für weitere Schritte bedurfte es jetzt nur noch der Anwendung des längst bereit gestellten Arsenals an kanonistischer Gelehrsamkeit, um die von ihnen geplante Aktion nicht von Vornherein zu diskreditieren.

Indem 13 von ihnen, aus beiden Obödienzen* stammend – plus fünf weitere Kardinäle, deren Vollmacht sie hatten – am 29. Juni 1408 in Livorno zusammentrafen und sich dort unter Eid darauf verständigten, dem Schisma ein rasches Ende setzen zu wollen, rissen sie die Initiative zum Handeln an sich. Diesem Bündnis schlossen sich in den Folgemonaten vier weitere Purpurträger an. Für das folgende Jahr beriefen sie zur Überwindung des Schismas ein allgemeines Konzil in das unter Florentiner Herrschaft stehende Pisa ein.[41] Einzelne Einladungsschreiben enthielten zugleich eine Begründung für das ungewöhnliche Vorgehen der Kardinäle: Päpste, die hartnäckig in einem Schisma verharren, werden dadurch zu Häretikern, da sie fortgesetzt gegen das Dogma der Einheit der Kirche verstoßen würden. Daher sei ihnen auch kein Gehorsam mehr entgegenzubringen. Um aus diesem Dilemma herauszukommen und die Spaltung zu beseitigen, müsse ein Generalkonzil einberufen werden, um die irrenden Päpste, sofern sie nicht freiwillig zurückträten, zunächst abzusetzen und anschließend durch eine Neuwahl die Beendigung des Schismas zu erreichen.[42] Durch den schuldhaften Ausfall der Päpste sahen die Kardinäle es – ganz im Sinne der herrschenden Korporationslehre – quasi als selbstverständlich an, dass das Einberufungsrecht zu diesem Konzil an sie, die Träger des roten Huts, übergegangen sei. Ihrem Selbstverständnis zufolge waren sie die Nachfolger der gleichberechtigten Apostel. Überdies betrachteten sie sich als den einzig funktionierenden Teil der kollektiven Führung der Kirche.[43]

Die Reaktion auf die Einladung der beiden Kardinalsgruppen war durchaus respektabel: Insgesamt fanden sich zwischen 600 und 800 Teilnehmer, vielleicht noch mehr, aus nahezu allen Teilen Europas in der Stadt am unteren Arno ein, der Anspruch auf Ökumenizität war in den Augen der Konzilsbefürworter damit weitgehend eingelöst,[44] die verfestigten Obödienzgrenzen waren erstmals wieder aufgebrochen. Die von den um die Petrusnachfolge streitenden Päpsten Benedikt in Perpignan (25. November 1408 – 26. März 1409, ca. 300 Teilnehmer)[45] und Gregor in Cividale del Friuli (6. Juni – 6. September 1409, nur geringe Teilnehmerzahl)[46] einberufenen Konkurrenzveranstaltungen stießen dagegen auf ein deutlich geringeres Echo, das zudem ausschließlich auf deren jeweilige Obödienz* begrenzt blieb. Während es Benedikt XIII. in Perpignan gelang, seine Obödienz* weitestgehend zu konsolidieren, zerrann Gregors Anhängerschaft. Noch während das Konzil von Cividale andauerte, verließ die Serenissima den bislang von ihr favorisierten Papst, immerhin einen gebürtigen Venezianer, und wandte sich dem *Pisanum* zu.[47] Gregor selbst musste schließlich um die eigene Sicherheit bangen und flüchtete sich mit Hilfe eines von dem neapolitanischen König Ladislaus geschickten Schiffs nach Gaeta. Nach Ladislaus' späterem Obödienzwechsel im Zusammenhang mit dem Friedensschluss von San Felice (17. Juni 1412) wich Gregor in das Herrschaftsgebiet seines wichtigsten ihm noch verbliebenen Verbündeten und Gönners, Carlo Malatesta, aus, in dem er – zunächst in Rimini, seit Januar 1416 in Recanati – bis zu seinem Tod am 18. Oktober 1417 überwinterte.

Das *Pisanum*[48] begann am 25. März 1409, am Fest Mariä Verkündigung. Tags darauf, in seiner Eröffnungspredigt zu Beginn der 1. Sitzung, verdeutlichte der Erzbischof von Mailand Petros Philargi(s) nochmals den Standpunkt der Kardinäle. Nachdem anschließend festgestellt worden war, dass die beiden Päpste trotz fristgemäßer Ladung nicht in Pisa erschienen seien, wurde die Anklageschrift gegen sie verfasst und zahlreiche Zeugen vernommen. Das juristische Prozedere nahm seinen Lauf. Den Konzilsvätern war klar, dass es für ihr unerhörtes Vorgehen kaum ausreichen konnte, die Rechtslage noch einmal darzulegen. Mindestens ebenso wichtig war es, die Laien, d.h. die politisch Mächtigen, von ihrem Vorgehen zu überzeugen, wollten sie mit der Absetzung der beiden Päpste

Erfolg haben. Daher musste das hartnäckige Verharren der *contendentes de papatu* als notorische Schismatiker und Förderer des Schismas als das eigentliche *Skandalon*, das sie dadurch für die Kirche verursachten, in den Vordergrund gestellt werden, um das eigene Tun zu rechtfertigen.[49] Mit der Verkündung des Absetzungsurteils[50] war zugleich der Weg für eine Neuwahl frei gemacht worden. Am Abend des 15. Juni 1409 zogen alle 14 noch lebenden Kardinäle, die schon Gregor XII. gewählt hatten, sowie aus der Obödienz* Benedikts insgesamt zehn Wähler – in ihrer Mehrheit Italiener – ins Konklave*.[51] Die bereits in Pisa angestoßene Diskussion, den Kardinälen angesichts ihrer Verantwortung für die Entstehung und Fortdauer des Schismas die Wahl nicht allein zu überlassen, führte noch zu keinen praktischen Konsequenzen.[52] Nach nur elf Tagen fiel die Wahl auf den gelehrten Erzbischof von Mailand, Petros Philargi (de Candia), der sich Alexander V. nannte.[53] Unter seiner Leitung wurde das Konzil bereits am 7. August 1409 beendet, die geforderte Reform auf das nächste, binnen dreier Jahre einzuberufende Konzil verschoben.[54]

Das selbstgesteckte Ziel der Beendigung der Kirchenspaltung hat das *Pisanum* letztlich verfehlt. Weil die Konzilsväter nicht rechtzeitig dafür gesorgt hatten, dass die beiden abgesetzten Papstprätendenten ihre politische Unterstützung durch mächtige Fürsten und damit deren sie schützende Hand verloren, konnten sie das politische Überleben der beiden – wenngleich in geschrumpften Obödienzen* – nicht verhindern. Aus der unseligen Zweiheit war damit eine »verfluchte Dreiheit« geworden.[55] Pisa schien, so jedenfalls der Eindruck, alles nur noch schlimmer gemacht zu haben. Aber »ohne Pisa ist die glückliche Beendigung der Spaltung schwer denkbar« (K.A. Fink),[56] hatte das Konzil doch gezeigt, dass es – theologisch wie kanonistisch – möglich war, im Schisma verharrende Päpste abzusetzen und einen neuen Papst wählen zu lassen.

---

1 Zur Situation in Rom in der Zeit des avignonesischen Papsttums: André Vauchez (a cura di) Storia di Roma dall'antichità a oggi: Roma medievale, Roma-Bari 2001, bes. die Abschnitte »Società ed economia (1050–1420)« von Sandro Carocci – Marco Venditelli und »L'organizzazione territoriale e l'urbanizzazione« von Ètienne Hubert. Vgl. die knappe Zusammenfassung bei Volker Reinhardt, Geschichte Roms von der Antike bis zur Gegenwart, München 2008, 46.

2 Zur Person: Agostino Paravicini Bagliani, Art. »Clemente V«, in: Enciclopedia dei papi II (2000) 501–512.

3 Grundlegend zum Konzil von Vienne: Joseph Lecler, Vienne [= GÖK 8], Mainz 1965; zum Bonifaz-Prozess: Tilman Schmidt, Der Bonifazprozeß. Verfahren der Papstanklage in der Zeit Bonifaz' VIII. und Clemens' V., Köln-Wien 1989; Ders., Das *factum Bonifatianum* auf dem Konzil von Vienne (1311/12), in: Karl Borchard – Enno Bünz (Hg.), Forschungen zur Reichs-, Papst- und Landes-

geschichte. Peter Herde zum 65. Geburtstag, Stuttgart 1998, II 623–633; Jean COSTE (éd.), Boniface VIII en procès. Articles d'accusation et dépositions des témoins (1303–1311), Roma 1995.

4 Fausto PIOLA CASELLI, La costruzione del palazzo dei papi di Avignone (1316–1367), Milano 1981.

5 Bernard GUILLEMAIN, La cour pontificale d'Avignon, 1309–1376. Étude d'un société, Paris [2]1966. Eine wegweisende Studie, die die Kurie weniger als die Gesamtheit des geistlichen und weltlichen Behördenapparats begreift als »einen auf die Person des Papstes als Mittelpunkt bezogenen Personenverband« (SCHUCHARD, Die Deutschen 25).

6 Einen interessanten Aspekt zur Realisierung der Rückkehr nach Rom behandelte Stefan WEISS, Kredite europäischer Fürsten für Gregor XI. Zur Finanzierung der Rückkehr des Papsttums von Avignon nach Rom, in: QFIAB 77 (1997) 176–205.

7 Zum Hintergrund: TREXLER, Rome 489–509; überblicksmäßig auch: GATTO, Storia di Roma 478–484.

8 George Andrew HOLMES, Florence and the Great Schism, in: Proceedings of the British Academy 75 (1989) 291–312, ND in: DERS., Art and politics in Renaissance Italy. British Academy lectures, Oxford u. a. 1993, 19–40; LEWIN, Negotiating survival.

9 Zur Person: Ansgar FRENKEN, Art. »Urban VI. (Bartolomeo Prignano)«, in: BBKL 12 (1997) 925–928 [»http://www.bbkl.de/u/urban_vi.shtml«]; zuletzt: AIT, Urbano VI 561–569. Zu seinem Ruf zum Zeitpunkt der Papstwahl: Patrick ZUTSCHI, Continuity and discontinuity in the chanceries of Urban VI and Clement VII, in: MÜLLER – HOTZ (Hg.), Gegenpäpste 285–313, hier 286 f.

10 Zu den Unruhen in Rom vgl. die Studie von ROLLO-KOSTER, Raiding Saint Peter, die die Brisanz der Situation weniger in den Unruhen an sich sieht, sondern eher in deren Wahrnehmung vornehmlich durch die französischen Kardinäle. Ihre Analyse kommt zu dem Schluss, dass die Brisanz der Situation nicht über das hinausging, was in Zeiten der *sede vacante* durchaus üblich gewesen war, wenn man zusätzlich berücksichtigt, dass die Wahl mit dem Osterfest zusammenfiel und das römische Volk und zahlreiche Zugereiste dadurch in Erwartung des zu erwartenden Ablasses standen. – Dass die Stimmung in der Tiberstadt schon vor Gregors Tod ziemlich aufgeheizt war, hat TREXLER, Rome 489–509, minutiös nachweisen können.

11 Der Forschungsstand wird durch die nachfolgend genannten Arbeiten wiedergegeben, die insbesondere die Quellen ausgewertet haben, die aus der Zeit vor dem Abfall der Kardinäle von Urban VI. stammen: MCFARLANE, English account 75–85; PŘEROVSKÝ, L'elezione; SAGGI, Bartolomeo Peyroni 59–77; BRANDMÜLLER, Gültigkeit der Wahl 78–120 (ND 3–41); DYKMANS, Conclave 207–230; DERS., Troisième élection 217–264. Vgl. zuletzt REHBERG, Inchieste 247–304 (mit weiterer Literatur); Maria Consiglia DE MATTEIS, L'elezione di Urbano VI: un'interpretazione oltre le apparenze, in: Luciano BERTAZZO (a cura di), Arbor ramosa: studi per Antonio Rigon da allievi amici colleghi, Padova 2011, 77–86

12 Auf die Bedeutung der Gegensätze im Kardinalskolleg wies BRESC, Genèse 45–57, hin; zuletzt erweiterte WILLIMAN, Schism 29–47, die Diskussion, in dem er die Ursache vor allem in Dissensen innerhalb der Kurie verorten wollte.

13 Zuletzt WEISS, Luxury 67–87.

14 Zur Wahl zuletzt BRANDMÜLLER, Kanonistische Hintergründe 125–130; zur Person des Gewählten vgl. zuletzt DYKMANS, Clemente VII 593–606.

15 HAYET (éd.), Genèse. Eine konzise Zusammenfassung des aktuellen Forschungsstands bei KAMINSKY, Great Schism 674–696; einen umfangreicheren Überblick bietet Paul PAYAN, Entre Rome et Avignon. Une histoire du grand schisme (1378–1417), Paris 2009. – Zu den Versuchen, den Kontrahenten zum ›Gegenpapst‹ zu stilisieren, vgl. die instruktive Fallstudie von Andreas REHBERG, Ein ›Gegenpapst‹ wird kreiert, in: MÜLLER – HOTZ (Hg.), Gegenpäpste 231–259.

16 Grundlegend Ferdinand SEIBT – Winfried EBERHARD (Hg.), Europa 1400. Die Krise des Spätmittelalters, Stuttgart 1984, bes. der Beitrag »Akzente und Aspekte in der deutschen Forschungsdiskussion zu spätmittelalterlichen Krisenerscheinungen, insbesondere im Bereich des geistigen Lebens« von Heinz-Dieter HEIMANN (ebd. 53–64). Zu Fragestellung und aktueller Forschungsdiskussion vgl. MÜLLER, Spätmittelalterliche Kirche 1–5, 59–61.

17 Darauf wiesen bereits BOOCKMANN, Politische Geschichte 46, und OURLIAC – SCHIMMELPFENNIG, Schisma 83, hin. Zuletzt: Philip DAILEADER, Local Experiences of the Great Western Schism, in: ROLLO-KOSTER – IZBICKY (Ed.), Companion 89–121.

18 Zu der zunächst offenen Situation in der Gascogne vgl. Hugues LABARTHE, L'Antipape dans les controverses ecclésiologiques du Grand Schisme d'Occident menées en Gascogne (Vortrag,

gehalten auf der Tagung »Gegenpäpste – Prüfsteine universaler Autorität im Mittelalter«, Aachen, 9. September 2011); Ders., Un espace-frontière au défi d'une crise internationale. Grand Schisme d'Occident – Gascogne, vers 1370–1430), (Thèse doctorat [ungedr.]) Toulouse 2009.

19 Brigitte Hotz, Der Ausbruch des Großen Abendländischen Schismas als Chance offensiver landesherrlicher Kirchenpolitik. Motive der Parteinahme Herzog Leopolds III. von Österreich für Clemens VII., in: Francia 37 (2010) 353–374; Dies., Un prince, son Église et ses États: Léopold III, duc d'Autriche, et Clément VII, in: Jamme –Chiffoleau (éd.), Papauté [im Druck].

20 Vgl. die Arbeiten von Weiss, Prag – Paris – Rom 183–246; Ders., Onkel und Neffe. Die Beziehungen zwischen Deutschland und Frankreich unter Kaiser Karl IV. und König Karl V. und der Ausbruch des Großen Abendländischen Schismas, in: Ders., Regnum und Imperium. Die französisch-deutschen Beziehungen im 14. und 15. Jahrhundert, München 2008, 101–164.

21 Vgl. die Übersicht bei Odilo Engels, Die Obedienzen des Abendländischen Schismas, in: Hubert Jedin u.a. (Hg.), Atlas zur Kirchengeschichte, Freiburg 1970 [2]1987, Karte 66 mit Erläuterungen 48*–52*.

22 [*Eine heutige Ansprüche befriedigende, kritische Biografie Pedro de Lunas liegt nicht vor. Am ehesten noch:*] Suárez Fernández, Benedicto XIII. – Walter Brandmüller, Art. »Benedikt XIII. (Pedro de Luna)«, in: LexMA 1 (1980 ND 2002) 1862–1864; Manuel Vaquero Piñeiro, Art. »Benedetto XIII, antipapa«, in: Enciclopedia dei Papi II (2000) 606–610 (erschöpfende Bibliographie). – Wichtig für das Geburts- und Sterbedatum: Girgensohn, Schisma 197–247, hier: Anhang 1, ebd. 232–239.

23 Die kirchenrechtliche Argumentation Benedikts XIII., die für ihn jede Möglichkeit einer Verständigung ausschloss, analysierte D. Girgensohn. Sein Fazit: »Benedikt wollte gewiß nicht abdanken. In seiner Vorstellung wird es nur einen einzigen rechtlich unbedenklichen Weg zur Beendigung des Schismas gegeben haben: Verjagung des Kontrahenten, sei es durch Diskussion mit ihm, sei es durch Schiedsurteil, wenn nicht durch politische Macht ... Ob nun besten Willens oder in böser Absicht – er selbst hat zweifellos durch sein praktisches Handeln ganz wesentlich zu ihrem [= der drei Verfahrenswege] Scheitern beigetragen« (Girgensohn, Schisma 230).

24 Ludwig Buisson, Potestas und Caritas. Die päpstliche Gewalt im Spätmittelalter, Köln-Graz 1958, 192–195.

25 Zur Pariser Versammlung von 1398, die Benedikt die Obödienz entzog: Kaminsky, Simon de Cramaud 207–243; Ders., The politics of France's substraction of obedience from pope Benedict XIII, 27th July, 1398, in: PAPS 115 (1971) 366–397; Ders., Cession, Subtraction, Deposition: Simon de Cramaud's formulation of the French solution to the Schism, in: Studia Gratiana 15 (1972) 293–317; Hélène Millet – Emmanuel Poulle, Le vote de la soustraction d'obédience en 1398, t. 1, Paris 1988.

26 Ansgar Frenken, Das Konzil als ultimativer Lösungsversuch zur Beendigung des Großen abendländischen Schismas: Eine Übersicht französischer und italienischer Beiträge zur Propagierung der *via concilii* vor dem Hintergrund ihres historischen Entstehungskontextes, in: Jamme – Chiffoleau (éd.), Papauté [im Druck].

27 Über die Entwicklung der Konziliarismusforschung berichten Bäumer, Erforschung, in: Ders. (Hg.), Entwicklung 3–56; Schneider, Konziliarismus, bes. 308–339; Alberigo, Movimento conciliare 913–950.

28 Die klassische Untersuchung stammt von: Tierney, Foundations. Vgl. Frenken, Grundlagen 405–415. Grundlegend auch: Sieben, Konzilsidee im Mittelalter.

29 Dig. 5.59.5.2; VI 5.12.29 (Friedberg II 1122). Zur Geschichte des Rechtssatzes vgl. Yves M.-J. Congar, *Quod omnes tangit, ab omnibus tractari et approbari debet*, in: RHDEF 36 (1958) 210–259, ND in: Heinz Rausch (Hg.), Die geschichtlichen Grundlagen der modernen Volksvertretung. Die Entwicklung von den mittelalterlichen Korporationen zu den modernen Parlamenten [= WdF 469], Darmstadt 1980, 115–182; Jasmin Hauck, Quod omnes tangit debet ab omnibus approbari – eine Rechtsregel im Dialog der beiden Rechte, in: ZSRG.K 130 (2013) 398–417; ein knapper Überblick auch in: Miethke, Universitäten 201–205.

30 D.40 c.6 *Si papa* (Friedberg I 146); vgl. Zimmermann, Papstabsetzungen (1968) 169 f.

31 Anonyme Glosse zu C.24 q.3 c.2.

32 Vgl. Dieter Girgensohn, Das Recht der Kirche gegenüber dem irrenden Papst: juristische und theologische Doktrin im späteren Mittelalter, in: Kenneth Pennington – Stanley Chodorow – Keith H.

Kendall (Ed.), Proceedings of the Tenth International Congress of Medieval Canon Law, Syracuse, NY, 13–18 august 1996, Città del Vaticano 2001, 705–726.

33 Vgl. Zabarella, De scismate fol. 120va: *Sed quia receptum est de pape dispositione solum concilium iudicet; ideo collegium licet possit eligere noch tamen deponere* (zitiert nach Morrissey, Franciscus Zabarella 37–54, hier 44).

34 Francesco Zabarella, »De schismatibus auctoritate imperatoris tollendis seu De schismate pontificum tractatus« (»De eius temporis schismate tractatus«) [drei Fassungen, entstanden 1402–1408]; Druck: Schard[ius], De jurisdictione – eine kritische Fassung dieser Schrift steht noch aus. Vgl. dazu Tierney, Foundations 199–214; Girgensohn, Francesco Zabarella 273 f.

35 Druck: Oakley, Political Thought 252–342. – Bei Abfassung der Schrift hatte d'Ailly, damals noch Anhänger Benedikts XIII., ein Konzil der avignonesischen Obödienz im Auge gehabt.

36 Druck: MOCC I 409–433.

37 Sieben, Traktate 22; dazu ausführlich Pascoe, Church and Reform.

38 Zofia Rueger, Le »De auctoritate concilii« de Gerson, in: RHE 53 (1958) 775–795, Glorieux VI 114–123 (Nr. 269); dazu Sieben, Traktate 158 f.

39 Eine wissenschaftlichen Ansprüchen genügende moderne Biographie Gregors XII. ist ein Forschungsdesiderat. – Girgensohn, Gregorio XII; Ders., Kirche, 143–170, ad indicem; Gherardo Ortalli, Art. »Gregorio XII«, in: Enciclopedia dei Papi II (2000) 584–593 (erschöpfende Bibliographie); Ders., Art. »Gregorio XII, papa«, in: DBI 59 (2003) 195–204; Frenken, Gregor XII. [im Druck].

40 Druck in: Martin Souchon, Die Papstwahlen in der Zeit des großen Schismas I, Braunschweig 1898, 285–295.

41 Dieter Girgensohn, *More sanctorum patrum alias utiliter in ecclesia observat*: die Einberufung des Pisaner Konzils von 1409, in: AHC 27/28 (1995/96) 325–382.

42 Vgl. etwa die Einladung an einen ungenannten Bischof, Livorno, 24. Juni 1408 – abgedruckt in: DRTA 6, 377–386, die das entscheidende kanonistische Argument für die Absetzung eines Papstes mitliefert.

43 Petrus Philargos, der spätere Alexander V. äußerte sich in diesem Sinne auf der ersten Sitzung des Konzils (ed. Vincke, Acta 92 f.) .

44 In ihrer Arbeit Millet, Représentativité, konnte die Autorin den ökumenischen Charakter, was die Repräsentanz des *Pisanum* betraf, schlüssig nachweisen.

45 Hélène Millet (dir.), Le concile de Perpignan (15 novembre 1408–26 mars 1409). Actes du colloque international (Perpignan, 24–26 janvier 2008), in: Etudes Roussillonnaises 24 (2009–2010). Eine Teilnehmerliste ebd. 198–212.

46 Carla Sisto, Art. »Cividale del Friuli«, in: Dizzionario dei Concili 1 (1963) 291 f.

47 Girgensohn, Kirche, bes. 309–358.

48 Einen umfassenden Überblick über das Quellenmaterial gibt Girgensohn, Pisa, Konzil (TRE) 644–649 [mit Angaben zu Quellen und Literatur]; Ders., Konziliare Theorie 63–67. Von D. Girgensohn ist in absehbarer Zeit auch eine umfassende Gesamtdarstellung des *Pisanum* zu erwarten. Bis zu deren Erscheinen ist – trotz ihrer Schwächen – noch auf die Darstellung von Aldo Landi, Il papa deposto (Pisa 1409). L'idea conciliare nel grande scisma, Torino 1985, zurückzugreifen.

49 Girgensohn, Protokolle 124 f.

50 Mansi 26, 1146–1148.

51 Mansi 26, 1151; Vincke, Acta 308, 310–312; vgl. Girgensohn, Karrieren 153 Anm. 43.

52 Vgl. Girgensohn, Konziliare Theorie 88 f.

53 Vgl. André Tullier, L'élection d'Alexandre V, pape grec, sujet vénitien et docteur de l'Université de Paris, in: Rivista di studi bizantini e slavi 3 (1983) 319–342. Zur Person zuletzt: Armando Petrucci, Art. »Alessandro V, antipapa«, in: Enciclopedia dei Papi II (2000) 610–613 [mit Literaturhinweisen].

54 Mansi 26, 1237–1239.

55 Anonymer Traktat aus der Zeit kurz vor Beginn des Konstanzer Konzils (Finke, Forschungen 281, hier zitiert nach Girgensohn, Konziliare Theorie 91). Bereits vor dem Pisanum hatte der damalige König Ruprecht befürchtet, dass statt der erhofften Einheit *ein trifeltekeit und noch ein vil großere zweiunge* eintreten könne (DRTA 6 [1888] 469 Z. 2 f. Nr. 280 § 8).

56 Fink, Abendländisches Schisma 514.

## 3.1 Die Einberufung des Konzils

Gemessen an den eigenen Erwartungen hatte das Konzil von Pisa im Desaster geendet.[1] Zwar war mit Alexander V. ein neuer Papst gewählt, der Einheit der Kirche war man damit aber keineswegs näher gekommen. Die beiden auf der Pisaner Kirchenversammlung abgesetzten »Päpste« konnten sich in ihren Obödienzen* auch weiterhin behaupten. Wohl fand der zu Pisa gewählte Alexander V. Anerkennung und Unterstützung bei dem mit Abstand größten Teil der okzidentalen Christenheit, aber eben nicht im gesamten *orbis christianus.*

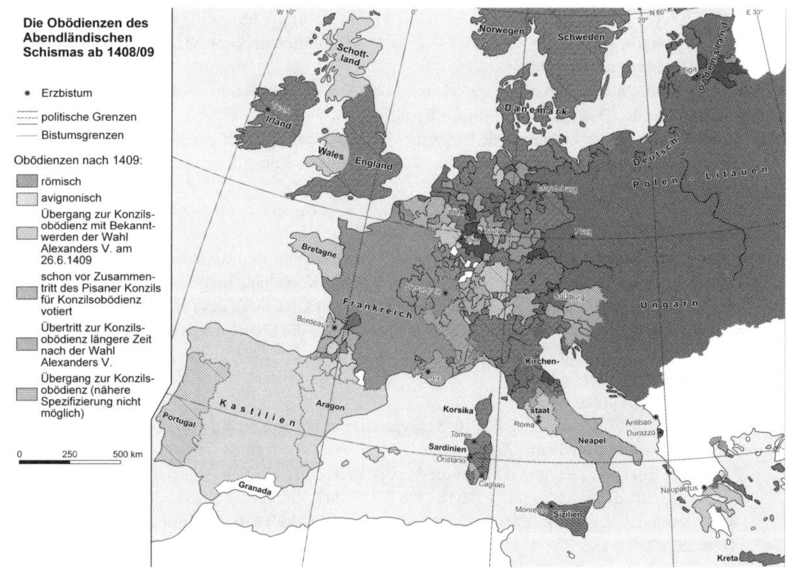


*Das geteilte Europa während des Abendländischen Schismas*

Bewegung schien erst in die Sache zu kommen, als am 3. Mai 1410 Alexander V. in Bologna gestorben war. Eine Lösung des Schismas lag nahe, denn wenn kein Nachfolger Alexanders gewählt würde, verblieben nur noch zwei Päpste. Aber die finanziellen Interessen der Purpurträger vertrugen keinen Wahlaufschub. So bezogen die in der Stadt anwesenden Kardinäle bereits am 14. Mai das Konklave* im oberen Stockwerk des Palazzo de Podestà. Nach nur drei Nächten und zwei Tagen war die Wahl entschieden; sie fiel einstimmig auf den favorisierten Cossa der den Namen Johannes XXIII. annahm.[2] Kam das Ergebnis auch nicht überraschend, so zeigte es allerdings die »fortschreitende Marginalisierung des Kollegs«, die auf das Scheitern des in Pisa vorangetriebenen Unionsprojekts folgte.[3]

Der Neugewählte, »a cardinal and a condottiere« (Ph. Stump), hatte ein bewegtes Leben hinter sich,[4] allerdings wenig vorzuweisen, was ihn für die päpstliche Würde prädestiniert hätte. So wenig der Wahlausgang eine Überraschung gewesen war und in der damaligen Situation vielleicht auch keine wirkliche Alternative zu dem mächtigen und politisch erfahrenen Kardinallegaten von Bologna existierte, so problematisch war aber die Eignung des Gewählten für das Amt.

Baldassare Cossa (* ca. 1360/65) entstammte einem neapolitanischen Adelsgeschlecht, das sich dem Kriegsdienst verschrieben hatte. Über seine Kindheit und Jugend ist nur wenig Zuverlässiges bekannt. Er studierte in Bologna und kam unter Papst Bonifaz IX. an die Kurie. Verwandtschaftliche Patronage ließ ihn dort rasch eine steile Karriere machen, 1396 wurde er Archidiakon von Bologna und 1402 Kardinaldiakon. Als Kardinallegat für die Romagna blieb er in dem wichtigsten Zentrum des Kirchenstaats. Mit brutaler Gewalt ging er gegen die lokale Oligarchie vor und sicherte dem Papsttum die weltliche Herrschaft über die Stadt. Cossa war maßgeblich an der Einberufung des Konzils nach Pisa durch die Kardinäle der beiden konkurrierenden Kollegien Gregors XII. und Benedikts XIII. beteiligt. – Zweifellos war Cossa ein resoluter, im Zweifelsfall auch vor hartem Machteinsatz nicht zurückschreckender Verwalter der von ihm vertretenen Interessen. Die später gegen ihn erhobenen Vorwürfe wegen privater Verfehlungen müssen trotz alledem mit großer Vorsicht aufgenommen werden: Die Mehrheit dieser Anschuldigungen fußt auf Aussagen, die im Rahmen der späteren Zeugenvernehmungen in Konstanz gefallen sind, wo es um seine Absetzung als Papst ging. In hohem Maße dürften diese Aussagen von politischem Kalkül, mitunter auch von einer persönlichen Abrechnung mit dem Angeklagten beeinflusst gewesen sein. Behauptungen, er habe seinen Vorgänger vergiften lassen und leugne gar die Auferstehung, sind soweit hergeholt, dass man sie kaum als glaubwürdig ansehen kann.

Mit Sicherheit lässt sich aber sagen, dass sich Cossa bzw. der spätere Johannes XXIII. den weltlichen Angelegenheiten immer mehr gewidmet hatte, als es für einen Inhaber höchster geistlicher Ämter und Würden angemessen gewesen wäre. Insofern darf man durchaus von einer Fehlbesetzung des Papstamtes sprechen.

Johannes XXIII., der am 31. März 1411 in Rom einziehen konnte, suchte die Macht des Pisaner Papsttums vom traditionellen Sitz der Päpste bei den Apostelgräbern aus zu konsolidieren und seine bereits auf dem Konzil abgesetzten Widersacher endgültig aus dem Feld zu schlagen. In seinen Augen konnte die angestrebte Union allein darin bestehen, die Anhänger der beiden Abgesetzten für die Pisaner Sache zu gewinnen und sie zum Abfall von den von ihnen bislang unterstützten Papstprätendenten zu bewegen. Rom sollte die Plattform für die Erneuerung des Papsttums und zugleich für die Wiederherstellung des alten päpstlichen Macht- und Herrschaftsanspruchs sein. Kluge personalpolitische Entscheidungen, wie etwa die Berufung der Franzosen Fillastre und d'Ailly sowie der Italiener Adimari, Branda Castiglione und Zabarella in das Kardinalskollegium (am 6. Juni 1411) sollten seine Stellung weiter festigen. Folgerichtig hatte Johannes XXIII. schon zuvor zu einem allgemeinen Konzil nach Rom eingeladen, das im April 1412 zusammentreten sollte, um dort die in Pisa noch vertagte Reformfrage voranzutreiben.[5] Die Synode geriet indes zu einem Fiasko:[6] Bereits die Einberufung war ein Fehlschlag, da sie faktisch nur die eigene Obödienz* erreichte. Das Echo darauf fiel äußerst schwach aus, die Besucherzahl auf der Versammlung war dementsprechend spärlich. Die mehrfache Verschiebung des Eröffnungstermins hatte hier keine Abhilfe geschaffen. Außer den in Rom Anwesenden und einer größeren Zahl Italiener scheinen allein aus Frankreich einige höhere Prälaten gekommen zu sein, daneben außerdem zwei Vertreter der Universität Paris, die ein eigens für das Konzil ausgearbeitetes Reformprogramm mitgebracht hatten.[7] Deutsche und Engländer haben dagegen offenbar nur in geringer Zahl an dem Konzil teilgenommen. Von einer breiten Beteiligung der okzidentalen Christenheit konnte damit nicht die Rede sein. Zur inhaltlichen Arbeit ist diese Synode kaum gekommen. Erst am 10. Februar 1413 fand die Eröffnungssitzung statt, vermutlich die einzige Sitzung des Konzils, die überhaupt abgehalten wurde. Die Lehren des Engländers John Wyclif († 1384), die sich auch in Böhmen verbreiteten, wurden erneut als häretisch verurteilt, seine Schriften verbrannt. Die politisch sich zuspitzende Situation, die durch den Versuch König Ladislaus' von Neapel, sich erneut der Stadt Rom zu bemächtigen, hervorgerufen wurde, beschleunigte dann das vorzeitige Ende des Konzils. Am 3. März 1413 wurde es von Johannes XXIII. durch die Bulle* *Ad regimen* auf den 1. Dezember 1413 vertagt, ohne darin allerdings einen Ort der Zusammenkunft zu benennen.[8] Es fand seine Fortsetzung aber erst nach den – noch darzustellenden – Verhandlungen zwischen dem Papst und dem gewählten Römischen König Sigmund in Konstanz (1414–1418). Dass der Luxemburger sich jetzt so stark für ein Konzil einsetzte, hing mit der traditionell dem römischen König zugeschriebenen Aufgabe zusammen, in seiner Eigenschaft als *advocatus ecclesiae* für die Einheit der Kirche zu wirken. Für diesen stellte sich nicht zuletzt das Problem, von welchem der drei existierenden Päpste er die Kaiserkrone empfangen konnte; ein Erfolg in der Unionsfrage war der einfachste Weg zur Lösung dieses Problems. Sigmunds besonders hervorgehobene Position in dieser Phase korrespondierte allerdings auch mit der prekären Lage, in der sich das innerlich zerrissene, am Rande eines Bürgerkriegs stehende Frankreich zum damaligen Zeitpunkt befand. Die französische Politik war gar nicht in der Lage, eine ähnlich dominierende Rolle wie im Vorfeld und während des *Pisanum* zu spielen.

Unterdessen wurde die Situation im Kirchenstaat zunehmend kritisch. Wenn es auch nicht so war, dass Johannes auf die Hilfe des gewählten römischen Königs Sigmund auf Gedeih und Verderb angewiesen war, wie vor allem in der deutschen Konzilsgeschichtsschreibung immer wieder dezidiert betont wurde,[9] so konnte es für den Pisaner Papst doch nur darum gehen, die eigene Stellung zu konsolidieren. Alle Schritte, die zu einem Ende des Schismas führten, mussten daher in seinem Interesse liegen.

Entscheidend für die weitere Entwicklung wurde, dass Ladislaus wieder nach Rom zog. Am 8. Juni musste der Papst mitsamt der Kurie fluchtartig Rom verlassen. Johannes XXIII. zog über Siena weiter nach Florenz. Es scheint so, als habe der Luxemburger in diesen Wochen beim Papst angemahnt, dieser solle einen Konzilsort benennen. Jedenfalls schrieb Johannes dem König in einem Brief vom 27. Juli, er wolle diesen Ort innerhalb von drei Monaten bekannt geben. – Schließlich reiste der Papst am 8. November weiter nach Bologna. Doch kaum dass er an seiner alten Wirkungsstätte in der Romagna das Quartier wieder aufgeschlagen hatte, brach er bereits am 25. November 1413 nach Lodi auf, wo er mit dem römischen König Sigmund zusammentraf. Vorbereitet worden war dieses Treffen durch Verhandlungen, die der römische König mit den päpstlichen Abgesandten, den Kardinälen Zabarella und Challant sowie dem gelehrten Manuel Chrysoloras, in der zweiten Oktoberhälfte 1413 in Viggiù (ca. 20 km nordwestlich von Como) geführt hatte. Dabei war die Ortsfrage bereits entschieden und in einem *edictum universale* Sigmunds am 30. Oktober bekannt gegeben worden. In enger Abstimmung mit dem König berief Johannes XXIII. am 9. Dezember 1413 das Konzil nach Konstanz ein.[10] Die Eröffnung wurde auf das Allerheiligenfest des folgenden Jahres terminiert und folgte damit einem alten Brauch, den Konzilsbeginn auf einen hohen Feiertag festzusetzen.

»Warum gerade Konstanz?«, mag man sich mit J. Helmrath[11] fragen. Der Vorschlag dürfte von König Sigmund gekommen sein. Ein Ort in seinem Herrschaftsbereich konnte ihm erhebliche Einflussmöglichkeiten auf das Konzil geben, was für den Erfolg dieser Versammlung in der damaligen Situation dreier um das Papsttum konkurrierender Protagonisten von nicht unerheblicher Bedeutung sein sollte. Mit den Königen von England und Frankreich hatte er sich zuvor ins Einvernehmen gesetzt, so dass zumindest von dieser Seite kein Einspruch zu erwarten war. Darüber hinaus entfaltete der Luxemburger jetzt, nachdem die Ortswahl entschieden war, eine rege diplomatische Aktivität, um für das Konzil zu werben. So versuchte er die miteinander verfeindeten Mächte an der Ostgrenze des Reiches – das Königreich Polen und den Deutschen Orden – dazu zu bringen, Gesandtschaften nach Konstanz zu schicken, nicht zuletzt, um dort den fortdauernden Streit unter seiner Vermittlung beizulegen. Auch mit dem byzantinischen Kaiser Manuel hatte Sigmund Kontakt aufgenommen. Seine weit ausgreifenden Pläne, die nach einem Erfolg in der Unionsfrage eine Beilegung des orientalischen Schismas mit der orthodoxen Kirche und schließlich einen Kreuzzug zur Eroberung des Hl. Landes vorsahen, veranlassten ihn zu umfangreichen diplomatischen Aktivitäten, die zunächst das Zusammentreten des Konzils wie auch eine spätere Zustimmung der politischen Mächte zu der dort erreichten Lösung sichern sollten.[12] Sigmund argumentierte jedenfalls mit der Zentralität des Ortes, möglicherweise hatte ihn aber auch die sich zuspitzende Hussitenfrage dazu bewogen, einen nicht allzu weit von Böhmen liegenden Verhandlungsort zu suchen.

Warum sich jedoch Johannes XXIII. auf Konstanz einließ, ist den Quellen nicht unmittelbar zu entnehmen. Dass der Papst gleichfalls an dem baldigen Zusammentritt eines Unionskonzils interessiert gewesen war – erwartete er sich doch davon immerhin die Bestätigung des *Pisanum* und damit eine Konsolidierung seiner eigenen Position – kann ernsthaft kaum bestritten werden. Zudem suchte er die Unterstützung für seine Auseinandersetzung mit König Ladislaus von Neapel, dessen expansionistisches Ausgreifen nach Mittelitalien eine existentielle Bedrohung für den Kirchenstaat darstellte. Auch werden ihm kaum die Anstrengungen Benedikts XIII., auf Sizilien und in Süditalien mit Aragoneser Hilfe wieder verstärkt Fuß zu fassen und die eigene Obödienz* auf seine Kosten auszudehnen, verborgen geblieben sein.[13] Letztlich dürfte Johannes daher zu Zugeständnissen in der Ortsfrage bereit gewesen sein. Immerhin, so dürfte er sich vielleicht gesagt haben, war Konstanz auch Sitz eines Bischofs, die städtische Öffentlichkeit war mithin vertraut im Umgang mit Ritualen und Zeremonien, derer sich ein Konzil bediente.[14] Nicht weniger wird der Umstand gezählt haben, dass die Stadt über eine gewisse Größe verfügte und zudem über Erfahrungen in der Organisation größerer Veranstaltungen besaß: Zuletzt waren 1408 in Konstanz – unter Vorsitz des damaligen Königs Ruprecht – Friedensverhandlungen zwischen den gegen den Abt von St. Gallen revoltierenden Appenzellern und dem oberschwäbischen Adel geführt worden. Ein »Abenteuer im Norden« (J. Helmrath) war es allemal, auf das sich Johannes XXIII. eingelassen hatte.[15]

Umgehend setzte der Luxemburger jedenfalls den französischen König von der Einigung in der Ortsfrage in Kenntnis, ebenso Gregor XII. Knapp anderthalb Monate später trafen sich Sigmund und Johannes in Lodi zu einer persönlichen Aussprache, um die vorher getroffene Abmachung endgültig festzuzurren und von hier aus aller Welt zu verkünden. Sigmund konnte damit gegenüber Benedikt XIII. und Gregor XII. und deren Anhängern als der offiziell Einladende auftreten – *per imperiale officium* –, war doch abzusehen, dass die Konzilseinladung des Pisaner Papstes, die erwähnte Bulle* *Ad pacem et exaltacionem*, über die Grenzen seiner eigenen Obödienz* hinaus kaum Beachtung finden würde. Als Themen der Versammlung hatte die päpstliche Einladungsbulle* die Reform und Glaubensangelegenheiten benannt; das Thema Union wurde darin ausgespart, obwohl doch alle Welt wusste, dass dies das zentrale Thema der Synode sein sollte.

Die Entscheidung für Konstanz war indes, daran lässt W. Brandmüller keinen Zweifel aufkommen, »eine in hohem Maße sachgerechte Entscheidung«.[16] Sicher war die geographisch günstige sowie verkehrsmäßig gut erschlossene Lage ein entscheidendes Plus: Die Stadt Konstanz liegt am unmittelbaren Nordrand der Alpen, war damit ein Ort innerhalb des *regnum teutonicum*, der von der Entfernung her noch leidlich gut von

Italien und dem westlichen Mittelmeerraum zu erreichen war.[17] Von hier aus führten Wege über die wichtigsten Alpenpässe nach Süden, durch das Oberrheintal ging es Richtung Westen nach Burgund und Frankreich und auch gen Osten und Norden waren die Verbindungen vergleichsweise ordentlich. Als Handelszentrum hatte Konstanz im oberdeutschen Raum einen guten Ruf. Eingebunden in die *Societas Alemannorum* (heute meist unter dem Begriff der *Großen Ravensburger Handelsgesellschaft* firmierend) waren die ansässigen Groß- und Fernhandelskaufleute fest in das überregional ausgerichtete Fernhandelsnetz oberschwäbischer Kaufleute eingebunden;[18] bekanntestes Produkt war die als *Tela di Costanza* weithin vertriebene Leinwand. Diese ökonomische Verflechtung liefert uns indirekt schon erste Indizien auf die vor Ort vorhandene Infrastruktur.

Warum sollte die Stadt nicht eine Großveranstaltung wie ein Konzil stemmen können? Konstanz liegt am unteren Ende des Bodensees, unmittelbar an dessen Ausfluss in den Oberrhein. Durch diese Anbindung erschloss sich über den beschiffbaren See, dessen Verkehr die Stadt im Übrigen weithin beherrschte, ein reiches Hinterland, das die Versorgung der Konzilsteilnehmer relativ problemlos abzudecken versprach. *Und wär och ain statt, da flaisch, visch, höw und haber* […] *in gar ringen kost komen möchte,* schrieb Richental in seiner Konzilschronik.[19] Über den Wasserweg ließen sich, bei entsprechender Planung und Logistik, selbst größere Mengen Nahrungsmittel und Versorgungsgüter für Mensch und Tier relativ mühelos und vor allem auch preisgünstig von weiter her heranschaffen.

Die Anbindung des städtischen Markts an das nähere und weitere Umland scheint alles in allem geklappt zu haben; der Nachschub an lebenswichtigen Gütern funktionierte vergleichsweise problemlos, das Angebot konnte die durch den kurzzeitigen Bevölkerungsanstieg kräftig gestiegene Nachfrage abdecken. Immer wieder hören wir von Händlern, die *vil brotts uff karren, wägen und ze schiff* [in die Stadt] *brächt.*[20] Den Fisch lieferte der Bodensee. Heu wurde aus dem Rheintal per Schiff und mit Wagen aus dem Hegau und Thurgau in den Tagungsort der Kirchenversammlung gebracht, das Gleiche galt für Holz. Vom nahen Wollmatingen (aus dem dortigen Ried) trugen die Frauen zu Fuß die Strohbündel auf den Markt der nahen Bischofsstadt. Über das alltägliche Angebot hinaus sorgten Händler und Kaufleute, die aus Frankreich und dem Mittelmeerraum an den Bodensee kamen, für hochwertige Waren und Luxusgüter, die über den normalen Bedarf der Konstanzer Bürger hinausgingen. Die fremden Kaufleute wie auch eine Vielzahl von Handwerkern – belegt ist die Anwesenheit von Goldschmieden, Kürschnern etc. in der Konzilsstadt[21] – schlugen ihre Verkaufsstände auf dem *Oberen (Münster-)Hof*, auf dem *Urmarkt* bei St. Stephan, in den Kreuzgängen der Klöster und auf der Innenseite der Stadtmauern auf. Es liegt auf der Hand, dass die Fremden über die Wünsche und den Geschmack ihrer (ihnen teilweise schon lange bekannten) Kunden deutlich besser Bescheid wussten bzw. diese genauer einschätzen konnten als die ortsansässige Konkurrenz – so etwa die Schneider, die Papst, Kardinäle und andere Herren mitgebracht hatten.[22] Da das Bank- und Kreditwesen in Konstanz weder der Abwicklung eines solchen Großereignisses, wie es das Konzil zu werden versprach, noch überregionalen Ansprüchen genügte, nahmen vor allem die Florentiner Bankiers, die mit Papst Johannes XXIII. an den Bodensee gekommen waren, das Bank- und Wechselgeschäft rasch in ihre Hände.[23] Die großen, international tätigen Geldhäuser arbeiteten bereits mit Kreditbriefen, die den Reisenden die Mühe und Komplikationen des ständigen Geldumtauschs ersparten. Nicht zuletzt die hohen Aufenthaltskosten zwangen so manchen Teilnehmer dazu, während seines Aufenthalts am Bodensee einen Kredit aufzunehmen.[24] Die dafür fällig werdenden Zinsen wurden wohl zähneknirschend bezahlt, dürften aber auch ein Anstoß für die Debatten gewesen sein, die auf dem Konzil über die Zulässigkeit des Zinsnehmens geführt wurden.[25] – Die florierenden Geschäfte der Fremden sorgten allerdings mitunter zu Neid und Missgunst bei den Einheimischen. Streitigkeiten, die vom Rat der Stadt geschlichtet werden mussten, blieben nicht aus, was der Chronist Richental jedoch nur ungern zugab.[26]

Nach Aussagen eines Augenzeugen, dem italienischen Humanisten Benedicto de Pileo, war jedenfalls »alles im Überfluß vorhanden, was man sich zur Lebensweise, zur Pflege, zur Ausstattung und zum täglichen Gebrauch für Menschen und Pferde als notwendig und vorteilhaft nur immer ausdenken kann«.[27] Für den Nachschub an Wein, der während der Konzilstage in großen Mengen durch die Kehlen der Durstigen rann, trug die Stadt ebenfalls Sorge. Der meiste Wein stammte aus Oberitalien, die billigeren Sorten aus dem Bodenseegebiet oder dem Elsass. Um der Spekulation und dem Wucher Einhalt zu gebieten, wurden im Übrigen Höchstpreise festgesetzt.[28] Guter Wein war sehr begehrt und es dürfte daher kein Zufall sein, dass nicht nur mit der Anlieferung von edlen Burgundertropfen Einfluss auf das Konzilsgeschehen und dessen Entscheidungen genommen werden sollte, sondern dass der Durchsetzung individueller Interessen durch die Überlassung bzw. Schenkung größerer

Weinmengen wohl auch in anderen Fällen gezielt nachgeholfen wurde.[29] Ebenso wurden Fleisch, vielfältiges Wildbret und Geflügel von auswärts angeliefert. Der Speisezettel zumindest der vornehmeren Konzilsteilnehmer dürfte sich deutlich von dem unterschieden haben, was der normale Konstanzer zuvor und auch später gegessen hat, wie durch Ausgrabungen aus den letzten Jahren ebenso nachgewiesen werden konnte wie durch die Auswertung erst kürzlich aufgefundener Einkaufslisten.[30] Für die Bürger der Stadt versprach die Entscheidung, das Konzil in Konstanz abzuhalten, neben dem Prestige auch wirtschaftlichen Gewinn und tatsächlich erlebte die Konzilsstadt eine Art Sonderkonjunktur. Zumindest für die kommenden Jahre gelang es, die bestehenden sozialen Spannungen in der Stadt weitgehend unter Kontrolle zu halten. Soziale Unruhen, die die Arbeit des Konzils gestört hätten, hat es nicht gegeben. Auch hielt sich die Kriminalität wohl in Grenzen, selbst wenn die Aussage Richentals – *Und ward also das concilium so früntlich und erberlich gehalten, das nie kain ufloff noch unfür da beschach, och nie kain brunst da ward* – arg beschönigend ausgefallen sein dürfte.[31]

Die vielen eintreffenden Besucher wie die vermehrt mit dem Ziel Bodensee anreisenden Kaufmannszüge lockten natürlich auch allerlei Gesindel und Wegelagerer an. Sobald allerdings die Gefahr bestand, dass durch eine Zunahme der Überfälle auf diese Kaufmannszüge der laufende Nachschub an Handels- und Versorgungsgütern in Richtung Konstanz gestört oder gar unterbrochen werden könnte, griff die Stadt unverzüglich ein und brachte die Übeltäter zur Strecke.[32] So geschehen im Fall des Freiherrn von End, der von seiner bei Rorschach gelegenen Burg Grimmenstein mehrfach Überfälle auf Reisende unternommen hatte. Die Sicherheit der Versorgung sowie der Reisewege war dem Rat ein wichtiges Anliegen, für deren Bestand er die Verantwortung übernahm.[33] Das Ratsbuch der Stadt verzeichnet eine ganze Reihe von Fällen, wo die städtische Obrigkeit eingegriffen und Missetäter verurteilt hat.

Ein Echo auf die Vorzüge der getroffenen Ortswahl findet sich bereits in der aus Lodi versandten Einberufungsbulle* *Ad pacem et exaltacionem*,[34] in der Johannes XXIII. schrieb, dass ihm Sigmund die *abilitas*, *capacitas* und *securitas* der Stadt für die Ausrichtung des Konzils versichert habe. Der Papst war aber keineswegs mit den Konzilsvorbereitungen vor Ort zufrieden, wie seiner Reaktion auf den Bericht seiner Boten zu entnehmen war, dass *das concilium da nit beston mocht*.[35] Umgehend schickte er einen hochrangigen Vertreter (vermutlich den Kardinal von Albano,

Giordano Orsini, und nicht den von Ostia, Jean de Brogny, wie wohl fälschlich bei Richental zu lesen ist) an den Bodensee, um alle rechtlichen und ökonomischen Probleme mit Bischof, Domkapitel und städtischer Obrigkeit zu klären und alle Fragen, die sich durch den Aufenthalt von Papst und Konzil in der Stadt ergeben würden, vertraglich zu regeln. So sah sich der städtische Rat veranlasst, Verordnungen und Regelungen zu erlassen, die ein gedeihliches Zusammenleben zwischen den Einheimischen und den Gästen ermöglichen sollten.[36]

Mit der Versendung der Konvokationsbulle* an die üblichen Adressaten (Bischöfe, Äbte, Universitäten sowie die weltlichen Herrscher)[37] und der Aufforderung, sich entweder selbst am Konzilsort zum festgesetzten Zeitpunkt einzufinden bzw. das Konzil durch mit Handlungsvollmacht ausgestattete Prokuratoren* zu beschicken, begann allerorten die Vorbereitung auf das anstehende Ereignis. Delegationen wurden zusammengestellt, die Finanzierung geklärt und erste Maßnahmen für die Quartiersuche ergriffen. Ebenso wird man sich wohl auch darüber Gedanken gemacht haben, was in Konstanz im Rahmen des Konzils behandelt oder auch an der Kurie bzw. bei Hof vorgebracht und geregelt werden sollte. Anders als bei vergleichbaren allgemeinen Konzilien wurden offensichtlich keine vorbereitenden Provinzialkonzile – zumindest nicht flächendeckend – abgehalten. In Frankreich dienten die dort abgehaltenen Versammlungen vermutlich nur dazu, die Vertreter der einzelnen Kirchenprovinzen, die nach Konstanz geschickt werden sollten, auszuwählen und zu klären, wie die Kosten dafür aufzubringen und zu verteilen seien.[38] Von der Sache her dürfte wohl jedem Empfänger des Einladungsschreibens klar gewesen sein, was die entscheidende Aufgabe der Synode sein sollte, auch wenn das Einladungsschreiben selbst keine präzise Beschreibung der Agenda enthielt, die Unionsfrage darin nicht einmal angesprochen wurde. Die uns heute fast kanonisch vorkommende Begrifflichkeit von der *Causa unionis, reformationis* und *fidei** als den drei Hauptaufgaben des Konzils lässt sich erst nach dem Beginn des Konzils quellenmäßig nachweisen.

Ende April oder Anfang Mai 1414 scheint Sigmund den Kontakt zu König Ferdinand, dem Herrscher über die Länder der Krone *Aragón* gesucht zu haben. Dieser wiederum stimmte sich umgehend mit Benedikt XIII. ab, wie er auf die Kontaktaufnahme des *rex Romanorum* reagieren solle. Nur wenig später erschien bereits eine vom römischen König entsandte Delegation am königlichen Hof in Zaragoza, die mit Ferdinand über die Unionsfrage gesprochen haben dürfte. Der katalanisch-aragonesische Herrscher reagierte offensichtlich ziemlich reserviert auf den Besuch. Es gibt jedenfalls keinen Hinweis darauf, dass er zu diesem Zeitpunkt an einen möglichen Alleingang gedacht haben könnte. Mitte Juli 1414 traf sich Ferdinand zur Abstimmung des weiteren Vorgehens mit seinem Papst. Knapp zwei Monate dauerten die Besprechungen, wobei Benedikt offensichtlich seine Position mit kanonistischen Argumenten vertrat – einer Linie, der der Papst auch später bei den direkten Verhandlungen mit Sigmund in Perpignan treu bleiben sollte. Schließlich einigte man sich auf eine Lösung der Schismafrage durch die weitere Verfolgung der *via iustitiae**. Es sollte allerdings auch eine gemeinsame Delegation nach Konstanz geschickt werden, ausdrücklich aber nur zum römischen König, nicht zum Konzil.

Den Papst der stark geschrumpften römischen Obödienz*, Gregor XII., hatte Sigmund – noch von Lodi aus – gleichfalls aufgefordert, an dem nach Konstanz einberufenen Konzil teilzunehmen. Ebenso richtete sich die Einladung an dessen Obödienz*.[39] Warum dieses Schreiben erst ein halbes Jahr später, im Juli 1414, in Rimini eingetroffen ist, darüber lässt sich letztlich nur spekulieren. Gregor war allerdings schon deutlich früher informiert. Dass er von der Konzilsankündigung wenig begeistert war, lässt sich aber leicht ausmalen. Im Übrigen befürchtete er eine Wiederholung des *Pisanum*. Seine eigenen Anfang 1413 gemachten Vorschläge zu einem von allen drei Päpsten einberufenen Generalkonzils hätte demgegenüber den Vorteil gehabt, dass von den drei Einberufenden zumindest einer der legitime Papst und damit im Sinne des kanonischen Rechts zur Einberufung des Konzils berechtigt gewesen wäre. Für W. Brandmüller war dieses Schriftstück daher in seiner Bedeutung »kaum zu überschätzen«.[40] Indes kam ein solcher Vorschlag nach Lodi schlicht zu spät. Man sollte das Dokument trotzdem als einen Fingerzeig betrachten, der anzeigte, dass Gregor sich ernsthaft zu bewegen bereit war. Der Weg nach Konstanz und seine spätere Bereitschaft zum Rücktritt scheinen hier bereits vorgezeichnet.

Auch Johannes XXIII. traf seine Vorbereitungen. Seine energischen und zielorientierten Aktivitäten in dieser Phase zeigen deutlich, dass er sehr wohl zu selbstständigem Handeln in der Lage war. Im März des Folgejahres, also zu Beginn des Jahres 1414, schickte er Gesandte nach Konstanz, die mit den dortigen Behörden alle Fragen besprechen und regeln sollten, die seine beiden Hauptanliegen betrafen. Offenbar musste Sigmund den städtischen Behörden erst einmal Beine machen, bevor eine zufriedenstellende Antwort dem Papst gegeben werden konnte.[41] Dass Johannes XXIII. der Konzilsort jenseits der Alpen nicht ganz geheuer war und er möglicherweise auch dem römischen König nicht voll vertrauen wollte, zeigt das Bündnis, das er mit Herzog Friedrich IV. von Österreich[42] am 15. Oktober 1414 in Meran abschloss.[43]

Der leopoldinischen Linie der Habsburger entstammend war Herzog Friedrich IV. (* 1382) seit 1404 Landesfürst in den habsburgischen Vorlanden, seit 1406 in Tirol. Als bedeutendster Territorialherr im Süden des Reiches, der zugleich die Verkehrverbindungen nach Italien und Burgund kontrollierte, war er ein quasi natürlicher Kontrahent des Luxemburgers Sigmund und dessen Bemühungen, die Reichsrechte in Oberitalien zu wahren. Bereits im Friaulkonflikt hatte er mit dessen Gegner Venedig gemeinsame Sache gemacht. Auf dem Konzil brach der auch persönlich geprägte Gegensatz zwischen den beiden Fürsten nach der Beteiligung des Herzogs an der Flucht Johannes' XXIII. offen aus. Die Folge war der Verlust der vorländischen Besitzungen für den Habsburger. Seine Stellung als Tiroler Landesfürst blieb gleichfalls nicht unumstritten; nur mit Mühe konnte er seine Herrschaft gegen die tirolischen Adelsbünde behaupten. Er starb 1439.

Dass der Papst von diesen Animositäten gewusst hat, davon darf man bei dem bekannt guten Informationsstand der Kurie als gesichert ausgehen, so dass das Meraner Abkommen mit dem Herzog und dessen Ernennung zum *Generalkapitän der römischen Kirche* zusätzlich Öl ins Feuer gießen musste. Johannes XXIII. suchte sich jedenfalls mit Hilfe dieses Paktes zumindest einen freien Rückweg nach Italien (oder auch nach Avignon) zu sichern, sollten denn alle Stricke reißen und das Konzil nicht in den von ihm erwarteten Bahnen verlaufen.

Der Tod seines politischen Widersachers König Ladislaus von Neapel am 6. August 1414 mag zwar in Papst Johannes kurzfristig den Gedanken geweckt haben, rasch wieder nach Rom zurückzukehren.[44] Dass dies jedoch mit einer Absage an das Konzil verbunden gewesen sein soll, ist zumindest umstritten, erhoffte er sich doch selbst von dem anstehenden Konzil nichts weniger als eine machtvolle Bestätigung seiner Position. Dass spätere Äußerungen die eine grundsätzliche Konzilsunwilligkeit des Papstes unterstellten, mit Vorsicht aufgenommen werden müssen, liegt auf der Hand, schrieben sie doch *ex eventu*, d. h. aus der Kenntnis des späteren Geschehens. Darauf wies bereits W. Brandmüller hin.[45] – Am 1. Oktober brach der Papst jedenfalls samt Kardinälen und Kurie von Bologna aus in Richtung Konstanz auf. Über Ferrara, Verona, Trient und Meran zog er über den Reschenpass und den Arlberg und schließlich ins vorarlbergische Rheintal. Dem einige Wochen später auf gleicher Route die Alpen überquerenden Humanisten Leonardo Bruni verdanken wir einen anschaulichen Bericht über die ›Schrecken der Natur‹, wie sie sich den damals aus Italien gen Norden Reisenden zeigte.[46] Über einen legendären Vorfall, der sich auf dem Abstieg vom Arlberg – bei Klösterle – ereignet haben soll, berichtet der Chronist Richental: *Un do er uff den Arlenberg kam, by dem mittel, [nach by dem clösterlin], do viel sin wagen umm und lag [er] in dem schnee under dem wagen. Do koment zů im all herren und corttisan und sprachen zů im: Hailger vatter, gebrist uwer hailikeit üntz? Do antwurtt er: Ich lig hie in dem namen des tüfels.*[47] Der Chronist will dem Leser suggerieren, dass wir es hier »offenkundig mit einem non papabile zu tun [haben], einem unverkennbar unwürdigen Inhaber der Papstwürde, dessen Enttarnung nur noch eine Frage der Zeit ist« (Th. Buck).[48] Der erwähnte Bruni weiß dagegen nichts von diesem Vorfall.

Nach knapp vierwöchiger Reisedauer erreichte der Papst schließlich, von Bludenz kommend, mit seinem Gefolge den Bodensee. In Rheineck bestieg er ein Schiff, das ihn bis nahe an das Ziel seiner Reise brachte. Am Abend des 27. Oktobers erreichte er Kreuzlingen.

## 3.2 Die Stadt des Konzils

Alle Blicke richteten sich nun auf die auch heute noch eher beschaulich wirkende Bodenseestadt Konstanz, welche durch die Einberufung des Konzils für die nächsten Jahre schlagartig in den Brennpunkt des Weltgeschehens katapultiert wurde.

Das – nach Ausweis jüngster archäologischer Funde – bereits in römischer Zeit gegründete Konstanz war seit der Wende vom 6. zum 7. Jahrhundert Bischofssitz des gleichnamigen Bistums im Herzogtum Alamannien. Stadtherr war der Bischof. Mit dem allmählichen Erwachen bürgerlichen Selbstbewusstseins im Zuge der wachsenden Bedeutung der Stadt als einem wichtigen Handelszentrum im oberdeutschen Raum – seit etwa dem ausgehenden Hochmittelalter – geriet die einst unumschränkte Herrschaft des Bischofs über den Ort und seine Einwohner mehr und mehr ins Wanken. Die Emanzipation der Bürgerschaft vom bischöflichen Stadtherrn zeigte sich in der Ausbildung eines städtischen Rats zu Anfang des 13. Jahrhunderts und der Schaffung des Bürgermeisteramtes ein knappes Jahrhundert später. Das Amt des bischöflichen Ammanns, der bis zur Entstehung des Bürgermeisteramts dem Rat vorgesessen hatte, gelangte nun auf dem Weg der Verpfändung an Konstanzer Bürger. In dem hier mit wenigen Strichen skizzierten Ablösungsprozess aus der obrigkeitlichen Gewalt des bischöflichen Stadtherrn stützte sich die Bürgerschaft zunehmend auch auf die oberste Reichsgewalt, was sich umgekehrt in einer Reihe von Privilegien für die Stadt und ihre Bürger (Steuerprivileg, Umwandlung der Vogtei über Konstanz zur Reichsvogtei) niederschlug. Der Ort entwickelte sich damit langsam von der einstigen Bischofsstadt hin zu einer »(Quasi-)Reichsstadt« (H. Maurer); formal gesehen stand seit 1372 das Reichsoberhaupt als oberster Stadtherr über Bürgermeister, Rat und städtischer Verwaltung.[49] Wenige Jahre später gelang es der Stadt, sich endgültig gegen die bischöfliche Gewalt durchzusetzen: Unter Ausnutzung der Situation im ausbrechenden Schisma, welches auch im Bistum Konstanz zwei konkurrierende Bischöfe um die Herrschaft ringen sah, konnten Stadt und Bürger dem schließlich erfolgreichen Kandidaten aus dem urbanistischen Lager weitgehende Freiheitsrechte abtrotzen.[50]

Mit anhaltendem Wachstum wuchsen allerdings auch die sozialen und politischen Spannungen innerhalb der städtischen Gesellschaft. Den Bemühungen der städtischen Obrigkeit wie den günstigen wirtschaftlichen Rahmenverhältnissen – nicht zuletzt durch die Abhaltung des Konzils – war es jedoch zu verdanken, dass es trotz der bestehenden Spannungen in den Jahren des Großereignisses in der Stadt ruhig blieb. Bessere Arbeits- und Verdienstmöglichkeiten ließen die bestehenden Unterschiede zwischen den verschiedenen sozialen Schichten der städtischen Gesellschaft für wenige Jahre zurücktreten und verdeckten die Kluft zwischen Arm und Reich.

Unmittelbar nach dem Bekanntwerden der Ende Oktober 1413 in Como getroffenen Entscheidung über den Konzilsort begann sich die Stadt auf das große Ereignis vorzubereiten, welches alsbald in ihren Mauern stattfinden sollte. Als Gastgeber war es die Aufgabe des städtischen Rats, die bald in großer Zahl zu erwartenden Gäste und deren Gefolge angemessen unterzubringen und für eine ausreichende Versorgung mit allem Nötigen zu sorgen. Der Größe der sie erwartenden Aufgabe dürften sich die Verantwortlichen zu diesem Zeitpunkt jedoch kaum bewusst gewesen sein, besaß man doch praktisch nur äußerst begrenzte Erfahrungen mit der logistischen Bewältigung einer annähernd vergleichbaren Veranstaltung.[51]

Konstanz mag zu Beginn des 15. Jahrhunderts um die 6000, vielleicht auch 8000 Einwohner gezählt haben.[52] Damit war die Stadt ungefähr so groß wie Ulm und Basel, jedenfalls nicht viel kleiner; Straßburg dürfte etwas größer gewesen sein. Allein die beiden internationalen Wirtschafts- und Handelsmetropolen Augsburg und Nürnberg übertrafen im oberdeutschen Bereich den Konzilsort um ein Mehrfaches an Einwohnerzahl, Wirtschaftskraft und politischer Bedeutung. Für 1418 verzeichneten die städtischen Steuerlisten knapp 1500 Steuerpflichtige, was aber nicht einfach mit der Zahl der eigenständigen Hausstände gleichzusetzen ist;[53] noch weniger gibt uns diese Angabe einen genaueren Hinweis auf die Zahl und die Größe der Häuser.[54] Topographisch bedeckte Konstanz zur Konzilszeit etwa das Gebiet, das bereits seit ca. 1300 umbaut war, was allerdings gleichfalls kaum zuverlässige Rückschlüsse auf die Beherbergungskapazitäten zulässt. Allerdings hatte sich die Stadt in den Jahren vor dem Konzil langsam auszudehnen begonnen: Die südlich gelegene Vorstadt Stadelhofen wurde ummauert und in das Stadtgebiet einbezogen. Darüber hinaus gelang es den Konstanzern auch das westlich gelegene Paradies dem eigenen städtischen Rechtsbezirk zu unterstellen, ebenso wie später – während des Konzils – das auf der anderen Rheinseite gelegene Dorf Petershausen.

Für den zu erwartenden Ansturm an Besuchern waren die innerstädtischen Unterbringungsmöglichkeiten jedenfalls sehr begrenzt,[55] wie sich bald zeigen sollte. Daher richtete sich der Blick der Verantwortlichen früh auf das nahe Umland, um dort zusätzliche Quartiere zu beschaffen.[56] Je nach Stand und Geldbeutel erhielten die besser gestellten Gäste große, repräsentative und bequeme Räumlichkeiten zugewiesen; andere mussten dagegen froh sein, zumindest ein schlichtes Dach über den Kopf zu erhalten. Nicht nur die vielen weltlichen Besucher nahmen Quartier in den Bürgerhäusern bzw. den Herbergen der Gastwirte; auch zahlreiche Geistliche fanden dort während der Konzilstage Unterkunft.[57] Als wichtiger Handelsplatz nördlich der Alpen verfügte Konstanz zwar seit langem über eine Reihe von Gasthäusern;[58] dem zu erwartenden Besucherstrom war die vorhandene Infrastruktur aber kaum gewachsen. Nicht selten herrschte daher bald drangvolle Enge, in manchem Haus drängten sich 20 und mehr Knechte auf engstem Raum. Die Besucher mussten sich mit dem gebotenen, oftmals aber äußerst bescheidenen Komfort zufrieden geben[59] Die hohe Geistlichkeit fand zum Teil Platz in den Domherrenhäusern, andere in Klöstern; die Fürsten in den Häusern des städtischen

Patriziats. Zu einer spürbaren Entspannung der Nachfrage nach angemessenem Wohnraum führte dies jedoch kaum. Der Papst selbst richtete sich in dem eigens für ihn renovierten Palast des Bischofs ein;[60] der König wohnte an wechselnden Orten, zuletzt im Augustinerkloster.[61]

Natürlich hatten die hohen Herren bereits frühzeitig ihre Quartiermacher an den künftigen Konzilsort geschickt, um für sich und ihre Begleitung vorsorgen zu lassen.[62] Wenn man aber weiß, dass z. B. der Mainzer Kurfürst, Erzbischof Johann II. von Nassau, mit seinem Gefolge und insgesamt 600 Pferden nach Konstanz kam,[63] dann musste seine zahlreiche Begleitung gleichfalls untergebracht werden und auch die Tiere wollten versorgt sein. Die begrenzten Möglichkeiten und der fehlende Platz innerhalb der städtischen Mauern zwangen selbst die Prominenten dazu, ihre Dienerschaft und die Tiere in die benachbarten Dörfer des Thurgaus zu verlegen; bis ins oberschwäbische Ravensburg waren die Ställe belegt.[64] Der Mainzer Kirchenfürst war aber keineswegs der einzige, der mit einer solch großen Entourage an den Bodensee reiste. Kirchliche wie weltliche Große reisten mit stattlichen Gefolgschaften an, vermittelten doch die Zahl der Begleiter wie der Glanz der Delegation einen lebendigen Eindruck von Macht und Ansehen der eingetroffenen Person. Von König Sigmund heißt es, er sei mit 1000 Begleitern nach Konstanz gekommen; Herzog Ludwig von Bayern, der Schwager des französischen Königs, kam mit 400 Pferden, Burggraf Friedrich von Nürnberg mit einem ähnlich großen Gefolge. Die *schůlpfaffen von Pariß*, d. h. die Vertreter der Sorbonne, erschienen mit 39 Doktoren und Magistern; von über 200 Angehörigen der Sorbonne ist später die Rede, die sich in Konstanz miteinander beraten haben sollen.[65] Sorgfältig hat Ulrich Richental ihre Ankunft wie die manch anderer Persönlichkeit in seiner Chronik verzeichnet, wobei er besonderen Wert auf den äußeren Rahmen, z. B. die Größe der Delegationen, das Gepränge und die Form der Begrüßung legte.[66]

Als Bischofsstadt und kirchliches Zentrum am Oberrhein verfügte Konstanz über ausreichend Raum und Räumlichkeiten, um dem Konzil eine angemessene Bleibe für dessen Arbeit zu geben. Das Münster wurde eigens für die feierlichen Sitzungen umgebaut, wofür das Domkapitel zuständig war. Das Kirchenschiff erhielt beidseitig ansteigende hölzerne Sitzreihen, auf denen die Konzilsväter entsprechend ihres Standes und Ranges Platz nehmen konnten: ganz oben die Kardinäle und Erzbischöfe sowie die anwesenden Fürsten, darunter die Bischöfe und Äbte. Weiter absteigend folgten die Pröpste, die päpstlichen Auditoren und Sekretäre, schließlich noch die

Vertreter der Universitäten. Ganz unten saßen neben den übrigen Geistlichen die Prokuratoren* und schließlich die Schreiber. Vorne zum Chor hin wurden die erhöhten Plätze für Johannes XXIII. und König Sigmund errichtet,[67] davor dürfte während der Konzilssitzungen das geöffnete Evangelium gelegen haben – auch wenn es von Richental nicht erwähnt wurde. Spontane und kurzfristig angesetzte Beratungen kleinerer Gruppen konnten im Kreuzgang und in benachbarten Gebäuden stattfinden. Die dem Münster benachbarte Bischofspfalz (*palatium*), in der Johannes XXIII. unterkam, bot ebenfalls Raum für die Bedürfnisse konziliarer und kirchlicher Verwaltung. Das Kollegium der Kardinäle versammelte sich im Haus des Domdekans am unteren Münsterplatz. Neben den beiden Pfarrkirchen St. Johann und St. Paul waren die großen Orden (Dominikaner, Franziskaner, Augustiner, Benediktiner) mit Klöstern in der Bodenseestadt vertreten, die gleichfalls während der Konzilsjahre für die Belange der Kirchenversammlung genutzt wurden. In den kirchlichen Räumlichkeiten fand sich auch der nötige Platz, damit die kuriale Verwaltung ihre Aufgaben erledigen konnte. Das päpstliche Gericht, die Rota, traf sich dreimal wöchentlich (montags, mittwochs und freitags) zu seinen Sitzungen in der Kirche des Chorherrenstifts St. Stephan,[68] die zugleich als Hauptpfarrkirche diente.

Benedicto de Pileo, einer der zahlreichen am Bodensee weilenden italienischen Humanisten, stellte jedenfalls der Stadt in einem Brief an einen italienischen Adressaten ein hervorragendes Zeugnis aus, als er geradezu bewundernd schrieb, Konstanz sei »eine kleine Stadt und kann doch wunderbar viel Menschen fassen; in der Länge hat sie vielleicht eine Ausdehnung von zwei guten Bogenschüssen, in der Breite nur von einem. Allen hier Verweilenden scheint's trotz Erfahrung beinahe unglaublich, wie das enge Gebiet so viel tausend Fremde und ihre Pferde fassen kann«.[69] Geradezu euphorisch äußerte sich Dietrich von Niem, der als langjähriger Mitarbeiter an der Kurie am Konzil teilnahm:

> »Wohl ist Konstanz im Vergleich mit anderen deutschen Städten klein, aber es ist eine schöne Stadt und hat eine reizende Lage [...] Die Stadt erfreut sich einer tüchtigen Verwaltung. Außerhalb und in der Nähe desselben sind große Weingärten, Felder, Gärten, Wiesen und Wälder, durchweg ein Land, auf dem der besondere Segen Gottes zu ruhen scheint. Man wird schwer einen gleichen Ort finden, wo all die einzelnen, für das Leben des Menschen nötigen und angenehmen Dinge zugleich so zusammentreffen«.

Nicht einmal das Wetter hatte ihn abgeschreckt, obwohl er beklagte, dass es fast ständig bewölkt gewesen und auch reichlich Niederschlag gegeben habe. Aber »die von uns gefürchtete Kälte ist nicht eingetreten; in Bologna ist es gleich kalt und noch kälter«.[70]

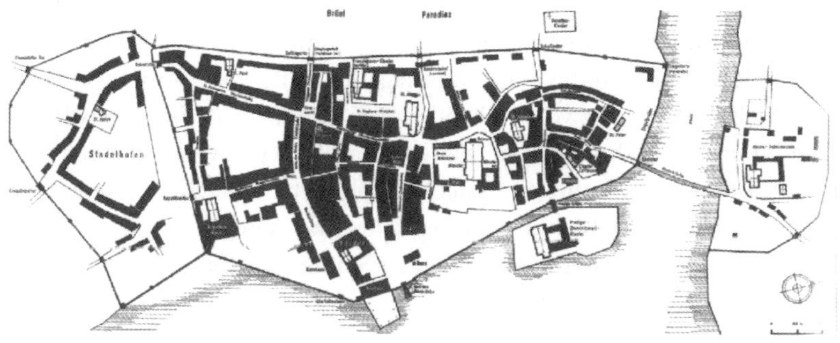


*Rekonstruierter Stadtplan von Konstanz zur Konzilszeit*

Nachdem die Einladungen zum Konzil in alle Richtungen verschickt waren, lösten die Vorbereitungen zur Reise an den Bodensee – nicht nur in Konstanz selbst, sondern auch andernorts – lebhafte Aktivitäten aus. Im Übrigen rechnete niemand damit, dass das Konzil länger als ein paar Wochen, bestenfalls wenige Monate dauern würde.[71] Auch waren die Klagen bzw. andere Anliegen, die vor der Kirchenversammlung vorgebracht oder am Rande der Veranstaltung (an der Kurie, auf den Reichstagen bzw. vor der königlichen Kanzlei) diskutiert und verhandelt werden sollten, vorzubereiten. Privilegien harrten ihrer Bestätigung, die Vergabe von Stellen und Pfründen konnte rascher betrieben und Prozesse kostengünstiger geführt werden, brauchte man nun nicht mehr ins ferne Italien zu reisen, sondern hatte die Kurie quasi vor Ort – jedenfalls aus Sicht der Reichsangehörigen, der Nord- und Westeuropäer. Gleichzeitig kam – erstmals nach seiner Wahl zum römischen König – auch Sigmund ins Reich.

Über die Verfahren zur Rekrutierung der Gesandtschaften wissen wir längst nicht in allen Fällen Genaueres. Die Zusammensetzung der englischen Delegation bestimmte allein der König, die der französischen eine Klerusversammlung, die am 1. Oktober 1414 in Paris stattfand. Daneben entsandten auch der königliche Hof sowie die Universitäten, allen voran die Sorbonne, ihre Vertreter nach Konstanz. Der Herzog von Burgund schickte ebenfalls eine größere handverlesene Delegation. In den spanischen Königreichen waren es später, nachdem diese Benedikt die Obödienz* aufgekündigt hatten, ebenfalls die Herrscher, die – teilweise sogar gegen heftigen Widerstand des Klerus – die Mehrzahl der Gesandten bestimmten. Für das Reich ist es dagegen nahezu unmöglich, eine genauere Aussage über die Bestellung und Zusammensetzung der Delegationen zu machen. Zu unterschiedlich waren die Gegebenheiten vor Ort, zu groß sind die Forschungslücken. Ähnlich kompliziert, wenn nicht noch schwieriger stellt sich die Forschungslage für Italien dar: So schickte beispielsweise der Herzog von Mailand eine Gesandtschaft, deren geistliches Oberhaupt der Erzbischof von Mailand war. Dagegen verzichteten Venedig und Florenz auf offiziell bestellte Diplomaten; gleichwohl waren sie durch Beobachter auf dem Konzil vertreten und ließen sich genau berichten, was sich in Konstanz tat. In beiden Städten dürften wirtschaftspolitisch orientierte Rücksichtsnahmen und Bedenken eine entscheidende Rolle für die Zurückhaltung gespielt haben. Auch der Kaiser aus Konstantinopel hatte Gesandte geschickt, allerdings dürften sie kein offizielles Verhandlungsmandat für die orthodoxe Kirche besessen haben. Darüber hinaus wissen die Quellen von der Anwesenheit von Ruthenen, Serben, Türken, Armeniern und Äthiopiern zu berichten; selbst Araber und Inder sollen an den Bodensee gekommen sein.

Neben den offiziellen Delegierten reisten im Übrigen noch weitere Personen nach Konstanz – Prokuratoren*, Prozessbeteiligte, Bittsteller aller Art –, ohne dass wir deren Namen wie deren Zahl und Funktion immer genau kennen. Die aus den Angaben errechnete, im Anhang der Richental-Chronik genannte Zahl von 72 460 Personen verdient jedenfalls keine hohe Glaubwürdigkeit.[72] H. Maurer, der exzellente Kenner der mittelalterlichen Stadtgeschichte von Konstanz, meinte[73] »Bei wichtigen Anlässen mögen vielleicht hin und wieder einmal 30 000 Menschen zu gleicher Zeit, wenn auch nur für wenige Tage und Stunden, in Konstanz anwesend gewesen sein; ständig präsent waren allenfalls 20 000 Personen«.

Aber selbst diese Zahl scheint noch ziemlich hoch gegriffen zu sein, macht man sich die logistische Bewältigung der Probleme klar, die auf eine Stadt in der Größe des damaligen Konstanz zugekommen wären. Anders als beim *Pisanum* oder auch später in Basel wurden die nach Konstanz Angereisten nicht genau registriert, auch nicht die Teilnehmer an den Konzilssitzungen.[74]

Auch über die Länge ihres Aufenthalts in Konstanz sind wir bei den meisten Teilnehmern nicht oder nur ungefähr informiert. Es ist allerdings davon auszugehen, dass die Mehrzahl von ihnen sich nur für einen begrenzten Zeitraum am Bodensee aufgehalten hat, wenige Wochen oder ein paar Monate sind sie vielleicht geblieben. Zum Teil verließen sie auch zwischendurch die Stadt und kehrten gegebenenfalls später – je nach Aufgabe bzw. Auftrag – noch einmal oder gar mehrere Male zurück. Angesichts der unerwarteten Dauer des Konzils – frühere Generalkonzilien waren nach wenigen Monaten beendet – und der dadurch entstehenden Kosten war das Bestreben, möglichst bald nach Hause zurückzukehren, verständlich. Der römische König und die Leitung des Konzils hatten daher alle Hände zu tun, eine personelle Ausblutung der Versammlung zu verhindern. Mehrfach ergingen überdies Aufforderungen an Königreiche, Prälaten und Reichsstände, nach Konstanz zurückzukehren oder aber neue Gesandtschaften dorthin zu schicken. Das Echo darauf blieb zumeist verhalten. Insbesondere in der Phase, in der Sigmund nicht selbst in Konstanz weilte, mochten es so manche Stadt, so manche Universität und nicht wenige Fürsten, Herren und Ritter kaum eingesehen haben, die hohen Kosten eines längerfristigen Aufenthalts am Konzilsort zu tragen.

## 3.3 Das Konzil zu Konstanz (1414–1418)

### 3.3.1 Vom Beginn des Konzils bis zur Flucht des Papstes

Das Konzil begann mit leichter Verspätung. Johannes XXIII. war zwar pünktlich ein paar Tage früher am Bodensee eingetroffen, am 27. Oktober hatte er bereits Station in Kreuzlingen gemacht. Am Tag darauf, einem Sonntag, fand der feierliche Einzug in die Konzilsstadt statt. Unter einem von vier angesehenen Konstanzer Bürgern getragenen Baldachin aus goldenem Tuch ritt der Papst in einer feierlichen Prozession auf einem Schimmel sitzend in die Stadt ein. Begleitet wurde er von den neun mit ihm gekommenen Kardinälen, darunter Francesco Zabarella und Oddo Colonna, der als Martin V. Konstanz knapp vier Jahre später wieder verlassen sollte. Am Kreuzlinger Tor empfing sie die gesamte Priesterschaft der Stadt. Gemeinsam bewegte sich der Zug anschließend in Richtung Münster. Unter Glockenläuten und dem Gesang des *Te deum* zog man schließlich in das Gotteshaus ein.[75] Nach der Empfangszeremonie zog sich der Papst in das für ihn gerichtete Quartier, den jüngst renovierten bischöflichen Palast, zurück.

Das offizielle Eröffnungsdatum des Konzils war auf den 1. November, den Allerheiligentag, festgesetzt. Am Vorabend besprach sich der Papst mit seinen Kardinälen und Prälaten und um nicht mit den liturgischen Feierlichkeiten der folgenden Festtage in Konflikt zu geraten, verschob man den eigentlichen Konzilsbeginn auf den 3. November. Jedoch fühlte sich Johannes XXIII. an diesem Tag unwohl, so dass die feierliche Eröffnung um zwei weitere Tage aufgeschoben werden musste.[76] In der während der Eröffnungsliturgie von dem Cluniazenser Johannes de Vincellis gehaltenen Predigt[77] ließ der Papst seine Absichten, was Ziel und Zweck dieser Kirchenversammlung angehe, verkünden. Ausgehend von der Betonung des Primats, rief der Papst dazu auf, nicht alles bisher Geschehene in Frage stellen zu wollen – eine deutliche Anspielung auf das vorangegangene *Pisanum*. Er betonte seine Absicht, die Union endgültig wiederherzustellen, ohne indes irgendeinen Zweifel daran aufkommen zu lassen, dass er in dieser Frage etwas anderes als den Standpunkt der Pisaner Obödienz* vertrat. Zugleich mahnte er Reformen an, kritisierte das Verhalten von Bischöfen und Ordensleuten, die ihren Pflichten nicht nachkämen. Damit hatte er ein Thema berührt, das im weiteren Verlauf des Konzils noch eine Vielzahl von Predigern aufgreifen sollte. Zum Schluss der Eröffnungsliturgie wurde sodann die erste feierliche Konzilssitzung (*sessio generalis**) auf den 16. November anberaumt. Bis dahin, so hoffte man, würde der Zuzug der Teilnehmer so zugenommen haben, dass die Versammlung eine tatsächliche Repräsentation der gesamten Christenheit darstellte. Noch trug das Konzil stark italienische Züge, da die Vertreter der anderen Konzilsnationen nicht eingetroffen waren.

Der Ablauf dieser ersten Tage zeigte, dass Johannes mit seiner Ankunft am Konzilsort eindeutig die Regie übernommen hatte. Der Papst war gut gerüstet an den Bodensee gereist. In seinem Gefolge befanden sich zahlreiche italienische Prälaten, auf deren Loyalität er unbedingt setzen konnte. Die Vorbereitungen für den weiteren Ablauf der Kirchenversammlung liefen geradezu generalstabsmäßig. Die *congregatio doctorum**, ein auch *facultas theologica** genanntes Expertengremium, zusammengesetzt aus den auf dem Konzil anwesenden Doktoren bzw. Magistern der Theologie,[78] bereitete im Auftrag Johannes' XXIII. einen Entwurf für die Organisation des Konzils vor, der dann auch rasch realisiert werden konnte. Im Übrigen berief man sich auf einen Modus, *quem servarunt sancti Patres nostri in conciliis antiquis*;[79] d.h. man stellte sich in die Tradition der früheren Konzilien. Klar ersichtlich wird damit, dass die Konzilsstruktur noch ganz auf den Papst zugeschnitten war, was auch daran zu erkennen ist, dass ein formales Abstimmungsverfahren über eine *ordo* *procedendi* nicht stattgefunden hat. Weiter wurde eine Art Hofordnung für die Gestaltung des päpstlichen Alltags während der Konzilszeit entworfen, welche später oft als Korrekturmaßnahme gegenüber Johannes XXIII. fehlinterpretiert worden ist.[80] Am 11. November wurde schließlich die bevorstehende Sitzung im Detail vorbereitet, die Tagesordnung festgelegt. Also: business as usual.

So verlief denn die erste *sessio generalis** auch ganz nach Plan. Fest eingebunden in die liturgischen Feiern ließ der Papst durch eine von Zabarella verlesene Cedula* die *congregatio doctorum** auffordern,[81] sich mit den Häresien Wyclifs und des Böhmen Jan Hus zu befassen und ihm außerdem Reformvorschläge zu unterbreiten. Das entsprach ganz dem, was Johannes XXIII. in seiner Konzilsladung als zentrale Aufgaben der Versammlung bereits formuliert hatte. Dass die Union mit keinem Wort angesprochen wurde, spiegelt das Konzilsverständnis des Papstes wider, dass Konstanz in der direkten Nachfolge des *Pisanum* stehe und quasi dessen Fortsetzung sei. Folglich galten auch dessen Entscheidungen, sprich die Absetzung der beiden schismatischen Päpste, ohne dass es dazu einer weiteren Diskussion bedurfte.

Bereits auf dieser Sitzung sind indes die Anfänge der späteren Konzilsorganisation nach Nationen zu erkennen, die schon bald ein zentraler Hebel zum Sturz des Papstes wurden: Aus den Reihen jeder Konzilsnation – der *Italica,* der *Gallicana*, der *Germanica* und der *Anglicana* – wurden gemäß Dekret je ein oder mehrere Vertreter für die verschiedenen Konzilsämter wie die Notare, Kustoden, Advokaten und Sitzanweiser bestellt, darunter auch die *Scrutatores votorum*, die Stimmenzähler. Dies zeigt, dass ein Abstimmungsverfahren *per capita* [»nach Köpfen«] als normal vorausgesetzt wurde. Erstaunlicherweise verlautet in den Quellen nichts über eine eigentliche Geschäftsordnung, vielleicht deshalb, weil die Autorität des anwesenden Papstes für den ordnungsgemäßen Ablauf der Verhandlungen völlig ausreichte.[82]

Nur langsam nahm unterdessen die Zahl der Konzilsteilnehmer zu. Konstanz war zunächst ausschließlich von der Anhängerschaft des Pisaner Papstes Johannes XXIII. besucht, die sich vor allem aus Italienern zusammensetzte. Noch fehlte der römische König, der entscheidend zum Zustandekommen des Konzils beigetragen hatte; ebenso ließen die englische und die französische Gesandtschaft auf sich warten. Daher wurde die zweite Sitzung erst für den 7. Dezember angesetzt, um das Eintreffen der sehnlich erwarteten Teilnehmer abzuwarten. Beabsichtigt war, das Konzil von Pisa und dessen Lösung des Schismaproblems nochmals formell auf dieser *sessio** bestätigen zu lassen. Der Beginn des Konzils ließ zunächst keine Zweifel daran aufkommen, dass dies lediglich eine Formsache zu werden versprach, die gleichwohl die Autorität des Papstes sichtbar gestärkt hätte.

Doch kaum war die erste Sitzung beendet, begann sich das Blatt langsam zu wenden. Zwei Tage später, am 18. November, erschien der französische Kardinal Pierre d'Ailly, der sich auf einer Legationsreise im Reich befunden hatte, in Konstanz. Am gleichen Tag kam ebenfalls eine Delegation Papst Gregors XII. an. Ihr Leiter, Kardinal Giovanni Dominici, blieb zwar noch demonstrativ außerhalb der Mauern der Konzilsstadt, um deutlich zu machen, dass er nicht zum Konzil gekommen war, sondern »nur« mit dem römischen König zusammentreffen wollte. Die nach üblichem Gesandtenbrauch an seinem Quartier angebrachten Papstwappen Gregors XII. – zweifellos eine gezielte Provokation, um den Legitimitätsanspruch des Pisaner Papstes in Frage zu stellen – sorgten dann aber für einen Eklat, der in der Folge die bislang vorteilhaften Ausgangsbedingungen für Johannes XXIII., das Konzil in seinem Sinne zu lenken, schlagartig verändern sollten. Am nächsten Morgen waren die Wappen heruntergerissen, was zu einem heftigen Disput über die Rechtmäßigkeit ihrer Anbringung führte.[83] Eine Einigung in dieser Frage blieb vorläufig aus. Erneut stand aber nun das *Pisanum* in der Diskussion, allerdings nicht mehr in dem Sinne, wie Johannes XXIII. und seine Anhänger es geplant hatten.

Durch diesen Vorfall aufgeschreckt, setzten der Papst und seine engsten Getreuen nun erst recht auf eine schnelle Bestätigung des vorangegangenen *Pisanum*. Im Konstanzer Konzil wollten sie denn auch nichts anderes als dessen legitime Fortsetzung sehen. Entsprechend wurde auf der Generalkongregation am 7. Dezember aus den Reihen der *Italica* ein Antrag vorgelegt, der genau dies formell bestätigt sehen wollte und zugleich ein gewaltsames Vorgehen gegen die Anhänger der zu Pisa bereits abgesetzten Päpste Benedikt XIII. und Gregor XII. forderte. Ob letztlich hinter der Absicht, Pisa im Eilverfahren zu bestätigen, auch der Versuch gesehen werden kann, das Konzil möglichst rasch zu beenden, lässt sich nicht eindeutig erkennen. Indes erwies sich dieses Vorgehen, das nicht zuletzt als Abwehr gegen etwaige Störmanöver der auf dem *Pisanum* abgesetzten Päpste und ihrer Anhänger gedacht war, als undurchführbar und ist ein erster Hinweis darauf, dass der Pisaner Papst in die Defensive geriet. Damit schlug die Stunde des gerade eingetroffenen Kardinals d'Ailly.[84]

> Der französische Kardinal (1351–1420) war einer der bedeutendsten theologischen Köpfe seiner Zeit. Als Professor hatte er an der Sorbonne gelehrt und das Amt des Kanzlers der Pariser Universität ausgeübt, bevor er 1395 zum Bischof von Le Puy, 1397 des wirtschaftlich reichen Cambrai ernannt wurde. 1411 kreierte ihn Johannes XXIII. zu einem seiner Kardinäle. – Bereits in der Anfangszeit des Schismas hatte d'Ailly sich intensiv mit der Frage einer Überwindung der Spaltung beschäftigt und seinen Standpunkt dezidiert formuliert. Lange Zeit war er einer der vehementesten Anhänger der avignonesischen Obödienz*; nach dem Scheitern aller Vermittlungsbemühungen und der mangelnden Bereitschaft Benedikts XIII., den Unionsprozess voranzutreiben, setzte er sich dann ebenso entschieden für eine Konzilslösung ein. Nicht zuletzt aufgrund ihrer weiten Verbreitung waren seine Schriften zur *via concilii** von großem Einfluss. – D'Ailly war darüber hinaus ein entschiedener Vertreter französischer Interessen und insbesondere der französischen Krone; nach 1389 war er zeitweilig Beichtvater König Karls VI. gewesen. In den späteren kontroversen Auseinandersetzungen um die Nationenfrage kam dieser nationalpatriotische Zug stark zum Ausdruck, was ihm viele Feinde einbrachte und wohl auch seine Aussichten, zum Papst gewählt zu werden, deutlich minimierte.

Dem einflussreichen Kirchenmann war inzwischen klar geworden, dass die bisherige eindeutige Parteinahme der französischen Krone für das Pisanum nicht zum erklärten Ziel einer Wiederherstellung der Union führen würde. Zusammen mit seinem Landsmann, Kardinal Guillaume Fillastre, wies er die Forderung der *Italica* nach einer formellen Bestätigung des *Pisanum* entschieden zurück. Wer darüber hinaus das Konzil – noch bevor die Union endgültig wiederhergestellt und die Reform angepackt worden sei – so rasch wie möglich beenden wolle, mache sich zum *fautor schismatis*, zu einem Begünstiger des Schismas, und sei daher der Häresie verdächtig. Eine Diskussion über Pisa selbst sollte aber vorläufig aus guten Gründen vermieden werden,[85] bestand damit doch die Gefahr, die eigene Legitimation gründlich zu untergraben.

Mit d'Aillys konfliktiver Wortmeldung war jedoch der Startschuss für eine zunehmend erregte Diskussionsphase ausgelöst worden, die in den nächsten Wochen und Monaten das Klima auf dem Konzil immer mehr vergiften sollte. Von unterschiedlichster Seite wurden nun Vorschläge unterbreitet, *avisamenta** und Traktate verfasst und gezielt in den konziliaren Diskurs geschleust, an deren Ende schlussendlich nur die Forderung nach dem Rücktritt Johannes' XXIII. stehen konnte. Doch noch war es nicht soweit.

Zunächst betrat jetzt der *Cardinalis Florentinus* Francesco Zabarella die Bühne.[86]

1360 in Padua geboren, hatte Zabarella die Rechte in Bologna und später in Florenz studiert, wo er 1385 zum *doctor utriusque iuris* promoviert wurde. Anschließend lehrte er dort das kanonische Recht (seit 1391 in Padua). Er galt als der bedeutendste und angesehenste Kanonist* seiner Zeit, war ein geschätzter Gutachter und Diplomat im Dienst seiner Vaterstadt, der Republik Venedig und des seinerzeitigen Kardinals Cossa – vor dessen späterer Wahl zum Papst. Zabarella ist der Verfasser des Traktats *De scismatis*, eines Werks, das den konziliaren Weg als Lösung aus der Sackgasse des abendländischen Schismas propagierte und die kanonistische Grundlage für das *Pisanum* schuf. 1410 ernannte ihn Johannes XXIII. zum Bischof von Florenz 1411 kreierte er ihn zum Kardinal. Als Gesandter des Papstes verhandelte Zabarella mit König Sigmund im Herbst 1413 über die Ortsfrage. Er starb, kurz vor der Papstwahl, am 26. September 1417 in Konstanz.

Der berühmte Kanonist*, dessen starke Position auf dem Konzil allein schon durch die enorme Zahl seiner Schüler unterstrichen wird, widersprach der verbreiteten Auffassung, eine Bestätigung des *Pisanum* würde Union oder Reform verhindern. Auch dürfe nicht der Eindruck gegenüber den beiden abgesetzten Päpsten geweckt werden, die Entscheidungen von Pisa könnten in Frage gestellt oder gar revidiert werden.[87] Mit diesen klaren Äußerungen des italienischen Kardinals kehrte allerdings nicht die erhoffte Ruhe ein, im Gegenteil, sie brachten jetzt erst recht eine Debatte in Gang, die eigentlich hatte vermieden werden sollen. Immer mehr Teilnehmer meldeten sich nun zu Wort, der Ton verschärfte sich. Es folgte ein taktisches Geplänkel, in denen sich die Widersacher des Papstes allmählich in Stellung brachten, ohne sich aber schon aus ihrem Schutz herauszutrauen. *Noli me tangere* (»Berühr mich nicht«), beschrieb Kardinal Fillastre diese Phase des Konzils, die den Eindruck vermitteln konnte, als ob in der Unionsfrage alles auf der Stelle zu treten schien.[88] Für einen außenstehenden Beobachter konnte sogar der Anschein erweckt werden, Johannes habe seine Stellung noch einmal halten und seine Haut retten können. Das war jedoch ein Trugschluss.

Der Papst hatte den am 3. November in Konstanz eingetroffenen Prager Magister freundlich empfangen, wenig später hob er die kanonischen Strafen, das über Hus verhängte Interdikt* und die Exkommunikation*, faktisch auf. Die Notwendigkeit für einen solchen Schritt mag für den heutigen Beobachter schwer nachvollziehbar sein, hatte sich aber quasi zwangsläufig gestellt, da die Konzilsstadt ansonsten unter Interdikt* gestanden hätte. Fortan durfte sich Hus damit frei in Konstanz bewegen;

allein es wurde ihm angeraten, nicht übertrieben die Öffentlichkeit zu suchen und nicht an den offiziellen Konzilsgottesdiensten teilzunehmen. Die Vermutung scheint nicht völlig abwegig zu sein, dass der Papst die Hus-Angelegenheit »möglichst rasch und geräuschlos« (Th. Krzenck) über die Bühne bringen wollte.[89] Doch schon am 28. November wurde der Prager Magister auf Betreiben einstiger enger Freunde in Haft genommen. Dem Prager Magister drohte jetzt die Wiederaufnahme jenes lediglich ausgesetzten Häresieverfahrens vor der Kurie, dem er sich durch sein Nichterscheinen bislang entzogen hatte.

Währenddessen hatten die papstkritischen Kräfte Zuwachs bekommen. Am 14. Dezember erreichte eine Gesandtschaft der Sorbonne, begleitet von einer Reihe französischer Erzbischöfe und Bischöfe, den Konzilsort.[90] Endgültig sollte sich aber das Blatt zu Ungunsten des Pisaner Papstes erst wenden, als in der Weihnachtsnacht der römische König Sigmund[91] am Bodensee eintraf.

Sigmund wurde als zweiter Sohn Kaiser Karls IV. 1368 geboren, sein älterer Halbbruder Wenzel (1361–1419) war noch unter seinem Vater zum böhmischen König (1363) und zum römischen König (1376, abgesetzt 1400) gekrönt worden. Seit 1376 mit der Kurwürde Brandenburgs belehnt, heiratete Sigmund 1385 die ungarische Thronerbin Maria, 1387 wurde er zum König von Ungarn gekrönt. Im Abwehrkampf gegen die auf dem Balkan vorrückenden Osmanen scheiterte indes ein von ihm geführter Kreuzzug bei Nikopolis (1396). Nach Konsolidierung seiner Macht in Ungarn wurde er – in einem zweiten Anlauf – 1411 zum römischen König gewählt, zur Krönung kam er erst 1414, kurz vor Beginn des Konstanzer Konzils, ins Reich.

Als römischer König stand er in Ausübung seiner Funktion als *advocatus* und *defensor ecclesie* vor der Aufgabe, die Einheit der Kirche wiederherzustellen. In enger Kooperation mit Johannes XXIII., dem Papst der Pisaner Obödienz*, und mit Rückendeckung durch die Könige von England und Frankreich brachte er das Konzil in Konstanz zustande, wohin er auch die Vertreter der beiden anderen Obödienzen* einlud. Die Überwindung des Schismas war für ihn ein erster Schritt auf dem Weg, der zur Union mit der Ostkirche und schließlich zur Befreiung der Heiligen Stätten führen sollte. Sigmund starb 1437, nachdem er 1433 in Rom zum Kaiser gekrönt worden war und seinen Frieden mit den Hussiten (1436) gemacht hatte.

Nachdem der Luxemburger ins Reich zurückgekehrt war, hatte er sich – über drei Jahre nach seiner Wahl – am 8. November 1414 in Aachen zum *rex Romanorum* krönen lassen. Damit stand ihm die Tür zum Kaisertum offen, war doch mit der Krönung zum römischen König die feste Anwartschaft auf die Kaiserkrone verbunden. Auch wenn die Kaiserkrönung in Rom noch fast zwei Jahrzehnte auf sich warten ließ, wurde er nichtsdestotrotz schon in Konstanz als der Kaiser betrachtet, was ihm eine Aura der Autorität geben sollte, die über seine machtpolitische Schwäche hinwegtäuschte. Dem französischen König hatte er Ende August 1414 geschrieben, dass er sich im Oktober in Aachen mit der *prima corona imperiali* krönen lassen wolle, damit er als *advocator et defensor militantis ecclesie* auf dem *Constantiense* auftreten könne.[92] Auf einem außerordentlich gut besuchten Fürstentag in Koblenz von Mitte August bis Anfang September 1414 lud er die dort zahlreich anwesenden Reichsfürsten, Grafen und Herren nach Konstanz, galt es doch neben der Lösung der brennenden kirchlichen Probleme eine umfassende Reform des Reiches voranzutreiben.[93]

Bereits Sigmunds Einzug in Konstanz in der Weihnachtsnacht des Jahres 1414 war ganz auf die Vorstellung von der Rolle zugeschnitten, die er auf dem Konzil zu spielen gewillt war.[94] Zunächst ließ der König Papst und Konzil auf sein Kommen warten und – bei empfindlicher Kälte frieren. Erst gegen Mitternacht brach er mit dem Schiff von Überlingen auf. Zusammen mit ihm kamen zahlreiche geistliche und weltliche Herren; insgesamt dürften den König wohl um die tausend Personen begleitet haben. Bereits vor seiner Ankunft hatte man mit gut 200 Stimmen gerechnet, über die der König in der Konzilsaula verfügen werde[95] – ein nicht unerhebliches Gewicht für die Stellung, die Sigmund einzunehmen gedachte. Um mehrere Stunden – bis in den frühen Morgen des ersten Weihnachtstages – musste die Mitternachtsmette aufgeschoben werden. Durch die bewusste Parallelität der Vorgänge mit dem biblischen Vorbild sollte bei den Wartenden wohl der Eindruck erweckt werden, mit dem König komme der von Gott Gesandte. Sigmund knüpfte darüber hinaus an die früh- und hochmittelalterlichen Vorstellungen vom Kaisertum an, welche dessen Inhaber mit einer sakralen Aura umgaben. Eingedenk dieser »kaiserlichen« Würde sang er später in der Messe – bekleidet als *ain ewangelier mit kostlichem meßgewat* – das Evangelium *Exiit edictum a Caesare Augusto* … [Lk 2,1].[96] Er stellte sich damit ganz bewusst in eine Reihe mit seinen Vorgängern, den zum Kaiser gekrönten hochmittelalterlichen Herrschern. Unübersehbar machte er dadurch deutlich, dass er auch Anspruch auf die politische Leitung des Konzils erhebe. Die herausgehobene Stellung, die Sigmund einzunehmen gedachte, spiegelte sich auch in symbolischen Zeichen und repräsentativen

Akten wider, etwa dass er auf einem erhöhten Sitz zur Rechten des Papstes Platz nahm bzw. in seiner Kleidung – im Gewand des Diakons, mit der er bei feierlichen Gottesdiensten und Prozessionen erschien, oder aber in vollem kaiserlichen Ornat, wenn es die Bedeutung des Anlasses verlangte.

Wie selbstverständlich übernahm der König mit seiner Ankunft die Regie. Legitimiert sah er sich durch die von ihm beanspruchte Funktion des *advocatus et defensor ecclesiae*, die ihn rechtlich kaum einband und ihm damit einen umso größeren Gestaltungsraum gab.[97] Dass sich das Verhältnis zwischen König, Papst und Konzil allerdings erst einpendeln musste, zeigte sich bereits an einem Zwischenfall, der sich wenige Tage später ereignete: einen Gesandten des Herzogs von Mailand bezichtigte Sigmund, ein Spion zu sein, weshalb er ihn ins Gefängnis werfen ließ. Damit allerdings brach der römische König das feierlich allen Konzilsbesuchern zugesagte freie Geleit. Nach der prompten Drohung der Konzilsväter, jegliche konziliare Tätigkeit einzustellen, musste der König einen Rückzieher machen; der Gesandte wurde umgehend wieder freigelassen.[98] Darüber hinaus stellte Sigmund ebenso unmissverständlich klar, dass er die Freiheit des Konzils auch bei der Durchführung von Häresieprozessen respektieren wolle. An solchen Kleinigkeiten solle die Union gewiss nicht scheitern. Mit dieser Zusicherung war indes eine wichtige Vorentscheidung im Fall des Prager Jan Hus gefallen, dem der König für sein Kommen einen umfassenden Geleitbrief ausgestellt hatte. Auch wenn sich Hus' Begleiter jetzt an den Luxemburger mit der Bitte wandten, er solle angesichts des von ihm ausgestellten Geleitbriefs für die Freiheit des Magisters sorgen, blieb ein Erfolg aus. Der König konnte gegen die von ihm dem Papst und dem Konzil zugestandene, von Außeneinwirkung frei gehaltene Jurisdiktion nur sehr wenig zugunsten des Böhmen bewirken. Hinzu kam, dass Sigmund seinen kinderlos gebliebenen älteren Bruder Wenzel bei der Nachfolge in Böhmen beerben wollte. Da durfte er nicht zulassen, dass auf das Königreich Böhmen der Schatten des Ketzertums fiel. Folglich wurden die Causa Hus *et alia minora* vom römischen König dem Ziel, die Union wieder herzustellen und die Reform von Reich und Kirche voranzutreiben, geopfert. Zum ersten Mal wurden dem Luxemburger damit aber auch sichtbar die Grenzen seiner Macht und seines Einflusses vom Konzil aufgezeigt.

Längst war dem König aber klar geworden, dass die angestrebte Union mit einem Papst Johannes XXIII. nicht zu machen war. Ein völliger

Neuanfang musste her und das bedeutete den Amtsverzicht bzw. die Absetzung aller drei Papstprätendenten als *conditio sine qua non.* Am 4. Januar erfolgte daher ein erster Vorstoß in diese Richtung. Sigmund griff den Wappenstreit auf und unterstützte den Wunsch des gregorianischen Kardinals Dominici, mit dem roten Hut als Zeichen seiner Würde in die Stadt einziehen zu können. Es zeigte sich einmal mehr, dass Fragen des symbolischen Zeremoniells hochpolitischer Natur waren und eine Menge Sprengstoff in sich bergen konnten. In der darauf einsetzenden Diskussion, wie man sich dazu stellen sollte, tat sich zwischen den Konzilsvätern rasch eine tiefe Kluft auf. Weiter verkompliziert wurde die Situation durch die Ankunft der Gesandten Benedikts XIII. und der Krone Aragóns. Am 10. Januar befasste sich die Generalkongregation des Konzils in Anwesenheit des Papstes damit, wie diese Gesandtschaften seiner Widersacher im Anspruch um die Papstwürde denn zu behandeln seien. Ziemlich unverblümt forderte nun d'Ailly vor diesem Gremium, die Gesandten Gregors und Benedikts anzuhören, wobei er sich auf ein historisches Vorbild berief, das bei Johannes XXIII. die Alarmglocken läuten lassen musste: Auf der von Kaiser Heinrich III. dominierten Synode von Sutri (1046) war Papst Gregor VI. in die Verbannung geschickt worden, nachdem zuvor festgestellt worden war, dass er unrechtmäßig in sein Amt gekommen und damit illegitim sei. Verstärkt wurde das historische Argument noch durch die Vorstellung, dass es immer schon der Fürsten bedurft hatte, um ein Schisma zu überwinden.[99]

Zwei Tage später konferierte der König im Kloster Kreuzlingen – sozusagen auf exterritorialem Boden außerhalb des Konzilsorts – mit den Gesandten der beiden anderen Obödienzen*, wobei die Spanier ihn darüber informierten, dass ihr Papst bereit sei, nach Nizza zu kommen, sofern auch der Luxemburger in Begleitung einer Konzilsdelegation dort erscheinen sollte. Beim Empfang der Anhänger Gregors am 25. Januar, deren Gewicht sich durch die Ankunft des Pfalzgrafen Herzog Ludwig III. und der Bischöfe von Worms, Speyer und Verden erheblich verstärkt hatte, ließ Angelo Correr durch den Herzog mitteilen, dass er zum Konzil kommen werde. Außerdem wolle er einer Union keine Hindernisse in den Weg legen, vorausgesetzt der Pisaner Papst habe nicht mehr den Vorsitz des Konzils inne.[100] – Damit dürfte aber auch dem letzten klar geworden sein: Das Eintreffen Sigmunds in Konstanz hatte auf dem Konzil zu einer beträchtlichen Machtverschiebung zu Ungunsten des Pisaner Papstes geführt. Die Ankunft der Gesandtschaften Gregors und Benedikts ließen den König jetzt immer stärker in den Blickpunkt rücken, er war die einzige von allen Seiten uneingeschränkt anerkannte Autorität. Dagegen hatte Johannes sein Alleinstellungsmerkmal als der einzige Papst verloren. Zunehmend entglitt ihm die Leitung des Konzils.

Den schleppenden Gang der bisherigen Unionsbemühungen vor Augen, kam es nun zu einer Art Zweckbündnis von Kräften, die eine rasche Lösung des Schisma zu forcieren gedachten, gegebenenfalls auch, ohne größere Rücksicht auf die Person des Pisaner Papstes zu nehmen, und notfalls dazu bereit, ihn als Bauernopfer für einen Fortschritt in der Unionsfrage fallen zu lassen. An ihrer Spitze standen »Fillastre, der Stratege, d'Ailly, der Intellektuelle, der elastische Theologe – und [...] Sigmund als Exekutor«,[101] wie W. Brandmüller – in etwas zugespitzter Form – die unterschiedlichen Rollen charakterisierte, die die drei Hauptprotagonisten dieses Zweckbündnisses in dem nun einsetzenden Ringen um die Frage des Rücktritts von Johannes XXIII. einnahmen. Die entscheidende Auseinandersetzung läutete Kardinal Fillastre in offensichtlich enger Absprache mit d'Ailly ein. In einer öffentlichen *Cedula** (30. Januar) ließ er durchblicken, dass um der Einheit willen Johannes XXIII. zurücktreten solle, im Zweifelsfall, sollte er dies nicht aus freien Stücken tun, vom Konzil dazu gezwungen werden könne.[102] Unter dem Vorwand, den Papst verteidigen zu wollen, stieß d'Ailly nach, indem er diesem nahe legte, er solle, ja er müsse zum Wohle der Kirche zurücktreten. Um seinen Vorschlag zu untermauern, legte er einen Entwurf für die Abdankungsformel bei. Sollte er sich jedoch, so die unüberhörbare Drohung dieser Forderung, hartnäckig verweigern, mache ihn dies zu einem Begünstiger des Schisma, der dann durch das Konzil – als der Repräsentation der *ecclesia universalis* – abgesetzt werden könne. Schon zuvor hatte sich der Druck auf den Pisaner Papst spürbar erhöht, als Pfalzgraf Ludwig III., der wichtigste Fürsprecher Gregors XII., einen Vorschlag von diesem seinem Papst an Sigmund übergab, in dem ein Amtsverzicht unter bestimmten Voraussetzungen angedeutet wurde.[103] Darüber, so Gregor, könne auf dem Konzil verhandelt werden, allerdings nicht unter dem Vorsitz seines Kontrahenten Johannes. Von zwei Seiten war damit dessen Stellung in Beschuss geraten, es war nur eine Frage der Zeit, bis diese sturmreif geschossen war.

Immer stärker geriet Johannes XXIII. in die Defensive, die Verteidigungsfront seiner Anhänger begann langsam zu bröckeln. Verstärkt tauchte nun in der zunehmend erregt geführten Diskussion die Auffassung auf, dass keiner der Papstprotagonisten einen gerechtfertigten Anspruch für sich erheben könne, zweifelfrei der legitime Nachfolger Petri zu sein. An der Verbreitung dieser Auffassung dürfte d'Ailly nicht ganz unschuldig gewesen sein. Von hier jedoch bis zu der daraus abzuleitenden Konsequenz, allen dreien die Obödienz* zu entziehen, war es nur noch ein kleiner Schritt. Das papstlose Konzil warf bereits sichtbar seine Schatten auf das Konstanzer Geschehen voraus.

Einschneidender noch – in gewisser Weise sogar ein revolutionärer Vorgang – waren Veränderungen, mit denen der Einfluss des italienischen Papstes auf die Entscheidungen des Konzils zurückgedrängt wurde. Den Anstoß für diese Neuerungen hatte offensichtlich eine Initiative Gregors XII. und seiner Anhänger gegeben, als er eine freie Diskussion über seinen Vorschlag auf Amtsverzicht anstieß. Als wohl wichtigste Maßnahme ist in diesem Kontext das veränderte Stimmrechtsverfahren anzusehen. Kamen bisher Beschlüsse zustande, indem die Köpfe der Abstimmenden ausgezählt wurden (*per capita*), so gewannen jetzt die Konzilsnationen (*naciones*) als institutionalisierte Körperschaften einen immer größeren Stellenwert.

Zunächst waren die Nationen – wie schon auf dem *Pisanum* – als reine Beratungsorgane vorgesehen, mehr nicht. Über ihre genaue Arbeitsweise, über das Prozedere bei Abstimmungen ist nur wenig bekannt; Protokolle oder Manuale, wie sie etwa vom *Basiliense* überliefert sind, fehlen nach Angaben H. Finkes fast gänzlich.[104] Um dem Papst, der sich insbesondere auf seine schon zu Konzilsbeginn zahlenmäßig stark vertretenen Italiener stützen konnte,[105] seinen Rückhalt zu nehmen, wurden die Nationen nun zu Stimmkörpern umgewandelt – bezeichnenderweise gegen den erbitterten Widerstand der Italiener. Zwar wurde auch weiterhin innerhalb der einzelnen Nationen *per capita* abgestimmt, dann aber bei den Entscheidungen in der Generalsession ein einheitliches Votum abgegeben, wobei jede Nation nur über eine einzige Stimme verfügte – unabhängig davon, wie viele Köpfe diese zählte. Das italienische Übergewicht, das eine Folge der Vielzahl kleiner und kleinster Bischofssitze auf der Apenninenhalbinsel war, kehrte sich damit zur stimmenrelevanten Unterzahl. Genau das war schließlich das Ziel derer gewesen, die sich für eine Veränderung des Abstimmungsverfahrens eingesetzt hatten – an erster Stelle Fillastre.[106]

Eine weitere Veränderung betraf das individuelle Stimmrecht. Nach alter konziliarer Tradition hatten nur die Bischöfe und Äbte ein qualifiziertes

Stimmrecht; jetzt bekamen auch die Magister der Theologie und die Doktoren der beiden Rechte dieses eingeräumt. Man darf es wohl auch als eine späte Anerkennung für den Einsatz der Gelehrten betrachten, mit dem sie sich in den Jahren des Schismas für den Konzilsweg (*via concilii**) eingesetzt hatten.[107] Diese Maßnahme zielte aber gleichzeitig auf eine Veränderung der Machtverteilung auf dem Konzil. Auch in diesem Kontext spielte der französische Kardinal Fillastre, selbst ausgebildeter Kanonist*, eine zentrale Rolle. Mit seinem Vergleich, dass ein ungelehrter Prälat ein gekrönter Esel sei, hatte er für eine Ausweitung des Stimmrechts geworben.[108]

Die Position Johannes' XXIII. wurde immer unhaltbarer, die Zahl seiner Anhänger, soweit sie sich überhaupt noch getrauten, gegen die wachsende Mehrheit des Konzils mit ihrer Meinung öffentlich aufzutreten, schrumpfte zusehends. Dies hatte auch damit zu tun, dass sich die Stadt immer stärker mit Besuchern füllte. Fast täglich trafen größere und kleinere Gesandtschaften aus aller Herren Länder am Bodensee ein. Ausführlich berichtete Richental über deren Zahl, ihr Aussehen sowie das Ritual ihrer Begrüßung und ihres Einzugs in die Stadt. Allein die Zahl und die Würde der sie Empfangenden machte deutlich, für wie wichtig die Ankunft einzelner Delegationen gehalten wurde.

In einer mit d'Ailly abgesprochenen *Cedula** hatte Fillastre schon Ende Januar 1415 ganz offen die *via cessionis ab omnibus** gefordert, das heißt, den Rücktritt aller drei *Contendentes de papatu*.[109] Auch dem Pisaner Papst legte er damit den Rücktritt nahe; immerhin könne er – rhetorisch kaum zu widerlegen – durch seinen Verzicht unsterblichen Ruhm erringen, da er der Kirche nach Jahrzehnten den Frieden schenken würde. Bereits tags darauf legte d'Ailly nach. Auf der Grundlage von Fillastres *Cedula** unterbreitete er dem Kardinalskollegium eine Rücktrittsformel für den Papst.[110] Systematisch wurde das Fundament, auf das sich Johannes bislang stützte, in den folgenden Tagen und Wochen ausgehöhlt. Der Verweis auf das *Pisanum* verlor seine stabilisierende Wirkung; an Johannes' Legitimation wurde zunehmend gekratzt.

Es lag zweifellos im allgegenwärtigen Pragmatismus* von Konstanz begründet, dass in diesem Moment – gewiss nicht zufällig – Pamphlete in der Öffentlichkeit auftauchten, in denen Johannes diverser Verbrechen und Schandtaten angeklagt wurde. In erster Linie zielte dies darauf ab, seinen Ruf zu schädigen und seine Würde nachhaltig zu untergraben.[111] Der Widerstand des Papstes gegen die jetzt immer lauter werdenden Rücktrittsforderungen sollte gebrochen werden. Johannes XXIII. war der Ernst der Situation klar; so entschloss er sich am 16. Februar den Kardinälen ein erstes Rücktrittsversprechen zu geben, »falls Pedro de Luna und Angelo Corrario, die als Häretiker und Schismatiker verurteilt und zudem vom Konzil von Pisa rechtskräftig abgesetzt seien«, ihrerseits abdankten.[112] Nach der Hinhaltetaktik, mit der der Papst und seine vornehmlich italienischen Anhänger in den zurückliegenden Wochen gegen den sich formierenden Protest operiert hatten, war die Ankündigung des Rücktritts von Johannes XXIII. eine überraschende Wendung. Jedoch kam dieses Versprechen viel zu spät, um ihm noch Luft zu verschaffen – wie sich in den nächsten Wochen rasch zeigen sollte. Dass dieses Versprechen den Papst darüber hinaus zu nichts verpflichtete, wollte eine Mehrheit des Konzils nicht hinnehmen. So nahm der Druck auf ihn erneut zu. Es folgten Wochen mühsamer Verhandlungen; verschiedene Vorschläge wurden verbreitet, die auf einen Vollzug der Abdankung durch Prokuratoren* setzten, damit der Papst – so die Befürchtung – nicht im letzten Moment womöglich einen Rückzieher machen könnte. Immer wieder ergriff nun auch der König die Initiative, um den Gang der Dinge voranzutreiben. Eine Johannes XXIII. vorgelegte Abdankungsformel[113] wurde von diesem akzeptiert und am 2. März feierlich beschlossen, was unter den Anwesenden und in der Stadt große Freude auslöste. Zwei Tage später traf sich Sigmund mit den Gesandten der beiden anderen Papstprätendenten. Gregor signalisierte sein Kommen, mit den Gesandten Ferdinands von Aragón wurde ein Treffen zwischen den beiden Königen und Benedikt in Nizza vereinbart. Die Unionsfrage war in Bewegung geraten.[114]

Doch noch war es nicht soweit. Johannes XXIII. wollte keine Prokuratoren* akzeptieren, die in seinem Namen die geplanten Verhandlungen mit Benedikt in Nizza führen sollten. Stattdessen wollte er selbst dorthin gehen. Es scheint so, als habe er sich in seinem Widerstand gegen eine Prokuratorenlösung durch die Ankunft der königlich französischen Gesandtschaft, die ihn in seinem Verhalten unterstützte, bestärkt gefühlt. Die Neuankömmlinge lancierten überdies die Idee von einer Verlegung des Konzils nach Avignon. Hinter diesem Verhalten stand wohl die Furcht vor einem wachsenden Einfluss Sigmunds, insbesondere dann, wenn er selbst einer der vom Papst vorgeschlagenen Prokuratoren* werden sollte. Wasser auf die Mühlen der Kritiker war eine bedenkliche Maßnahme, die der römische König am 13./14. März ergriff: Er ließ die Tore von Konstanz sperren, um einen allgemeinen Aufbruch zu verhindern. Zweifellos ein schwerer taktischer Fehler, denn damit stellte Sigmund die von ihm verbriefte Freiheit des Konzils in Frage. Etwa zur gleichen Zeit, um den 14. März herum, machten die französischen Kardinäle Anstalten, aus dem Bündnis mit der deutschen, englischen und französischen Nation auszuscheren. Daraufhin machte sich der König mit Vertretern der englischen und deutschen Nation sowie einer Reihe hoher weltlicher Fürsten auf den Weg zur Sitzung der *Gallicana*, an der auch die französischen Kardinäle teilnahmen, um diese zurückzugewinnen. Er wurde aber faktisch ausgesperrt, weil sich die Franzosen strikt weigerten, in seiner Gegenwart weiter mit ihren Kardinälen zu verhandeln. In dieser Situation wurden Sigmund erneut die Grenzen seiner Macht und seines Einflusses aufgezeigt; es war keineswegs so, dass die Spielregeln auf dem Konzil für den König nicht gegolten hätten und er sich darüber hätte hinwegsetzen können. Ihm blieb also nur der Rückzug.

Indes konnte der außen stehende Beobachter der Verhandlungen zwischen Konzil und Papst in jenen Tagen durchaus den Eindruck gewinnen, Sigmund sei der eigentliche »Herr des Konzils« gewesen,[115] selbst wenn dieser Eindruck die tatsächliche Machtkonstellation nur unzureichend abbildete. Für die öffentliche Wahrnehmung des Luxemburgers war jedenfalls von Bedeutung, dass dieser am 10. März, dem Sonntag *Laetare*, eine besondere Auszeichnung verliehen bekam: Papst Johannes XXIII. überreichte dem König die von ihm zuvor gesegnete *Goldene Rose*,[116] ein politisches Ehrengeschenk, das Sigmund in aller Öffentlichkeit präsentierte.

Natürlich wird man sich fragen, was Johannes dazu veranlasst haben mag, einem seiner ärgsten Widersacher in der aus seiner Sicht sich zunehmend zuspitzenden Situation um seine Zukunft die *Goldene Rose* zu verleihen. Dass Sigmund an seinem Stuhl sägte, dürfte ihm nicht verborgen geblieben sein. Gewiss, der Luxemburger hatte maßgeblichen Anteil am Zustandekommen des Konzils gehabt und stand bei vielen in höchstem Ansehen. Konnte der Papst daher an seiner Person ernsthaft vorbeigehen, ohne einen öffentlichen Affront zu provozieren? Oder war es gar ein Akt der Verstellung, um umso leichter seine längst geplante Flucht vorzubereiten? Vermutungen und Fragen, die wohl nicht mehr zu beantworten sind.[117] Jedenfalls tauchten in diesen Tagen erstmals Gerüchte auf, der Papst wolle das Konzil verlassen. Sigmund ließ darauf die Ausgänge der Stadt auch nachts bewachen.[118]

Wann der endgültige Plan zur Flucht gefasst wurde, entzieht sich unserer Kenntnis; doch spätestens am 19. März muss die Entscheidung für den Abend des nachfolgenden Tages gefallen sein. An diesem Tage jedenfalls verriet ein Kuriale das Vorhaben dem Hauptausschuss, einer Art obersten Lenkungs- und Leitungsgremium des Konzils, der sich umgehend mit dem König beriet. Sofort begab sich Sigmund zum Papst, um ihn vor einer Flucht und ihren Folgen zu warnen. Johannes empfing ihn allerdings nicht, da er, wie er vorgab, sich bereits hingelegt habe. Er sei krank. Jeden Gedanken an eine Flucht wies er aber weit von sich. Ein glänzend initiiertes Manöver, um einen möglichen Verdacht zu zerstreuen. Unterdessen veranstaltete Herzog Friedrich von Österreich ein Turnier, um die Öffentlichkeit von der bevorstehenden Flucht des Papstes abzulenken. Nach einer durch einen Sturz von seinem Pferd wohl absichtlich herbeigeführten Niederlage ritt der Herzog in sein Quartier in Kreuzlingen, um von dort angeblich in den von Burgund bedrohten Sundgau aufbrechen zu wollen. Vor seiner Abreise machte er noch gegen 19 Uhr einen »Abschiedsbesuch« beim Papst. Etliche Kuriale hatten unterdessen die Stadt verlassen, so dass sich Sigmund erneut genötigt sah, Wachen aufstellen zu lassen. Dies allein spricht gegen Brandmüllers Vermutung, Sigmund habe den Papst willentlich entkommen lassen, weil er sich von einem papstlosen Konzil mehr versprochen habe.[119]

Nach Mitternacht passierte dann der Habsburger das Kreuzlinger Tor, in des Herzogs Gefolge Johannes XXIII., der sich als Knappe verkleidet hatte. Peter von Wormditt berichtete, *bey nacht reyt her mit eynem schriber herczoge Fridrichs von Osterich als ein leye mit eynem armbrost von Costencz.*[120] In Kreuzlingen angekommen, bestiegen der Herzog und der Papst die bereitgestellten Pferde und ritten mit wenigen Begleitern nach Steckborn. Mit dem dort bereitliegenden Boot ging die Reise weiter rheinabwärts nach Schaffhausen, welches der Flüchtige im Morgengrauen des 21. März erreichte.[121] Die Stadt am Rhein war zwar eine Reichsstadt, aber schon 1330 an die Habsburger verpfändet worden – für Johannes zunächst ein sicherer Zufluchtsort. Doch auch hier sollte er nicht lange aushalten. Bereits eine Woche später, am 29. März – es war Karfreitag, setzte er seine Flucht gen Westen fort. Gegen seinen Helfer Herzog Friedrich hatte Sigmund inzwischen Klage vor den Reichsfürsten erhoben, am 30. März erfolgte dann bereits die Verhängung der Reichsacht über den Verräter »gegen Kirche und Reich«.[122]

### 3.3.2 Die Selbstbehauptung des Konzils und seine Neuorganisation bis zur Abreise Sigmunds nach Südfrankreich

Obgleich die Flucht des Papstes nicht gänzlich unerwartet gekommen war, löste sie dennoch Panik und ein rasch um sich greifendes Durcheinander aus, welches sogar die Weiterführung des Konzils kurzfristig in Frage zu stellen schien. Denn kaum hatte die Nachricht von der Flucht des Pisaner Papstes die Runde gemacht, folgten dem Flüchtigen nicht wenige Konzilsväter, darunter eine ganze Reihe Kardinäle.[123] Auch andere seiner Anhänger und viele Diener verließen nun ebenfalls eiligst die Stadt.

Die Meinungen der Konzilsteilnehmer über das überraschende Handeln des Papstes gingen dabei durchaus auseinander, auch wenn sie in ihrer Mehrheit seine Flucht scharf verurteilten. Längst schon hatte Johannes die faktische Leitung über das Konzil verloren gehabt und damit auch seine Möglichkeiten eingebüßt, den Lauf der Dinge noch maßgeblich zu bestimmen. Inwieweit seine persönliche Sicherheit gefährdet war, er gar um sein Leben fürchten musste, ist heute nicht mehr zu entscheiden – subjektiv dürfte er sich in die Enge getrieben, vielleicht sogar bedroht gefühlt haben. Aus Sicht des Papstes war daher die Flucht ein konsequenter Schritt, um der für ihn verfahrenen Situation auf dem Konzil zu entkommen und wieder an Handlungsspielraum zu gewinnen. Dass allerdings die Fortführung des Konzils unter den bisherigen Bedingungen durch seine Flucht erheblich gefährdet sein würde, war von Johannes XXIII. zweifellos billigend in Kauf genommen worden. Man wird ihm daher kaum den Vorwurf ersparen können, dass durch sein Verhalten die Überwindung des Schismas wieder in weite Ferne gerückt wäre, vorausgesetzt seine Flucht wäre erfolgreich gewesen und er hätte das Konzil an einem anderen Ort einberufen können.

Wie sollte es aber mit dem Konzil weitergehen, hatte es doch seine Autorität in der Einberufung durch den nun geflohenen Johannes XXIII. erhalten. In dieser heiklen Situation schlug die Stunde des römischen Königs. Entschlossen stemmte er sich in seiner Doppelfunktion als Stadtoberhaupt und *advocatus et defensor concilii* den einsetzenden Auflösungserscheinungen entgegen. So ergriff der Luxemburger rasch die Initiative, um ein allgemeines Auseinanderlaufen zu verhindern. Bereits am Morgen des 21. März ritt er zusammen mit dem Pfalzgrafen Ludwig durch die Stadt und ließ durch Herolde verkünden, *das niemend hinweg fůre* […] *und solt ouch menglich libs und gůtz sicher sin.* Kaufleute, Krämer und auch die Geldwechsler waren froh darüber *und loptend unßern herren küng Sigmunden* [...] *und sprachend: War es in ihren landen beschehen, so wärind sy umm ir hab komen.*[124] Bald öffneten sie wieder die Läden und das normale Leben konnte weitergehen. Das rasche Eingreifen des Luxemburgers hatte zwar nicht verhindern können, dass sich Unruhe in der Stadt verbreitete, überzeugte aber einen Teil der Kardinäle sowie die anwesenden Fürsten davon, dass das Konzil fortgesetzt werden könne. Dem Papst war es jedenfalls mit seiner Flucht nicht gelungen, das Konzil im Handstreich zu sprengen.

Unterdessen hatten sich bereits am 22. März zwei Kardinäle und ein Erzbischof im Auftrag des Konzils auf den Weg nach Schaffhausen gemacht, um die weiteren Absichten der Flüchtigen zu erkunden. Aus scheinbar sicherer Distanz versuchte Johannes von Schaffhausen aus weiter zu taktieren: So machte er den Vorschlag, die Vollmacht, in seinem Namen zu handeln und ggf. seine Resignation zu vollziehen, an wenige höhere Prälaten zu delegieren. Den Eindruck, dass dieser Vorschlag nicht ehrlich gemeint war, sondern nur ein letztlich untauglicher Versuch, das Konzil zu spalten, dürfte nicht so leicht von der Hand zu weisen sein.

Am gleichen Tag, dem dem Palmsonntag vorhergehenden Sonnabend, war in Konstanz eine Messe zum Heiligen Geist zur Überwindung des Schismas angesetzt, zu der ausdrücklich auch die verbliebenen Kardinäle eingeladen waren. Die Initiative hierfür dürfte – wie W. Brandmüller vermutet[125] – von Sigmund im Verein mit den Nationen ausgegangen sein, um den Fortbestand des Konzils nach innen und außen zu demonstrieren und dessen Funktionstüchtigkeit zu zeigen. Die Predigt in diesem denkwürdigen Gottesdienst hielt der Franzose Jean Charlier de Gerson, einer der bedeutendsten Theologen seiner Zeit, der erst seit gut zwei Wochen in Konstanz war.[126]

Nach ersten Studien am *Collège de Navarre* in Paris setzte der in Gerson 1363 geborene Jean Charlier sein Studium der Theologie an der Sorbonne fort (mag.theol. 1394). Unter seinen Lehrern war der wichtigste Pierre d'Ailly, dem er 1395 im Amt des Kanzlers der Universität nachfolgte. Mit einigen seiner Schriften (darunter *De unitate ecclesiastica*, *De auferibilitate sponsi* und *De potestate ecclesiastica*) versuchte er die seit dem Scheitern der Politik der Obödienzentziehung laufenden Diskussionen zur Durchsetzung des konziliaren Wegs zu beeinflussen, um so das Schisma zu überwinden. In Konstanz selbst sollte Gerson eine Schlüsselrolle übernehmen.

In seinem Sermon* *Ambulate dum lucem habetis* (Joh 12, 35)[127] betonte der Kanzler der Pariser Universität, dass ein jeder, auch der Papst, der Kirche bzw. dem sie repräsentierenden Generalkonzil, das seine Autorität unmittelbar von Gott erhalten hat, zu gehorchen habe. Daher könnten Konzilsbeschlüsse nicht einfach vom Papst außer Kraft gesetzt werden. Schließlich wäre die Einberufung eines derartigen Konzils sogar ohne die Zustimmung des Papstes möglich, insbesondere im Falle eines Papstschismas. In einer solchen Situation habe der Papst alle Maßnahmen des Konzils, die dieses zur Beendigung des Schismas ergreife, zu akzeptieren – bis hin zum eigenen Amtsverzicht. Wenn man so will, lieferte Gerson für die Befürworter des Konstanzer Konzils und seiner Weiterführung eine gleichermaßen theologisch wie kanonistisch unterfütterte Blaupause. Entsprechend galt seine Predigt bereits den Zeitgenossen »as a turning point in the fortunes of the council« (C.M.D. Crowder)[128] Doch selbst wenn die Gedanken des Pariser Kanzlers in den Ohren seiner Zuhörer durchaus radikal geklungen haben mögen, so zeigte sich in ihnen gleichzeitig eine Distanz gegenüber einem verbreiteten korporationsrechtlichen Kirchenverständnis, welches maßgeblich der Vorstellung von einer Konzilssuperiorität* über den Papst zugrunde lag. Ebenso ging Gerson auf Abstand zu dem kardinalizischen Standpunkt, der sich aus dem Papstwahlrecht der Purpurträger ableitete und der in der Situation *sede vacante* einen Vorrang für das Kardinalskollegium postulierte. Gerson einen revolutionären Bruch mit der kirchlichen Tradition vorzuwerfen, dürfte insgesamt aber schwer fallen. Denn er stützte sich auf im Kirchenrecht verankertes Traditionsgut, auf das allerdings bis in die Schismazeit kaum zurückgegriffen worden war. In der gegebenen Situation besaß die Predigt aber erhebliche Sprengkraft, da sie die Position des Papstes in Frage zu stellen schien – und das nicht nur dann, wenn es überhaupt keinen zweifelsfrei legitimen Papst geben sollte. Die Reaktion einer Reihe Kardinäle, die anschließend unverzüglich gen Schaffhausen aufbrachen, ist ein Indiz für die gewaltige Wirkung, die diese Predigt auf die Zuhörer gehabt haben muss.

Zwei Tage später, am 25. März, beriet der König mit den Deputierten der Nationen und den in Konstanz verbliebenen Kardinälen eingehend über das weitere Vorgehen. Das Ergebnis dieser Aussprache war, dass eine öffentliche Sitzung auf den folgenden Tag festgesetzt wurde. Immerhin waren, wenn auch unter Vorbehalt, die Kardinäle d'Ailly und Zabarella bereit, daran teilzunehmen, während die übrigen Purpurträger ihr Fernbleiben ankündigten oder aber sich wegen Krankheit entschuldigten. Denn sie kannten weder die genaue Tagesordnung noch den Text des zu verabschiedenden Dekrets, welches am nächsten Tag zur Abstimmung anstand, ohne dass darüber zuvor noch einmal diskutiert werden sollte. Auf der Sitzung selbst warben die beiden anwesenden Kardinäle dafür, Johannes weiterhin den diesem geschuldeten Gehorsam zu leisten. Trotz ihres eindringlichen Appells schlug die Mehrheit der Konzilsväter jedoch einen anderen Weg ein: In den von Zabarella verlesenen Beschlüssen stellte das Konzil zunächst fest, dass es sich rechtmäßig im Heiligen Geist versammelt habe. Weiter erklärte es, dass die Synode rechtmäßig nach Konstanz einberufen worden sei und dort auch begonnen habe. Ebenso betonte es, dass es durch den Weggang des Papstes und anderer Prälaten keineswegs aufgelöst worden sei, sondern in seiner Integrität und Autorität fortbestehe – unbesehen möglicher anderer Anordnungen. Zweifellos war dies ein Seitenhieb auf den flüchtigen Papst. Schließlich beharrte das Konzil darauf, dass es erst dann aufgelöst werden dürfe, wenn es die der Versammlung gestellten Aufgaben der Union und der Reform gelöst habe. Zu guter Letzt dürfe es ohne einen zwingenden Grund und ohne eigenen Beschluss auch nicht verlegt werden. Zu jedem einzelnen Punkt erfolgte sodann durch ein Plazet die förmliche Zustimmung des Konzils. Damit hatten sich die Konzilsväter eine vorläufige Legitimation für ihr weiteres Handeln gegeben.

In den nun folgenden Tagen, die mit Verhandlungen zwischen Sigmund, den Vertretern der Nationen sowie den aus Schaffhausen zurückgekehrten Kardinälen ausgefüllt waren, fand das Konzil allmählich zurück zu einem selbstbewussten Auftreten, das dabei half, das durch die Papstflucht eingetretene Vakuum rasch zu überwinden. Allerdings ist es nicht mehr möglich, die Verhandlungen bis ins letzte Detail zu rekonstruieren. Die französische, die deutsche und die englische Nation bereiteten ein Dekret vor, das der Weiterarbeit des Konzils eine rechtliche Grundlage geben sollte. Ihr Entwurf stieß jedoch auf entschiedenen Widerspruch, insbesondere wegen den darin fixierten Vorstellungen von einer Superiorität* des Konzils über den Papst auch in Fragen der Reform. Umgekehrt schafften es die Kardinäle jedoch genauso wenig, die Konzilsmehrheit und den König noch einmal umzustimmen; diese ließen den Papst mit seinen Vorschlägen, wie er sich die Abdankung vorstellen könne, schlicht abblitzen. Das ihm einst von vielen Konzilsteilnehmern entgegengebrachte Vertrauen war endgültig aufgebraucht. – Mit seinem Losschlagen gegen den Fluchthelfer, den österreichischen Herzog Friedrich, setzte darüber hinaus Sigmund ein weiteres unübersehbares Signal. Zweifellos hatte der österreichische Herzog, der »die ehrgeizigen universalpolitischen Ambitionen Sigismunds auf dem Konzil durchkreuzen und dessen erfolgreichen Abschluß gefährden konnte« (J. Hoensch), für den König und dessen Stellung auf dem Konzil eine erhebliche Gefahr dargestellt.[129] Dieser Bedrohung konnte sich der Luxemburger jetzt problemlos entledigen und fand dafür auch noch breiteste Zustimmung. Die rasche Verhängung von Reichsacht und Bann über den österreichischen Herzog führte für jenen zum schnellen Verlust der habsburgischen Vorlande; die Eidgenossen besetzten in kürzester Zeit seinen südlich des Rheins gelegenen Besitz, darunter die Stammburg im Aargau.[130] Damit gingen diese Gebiete den Habsburgern auf Dauer verloren. Anders die Herrschaftsgebiete nördlich des Rheins und im Elsass: Hier gelang es dem Herzog später, zumindest einen Teil davon zurückzugewinnen. Die ursprüngliche Konzeption, dem Papst einen sicheren Fluchtweg durch die Besitzungen Friedrichs IV. hinüber ins Burgundische zu sichern, war jedenfalls schneller als gedacht gescheitert.

Am 30. März fand schließlich jene im Rückblick »historische« vierte Generalkongregation statt, die tief in das Selbstverständnis des Konzils und der Kirche eingriff. Den einmal eingeschlagenen Weg der Konzilsmehrheit konnte auch ein letzter Versuch des Papstes, das Konzil mit weiteren Zugeständnissen zum Entgegenkommen zu veranlassen, nicht mehr aufhalten. Es war aber keineswegs so, dass das Konzil in seiner Gesamtheit geschlossen hinter allem stand, was nun beschlossen werden sollte. Insbesondere hinsichtlich der Oberhoheit des Konzils über den Papst, namentlich in Sachen der Reform, gab es Dissens. Zabarella selbst machte dies überdeutlich, als er bei der Verlesung der Dekrete die Reform als konziliare Aufgabe stillschweigend überging. Und auch darüber, wie man mit dem Geflohenen verfahren sollte, war man unterschiedlicher Auffassung. Während die eigentliche Sitzung schon begonnen hatte, liefen die hinter den Kulissen geführten Verhandlungen noch weiter, bei denen um einen allseits akzeptablen Konsens gerungen wurde. Es war wohl Sigmund, der im letzten Moment einen Kompromiss zwischen den Kardinälen und den Nationsgesandten über die zu verabschiedenden Texte herstellen konnte, der es zumindest der Mehrheit der in Konstanz anwesenden Kardinäle ermöglichte, an der Sitzung teilzunehmen. Nach der Messe verlas dann Zabarella das Dekret *Haec Sancta*, dessen unterschiedliche Interpretation und Beurteilung bis in die jüngere Gegenwart zu teils heftigen Kontroversen geführt hat. Allerdings verschwieg der Kardinal bei der Verlesung jenen Teil, der die Reform erwähnte. Vermutlich störte er sich an der seinem strikt kanonistischen Verständnis entgegenstehenden Passage, die »für das papstlose Konzil auch eine Autorität im Bereich der Kirchenreform« beanspruchte. Der dadurch hervorgerufene Aufruhr zeigt deutlich, wie wichtig diese Passage aber offenbar einer Mehrheit der Konzilsväter gewesen war.[131]

Das weitere Verhalten des Papstes, seine Abreise von Schaffhausen, schweißte das zurückgebliebene Konzil noch stärker zusammen. In der fünften Generalversammlung, am 6. April, machte Zabarella seinen anhaltenden, wenn auch vergeblichen Protest gegen *Haec sancta* deutlich, indem er sich weigerte, die eine Woche zuvor verkündeten Artikel erneut vorzulesen. In seinen Augen überschritt das Konzil hier die durch Recht und Tradition gesetzten Befugnisse des Konzils, die dessen Überordnung über den Papst nur in Fragen des *status generalis* vorsahen.[132] Mit *Haec Sancta* wollte das Konzil, das mit der Flucht Johannes' XXIII. inzwischen papstlos geworden war, den eigenen Fortbestand und die eigene Handlungsfreiheit sichern. Rechtmäßig, so wird erklärt, habe sich die Kirche – *ecclesia militans* – im Generalkonzil versammelt, das seine Gewalt unmittelbar von Christus habe. Diesem Konzil ist jeder, egal welchen Standes und welcher Würde er auch sei, selbst der päpstlichen – *etiam si papalis existat* – in allem, was den Glauben und die Ausrottung des Schismas sowie der allgemeinen Reform an Haupt und Gliedern betrifft, zum Gehorsam verpflichtet. Soweit das Dekret. Umstritten waren indes Reichweite und Validität der Bestimmungen, was aus der Genese von *Haec Sancta* als Kompromisstext heraus zu erklären ist. Sollte das Dekret lediglich dazu dienen, einen aktuellen Notstand zu beheben oder besaß es eine permanente, vielleicht sogar dogmatische Verbindlichkeit? Letzteres dürfte wohl in Frage zu stellen sein, denn es verlangte zwar den Gehorsam, nicht aber den Glauben.[133] Kritiker, die sich schon auf dem Konzil zu Wort meldeten, wie etwa der Ordensgeneral der Dominikaner, der Florentiner Leonardo di Stagio Dati, verfielen nicht der Häresie.[134] Ebenso gibt es an der situativen Geltung des Dekrets keinen Zweifel, infolge seiner bewusst offenen Formulierung – W. Brandmüller spricht hier sogar von »Doppelbödigkeit« – aber durchaus an seiner Verbindlichkeit für die Zukunft. Insofern bot *Haec Sancta* unterschiedlichen Auslegungen einen weiten Raum. Schon bei seiner Verkündung hatte die in dem Dekret verankerte Konzilsdefinition mitsamt den möglichen Konsequenzen dazu geführt, dass die Kardinäle entweder gar nicht erst erschienen waren oder aber daran teilnahmen, ohne dass daraus ihre Zustimmung automatisch abgeleitet werden sollte. Streit war damit vorprogrammiert, das Ziel, das Konzil mithilfe des Dekrets fortsetzen zu können, aber zunächst einmal erreicht.

Um seine Autorität auch nach außen abzusichern, musste das Konzil seine Handlungsfähigkeit beweisen – nicht nur im Vorgehen gegenüber dem Papst. So wurde jetzt auch der Hus-Prozess, nachdem seit der Verhaftung des Prager Magisters – zumindest auf der großen Bühne des Konzils – mehrere Monate lang wenig Auffälliges passiert war, vorangetrieben. Auf die Tagesordnung jener Generalsession* am 6. April, auf der zunächst *Haec Sancta* beschlossen worden war, war bezeichnenderweise auch die Materie Hus gesetzt worden. Die These, dass damit bereits ein erstes Exempel auf *Haec Sancta* statuiert werden sollte, das Konzil gar die eigene Rechtgläubigkeit demonstrieren wollte, harrt indes noch einer gründlichen Überprüfung. Einmal mehr stand jedoch der Name des Prager Magisters neben dem des einstigen Oxforder Theologen John Wyclif, der zuletzt auf dem römischen Konzil von 1412/13 verurteilt worden war. Diese Sentenz* sollte, so forderte die *facultas theologica**, nun noch einmal bestätigt werden. Damit wird deutlich, um was es den Konzilsvätern eigentlich ging: um eine theologische Auseinandersetzung mit deren »brandgefährlichen« Thesen, die die hierarchisch verfasste Kirche in ihren religiös-theologischen Grundlagen in Frage zu stellen drohten, und nicht so sehr um das Eindämmen religiöser Unruhen in einer den meisten Konzilsteilnehmern fern liegenden Region.[135] Dass dabei die politischen, die nationalen und sozio-ökonomischen Komponenten des Konflikts in Böhmen weitgehend ausgeblendet wurden, erwies sich im Nachhinein gesehen als kurzsichtig und verhängnisvoll.

> Geboren wurde Jan Hus um 1371 im südböhmischen Husinec. Seit ca. 1390 studierte er in Prag, 1396 erlangte er den Magistergrad. Früh beeinflusst von böhmischen Reformautoren (Jan Milíč von Kremsier, Matthias von Janov) beschäftigte er sich bald intensiv mit Wyclif, dessen Schriften in den 90er Jahren im Prager Universitätsmilieu zunehmend auf Interesse stießen. Seit 1402 war er Prediger an der dem Reformgeist aufgeschlossenen Prager Bethlehemskapelle, in der auf tschechisch gepredigt wurde. In diesen Predigten verfocht der Magister nachdrücklich die apostolische Armut der Kirche. Hus gehörte zu den Befürwortern der Universitätsreformen, die durch das Kuttenberger Dekret (1409) zu einer tschechischen Majorisierung der Universität und so zum Auszug deutscher Magister und Studenten aus Prag führten. Er verteidigte Wyclif gegen die kirchliche Obrigkeit, was schließlich zu seiner Ächtung und einer Klage vor der Kurie führte. Zum Konstanzer Konzil geladen, verließ er im Herbst 1414 – im Vertrauen auf das von König Sigmund ihm zugesagte Geleit – seine Heimat und reiste in Richtung Bodensee.

Am 6. April 1415 beschlossen nun die Konzilsväter, die auf dem römischen Konzil gegen Wyclif verhängte Sentenz* zu erneuern. Damit war der weitere Weg für das Vorgehen im Fall Hus vorgezeichnet. Im Rahmen der nun folgenden Untersuchung schälten sich schließlich 39 Anklagepunkte heraus, mit denen Hus in einem abschließenden Prozess konfrontiert werden sollte und der mit einem endgültigen Urteil sein Ende finden sollte. Proteste böhmischer Adliger gegen Hus' Verhaftung verhallten ungehört. Allerdings bekam er – wohl auf Sigmunds Intervention hin – eine öffentliche Anhörung gewährt. Selbst wenn viele Anschuldigungen letztlich nicht bewiesen werden konnten, so wurde doch »der [gemessen an den römischen Positionen] häretische Kirchenbegriff des Magisters« deutlich (W. Brandmüller).[136] Daraufhin wurde Hus aufgefordert, öffentlichen Widerruf zu leisten. Dies verweigerte der Prager Magister jedoch, da er – wie er sagte – sich nicht überführt sah (*non confessus et non convictus*). Auf der 15. Sitzung, am 6. Juli 1415, wurde das Urteil verkündet und Hus sofort rituell degradiert.[137] Danach wurde er der weltlichen Gewalt übergeben. Man setzte ihm eine mit Teufeln bemalte Mütze auf und ließ ihn durch den Henker und die Ratsknechte aus der Stadt führen. Anschließend ging es zur Hinrichtungsstätte auf den westlich, außerhalb der Stadtmauern der Konzilsstadt gelegenen Brühl, wo man den Magister samt seinen Habseligkeiten verbrannte und die Aschereste im nahen Rhein verstreute.[138] Nichts sollte von ihm zurückbleiben, auf dass kein Märtyrerkult entstehen konnte. Das lässt den Historiker auch mit Skepsis reagieren, wenn vermeintlich von Hus stammende Reste, etwa Stofffetzen des Gewands, in dem er verbrannt worden sei, heute aufgefunden werden.[139] – Pierre de Versailles' polemische Äußerung, Hus wäre wohl niemals der Häresie überführt worden, wenn er denn bessere Anwälte gehabt hätte, entbehrt jedenfalls aller Grundlagen. Es besteht wenig Zweifel daran, dass das Verfahren gegen ihn entsprechend den Regeln des damals gültigen kanonischen Rechts korrekt durchgeführt wurde.[140]

Auf seiner 13. Sitzung (15. Juni 1415) – nur wenige Tage nach dem öffentlichen Verhör, auf dem Hus jeden Widerruf abgelehnt hatte – verbot das Konzil per Dekret *Cum in nonnullis*[141] den Laienkelch. Ausschlaggebend für diese Entscheidung war weniger das Neuaufleben dieses Brauchs an sich, sondern der dahinterstehende, als problematisch angesehene Kirchenbegriff seiner Befürworter: Diese sahen in der Abschaffung der Laienkommunion unter beiderlei Gestalt einen Verstoß gegen das Gebot

Christi, während die Konzilstheologen dem die grundsätzliche Unzerstörbarkeit der Kirche entgegenhielten, die auf Eingebung des Heiligen Geistes den Kommunionritus ändern und verbindlich vorschreiben könne. Eine solche *consuetudo* (Gewohnheit mit Rechtscharakter) – und darum habe es sich bei der Abschaffung der beidergestaltigen Kommunion für Laien gehandelt – sei folglich nicht als menschliche Satzung abzutun und dürfe infolgedessen auch nicht negiert werden.[142]

Wie man heute weiß, war das vom Konzil dekretierte Verbot des Kelchs kontraproduktiv, denn die zunehmende Praxis der Laienkommunion in beiderlei Gestalt konnte damit nicht nur nicht rückgängig gemacht werden, sondern sie verbreitete sich rasch über das ganze Königreich Böhmen. Der Kelch wurde so neben der Märtyrergestalt des Jan Hus zu einer der tragenden und verbindenden Säulen der sich von Rom lösenden böhmischen Nationalkirche.

Nach diesem Ausblick auf die weitere Entwicklung in Böhmen nun wieder zurück zum Stand der Unionsfrage: Sollte sich das Konzil gegenüber dem Geflohenen durchsetzen können und Erfolg in der Unionsfrage haben, musste es die weltlichen Herrscher für sich gewinnen. Letztlich entschieden diese, ob sie den bisherigen Päpsten ihre Unterstützung weiter gewährten oder ihnen den Gehorsam entzogen. Mit der Flucht Johannes XXIII. dürfte es jedem klar gewesen sein, dass eine Überwindung der kirchlichen Spaltung nur dann möglich sein würde, wenn auch die Herrscher der bedeutenderen europäischen Reiche für die Beseitigung des Schismas gewonnen werden konnten. Aus dem Umfeld Sigmunds kam daher die Anregung, Könige, Fürsten und Städte über das Geschehen zu informieren und sie dadurch zur weiteren Zusammenarbeit mit dem Konzil zu gewinnen. Infolgedessen beschloss das Konzil am 6. April, Briefe und Gesandtschaften in alle Himmelsrichtungen zu verschicken. Insbesondere galt es den französischen König zu überzeugen, von dem bekannt war, wie nachhaltig er seinerzeit hinter der Pisaner Konzilslösung gestanden hatte. Ob er deshalb bereit war, Johannes XXIII. – die personifizierte Umsetzung der Pisaner Konzilslösung – einfach fallen zu lassen, war keineswegs sicher. Auch war die Vorstellung, dass das Konzil in den französischen Einflussbereich verlegt werden könne, nicht so abwegig, wie dies vielleicht aus heutiger Sicht wirken mag. Mit seiner Informationsoffensive reagierte das Konzil zudem auf die *informationes* des flüchtigen Papstes, mit denen dieser die öffentliche Meinung für sich und seine Sache einzunehmen suchte.[143]

Darüber hinaus bemühte sich das Konzil angesichts der latenten Bedrohung durch den Geflohenen in seinem eigenen Fortbestand, die eigene Autorität nach innen wie nach außen zu stärken. Eine *Cedula** der Gesandtschaft der Sorbonne stellte jeden, der den Versuch machen sollte, das Konzil aufzulösen, unter generellen Schisma- bzw. Häresieverdacht.[144]

Der weiteren Konsolidierung der Konzilsarbeit galten auch die Beschlüsse der 6. Sitzung vom 17. April 1415. Durch die Bestallung des Vizekanzlers, des Kardinals de Brogny, wurde die durch die Flucht des Papstes unterbrochene kuriale Geschäftstätigkeit wieder in Gang gesetzt und das Verfahren gegen Hus vorangetrieben, in dem die Untersuchungsrichter eingesetzt wurden. Das energische Vorgehen gegen den Prager Magister sollte aller Welt die Handlungsfähigkeit wie die Rechtgläubigkeit des Konzils beweisen. Vor allem beschäftigte man sich aber mit dem Flüchtigen. Ein Prokuratorium, d. h. eine Rechtsvertretung für die Abdankung des Papstes wurde bestellt. Gleichzeitig wurden ihm enge Auflagen gemacht, wie er sich weiter zu verhalten habe. Noch war man bereit, auf einen förmlichen Absetzungsprozess zu verzichten, sollte Johannes XXIII. denn einlenken. Dieser ließ sich durch diese Aktivitäten der Konstanzer jedoch wenig beeindrucken; im Gegenteil, die strikten Vorgaben, die das Konzil ihm machte, dürften sein Interesse an Kooperation nicht gerade gefördert haben. Stattdessen mögen diese seine Furcht, mit der er seine Flucht aus Konstanz immer wieder begründete, eher noch verstärkt haben. Juristisch gesehen besaß der Verweis des Papstes auf seine Furcht jedenfalls erhebliche Brisanz, waren doch bei deren Vorliegen alle Rechtsakte prinzipiell anfechtbar, wenn nicht gar null und nichtig.[145] Dieser Problematik waren sich die Konzilsväter wohl bewusst.

Wie stand es da mit seinem Abdankungsversprechen? Während weiterhin Gesandtschaften zwischen dem Papst und dem Konzil hin- und hergingen, setzte Cossa seine Flucht unverdrossen fort.[146] Am 29. März, dem Karfreitag, verließ er, begleitet vom österreichischen Herzog Schaffhausen. Äußerer Auslöser für seinen Aufbruch war wohl die Nachricht von der Ächtung Friedrichs IV., von der er kurz zuvor erfahren hatte. Die Kardinäle und all die anderen, die Johannes XXIII. nach Schaffhausen gefolgt waren, ließ er nunmehr zurück. Über Laufenburg und Freiburg erreichte er mit nur wenigen Begleitern das unmittelbar am Rheinübergang gelegene Städtchen Breisach. Ziel war offensichtlich Burgund; von da aus dürfte er wahrscheinlich vorgehabt haben, nach Avignon zu gehen,[147] wo er auf breite Unterstützung setzen konnte. Die Verlegung des Konzils nach Frankreich, seine Fortsetzung in Avignon – das könnte, wie bereits erwähnt, durchaus auch im Interesse des französischen Hofs gelegen haben. Möglicherweise war aber auch Italien das Endziel seiner Flucht. Die ihm nachgereisten Kardinäle Fillastre und Zabarella, die ihn am 24. April in Breisach aufsuchten und ihn nochmals zum Vollzug der Abdankung drängten, hatten jedenfalls keinen Erfolg. Stattdessen versuchte der Papst am darauffolgenden Tag die Rheinbrücke zu überqueren. Dies wurde ihm allerdings verwehrt. In einem heute in Straßburg liegenden Steckbrief des Pfalzgrafen Ludwig, der das Ziel verfolgte, den Flüchtigen aufzuhalten, wurde der Papst so beschrieben: *er (sy) ein Walche und nit Dutsche und auch ein feiszter man, er habe an p(f)affen oder leyen cleidere.*[148] Es waren schließlich die Leute des österreichischen Herzogs, die der Flucht ein Ende setzten und den Papst zurück nach Neuenburg und schließlich nach Breisach führten. Um den eigenen Kopf zu retten, war Herzog Friedrich nunmehr bereit, sich dem römischen König auf Gnade und Verderb zu unterwerfen und übergab den inzwischen nach Freiburg gebrachten Johannes der Obhut des Konzils. Burggraf Friedrich von Nürnberg, ein enger Gefolgsmann König Sigmunds, brachte diesen daraufhin zurück nach Radolfzell.

Noch bevor eine aus den Kardinälen Fillastre und Zabarella sowie dem Bischof von Carcassonne, Gérard de Puy de Miremont, bestehende Konzilsdelegation von Freiburg an den Bodensee zurückgekehrt war und über die am 27. April, d. h. nach seiner Festnahme, geführten Verhandlungen mit dem Papst berichten konnte, war in Konstanz die Eröffnung des Absetzungsprozesses quasi beschlossene Sache. Bereits auf der 6. *Sessio** am 17. April hatte das Konzil Formel und Bedingungen einer Abdankung Johannes' XXIII. abgesegnet und ihm eine Frist von zehn Tagen gesetzt, um sich an einen der vom Konzil bezeichneten Orte zu begeben; andernfalls würde ein Verfahren auf Begünstigung des Schismas und auf Häresieverdacht in Gang gesetzt. Nachdem seine Flucht nunmehr endgültig gescheitert war, hatte der Papst immerhin angeboten, er sei jetzt zur Resignation bereit, sofern »seine Freiheit und Sicherheit sowie seine Versorgung garantiert und sichergestellt sei«[149] und Sigmund Frieden mit dem österreichischen Herzog schließen würde. Der vom Papst jetzt angebotene Abdankungsmodus wurde jedoch am 2. Mai – auf der 7. Generalsitzung – von den Konzilsvätern abgelehnt, ein möglicher Verzicht auf die Einleitung des Absetzungsprozess gar nicht erst mehr erwogen. Das

Konzil wollte in seiner breiten Mehrheit (und wohl auch mit Blick auf die beiden anderen Papstprotagonisten) ein klares Ausrufezeichen setzen, wie die Zitation* deutlich macht.[150] Darin wurde der Papst der Häresie beschuldigt, da er durch sein notorisches Verhalten den Fortbestand des Schismas begünstige. Darüber hinaus machte man ihn für eine schlechte Amtsführung und die Verschleuderung von Kirchengut verantwortlich und bezichtigte ihn neben anderem der Simonie.

Unter der Regie des Konzilspromotors Heinrich von Piro wurde der Prozess nun zügig, »ja in hastigem Vorgehen und nicht immer ganz korrekt« (K.A. Fink) vorangetrieben. Je fünf Mitglieder aus den einzelnen Nationen bildeten den Untersuchungsausschuss, dem die Aufgabe übertragen worden war, die Anklageschrift gegen Johannes XXIII. zu verfassen. Am 14. Mai wurde ein Antrag auf seine Suspendierung vom Amt des Papstes gestellt und auf den Entzug der Obödienz* durch die ganze Kirche. In den folgenden Tagen wurden dann zahlreiche Zeugen vernommen. Bereits am 24. Mai trat der Ausschuss mit einer (in H. Finkes Edition) siebzig Punkte enthaltenden Anklageschrift an die Öffentlichkeit, deren Ergebnis W. Brandmüller wie folgt zusammenfasst: »Durch Mord, Verschleuderung von Kirchenbesitz, Simonie, Häresie und Unverbesserlichkeit sei er zum notorischen Ärgernis für die Kirche und darum als Papst untragbar geworden«.[151] Mit Recht merkt er dazu an, dass diese Anklagen in ihrer Gesamtheit exorbitant und daher schon nicht unbedingt als glaubwürdig anzusehen seien. In der Anklageschrift wurde Johannes geradezu zu einem Monster stilisiert. Seit H. Finke wurden das Verfahren selbst, vor allem aber die Zeugen und ihre Aussagen immer wieder einer kritischen Sicht unterzogen. Das meiste von dem, was dem Papst jetzt vorgeworfen wurde, entstammte einer äußerst subjektiven Betrachtungsweise, manche der Zeugenaussagen widersprachen sich auch. Vieles stützte sich allein auf Hörensagen; nur wenige der Einvernommenen waren Ohren- bzw. Augenzeuge dessen gewesen, wofür sie jetzt Zeugnis ablegten. Cossa wurde dabei für Missstände und Mängel in der Kirche verantwortlich gemacht, die nur allzu offensichtlich waren, dem Angeklagten jetzt aber persönlich zur Last gelegt wurden. Wenn man die Anklageschrift Punkt für Punkt daraufhin durchsieht, welche der einzelnen Beschuldigungen wirklich belastbar waren, so bleibt nur vergleichsweise wenig übrig.

Inzwischen war der Papst nach Radolfzell gebracht worden, wo er von den vom Konzil dafür bestimmten offiziellen Bewachern am 20.

Mai übernommen wurde. Bullensiegel, Fischerring und Register lieferte er aus, womit er sich ganz in die Hände des Konzils gab. Seine engsten Vertrauten, seine *familia*, durfte er immerhin nach einigem Hin und Her vorläufig behalten. Nachdem die Kardinäle die Anklageschrift eingesehen hatten, mussten sie feststellen, dass einige der Artikel dem Ansehen von Papst und Kirche erheblich schaden könnten, sollten sie denn öffentlich werden. Auf ihren Vorschlag sollten daher nur noch die Tatbestände Simonie, Veräußerung von Kirchengut, Begünstigung des Schisma und die Unverbesserlichkeit des Lebens erwähnt werden, sofern er ansonsten geständig sei und bereit, das Urteil zu akzeptieren. Damit konnten sich die übrigen Konzilsväter anfreunden, versprach die vorgeschlagene Marschroute doch, ihnen eine Reihe von Problemen zu ersparen. Darüber hinaus versuchte das Konzil sich gegen alle Eventualitäten abzusichern, die aus der rechtlich noch nicht genügend abgesicherten Position bezüglich des Rechts auf Absetzung eines Papstes resultierten. Johannes XXIII. sollte zur Sicherheit dem Papstamt deshalb in jeglicher Form entsagen und bestätigen, dass er dies in voller Freiheit tue. Vorausgesetzt, er würde diesem Verfahren zustimmen, solle er bis zur Wahl eines Nachfolgers in Haft bleiben, anschließend würde sich das Konzil um seine Versorgung und um seine Freilassung kümmern. Cossa – innerlich längst gebrochen – stimmte dem in allen Punkten zu.

Nun wurde in der 11. Öffentlichen Sitzung am 25. Mai 1415 die Konzilsöffentlichkeit über den Stand des Verfahrens informiert, die Anklagen gegen Johannes XXIII. wurden verlesen. Dieser lehnte indes eine Stellungnahme dazu ab, an Verteidigung dachte er nicht. »Das Konzil könne sich nicht täuschen«, war sein Kommentar.[152] So wurde die auf den 29. Mai terminiert. Auf der eigens dazu einberufenen Generalsitzung, der zwölften, bei der auch der römische König Sigmund anwesend war und an der insgesamt 14 Kardinäle teilnahmen, wurde die Absetzungssentenz* schließlich verlesen.[153] Ausdrücklich fragte der Konzilspräsident, Kardinal de Brogny, nach, ob irgendjemand Widerspruch gegen die Sentenz* erheben möchte. Da dies nicht geschah, erfolgte im Anschluss das Plazet der Kardinäle und der Nationen. Überraschend fand darüber hinaus eine Abstimmung *per capita* statt, gleichfalls mit einstimmigem Ergebnis. Nach vollendeter Abstimmung wurden Bullensiegel und Fischerring durch einen anwesenden Goldschmied zerbrochen. Außerdem wurde *per decretum* festgelegt, dass es zur Vornahme einer Papstwahl der ausdrücklichen Erlaubnis des Konzils bedürfe.[154] Diese Klausel sollte für die spätere Festlegung eines Konklavetermins noch von Bedeutung werden.

Am 31. Mai brachte eine Abordnung des Konzils die Absetzungssentenz* nach Radolfzell. Der *reverendissimus in Christo pater et dominus, dominus Baltassar Cossa*[155] akzeptierte das Urteil und schwor, sich damit abfinden zu wollen und nicht dagegen zu appellieren. Das prozessurale Verfahren war damit beendet. Die Frage bleibt, wie das Ende von Johannes' Pontifikats zu bewerten ist: Wurde der Papst abgesetzt oder hat er, wenn auch nicht ganz freiwillig, abgedankt? Dank W. Brandmüllers gründlicher Analyse der Gleichzeitigkeit beider Vorgänge dürfte die Aussage Ph. Stumps »The truth is that John XXIII both was deposed and abdicated« heute weitgehend unumstritten sein.[156] – Am 3. Juni wurde Cossa zur vorläufigen Aufbewahrung in die dem Konstanzer Bischof gehörende Burg Gottlieben gebracht, bevor er später durch den Kurfürsten und Pfalzgrafen bei Rhein, Herzog Ludwig III.nach Heidelberg, später nach Mannheim überführt wurde. Ein in das Frühjahr 1416 zu datierender Befreiungsversuch, hinter dem offenbar der Mainzer Erzbischof gestanden hat, scheiterte.[157] Bis Anfang 1419 verblieb der Gefangene nun in der Obhut Ludwigs. Nach Zahlung von 38 500 rheinischen Gulden, der Summe, die diesem für seine Aufwendungen entstanden waren, wurde Cossa im April 1419 in Basel freigelassen. Im Konvoi mit den von Martin V. eigens bestimmten Begleitern, darunter dem Bischof von Lebus, Johannes von Borsnitz, und dem Heidelberger Theologen Konrad von Soest wurde er anschließend nach Florenz gebracht. Auf dem Weg dorthin gelang es ihm, seinen Begleitern zu entkommen. In der Arnostadt angekommen unterwarf sich der abgesetzte Papst (*quondam papa*) seinem Nachfolger Martin V., der ihn am 23. Juni 1419 in einem Konsistorium* zum Kardinalbischof von Tusculum ernannte.[158] Nur wenige Monate später, am 27. Dezember 1419, verstarb Cossa in Florenz.[159] Selbst Kardinal Fillastre, einer seiner größten Kritiker aus den Konstanzer Tagen, bedachte ihn rückblickend mit Lobesworten, nachdem jetzt keine ernsthafte Gefahr mehr von dem so tief Gefallenen ausging. Im Übrigen entlastete die Rehabilitierung auch seine einstigen Wähler von dem möglichen Vorwurf, sie hätten mit Cossa – wider besseren Wissens – den Falschen zum Papst gemacht.[160] Sein größter Gönner, Cosimo de' Medici, ließ ihm im Baptisterium des Florentiner Doms von den berühmten italienischen Bildhauern Donatello und Michelozzo ein prachtvolles Grabmal errichten[161] – für einen abgesetzten Papst eine äußerst ungewöhnliche Geste.

Dass die Konzilsmehrheit mit der Absetzung Johannes' XXIII. Fakten setzen wollte, daran besteht nach allem kein Zweifel. Der Papst sollte als eines der Hindernisse, die der Erreichung der Union im Wege standen, beiseite geräumt werden. Dass Cossa durch sein Verhalten, insbesondere seine Flucht, es den Konzilsvätern erheblich leichter gemacht hatte, gegen ihn vorzugehen, mag man als bittere Ironie des Schicksals ansehen. Dies vor allem Sigmund in die Schuhe zu schieben, der sich geweigert habe, auf »die nicht mehr als billigen Bedingungen Cossas einzugehen«,[162] greift zu kurz. Der König war das Sprachrohr einer deutlichen Konzilsmehrheit, die den Neapolitaner aus dem Wege räumen wollte.

Die Schwierigkeit der Konzilsväter im Umgang mit der *Causa* Johannes resultierte aus der juristisch unzureichend aufgearbeiteten Problematik, einen Papst absetzen zu können. Korporationsrechtliche Vorstellungen, obgleich weit verbreitet, hatten sich im Kirchenrecht noch nicht entsprechend durchgesetzt. So war nur mittels Hilfskonstruktionen ein sich dem Rücktritt verweigernder Papst aus seinem Amt zu entfernen. Darüber hinaus musste nach dem vorangegangenen Fehlschlag von Pisa (1409) ein überzeugendes und unangreifbares Verfahren gefunden werden, das der Entscheidung des Konzils ungeteilte Anerkennung verschaffte, vor allem auch mit Blick auf die beiden anderen Obödienzen*, die zu diesem Zeitpunkt noch nicht in das Konzil inkorporiert waren. Dass mit Johannes ein Papstprätendent abgesetzt werden sollte, dessen legitimer Anspruch auf die *Cathedra Petri* – als Schismapapst – nicht unumstritten war, dürfte demgegenüber schon aus der Überlegung, dass das Konzil seine eigene Legitimation aus der Nachfolge des *Pisanum* zog, eine eher untergeordnete Rolle für die Ereignisse gespielt haben.

Gewiss, auch an dem Verfahren selbst gäbe es – rein legalistisch betrachtet – einiges auszusetzen. Die Zeugenauswahl war kein Ruhmesblatt für das Konzil, ihre Aussagen durch die Bank wenig belastbar. Entlastungszeugen kamen nicht zu Wort – ob auf Druck der öffentlichen Meinung oder konkreter Bedrohung derer, die Entlastendes zugunsten Johannes' XXIII. hätten aussagen können, sei dahingestellt. Selbst der kritische Chronist Dietrich von Niem meinte: [163]

> »Er [d. h. Johannes] war nicht besser, aber auch nicht schlechter als seine Zeitgenossen. [...] Als er aber auf dem Konzil zu Konstanz den Einheitsbestrebungen der christlichen Völker zum Opfer fallen mußte, häufte man alle Schuld und Sünde der Zeit auf sein Haupt, um mit einem Schein des Rechts ihn seiner Würde entsetzen zu können«.

Großes Bedauern löste sein tiefer Fall aber kaum irgendwo aus. Eher herrschte ein Tenor vor, der einem Brief des deutschen Kurialen Hermann Dwerg zu entnehmen ist. »Wäre er [= Johannes] noch länger Papst geblieben, wäre der katholische Glaube vom Erdboden verschwunden«.[164] Selbst in Florenz konnte sich die Mehrheit nicht dazu aufraffen, etwas zu seinen Gunsten zu unternehmen. Allein es wurde der Verdacht geäußert, Sigmund wolle einen Papst nach seiner Wahl (*suo modo*) wählen lassen.[165] Insgesamt stand das Vorgehen des Konzils unter dem viel beschworenen Diktum des Pragmatismus*, endlich zu greifbaren Ergebnissen zu kommen und dem Schisma damit den Garaus machen zu können. Insofern war der Ausgang des Verfahrens vorhersehbar.

Mit der Absetzung Johannes XXIII. begann der Zustand der faktischen Sedisvakanz*, bis mit Martin V. nach mehr als zwei Jahren papstloser Zeit ein Nachfolger für ihn und die beiden anderen Papstprätendenten, die zu Beginn des *Constantiense* noch in Amt und Würden waren, gewählt wurde. Da aber mit Gregor XII. und Benedikt XIII. (trotz ihrer Absetzung durch das *Pisanum*) zum Zeitpunkt der Absetzung des Pisaner Papstes noch zwei weitere Prätendenten für sich in Anspruch nahmen, rechtmäßig die Papstwürde zu besitzen, ist der Eintritt der Sedisvakanz* in der Historiographie nicht überall gleich terminiert worden: Für einige Autoren waren erst der freiwillige Amtsverzicht Gregors XII. am 4. Juli 1415 und/oder die am 26. Juli 1417 erfolgte Absetzung Benedikts durch das *Constantiense* die entscheidenden Daten, mit denen sie die papstlose Zeit beginnen ließen.[166]

Jedenfalls führte das Konzil – nach der Absetzung Johannes' XXIII. – die laufenden Geschäfte fort, trat aber nicht an die Stelle des Papstes. Dass das kuriale Alltagsgeschäft weitergeführt werden musste, allein schon um dem Konzil eine breite Unterstützung zu sichern, stand außerhalb jeder Diskussion. So blieb der verwaltungsmäßige Geschäftsgang erhalten bzw. er wurde bald wieder aufgenommen.

Nachdem mit Johannes XXIII. das erste große Hindernis auf dem Weg zur Union beiseite geräumt war, standen mit Gregor XII. und Benedikt XIII. noch die beiden schon zu Pisa abgesetzten Päpste einem endgültigen Erfolg im Weg.

Gregor war gewiss das kleinere Problem, wie sich in den folgenden Wochen auch zeigen sollte. Er verfügte nur mehr über eine stark geschrumpfte Obödienz*, außerdem war ihm zum damaligen Zeitpunkt ein ehrliches Bemühen, zu einer Beendigung des Schismas zu kommen, nicht abzusprechen. Schon in den Jahren zuvor waren von Gregor Initiativen ausgegangen mit dem Ziel, möglichst im Konsens der drei Päpste ein allgemeines Konzil einzuberufen.[167] Anders als in den ersten Jahren seines Pontifikats sind seine Bemühungen jetzt durchaus als glaubwürdig einzuschätzen. Dass der im Hintergrund agierende Carlo Malatesta, Signore von Rimini,[168] der dem Papst in seinem Herrschaftsgebiet Aufenthalt und Schutz bot, einen nicht zu unterschätzenden Einfluss hatte auf Gregors Bereitschaft, selbst einen Rücktritt in Erwägung zu ziehen, darf als gesichert angenommen werden. Schon vor Konzilsbeginn hatte sich Sigmund an den Papst mit der Bitte gewendet, nach Konstanz zu kommen; ebenso an Malatesta. Aufgrund seines vorgerückten Alters, er zählte mindestens 70 Jahre, vielleicht sogar mehr,[169] verzichtete Gregor auf die beschwerliche Reise nach Norden, finanzierte aber eine Delegation unter Leitung des Signore von Rimini. Gleichzeitig ernannte er ihn, zusammen mit dem römischen König, zu seinem Prokurator* und stattete ihn mit der Vollmacht aus, in seinem Namen die Abdankung vollziehen zu können, sofern seine beiden Kontrahenten den römischen König damit ebenfalls beauftragen würden. Nicht überall stieß Gregors Bereitschaft, unter bestimmten Bedingungen abzudanken, auf Zustimmung. Venedig etwa bemühte sich – wenn auch vergeblich – Malatestas Reise zu torpedieren.[170] Dennoch traf die Delegation aus Rimini am 15. Juni 1415 in Konstanz ein.

Jetzt ging alles ganz schnell. Zunächst schlug Malatesta vor, Gregors Rücktritt solange hinauszuzögern, bis dass er zusammen mit Sigmund nach Nizza gereist sei, um dort Benedikts Reaktion auf den von ihm überbrachten Vorschlag Gregors herauszufinden. Vielleicht handelte es sich dabei nur um eine taktische Finte, um die Stärke der eigenen Verhandlungsposition auszuloten. Sigmund gelang es jedenfalls, den Signore bald umzustimmen, so dass dieser sich zur Vornahme der Abdankungserklärung bereit erklärte, bevor noch der König nach Nizza abreisen sollte. Auf der am 4. Juli eigens anberaumten 14. Generalsitzung wurde das Konzil von Giovanni Dominici, einem von Gregor XII. ernannten Kardinal, erneut einberufen. Ohne sich einen Zacken aus der Krone zu brechen, trug man auf diese Weise dem päpstlichen Selbstverständnis Gregors Rechnung, der mit diesem Akt den vermeintlichen Makel der Konzilseinberufung allein durch den in seinen Augen illegitimen Pisaner Papst auslöschen konnte. Wichtiger war noch, dass dadurch auch die vom *Pisanum* dekretierte Absetzung Gregors stillschweigend übergangen wurde. Anschließend übernahm der römische König für eine kurze Zeitspanne, während der die beiden Obödienzen* zusammengeführt wurden, das Präsidium. Damit entsprach das Konzil einer Forderung des römischen Papstes, der dies zu einer Vorbedingung seines Rücktritts gemacht hatte. Kaum war der Akt jedoch vollzogen, nahm Sigmund seinen traditionellen Platz vor dem südlichen Vierungspfeiler wieder ein,[171] während der ranghöchste anwesende Kleriker, der Dekan des Kardinalskollegiums de Brogny, dem nun folgenden eigentlichen Rücktrittsakt des Papstes vorsaß. Mit der Verlesung der päpstlichen *Cedula* Ego Carolus*[172] durch Gregors Prokurator* Malatesta wurde die Abdankung vollzogen. Ein von der Versammlung voll Freude angestimmtes *Te Deum* beendete den feierlichen Akt. – Von einer Usurpation des Konzils bzw. der Konzilsleitung durch den König kann in dieser Situation also nicht die Rede sein, wohl aber von seiner Schlüsselrolle bei der Wiederherstellung der Union.[173]

Rasch wurden im Anschluss die durch das Zusammenlegen der beiden Obedienzen entstehenden Probleme gelöst.[174] Alle von Gregor vorgenommenen Rechtsakte wurden bestätigt; für seine Versorgung und die seiner Anhänger wurde gesorgt, soweit dies in der Hand des Konzils lag. Gregor wurde vom Konzil zum Kardinalbischof von Porto und Legaten der Mark Ancona auf Lebenszeit ernannt, seine Kardinäle in ihrer Würde bestätigt.[175] Nach Erhalt der Nachricht aus Konstanz am 19. Juli 1415 vollzog Gregor tags darauf in einem letzten von ihm abgehaltenen Konsistorium* seinen Amtsverzicht. Angelo Correr *quondam papa* – der einst Papst war – starb am 18. Oktober 1417, kurz bevor mit Martin V. ein neuer Papst vom Konzil gewählt werden sollte. Begraben wurde er im Dom von Recanati.[176]

Durch den Rücktritt Gregors war das Konzil mit der Frage konfrontiert worden, wie denn mit den Ansprüchen der Kurialen und den Anhängern seiner Obödienz* umzugehen sei. Die schließlich gefundene Lösung wurde wegweisend für ähnliche Regelungen mit den Anhängern Benedikts XIII. ein knappes halbes Jahr später.

Nach diesem – zweiten – Erfolgsschritt auf dem Weg zur Union konnte sich Sigmund auf seine Abreise nach Südfrankreich vorbereiten. Zweck der Reise war ein Treffen mit Papst Benedikt XIII. und vor allem mit König Ferdinand von Aragón um mit ihnen über einen Beitritt zum Konzil zu verhandeln und zudem den letzten noch im Amt verbliebenen Papstprätendenten zum Rücktritt zu bewegen. Denn nur durch eine Lösung der strittigen Papstfrage war der Weg für die endgültige Überwindung des Schismas zu bahnen. Letztlich hing damit der Erfolg des Konzils an diesen Verhandlungen, die weit weg von Konstanz zu führen waren. Zu diesem Zweck nahm der römische König zwei beglaubigte Abschriften der beiden Abdankungsurkunden von Johannes bzw. Gregor mit, um diese – falls notwendig – bei der Zusammenkunft seinen Gesprächspartnern vorlegen zu können. Benedikt sollte keine Gelegenheit erhalten, durch Anzweifelung dieser Tatsachen den Unionsprozess noch länger verzögern zu können.

Dass Sigmund persönlich nach Südfrankreich reiste, hing nicht zuletzt mit den komplizierten kanonistischen Problemen zusammen, die durch das Schisma entstanden waren. Benedikt lehnte kategorisch jeden Kontakt mit dem Konzil ab, da dadurch der Anschein erweckt werden konnte, er würde das *Pisanum* und dessen Entscheidungen anerkennen. Deshalb weigerte er sich auch beharrlich, mit dem Konzil in irgendeiner Form Kontakt aufzunehmen. Schreiben und auch Gesandte, die er nach Konstanz schickte,[177] waren ausschließlich an den römischen König gerichtet. Dieser war der einzige von ihm akzeptierte Verhandlungspartner. Dieser Linie hatte sich im Wesentlichen auch König Ferdinand angeschlossen. Die mit den von den beiden nach Konstanz entsandten Delegierten geführten »Vorverhandlungen« waren inzwischen soweit vorangeschritten, dass sich der römische König Mitte Juli 1415 auf den Weg in den Süden begeben konnte. Begleitet wurde Sigmund von einer 15köpfigen Konzilsdelegation, in der – wie üblich – alle Nationen gleichermaßen vertreten waren,[178] sowie einem gewaltigen Gefolge von mehreren tausend Mann.

Währenddessen musste sich das Konzil auf eine neue Aufgabe vorbereiten, denn mit der Abreise des römischen Königs war es nicht nur papstlos, sondern verlor auch seine autoritative Führungsgestalt, die Person, die seit Johannes' Flucht die Zügel maßgeblich in ihrer Hand gehalten hatte. War es überhaupt möglich, Entscheidungen von einiger Tragweite auch ohne den Luxemburger und seine Zustimmung zu verabschieden? Wer würde im Zweifelsfall das Konzil zusammenhalten bzw. vor einem Auseinanderbrechen bewahren?

Die beiden Generalsitzungen am 11. und am 15. Juli dienten daher der Sicherstellung der weiteren Arbeit. Erschwert wurde insbesondere die Möglichkeit, das Konzil zu verlassen. Durch entsprechende Maßnahmen wurde auch die Fortführung des kurialen Geschäftsgangs abgesichert. Allsonntäglich sollte außerdem für die Dauer ihrer Abwesenheit in Konstanz eine allgemeine Bittprozession und eine feierliche Messe abgehalten werden, um für den Erfolg des Unternehmens zu beten – hieran zeigte sich, wie bei allen weltlich-politischen Angelegenheiten, die das Konzil beschäftigten, einmal mehr sein eigentlicher Charakter als der eines kirchlich-religiösen Ereignisses.

Am 18. Juli 1415 hatte Sigmund schließlich den Ort des Konzils verlassen. Dass der König Konstanz 18 Monate fern bleiben sollte, damit dürfte zu diesem Zeitpunkt wohl kaum jemand in der Konzilsstadt gerechnet haben.

Nur wenige Tage später, am darauf folgenden Sonntag, dem 21. Juli, bestieg erneut Gerson den Ambo des Konzils. In seiner Predigt *Prosperum iter faciat*[179] sprach er über die bislang geleistete Arbeit des Konzils und seine bisherigen Erfolge in den drei *Causae*, der Überwindung des Schismas, dem Kampf gegen Häresien und dem Anliegen einer umfassenden Reform. Insbesondere beharrte er in Anlehnung an *Haec Sancta* auf der Rechtmäßigkeit des konziliaren Vorgehens gegen Johannes XXIII. Er betonte die Legitimität der *via cessionis** auch gegen den Willen des Papstes. Das Konzil, so führte er aus, stehe in dem Maße über dem Papst, als dass es alles das tun könne, was nötig sei, um die Union wiederherzustellen.[180] Nicht weniger als in der Unionsfrage sah Gerson erste Erfolge in der *Causa fidei**, im Vorgehen gegen Jan Hus, aber auch bei den umstrittenen Fragen des Laienkelchs und des Tyrannenmords. Zum Schluss reflektierte er noch einmal das Selbstverständnis des Konzils als *congregatio legitima auctoritate facta* (einer Versammlung, die sich aufgrund ihrer rechtmäßigen Autorität versammelt habe).[181] Mit dieser Predigt stellte Gerson die bisherige Arbeit des Konzils, an der er selbst maßgeblich Anteil hatte, als eine Erfolgsgeschichte dar und legitimierte im Nachhinein noch einmal das Vorgehen der Konzilsväter. Damit hatte diese Ansprache die Funktion einer Selbstvergewisserung, gewiss; allerdings setzte sie gleichzeitig auch ein deutliches Ausrufezeichen für die weitere Arbeit.[182] Kritikern, die dieser Kirchenversammlung ihr Recht absprechen wollten, ungewöhnliche Maßnahmen zur Überwindung des Schismas und anderer Ärgernisse zu ergreifen, werden durch ihn eines Besseren belehrt. Ob Gerson dies in erster Linie mit Blick auf Benedikt und die bevorstehenden Verhandlungen mit dem letzten noch auf seinem Amt beharrenden Schismapapst formulierte, lässt sich seiner Predigt nicht unmittelbar entnehmen, dürfte aber aufgrund des Zeitpunkts, an dem sie gehalten wurde, eine gewisse Logik besitzen. Es ist W. Brandmüller aber zweifellos darin zuzustimmen, dass die Predigt dieses bedeutenden Theologen vor allem an die in Konstanz Zurückgebliebenen gerichtet war und sie zu weiterer Arbeit an den dem Konzil gesetzten Aufgaben motivieren sollte.

### 3.3.3 Sigmunds Reise nach Narbonne und die spanische Subtraktionspolitik. Die verunglückte Friedensmission des römischen Königs zwischen Frankreich und England

Mit dem Aufbruch Sigmunds und der Konzilsdelegation zu ihrer Reise nach Südfrankreich teilt sich der weitere Gang des Geschehens in zwei deutlich voneinander zu trennende Handlungsstränge auf: Zum einen sind es die im Zusammenhang mit den Unionsbestrebungen des Konzils stehenden diplomatischen Aktivitäten des römischen Königs, die den Luxemburger immerhin anderthalb Jahre von Konstanz fernhalten sollten, zum anderen ist es das Geschehen am Konzilsort selbst. Beide Stränge werden indes immer wieder zusammengeführt durch ein eng gespanntes, dichtes Informationsnetz, durch den Austausch von Briefen, Boten und Gesandtschaften, die den Kontakt zwischen dem König und seinen Begleitern und dem Konzil auch in der königlosen Zeit aufrechterhielten.

Sigmund, die ihn begleitende 15-köpfige Konzilsdelegation sowie ein stattliches repräsentatives Gefolge zogen vom Bodensee über Schaffhausen, Basel und Solothurn in das Herzogtum Savoyen. Über Genf zogen sie weiter nach Lyon, welches der König am 31. Juli erreichte. Weiter ging es die Rhone abwärts nach Valence und Nîmes und schließlich kam die Kavalkade am 15. August 1415 in Narbonne an, dem vorläufigen Endpunkt der Reise.[183] Aufgrund seines schlechten Gesundheitszustands hatte König Ferdinand nicht nach dem ursprünglich in Aussicht genommenen Nizza kommen können.[184]

Ferdinand ›von Antequera‹ aus dem Hause Trastámara wurde 28. November 1380 im kastilischen Medina del Campo als zweiter Sohn König Johanns I. von Kastilien geboren, verheiratet war er seit 1393 mit Leonore von Alburquerque, gen. ›la ricahembra‹. Durch seine Heirat war er zum bedeutendsten Territorialherrn des zentralspanischen Königreichs aufgestiegen. Nach dem Tod seines Bruders, König Heinrich III. von Kastilien († 25. Dezember 1406), übernahm er zusammen mit dessen Frau Katharina von Lancaster die Regentschaft für deren minderjährigen Sohn Johann (II., * 1405). Erfolgreich kämpfte er im Krieg gegen die Mauren (Eroberung Antequeras, September 1410), was ihm seinen Beinamen einbrachte. Infolge des ›Schiedspruchs von Caspe‹ (*Compromís de Casp*) wurde Ferdinand im August 1412 als Nachfolger des erbenlos verstorbenen Königs Martín ›el humano‹ zum König der Krone Aragón erhoben. Auch seine Söhne Alfons (sein späterer Nachfolger in Aragón), Heinrich und Johann hatten als ›Infantes de Aragon‹ nach wie vor großen Einfluss auf die Politik Kastiliens und wurden von der Königinmutter

Katharina als latente Bedrohung für den unmündigen kastilischen Thronerben angesehen, der seinerseits Ferdinands Tochter Maria geheiratet hatte. Im Schisma war der Trastámara-Fürst eine wichtige Stütze Benedikts XIII., der sich wiederum maßgeblich für dessen Erhebung zum König der Krone Aragón eingesetzt hatte.

Bereits am 31. Juli hatte Papst Benedikt XIII. Perpignan erreicht, Ferdinand samt seinem Sohn Alfons traf infolge eines weiteren Krankheitsschubs seines schweren Nierenleidens erst einen knappen Monat später in der einstigen Residenz des Königreichs Mallorca ein. Nach einer ersten Kontaktaufnahme und einer neuerlichen Verzögerung, die durch Ferdinands sich verschlechternden Gesundheitszustand hervorgerufen wurde, konnte Sigmund erst am 19. September in Perpignan einreiten.[185] Erneut nutzte der Römische König die Gelegenheit, seinen Einzug in aller Form zu inszenieren.[186] Bereits am darauf folgenden Tag begannen die trilateralen Verhandlungen.

Dass dem Treffen von Perpignan kein schneller Erfolg vergönnt war, kommt nicht von ungefähr. Die Verhandlungspartner setzten auf zwei grundsätzliche, miteinander nicht kompatible Konzeptionen zur Überwindung des Schismas. Der Papst war auch weiterhin nur bereit, die von ihm schon lange Zeit zuvor eingeschlagene *via iustitiae** zu gehen, ein überaus langwieriges Verfahren mit äußerst fraglichen Erfolgsaussichten. Benedikt XIII. dürfte dies anders gesehen haben, hatte doch ein solches Schiedsverfahren nur wenige Jahre zuvor beim Kompromiss von Caspe zu einer zufriedenstellenden Regelung bei der Nachfolge der vakanten Krone Aragóns geführt.[187] Im Hinterkopf mag bei ihm vielleicht auch die Hoffnung gestanden haben, sich über den Umweg Sizilien und Süditalien in den Besitz Roms zu bringen, ein Plan, der zum Zeitpunkt der Verhandlungen nicht so abwegig war, wie er auf den ersten Blick erscheinen mag. Die freundschaftlichen Kontakte zu Giovanna II., der Königin von Neapel, und eine anvisierte Eheverbindung Giovannas mit einem der Söhne des Aragoneser Königs lagen keineswegs außerhalb des denkbar Möglichen.[188] Dann allerdings wären die Karten neu verteilt gewesen, Benedikt hätte aus einer Position der Stärke handeln und verhandeln können. Sigmund und die Konzilsgesandtschaft dagegen befürworteten die *via cessionis**, den freiwilligen Rücktritt der drei vermeintlichen Päpste, schien dieser Weg doch allein in der Lage, dem unsäglichen Schisma rasch ein Ende zu bereiten. Aus der beschriebenen Ausgangslage heraus war es nun keine Überraschung, dass Benedikt auch jetzt nicht zum schnellen Rücktritt zu bewegen war. Der Papst, ein ausgewiesener Kanonist*, versuchte seine zögerliche Haltung vor allem damit zu begründen, dass er von einer kanonisch einwandfreien Neuwahl keineswegs überzeugt sei. Sein Vorschlag, er als der einzige noch vor dem Ausbruch des Schismas kreierte und damit unbezweifelbar rechtmäßige Kardinal solle den künftigen Papst wählen,[189] verkannte indes die realen Verhältnisse. Auch weitere nachgeschobene Vorschläge fanden weder die Zustimmung Sigmunds noch die der Konzilsgesandtschaft. Eine rasche, bedingungslose Abdankung, wie sie vom römischen König erhofft worden war und wohl auch als einzige Lösung von ihm akzeptiert werden konnte, war jedenfalls durch das auf Zeit spielende Taktieren des Papstes in weite Ferne gerückt. Den geforderten Amtsverzicht lehnte Benedikt rundweg ab.

Eine Beurteilung dessen, was sich in den Verhandlungen in Perpignan genau abgespielt hat und wie insbesondere das Verhalten Benedikts einzuschätzen ist, bereitet keine geringen Schwierigkeiten. In gewisser Weise reflektieren die Beurteilungsprobleme das widersprüchliche Quellenmaterial, das unterschiedlicher kaum ausfallen kann, je nachdem, ob es aus dem Umfeld Benedikts kommt oder aus dem Sigmunds und der ihn begleitenden Konzilsgesandtschaft.[190] Darüber hinaus stammt manche Information aus späterer Zeit und spiegelt somit das Geschehen bewusst oder unbewusst aus der Kenntnis seines Ausgangs wider.

Durch die unnachgiebige Haltung Benedikts massiv verärgert, gab der römische König schließlich den Befehl zum Aufbruch – sein äußerstes Mittel, um diplomatischen Druck auf die spanische Seite auszuüben. Bestürzt über diese Entwicklung versuchte Ferdinand nun selbst, auf den Papst einzuwirken. Doch auch ihm blieb ein Erfolg versagt. Daraufhin brach der Luxemburger am 6. November seine Zelte in Perpignan ab und ritt zurück ins französische Narbonne. Und dies, obwohl Ferdinand und sein Sohn Alfons ihn zuvor eindringlich gebeten hatten zu bleiben. Unterdessen war es dem einflussreichen Berater Ferdinands (und Benedikts), dem Barceloneser Magister Felip de Malla,[191] gelungen, seinen König von der aussichtslosen Position Benedikts zu überzeugen. Eine Besprechung der Fürsten und Städtevertreter der Obödienz* des Luna-Papstes führte daraufhin am 8. November zu dem Beschluss, den Papst dreimal in aller Öffentlichkeit zum Rücktritt aufzufordern. Sollte er sich diesem Ansinnen verweigern, solle ihm der Gehorsam aufgekündigt werden. Alle weiteren Versuche, Benedikt doch noch umzustimmen, liefen indes ins

Leere. Als Ferdinand am 12. November den Papst letztmalig und definitiv vor die Alternative Abdankung oder Obödienzentzug stellte, ließ Benedikt seine Sachen packen und verließ am 13. November 1415 Perpignan in Richtung Collioure, einem nahen Hafen. Seine plötzliche Abreise ließ er dem König allerdings erst mitteilen, nachdem er längst aufgebrochen war.[192]

Von allen Rücksichtnahmen befreit, konnte Ferdinand jetzt zielstrebig den Weg des Gehorsamsentzugs, der Subtraktion*, verfolgen. Am 25. November stellte er sein Programm in einem *concilium generale* den in Perpignan anwesenden Prälaten vor und begründete sein Vorgehen mit Benedikts Obstination*. Der Widerstand weiter Kreise des Klerus in seinen Kronländern gegen den von ihm anvisierten Plan konnte den König nicht wirklich beeindrucken. Die nächsten Schritte seines Vorgehens plante er in enger Verbindung mit dem noch im nahen Narbonne weilenden römischen König, der vom plötzlichen Aufbruch des Papstes informiert worden war. Eine Kommission, die aus Vertretern Sigmunds und der Konstanzer Abordnung sowie Prokuratoren* der Fürsten und Könige aus Benedikts Obödienz* bestand, beriet die Legitimation eines Obödienzentzugs. Gleichzeitig befasste sie sich mit dem Konzil und der kommenden Papstwahl. Die Voraussetzungen für eine Einigung zwischen der Obödienz* Benedikts und den Konzilsgesandten waren damit gegeben und führten nach weiteren Verhandlungen zu den *Capitula Narbonensia*, die am 13. Dezember 1415 von beiden Seiten unterzeichnet wurden.[193] Darin wurde u. a. festgelegt, dass die *in dicto Concilio Constantiensi* Versammelten die dazu berechtigten Vertreter der Obödienz* Benedikts einlüden. Ebenso, dass es Ziel des Konzils sei, das Schisma und die bestehenden Häresien zu beseitigen, die Reformfrage zu lösen und für eine reibungslose Papstwahl zu sorgen. Vor deren Durchführung sollte ein formeller Absetzungsprozess gegen Benedikt geführt werden, wobei das Pisaner Urteil – die Absetzung des Aragonesen durch das Pisaner Konzil (1409) – nicht in das Verfahren einbezogen werden sollte. Schließlich sollten alle Maßnahmen und kanonischen Strafen, die seit Ausbruch des Schismas gegen Benedikt und seine Obödienz* verhängt worden waren, für null und nichtig erklärt werden. Darüber hinaus wurden Verfahren festgelegt, wie mit den Spätfolgen des Schismas, etwa den Ernennungen, Benefizienvergaben* und Stellenbesetzungen, umzugehen sei. Wie W. Brandmüller beobachtet hat, war von Häresie und Schisma in diesem Vertragswerk keine Rede mehr, für ihn ein weiterer Beweis für den alles beherrschenden Konstanzer Pragmatismus*.[194] Man kann dies aber auch als ein geschicktes Vorgehen interpretieren, welches es Ferdinand ermöglichte, sein Gesicht gegenüber den vielen Anhängern, über die Benedikt in Spanien noch verfügte, zu wahren. Für einen Erfolg der Subtraktion, dem Entzug des Gehorsams gegenüber dem Papst, war dies fast unumgänglich.

Vertragspartner der *Capitula* waren auf der einen Seite der besonders herausgehobene römische König, eine Gruppe von engen Mitarbeitern sowie die Konzilsgesandtschaft, deren Mitglieder stellvertretend für das gesamte Konzil unterzeichneten. Von Seiten der Obödienz* Benedikts unterschrieben die Delegationen der Könige der Krone Aragóns, Kastiliens und Navarras sowie des Grafen von Foix. Allein das Königreich Schottland und die Grafschaft Armagnac fehlten und blieben auch späterhin den Abmachungen fern. Der erfolgreiche Abschluss des Vertrags wurde mit einem Pontifikalamt und einer großen Dankprozession gebührend gefeiert. Überdies wurde die Nachricht auf schnellstem Weg nach Konstanz übermittelt, wo sie schon am 29. Dezember eintraf. Auch dort wurde sie mit Glockengeläute und einem feierlichen *Te deum* freudig begrüßt. Am 4. Februar 1416 bestätigte die Konzilsväter die getroffenen Abmachungen feierlich. Die Unterschriftenliste ist eine der umfangreichsten Teilnehmerlisten, die vom Konzil überliefert ist.[195] Allen Beteiligten war klar, dass dieses Vertragswerk »die entscheidende Wende des Konzils« bedeutete.[196]

Am 22. Dezember hatte auch Ferdinand den Vertrag ratifiziert – für sich und seine Nachkommen, ebenso für das Königreich Kastilien, für dessen minderjährigen König er die Vormundschaft führte.[197] Zudem beschwor er die öffentliche Aufkündigung der Obödienz*, sollte Benedikt auch auf die dritte Aufforderung zum Rücktritt nicht positiv reagieren. Gleiches taten die Gesandten Navarras und von Foix.

Den inzwischen (aus Narbonne) nach Avignon abgereisten Sigmund erreichte die Nachricht von der Ratifizierung am 28. Dezember 1415, ihr Überbringer Felip de Malla konnte ihm auch mitteilen, dass der Vollzug der Obödienzaufsagung für den 7. Januar geplant sei. Am 6. Januar 1416 verkündete schließlich Vicent Ferrer in Perpignan, in seiner Predigt zum Epiphaniefest, öffentlich die Entscheidung des Königs und verlas das königliche Dekret.[198] Zugleich kündigte er an, dass der gleiche Schritt am gleichen Tag auch von den Königen von Kastilien und Navarra vollzogen würde. Sigmund wurde umgehend informiert, am 9. Januar konnte ihm Malla auch diese Nachricht bereits persönlich überbringen. Als die Nachricht am 30. Januar in Konstanz eintraf, brach dort Jubelstimmung aus. Allerdings konnte zu diesem Zeitpunkt niemand ahnen, dass es noch eine lange Wegstrecke werden sollte, bis der Vertrag von Narbonne Früchte tragen konnte. Kaum jemand in Konstanz kannte die Zustände auf der iberischen Halbinsel genauer und konnte damit abschätzen, welche Hindernisse einem Beitritt der spanischen Königreiche zum Konzil noch im Weg lagen. Ein idealer Nährboden für das Entstehen von Gerüchten. Die sich hinschleppenden Fortschritte auf dem Weg zur Union veranlassten daher das Konzil, bereits am 22. Februar 1416 eine Gesandtschaft nach Barcelona zu schicken, um insbesondere den Beitritt der spanischen Prälaten zum Konzil zu beschleunigen. Die Schwierigkeiten, auf die die Gesandten schon in den Kronländern Aragóns stießen, wuchsen – insbesondere nach dem Tod König Ferdinands. Den Widerstand der Kastilier aufzuweichen, sollte sich vorerst als eine nahezu unlösbare Aufgabe herausstellen.

Es bleibt die Frage zu stellen, warum Ferdinand seinem Papst in Perpignan die Gefolgschaft aufkündigte – er, der nicht zuletzt die Krone Aragóns maßgeblich der Protektion Benedikts verdankte. Nach langem Zögern erst schloss er sich den Kräften an, die – wie Sigmund und die Konzilsgesandtschaft – eine Lösung der Unionsfrage durch den Rücktritt aller Päpste zu erreichen suchten. Dass Ferdinand schon im Sommer 1414, in Morella, die Weichen für den Bruch mit Benedikt gestellt haben soll,[199] lässt sich aus den Quellen kaum belegen, sondern bestenfalls a posteriori behaupten. Die dort beschlossene Entsendung einer Gesandtschaft zum römischen König nach Konstanz plante er gemeinsam mit Benedikt, auch die Vorbereitungen zu der Zusammenkunft mit Sigmund in Perpignan wurden in enger gegenseitiger Abstimmung getroffen. Für den Bruch mit Benedikt im November 1415 dürften seine religiöse Grundhaltung, sein ehrliches Bestreben, dem Schisma ein Ende zu setzen, ebenso eine Rolle gespielt haben wie praktisch-politische Überlegungen. Gewiss wollte er, allein schon wegen der von ihm verfochtenen Mittelmeerpolitik,[200] eine politische Isolierung der Krone Aragón vermeiden. Zweifellos fühlte er sich aber auch dem römischen König verpflichtet durch dessen vorhergegangenes Entgegenkommen in der Ortsfrage, möglicherweise war er darüber hinaus auch beeindruckt durch das prunkvolle Auftreten der Konzilsgesandtschaft, das Selbstbewusstsein und Entschlossenheit des Verhandlungspartners signalisieren sollte. Ein sichtbares Zeichen der gegenseitigen Anerkennung, das seine Wahrnehmung in der Öffentlichkeit sicher nicht verfehlte, war die Verleihung des Aragoneser Kannenordens an den römischen König und einige seiner engsten Vertrauten, die kurz nach Abschluss der Verhandlungen zu Perpignan/Narbonne erfolgte. Im Gegenzug wurden die Herrscher Aragóns, Kastiliens und Navarras sowie die Söhne Ferdinands in den ungarischen Drachenorden aufgenommen. Die Unbeweglichkeit des Papstes, die in dessen plötzlichem Aufbruch nach Peñiscola gipfelte, ließ Ferdinand schließlich einen Schritt tun, der mit erheblichen Risiken verbunden war, wie die spätere Durchsetzung des Obödienzentzugs in seinem Königreich zeigte. Dass es im Übrigen bei den Verhandlungen in Perpignan nicht nur um Kirchenpolitik, sondern auch um handfeste wirtschaftliche Interessen gegangen ist, belegt beispielsweise ein Privileg, das vier Nürnberger Kaufleute, die vermutlich im Gefolge Sigmunds mitgereist waren, am 8. November 1415 von König Ferdinand erhielten. Darin wurde ihnen das Recht gewährt, Handel mit den Ländern der Krone Aragón zu treiben – vermutlich ging es um das lukrative Safrangeschäft. Dass Sigmund seine Finger im Spiel gehabt hat, ist aufgrund des bekannt guten Verhältnisses zwischen dem Luxemburger und der Stadt Nürnberg mehr als wahrscheinlich. Für die Kaufleute war ein solches Privileg von erheblichem Wert; den König dürfte seine Fürsprache dagegen wenig gekostet haben.[201]

Mehr noch als das Wirken der Aragoneser Konzilsdelegation in Konstanz im Sommer 1417 war der Schritt ihres Königs, der den Weg zur Unterzeichnung der *Capitula Narbonensia* frei machte, der sicherlich wichtigste Beitrag Spaniens auf dem Weg zur Lösung der Unionsfrage. Ohne den Erfolg von Perpignan wäre auch das *Constantiense* gescheitert, genauso wie ein paar Jahre zuvor das *Pisanum*.

Mit der Publikation des Obödienzentzugs war indes die Trennung von Benedikt noch keineswegs überall erfolgreich vollzogen. Viele Prälaten und auch Teile der Bevölkerung standen weiterhin loyal zu Benedikt. Dieser wiederum versuchte seine Anhänger enger hinter sich zu scharen. Am 9. Dezember kündigte er die Wiederaufnahme seines 1408 unterbrochenen *Conciliabulum** von Perpignan an, welches nun in Peñiscola fortgesetzt werden sollte.[202] Auch war er sich keineswegs zu schade, eine verleumderische Propagandakampagne gegen die Entscheidung von Perpignan/Narbonne und deren Hauptverantwortliche zu führen.[203] Dass er sich von Ferdinands Kurswechsel zugunsten des Konstanzer Konzil zutiefst getroffen fühlte, zeigen nicht zuletzt die ihm untergeschobenen Abschiedsworte *Me qui te feci misisti in desertum* (Mich, der dich machte, hast du in die Wüste geschickt),[204] die den Aragonenser König fehlender Dankbarkeit ihm gegenüber zeihten.

Auf dem Weg nach Kastilien, um auch dort den Obödienzentzug gegen den Willen der sich verweigernden Königinmutter Katharina durchzusetzen, starb der von seinem schweren Nierenleiden geschwächte König Ferdinand am 2. April 1416 in dem etwa auf halber Strecke zwischen Barcelona und Lerida gelegenen Igualada. Für die Durchsetzung der Unionsbemühungen im Bereich der Obödienz* Benedikts war dies ein schwerer Schlag. Im Bereich der Länder der Krone Aragón trat nun Ferdinands ältester Sohn Alfons die Nachfolge seines Vaters an.[205] Zunächst unterstützte er, wie schon zuvor bei den Verhandlungen in Perpignan/Narbonne, den Kurs seines Vorgängers gegenüber dem Konzil wie auch gegen Benedikt XIII.[206] Allerdings bereitete ihm der Widerstand großer Teile des Klerus in seinem Königreich erhebliche Schwierigkeiten, eine repräsentative Konzilsgesandtschaft zusammenzustellen, so dass sich diese erst mit erheblicher Verspätung auf den Weg nach Konstanz begeben konnte. Dieser Delegation gehörten jedoch keine höheren Prälaten an, weder ein Bischof noch ein Abt. Alfons' zunächst eindeutig prokonziliare Haltung sollte sich erst in der Endphase des Konzils ändern – nach erfolgter Papstwahl. Dass er mit Pedro de Luna einen Gegenpapst in seinem Territorium beherbergte, sollte dabei dem jungen König sogar sehr zupass kommen. Die faktisch tolerierte Existenz des in Konstanz am 26. Juni 1417 abgesetzten Papstes gab ihm eine Trumpfkarte in die Hand, mit der er glaubte, seinen finanziellen und machtpolitisch motivierten Forderungen gegenüber Martin V. mehr Nachdruck verleihen, wenn nicht gar diesen erpressen zu können.[207] Alfons war sich keineswegs zu schade, das *factum Paniscolae* in den folgenden Jahren immer wieder, wenn es die Situation hergab, als politisches Druckmittel auszuspielen.

Noch ungleich schwieriger gestaltete sich zunächst die Situation in Kastilien.Maßgebliche Kräfte am Königshof boykottierten die öffentliche Publikation des Subtraktionsbeschlusses* und damit die Abkehr von Benedikt, der nun seinerseits versuchte, die Königinmutter in ihrer Entscheidung für seine Obödienz* zu bestärken. Erst die Beendigung innerkastilischer Führungskämpfe verschaffte den nötigen Spielraum, um auf Distanz zu Benedikt gehen zu können. Am 19. Juni 1416 gab der minderjährige König die Entsendung einer Delegation nach Konstanz bekannt, die den fernen Konzilsort allerdings erst am 29. März 1417 erreichen sollte.[208]

Zurück zu Sigmund. Nach dem Erfolg von Narbonne verbrachte der Luxemburger das Weihnachtsfest 1415 und die ersten Januartage in Avignon.

In Lyon, wo er Ende Januar Station machte, suchten ihn Gesandte des französischen Königs auf und überbrachten ihm die Bitte, nach Paris zu kommen, um in dem wieder ausgebrochenen Konflikt mit England zu vermitteln.[209] Mit ziemlicher Sicherheit war diesem Ansuchen ein Angebot des römischen Königs vorausgegangen, bei dem er sich selbst als Vermittler/Schiedsrichter ins Spiel gebracht hatte.[210] Ein Frieden zwischen England und Frankreich war in seinen Augen ein weiterer Schritt, um seine ambitionierten politischen Ziele umzusetzen: Das christliche Abendland sollte geeint werden, damit man anschließend zu einem Kreuzzug zur Befreiung der heiligen Stätten aufbrechen könnte.[211] Dass der Luxemburger ein Interesse daran haben musste, dass die Kämpfe zwischen den beiden verfeindeten Königreichen nicht erneut ausbrachen, macht indes auch ein Blick auf Konstanz klar, warf dieser Konflikt doch bedrohliche Schatten auf das Konzil und gefährdete damit die erhoffte Überwindung des Schismas.

Sigmund, der sich schon als erfolggekrönter Friedensstifter sah, wurde indes von der faktischen Blockade des Friedenprozesses durch die Franzosen düpiert. Die innenpolitischen Auseinandersetzungen zwischen den Anhängern Burgunds und Orléans verhinderten einen entscheidenden politischen Durchbruch. Daraufhin ging Sigmund am 15. August 1415 in Canterbury ein Schutz- und Trutzbündnis mit England ein und kündigte die alte Allianz der Luxemburger mit dem Haus Valois auf. Am 24. Oktober 1416 verließ der König Calais und reiste auf dem Seeweg nach Dordrecht. Einen Monat später, am 24. November, erreichte er Aachen, wo er nach seinem langen Aufenthalt in der Fremde empfangen wurde.

Dass die Friedensmission Sigmunds ein Fehlschlag wurde, hatte verschiedene Gründe. Einer mag darin gelegen haben, dass der römische König einer in Westeuropa fast schon als veraltet zu nennenden Form der Diplomatie vertraute. Im persönlichen Kontakt mit den Herrschern der westeuropäischen Mächte hoffte er kraft Überzeugung, diese für eine friedliche Beilegung ihrer Differenzen zu gewinnen.[212] Dass er womöglich die innenpolitische Situation in Frankreich nur unzureichend bedacht hatte, vielleicht auch von den Herrschern und Mächtigen beider Königreiche stärker in ihrem Sinne instrumentalisiert worden war, als er es sich für einen Erfolg seiner Mission hätte wünschen können, sei dahingestellt.

Wenn man so will, verfing sich der Luxemburger im Netz seiner überambitionierten Ansprüche und Ziele, aber auch seiner Eitelkeiten und der – vielleicht sogar – gezielt eingesetzten Unbeherrschtheiten, mit denen er sich nicht nur Freunde machte.

### 3.3.4 Konstanz nach der Abreise Sigmunds

Während sich die Aufmerksamkeit der Öffentlichkeit auf das Gelingen der Gespräche mit der Obödienz* Benedikts konzentrierte, versuchte das inzwischen papst- und königlose Konzil seine normale Arbeit als oberste kirchliche Behörde unter den Bedingungen der »doppelten« Sedisvakanz* zu organisieren. Nicht lange vor seiner Abreise hatte Sigmund noch für eine wichtige Weichenstellung in der Zeit seiner Abwesenheit vorgesorgt: Am 20. Juni 1415 hatte er den Pfalzgrafen Ludwig zu seinem Stellvertreter als *advocatus*, *defensor* und *protector ecclesiæ*[213] ernannt. Ein geschickter Schachzug, war doch der Kurfürst der wichtigste Anhänger Gregors XII. in deutschen Landen gewesen. Mit seiner Berufung hatte der scheidende König für eine Kontinuität des weltlichen Arms gesorgt, der immerhin maßgeblich dafür verantwortlich zeichnete, dass das Konzil in Freiheit tagen konnte.

Allerdings hatten die Konzilsväter zusammen mit dem *rex Romanorum* schon unmittelbar nach der Flucht Johannes' XXIII. die Grundlagen für eine kontinuierliche Weiterarbeit der Synode – zumindest auf einer provisorischen Basis – geschaffen. Die durch die Flucht des Papstes entstandene Ausnahmesituation verlangte nach Regelungen, die zumindest solange gelten sollten, bis mit der Wahl eines einzigen, in seiner Legitimität nicht angezweifelten Oberhaupts der Normalzustand wiederhergestellt war. Dennoch war der Ausfall des Papstes ein schwerer Schlag für ein reibungsloses Funktionieren der in seiner Existenz nur mühsam gesicherten Kirchenversammlung. Der einschlägige Erfahrungsschatz, auf den sich die Konzilsväter bei der Leitung und Durchführung einer Generalsynode berufen konnten, basierte im Wesentlichen auf der einer päpstlich geleiteten Versammlung, die die Existenz eines legitimen Petrusnachfolgers zwangsläufig voraussetzte. Die Laterankonzilien des 12. und 13. Jahrhunderts, die beiden Konzilien in Lyon (1245, 1274) sowie zuletzt das *Viennense* (1311/12) waren Versammlungen dieses vom Papst beherrschten Synodentypus gewesen. Die sich aufgrund der vorausgegangenen Ereignisse seit dem Frühjahr 1415 völlig anders darstellende Situation stellte damit alle Beteiligten vor gewaltige Herausforderungen. Wie so oft half auch in dieser Situation der in Konstanz zu beobachtende Pragmatismus*, eine Flexibilität, die unter Beachtung des kanonischen Rechts die selbstgesetzten Ziele nicht aus den Augen verlor, sondern zielstrebig verfolgte. Inwiefern es darüber hinaus eine Rolle gespielt haben mag, dass die Legitimität des Pisaner Papstes keineswegs unumstritten war, ist heute schwerlich zu entscheiden. Zumindest in den ersten Wochen nach Johannes' Flucht, die für viele Konzilsväter ziemlich überraschend gekommen sein dürfte, stand diese Frage jedenfalls nicht im Mittelpunkt der Diskussion. Dass dieser Aspekt dafür in der späteren Kirchengeschichtsschreibung zum Teil umso stärker betont wurde, hängt weniger mit neuen Erkenntnissen als vielmehr mit ideologischen Prämissen zusammen, die sich nur bedingt auf die zeitgenössischen Quellen stützen können.

Nach den zuletzt geschilderten Ereignissen war ein schnelles Ende des Konzils nicht in Sicht, keine der zentralen Aufgaben war bislang zufriedenstellend gelöst. Deshalb versuchten die in Konstanz Zurückgebliebenen in den Monaten nach der Abreise des römischen Königs den Fortgang der konziliaren Arbeit neu zu strukturieren. Gleichfalls waren sie bedacht, für eine kontinuierliche Fortführung des kurialen Geschäftsgangs zu sorgen, und sie bemühten sich nachdrücklich um eine Effizienzsteigerung der Abläufe. In der 18. Generalsitzung am 17. August 1415 wurden beispielsweise Regelungen zum Beschleunigen des Verfahrensablaufs aller vor dem Konzil anhängigen Prozesse beschlossen.[214] Das war zweifellos nötig, da das Konzil entsprechend altem synodalen Brauch auch als wichtiger Gerichtshof diente. Große, schlagzeilenträchtige Streitsachen sollten hier verhandelt werden wie etwa der Straßburger Elektenprozess zwischen dem Straßburger Kapitel und der Bürgerschaft auf der einen und dem gewählten, aber nicht geweihten Bischof auf der anderen Seite. Zur Entscheidung stand auch die *Causa Tridentina* an, eine Streitsache zwischen dem Tridentiner Bischof Georg von Liechtenstein und Herzog Friedrich IV. von Österreich-Tirol, der dem Hochstift widerrechtlich Territorien entzogen hatte, ebenso wie eine Vielzahl von kleineren Verfahren.[215] Darüber hinaus regelte das Konzil das Urkunden- und Kanzleiwesen und ersetzte das päpstliche Bullensiegel für die Übergangszeit bis zur Wahl eines neuen Papstes durch ein konziliares. So konnte es die Wünsche nach Besitz- und Rechtebestätigungen, nach Pfründen und Dispensen* auch in Zeiten der Vakanz* erfüllen.[216] Manch ein Bittsteller versuchte darüber hinaus, Privilegien, deren Urkunden unter Johannes XXIII. ausgestellt worden waren, noch einmal bestätigt zu bekommen.[217] Daraus, dass das Konzil Dienstleistungen für seine zahlreichen Besucher erbrachte, die häufig eigens aus diesem Grund nach Konstanz gekommen waren, bezog es einen wesentlichen Teil seiner öffentlichen Anerkennung.

Andere Aufgaben ließen die Konzilsväter hingegen ganz bewusst ruhen. So wurden beispielsweise keine ordentlichen Ernennungen von Bischöfen vorgenommen.[218] Es scheint, als habe man den personellen Entscheidungen eines künftigen Papstes in diesem Punkte nicht vorgreifen wollen. Gerade in diesem Zögern lässt sich das ekklesiologische Grundverständnis der Konzilsväter deutlich erkennen: Es war nämlich keineswegs auf die Demontage des Papsttums ausgerichtet noch beanspruchte es von vornherein eine Superiorität* über den Papst, denn es nahm die Leitung der Kirche durch einen Papst nach wie vor als den Normalfall an. Allein die Ausnahmesituation der durch die Absetzung bzw. den Rücktritt keineswegs unumstrittener Schismapäpste resultierenden Vakanz* veranlasste die Konzilsväter dazu, einzelne unaufschiebbare Entscheidungen zu treffen, die notwendig waren, um ein reibungsloses Funktionieren des kirchlichen Lebens sicher zu stellen.

Die nicht abzuschätzende Dauer der Kirchenversammlung warf jedoch auch handfeste Probleme auf. Für viele Konzilsteilnehmer stellte sich damit in voller Schärfe die Frage nach einer weiteren Finanzierung ihres Aufenthalts, war man doch vor Beginn allgemein von einer viel kürzeren Verweildauer am Bodensee ausgegangen. Bei nicht wenigen ging das Geld zur Neige. Der Erzbischof von Riga war gewiss nicht der einzige, der während seines Aufenthalts am Tagungsort des Konzils erhebliche Schulden anhäufte und bei seinen Konstanzer Gastgebern in Zahlungsrückstand geriet; dem Ordensprokurator Peter von Wormditt drohte – nach eigenen Worten – gar eine vorübergehende »Geiselnahme«, sollten die aufgelaufenen Herbergsschulden von ihm nicht umgehend beglichen werden.[219] Bezeichnenderweise berichtete Richental davon, dass ein städtisches Arbeitsbeschaffungsprogramm aufgelegt wurde, damit *die armen priester, curtisan und die schüler, die gen Costentz von des concilio wegen komen waren, mochten ouch lon empfahen*. Bei den öffentlichen Baumaßnahmen an Stadtmauern und Gräben konnten diese täglich 18 Pfennig für *spis und lon* verdienen. Von anderen heißt es, dass sie sich in den nahen Weingärten verdingten, offenbar weil sie ihren Unterhalt sonst nicht finanzieren konnten.[220] Immerhin wurde aber auf der 19. *Sessio generalis**, am 23. September 1415, der finanziellen Schwierigkeiten mancher Konzilsteilnehmer Rechnung getragen: Der Bezug aller Pfründeneinkünfte wurde ihren Inhabern auch weiterhin zugesichert, selbst wenn sie ihrer Anwesenheitspflicht durch den Konzilsbesuch nicht nachkommen konnten.

Leichter als die regulären, *qua officio* zum Konzil abgeordneten geistlichen Teilnehmer, die Bischöfe, Äbte, Kurialen sowie deren Prokuratoren*, hatten es jedoch die vielen weltlichen Gäste beim Konzil: die Fürsten und Herren samt ihrem Gefolge, die Gesandten der weltlichen Territorien und der Städte, die Gelehrten, soweit sie nicht offiziell ihre Universität vertraten. Sie waren in erster Linie dem Aufruf des Königs – *daz si ir frůnde wolden schecken zům concelium gen Kostencze und wolden helfen raden zůr heilgen kirchen und zů eime gemein freden des landis*[221] – zum Besuch des Konzils und der königlichen *tage* gefolgt. Nicht zufällig verließen daher jetzt, nachdem der Luxemburger abgereist war, auch viele von ihnen den Konzilsort – manche für eine kürzere oder längere Zeitspanne, andere sogar dauerhaft. Die in Konstanz verbliebenen Rumpfgesandtschaften wurden nicht selten auf das Nötigste verkleinert, um Kosten zu sparen. Beispielsweise waren die Universitäten von Köln und Wien nach der ersten Konzilsphase nur noch mit einem einzigen bevollmächtigten Gesandten in Konstanz präsent.[222] Manche Stadt kehrte dem Konzilsort gleich ganz den Rücken und erschien – teilweise mit neuen Unterhändlern – erst wieder am Bodensee, nachdem Ende Januar 1417 auch der Römische König zurückgekehrt war und sich der Eindruck verbreitete, dass wichtige Entscheidungen zu erwarten seien.[223] Dieses Verhalten war insbesondere unter den Deutschen verbreitet, die ihre Anwesenheit am Konzilsort mit dem Besuch auf einem der Hoftage König Sigmunds zu verknüpfen suchten. Wenn die ältere Forschung noch davon sprach, dass parallel zum Konzil zwei Reichstage im Februar 1415 und April/Mai 1417 in Konstanz stattgefunden haben, also eine mehr oder weniger strikte Trennung zwischen Konzil und Reichstag annahm[224], so gibt es in der jüngeren Forschung doch einige Vorbehalte gegen diese starre Einteilung. Solange der König in Konstanz war, hielt er Hof, arbeitete seine Kanzlei und das königliche Gericht – nicht nur während der schwer zu datierenden, angeblichen Reichstage, die vielleicht besser mit Bezeichnungen wie Hof- oder Städtetag zu umschreiben sind. Zweifellos lässt sich eine gewisse Konzentration dieser Aktivitäten zu verschiedenen Zeitpunkten beobachten, die institutionalisierte Form von Reichstagen, wie sie aus späterer Zeit bekannt ist, fehlte jedoch noch. Daher sind auch die *tage*, zu denen der König einlud, noch keine Reichstage im späteren

Sinn. Zu diesen Hoftagen kamen denn auch fast ausschließlich die Anhänger und Parteigänger Sigmunds, während die Gegner und Widersacher des Luxemburgers, ebenso die Vertreter königsferner Landschaften, meist fernblieben.[225]

Um ein allmähliches Abbröckeln der Teilnehmerzahl am Konzil zu verhindern und die inzwischen entstandenen Lücken wieder zu schließen, wurden seitens der Konzilsväter, aber auch durch den römischen König, wiederholt neue Aufforderungen zum Konzilsbesuch erlassen. Durch die im Mai 1416 verschickte Konzilseinladung zeigte darüber hinaus das *Constantiense* recht deutlich, dass es – auch ohne Papst und König – längst an Autorität und Selbstbewusstsein gewonnen hatte und bereit war, die gestellten Aufgaben in eigener Regie zu bewältigen (W. Brandmüller). Sowohl Frankreich als auch England reagierten auf diese Aufforderung und schickten erneut Gesandte in die Konzilsstadt;[226] andere folgten. Doch im Unterschied zum Frühjahr 1415 war Sigmund nun nicht mehr für den Fortbestand des Konzils nötig. Die Aussage Richentals: *In der zit, als unser herr der küng hinweggeritten was, da zwischen ward nit nüws*, mit der er die Auswirkungen der Abwesenheit der römischen Königs vom Konzilsort zu beschreiben suchte,[227] wird insofern auch nicht durch die mehrmalige Wiederholung durch den Chronisten richtiger. Sie zeigt vielmehr eine sehr einseitige und in diesem Punkte sehr beschränkte Perspektive, die das Geschehen am Konzilsort verkürzt wahrnahm und damit letztlich auch fehlinterpretierte. Richtig bleibt aber ebenso festzuhalten, dass wichtige Grundsatzentscheidungen erst wieder fielen, nachdem der Luxemburger nach anderthalbjähriger Abwesenheit im Januar 1417 nach Konstanz zurückgekehrt war.

Während sich der Schauplatz der Unionsfrage ins ferne Roussillon verlagert hatte, stand in Konstanz die *Causa reformationis** im Vordergrund der eigentlichen Konzilsarbeit. Daneben beschäftigten die Konzilsväter aktuelle Streitfragen, die sich entlang der Schnittstelle Kirche – Glaube – Politik entwickelt hatten, insbesondere die nach dem Umgang mit der Tyrannenmordproblematik.

Wie schon aus dem von Johannes XXIII. versandten Einladungsschreiben zum Konzil hervorging,[228] war die Reform der Kirche eines der zentralen Anliegen für die Einberufung des *Constantiense* gewesen. Auch Sigmund hatte in seinem Ausschreiben vom 6. August 1414 daran angeknüpft. Er wolle, so schrieb er, parallel zu den Verhandlungen des Konzils mit den Fürsten über die Reform des Reiches konferieren.[229] Zu diesem

Zeitpunkt »bildete der Reformgedanke noch eine Einheit, Reichsreform war Pendant zur Kirchenreform« (A. Patschovsky).[230] – Eine breit angelegte Reform der Kirche an Haupt und Gliedern galt als der entscheidende Schlüssel zur Lösung aller Probleme. Allerdings herrschte eine tiefe Skepsis gegenüber einer möglichen Selbstreformation der kirchlichen Spitze. Papst und Kurie, nicht weniger das Kardinalskollegium galten vielen als ursächlich verantwortlich für das gegenwärtige Schisma und man traute ihnen eine Reform einfach nicht zu. Daher gehörten für viele Zeitgenossen – nicht nur für die Konstanzer Konzilsväter – Konzil und Reform unzertrennlich zusammen, denn ohne Konzil schien eine umfassende Reform unmöglich.[231] Dieser Konstellation verdanken die Konzilien der ersten Hälfte des 15. Jahrhunderts in der späteren Historiographie auch die eher etwas unglückliche Bezeichnung »Reformkonzilien«, weniger den dort erreichten Ergebnissen.

Mit den Vorarbeiten zur Umsetzung der *Causa reformationis** wurde schon in der Anfangsphase der Konstanzer Synode begonnen. Auf der ersten Generalsitzung hatte Papst Johannes XXIII. bereits die ersten Weichen gestellt, als er der Theologenkommission die Aufgabe zuwies, ihm Reformvorschläge zu unterbreiten.[232] Um die Arbeit dieser Kommission wurde es indes bald still, um so lauter aber erscholl der Ruf nach Reform in der Öffentlichkeit. Berufene und weniger Berufene griffen das Thema in Traktaten, vor allem aber in Predigten und Reden zu den verschiedensten Anlässen auf – und derer gab es viele. Sowohl in den Reihen der Konzilsteilnehmer als auch bei anderen Besuchern der Stadt fanden sie eine dankbare Zuhörerschaft. Konkrete Vorschläge dazu, wie die Reform denn aussehen sollte und wie einzelne Maßnahmen umzusetzen seien, blieben allerdings Mangelware – vielleicht abgesehen von der immer wieder gebetsmühlenhaft erhobenen Forderung, man müsse mit der Reform von oben, also von ihrem Haupt her, beginnen. Das vielfach angestimmte Klagelied über den verkommenen Zustand der damaligen Kirche spiegelte zweifellos jene Stimmung wider, wie sie sich nach den langen Schismajahren in den Köpfen vieler Zuhörer festgesetzt hatte. Viele Prediger neigten dazu, ein Bild der Gegenwart zu zeichnen, in dem die dunkelsten Farben überwogen. Geradezu topisch war die »lautstarke, sich oft zu verbalen Exzessen steigernde Klerusschelte« (W. Brandmüller).[233] Es wirft gewiss ein bezeichnendes Licht auf die Wertschätzung dieser Sermones*, dass sie vielfach mitgeschrieben und weiterverbreitet wurden und sich dadurch in großer Zahl bis in die Gegenwart erhalten haben.[234]

Für die weitere Diskussion in den entsprechenden Konzilsgremien sollten sich allerdings die diversen Reformtraktate, -agenden und -gutachten aus der Vorkonzilszeit letztlich als zielführender erweisen als die Reden und Predigten, wobei jedoch kaum festzustellen ist, welche Verbreitung diese im Einzelfall gehabt haben. Zumeist auf Latein gehalten, dürften diese nur die dieser Sprache Mächtigen, in der Regel also die anwesenden Kleriker, erreicht haben. Die sich bald überschlagenden Ereignisse rund um die Flucht des Pisaner Papstes bewirkten aber, dass erst nach der vollzogenen Absetzung von Johannes XXIII. und dem Rücktritt Gregors XII. die Arbeit in Sachen Reform systematisch vorangetrieben wurde. Allerdings hatten die Konzilsväter die Reformmaterie für so wichtig gehalten, dass sie im kurz nach der Flucht des Papstes ausgearbeiteten Dekret *Haec Sancta* explizit festschrieben, dass die Kirche zur Herstellung der Einheit und einer grundlegenden Reform versammelt sei. Beide Aufgaben wurden also gleichberechtigt nebeneinander gestellt.[235] Eine erste Reformkommission, der je acht Vertreter der vier bestehenden Nationen sowie drei Kardinäle angehörten, wurde zwischen dem 26. Juli und dem 1. August 1415 eingesetzt, d. h. zu einem Zeitpunkt, als sich Sigmund auf dem Weg zu den Verhandlungen mit König Ferdinand und Benedikt befand. Dieses Gremium war prominent besetzt, neben den Kardinälen Adimari, d'Ailly und Zabarella waren auch der einflussreiche Patriarch von Antiochia, der Franzose Jean Mauroux sowie der Verfasser eines bedeutenden Reformavisaments, der Heidelberger Kanonist* Job Vener, Mitglied in diesem Reformatorium. Deren Aufgabe bestand nun darin, Reformvorschläge auszuarbeiten, die anschließend den einzelnen Nationen vorgelegt werden sollten. Nach reiflicher Diskussion sollten diese erneut an die Kommission gehen, und dieses Hin und Her sollte so lange dauern, bis zuletzt ein beschlussfähiges Dekret entstanden war. Der umständliche Verfahrensprozess wie die dabei auftretenden Interessensgegensätze zwischen den einzelnen Nationen und den unterschiedlichen daran beteiligten Gruppen ließen das Ergebnis der Reformverhandlungen eher mager ausfallen. W. Brandmüller wies darüber hinaus auf Kompetenzüberschneidungen, u. a. mit dem Hauptausschuss (*deputati generales*) hin, einem Gremium, das ursprünglich nur die Beratungen vorbereiten sollte,[236] sich aber zunehmend zum eigentlichen Machtzentrum des Konzils aufschwang. Diese Entwicklung machte die personelle Zusammensetzung des Hauptausschusses und insbesondere die der Nationspräsidenten zunehmend zu einem Politikum. Offenbar war auch den Konzilsvätern die Arbeit dieses ersten Reformatoriums als wenig effizient erschienen; vielleicht war es die Größe des Gremiums, die das Arbeiten schwerfällig machte. Jedenfalls wurde dieser Ausschuss nach dem Beitritt der Kastilier zum Konzil im Sommer 1417 verkleinert: Jeder der jetzt fünf Nationen wurden im sog. zweiten Reformatorium nur noch fünf Plätze zugestanden; die Kardinäle waren als eigene Gruppe überhaupt nicht mehr vertreten. Die Machteinbuße, die das Kollegium inzwischen hatte hinnehmen müssen, ist unverkennbar. Vorwürfe, dass die Kardinäle an der Misere des Schismas und der mangelnden Reformbereitschaft maßgeblich mitverantwortlich seien, machten die Runde, vor allem wohl von den Gegnern Fillastres und d'Aillys lanciert, galten die beiden doch als dezidierte Vertreter der kardinalizischen Interessen, zugleich aber auch der französischen Sache. Offenbar sollte ihre Stellung untergraben werden. Allerdings muss offen bleiben, inwieweit die nationale Frage oder der sich bereits abzeichnende Prioritätsstreit um den Vorrang von Reform oder Wahl hineinspielte.

Der durch die Geschäftsordnung vorgegebene äußere Rahmen sorgte für eine Strukturierung der Arbeit, die sich in einer Vielzahl von Dokumenten niedergeschlagen hat, die den Reformprozess auf den verschiedensten Stufen der Diskussion widerspiegelt. Akten, Memoranden, Diskussionsmitschriften, selbst Notizen über Abstimmungsergebnisse sind erhalten geblieben.[237] Vieles wurde angeregt, doch nur der geringere Teil fand seinen Niederschlag in den zuletzt verabschiedeten Konzilsdekreten. Auch außerhalb der zuständigen Kommission wurde die Reformdiskussion weitergeführt.[238] Der französische Kardinal d'Ailly ließ beispielsweise seinen im Wesentlichen auf vorkonziliaren Schriften beruhenden *Tractatus de reformacione ecclesie* in der Pfarrkirche St. Paul Ende Oktober/Anfang November 1416 zur Mitschrift verlesen, was auf eine entsprechende Nachfrage schließen lässt und diesem Text eine weite Verbreitung sicherte. Ob die Veröffentlichung dieser Abhandlung eher als »ein Entlastungsangriff [statt] als eine neue Initiative« des Kardinals (J. Miethke) einzuschätzen ist,[239] ändert letztlich nichts an der Tatsache, dass Thema und Inhalt des Traktats auf das offene Ohr vieler Konzilsväter trafen. Auch dies ein Beleg dafür, wie ernst es den Konzilsvätern mit dem Thema Reform war.

Man darf in d'Aillys Text so etwas wie einen umfassenden Entwurf für die zu leistende Reformaufgabe sehen. Daher ging es ihm an zentraler Stelle um die Häufigkeit des Zusammentritts von Konzilien, da er in diesen den Garanten für eine kontinuierliche Reformarbeit sah. Weiter stellte er Überlegungen zur Reform der ganzen Kirche an, bevor er anschließend auf die einzelnen Stände der Kirche einging: von Papst und Kurie über die Prälaten, die Orden und Ordensleute, die restlichen Geistlichen bis zu den Laien. Nicht einmal vor dem *ordo* der Kardinäle machten seine Reformvorschläge Halt.[240]

Die auf dem Konzil zutage tretenden Schwierigkeiten im Rahmen der *Causa reformationis** lagen bereits in der Begriffsdefinition begründet, denn jeder verstand darunter etwas anderes. Wer und was sollte eigentlich reformiert werden, womit sollte begonnen werden? Ein Blick auf die dem Konstanzer Konzil vorangegangene Reformdiskussion, für die an dieser Stelle die Schrift *De squaloribus Romanae curiae* des Heidelberger Theologen Matthäus von Krakau von 1403 paradigmatisch stehen mag,[241] zeigt allerdings deutlich die Stoßrichtung der Reform: Die römische Kurie wurde als dermaßen verdorben geschildert, dass eine Reform eigentlich nur Sinn machen konnte, wenn sie vom Haupt her begonnen wurde. Das konnte in der damaligen Situation nichts anderes heißen, als den Machtumfang der päpstlichen Gewalt zu begrenzen und die Rechte der Kurie einschließlich der daraus resultierenden Einnahmen drastisch zu beschneiden. Wenn sich allerdings der Erfolg der Reform darin erschöpfte, inwieweit der Kurie die Flügel gestutzt und finanzielle Forderungen abgewehrt werden konnten, dann blieb sie sozusagen auf halbem Weg stecken. Dass sich die Reformer mit einer solchen Rumpfreform hätten zufrieden geben wollen, erscheint jedoch eher unwahrscheinlich – nicht nur d'Ailly hatte ein Reformprogramm für alle Stände entwickelt. Die Schwierigkeit einer Umsetzung zeigte sich aber daran, was in der gegenwärtigen Situation überhaupt machbar war.

Wer waren die von der Reform Betroffenen, die Gewinner wie die Verlierer möglicher Veränderungen? Die Interessengegensätze zwischen Papst und Kurie sowie den Ortsordinarien, zwischen Ordensleuten und Weltgeistlichen, zwischen dem Seelsorgeklerus und den Universitätsangehörigen waren letztlich kaum zu überbrücken, Kompromisse waren nur mühsam herzustellen. Es gab zwar niemanden, der sich der Forderung nach Reform widersetzte, aber keiner wollte bei sich selbst beginnen. Reformiert werden sollte immer nur der Andere. Der befreiende Schlag einer großen Reform blieb aus. Insofern fiel die Gesamtbewertung der *Causa reformationis** schon bei den Zeitgenossen, nicht weniger in der (Kirchen-)Geschichtsschreibung bis in die 1990er Jahre weitgehend einhellig negativ aus. Dies hängt jedoch nicht nur mit den scheinbar mageren Ergebnissen zusammen, wie sie sich – so die verbreitete Annahme – in den relativ wenigen Dekreten niedergeschlagen haben, sondern auch mit den allzu hohen Erwartungen.[242]

Neben der *Causa reformationis** mussten sich die Konzilsväter des Weiteren mit Problemen befassen, bei denen es im weitesten Sinne um Fragen des rechten Glaubens ging. Man sollte meinen, dass die Kirchenversammlung das richtige Forum gewesen wäre, um entsprechende Entscheidungen zu fällen. Der notwendige Sachverstand war zweifellos vorhanden. Tatsächlich waren aber die zur Entscheidung stehenden Fragen nicht allein auf der Grundlage von Theologie und Kirchenrecht zu entscheiden, da sie in hohem Maß politisch aufgeladen waren und mit den machtpolitischen Interessen der Betroffenen kollidierten. Tragfähige Lösungen zu finden, die auf eine allgemeine Akzeptanz stießen und damit auch umgesetzt werden konnten, war aufgrund der hier zutage tretenden Interessenkoinzidenz der jeweils daran Beteiligten eine überaus heikle Angelegenheit. Das galt für die Auseinandersetzung mit Jan Hus und seinem Freund und Kollegen Hieronymus von Prag ebenso wie für die Frage, ob ein Tyrannenmord gerechtfertigt werden könne. In gewisser Weise wirkte das Konzil hier eher als ein Nebenschauplatz; letztlich entschieden wurden diese Fragen in der profanen Realität, deren jeweiliger Schauplatz in Böhmen, in Frankreich oder am Nordostrand des Reiches, jedenfalls weit entfernt vom Tagungsort der Kirchenversammlung lag.

Die Nachricht von Hus' Tod hatte in seinem Heimatland Unruhen ausgelöst und in der Folge zu einer weiteren Radikalisierung der dortigen Protestbewegung geführt.[243] »Religiös-reformerische Impulse verbanden sich dabei mit sozialrevolutionären, patriotisch-nationalen Elementen zu einer (breiten) Bewegung«,[244] die einen Sturm des Aufruhrs entfachen sollte. In dieser zugespitzten Lage musste sich das Konzil mit Hieronymus von Prag, einem engen Weggefährten von Hus,[245] auseinandersetzen. Verschiedener dogmatischer Irrtümer beschuldigt, wurde auch ihm der Prozess gemacht. Zunächst widerrief Hieronymus,[246] doch wurde ihm die Aufrichtigkeit seines Widerrufs nicht abnommen. Ein gutes halbes Jahr später nahm er seinen Widerruf zurück, worauf er als rückfälliger Ketzer in der 21. Sessio*, am 30. Mai 1416, zum Tod verurteilte wurde. Seine Hinichtung erfolgte noch am selben Tag.

Noch ein weiteres Problem beschäftigte die in Konstanz verbliebenen Konzilsteilnehmer in den folgenden Monaten und Jahren. Die Ereignisse der Sommermonate 1415, insbesondere die bisherigen Erfolge in der Unionsfrage, hatten das Konzil im öffentlichen Bewusstsein zunehmend als oberste Gewalt in der Kirche erscheinen lassen. Mancher mochte im Dekret *Haec Sancta* sogar eine Bestätigung dieser Auffassung sehen. Worauf allerdings schon W. Brandmüller hinwies, ist, dass diese Wahrnehmung auf dem Bild Johannes' XXIII. und der beiden konkurrierenden *Contendentes de papatu* beruhte und generell auch mit der rechtlich problematischen Stellung nicht zweifelsfrei legitimer Päpste im Schisma zu tun hatte. In diesem Licht musste das Konzil als *universitas fidelium* nahezu zwangsläufig zur obersten kirchlichen Instanz werden.[247]

Bald aber erhoben sich auch kritische Stimmen, da diese Vorstellung nicht von jedermann geteilt wurde, Stimmen, die umgekehrt die theologische und kanonistische Stellung des Papsttums zu verteidigen suchten. Die bekannteste dürfte dem aus Florenz stammende Dominikanergeneral Leonardo di Stagio Dati gehört haben, der sich massiv für den ›Papst‹ einsetzte.[248] Der gelehrte Theologe war ein begnadeter Prediger. In seiner am 1. März 1416 gehaltenen Predigt *Fac tibi arcam* wies er nachdrücklich darauf hin, dass die Reform der Kirche einem mit der *plenitudo potestatis** ausgestatteten *caput ministeriale* bedürfe. Mit Blick auf die aktuelle Situation sagte er allerdings einschränkend, dass diese *plenitudo potestatis* dem Papst nicht zum Missbrauch gegeben sei. »Wenn aber der Hirt zum Verwüster der Kirche wird, dann, heiliges Konzil, weg mit ihm«. In diesem Falle, aber nur dann, liege die höchste Gewalt beim Konzil.[249] Bereits eine Woche später, am 8. März, predigte er erneut vor dem Konzilsforum; dieses Mal über das Thema *Ecce nunc dies salutis*. Auch hier ging er vor allem auf die gegenwärtige Situation ein, in der das Konzil faktisch an die Stelle des Papstes getreten war. In diesem Falle, so Dati, besäße es auch die jurisdiktionelle Gewalt des Papstes. Am Beispiel der kanonisch gewählten Bischöfe machte er deutlich, dass das Konzil diesen die Jurisdiktion geben und ihre Wahl bestätigen könne. Dennoch riet er zur Zurückhaltung mit dem Pauluswort: »Zwar ist mir alles erlaubt, doch nicht alles ziemt sich!« (1 Kor 6). Darauf kam er auf *Haec Sancta* zu sprechen. Der italienische Predigermönch rechtfertigte zwar das Dekret, doch wollte er es auf die besondere Situation, *in præsenti casu*, eingeschränkt sehen[250] Man fragt sich, was Dati zu diesen grundlegenden Überlegungen gebracht hat. Zweifellos darf man seine Äußerungen in einen Zusammenhang mit dem anstehenden Bestätigungsverfahren des zum Erzbischof von Lyon gewählten Amédée de Talaru rücken. Vor allem die Kardinäle widersetzten sich einem grundsätzlichen Bestätigungsrecht des Konzils und stellten sich damit gegen die Mehrheit der Konzilsväter.

Mit der öffentlichen Verlesung von d'Aillys Traktat *De potestate ecclesiatica* am 1. Oktober 1416 wurde die Streitfrage um das Verhältnis von Papst und Konzil weiter angefacht.[251] Im dritten Teil seines Traktats beschäftigte sich der Kardinal intensiv mit der *plenitudo potestatis** des Papstes und seiner Unterordnung unter das Generalkonzil. Sich vornehmlich auf Schriftbeweise stützend sprach d'Ailly dem Papst in Nachfolge des Apostels Petrus die diesem von Christus verliehene Jurisdiktion (Gewaltenfülle) zu. Ungeachtet dessen vertrat er allerdings die Ansicht, dass dem Generalkonzil ein Urteil über den Papst explizit zustehe im Fall der Häresie bzw. in Fällen, die der Häresie im weiteren Sinne zuzuordnen sind – so wie in der Causa Johannes' XXIII. geschehen. Mit Bezug auf seinen früher verfassten Traktat *De concilio generali* (1400/03)[252] entwickelte er die Analogie, dass das Ganze größer als seine Teile sei: Damit ist die Kirche, d. h. das Konzil, größer als ihr Haupt, sprich der Papst. Folglich kann das Generalkonzil den Papst richten, wobei die kanonistische Formel *nisi deprehendatur a fide devius* von ihm auch auf solche Fälle ausgeweitet wurde, in denen »der Papst durch Ärgernis Verwirrung stifte oder offensichtlich die Kirche zerstöre«.[253] Mit seiner Argumentationsführung bewegte sich d'Ailly durchaus in der kanonistischen Tradition, unterstützte aber indirekt die Position der Konzilsmehrheit.

Erneut griff nun Dati mit seiner Predigt vom 4. Oktober 1416 in die schwelende Diskussion ein.[254] Auch er stellte die Primatsfrage, setzte aber die Akzente deutlich anders als der französische Kardinal. Auf seine Predigt vom 8. März verweisend machte er nochmals deutlich, dass nach seiner Ansicht die Kirche in ihrer Repräsentation als Generalkonzil die Gewaltenfülle nur ausüben könne, sofern kein Papst existiere oder dieser als illegitim erklärt werde oder gar abgesetzt worden sei. Demgegenüber hätte der Papst aus eigener Autorität heraus die Gewaltenfülle, zu urteilen und zu entscheiden, während das Konzil lediglich zustimme.

Die Sache war damit alles andere als entschieden, entsprechend wurde heftig weiterdiskutiert und miteinander gestritten. Dati legte nach, indem er das Vorgehen gegen Johannes XXIII. und auch das Konzil von Pisa damit rechtfertigte, dass alle *Contendentes de papatu* unrechtmäßig gewesen seien. Die Gewaltenfülle liege wohl in der Kirche, deren Ausübung aber allein beim Papst. Dem Konzil stehe die Ausübung dagegen nur während der Sedisvakanz* zu. Ein »konziliaristisch« eingestellter Autor wollte sich damit aber keineswegs abfinden und argumentierte jetzt im Sinne einer grundsätzlichen Suprematie* des Konzils über den Papst, auch über einen legitimen. Die Fortsetzung der vor allem in Predigten ausgetragenen Debatte ließ die beiden, zunehmend weniger miteinander vereinbaren Positionen sich immer deutlicher herausschälen. Schließlich ergriff mit Gerson, dem Pariser Kanzler, ein theologisches Schwergewicht das Wort. In seiner Predigt *Nuptiae factae sunt*[255] vom 17. Januar 1417 betonte er, dass die auf dem Konzil versammelte Kirche die *plenaria potestas* über den Papst habe. Dies habe das Konzil so entschieden – und nun Schluss mit der Diskussion. Schließlich hätten schon Thomas von Aquin und Bonaventura gelehrt, der Papst sei dem Konzil unterworfen.

Obgleich längst alle Gründe für und wider die konziliare Suprematie* ausgetauscht schienen, wurde das Thema immer wieder von Predigern und Publizisten aufgegriffen, ohne dass allerdings grundlegend Neues vorgebracht wurde oder eine Übereinstimmung der divergenten Positionen erreicht werden konnte. Das Konzil war noch lange nicht zu Ende, doch zeichneten sich hier bereits die Streitlinien ab, die weit über das *Constantiense* hinausreichend die Frage nach einer Superiorität* von Papst oder Konzil stellen sollten.

### 3.3.5 Vier außergewöhnliche Jahre: Die Stadt und ihre Besucher zwischen Alltag und Festlichkeiten

Zurecht darf man wohl davon ausgehen, dass das konziliare Geschehen vom normalen Konstanzer Bürger wie von den vielen Besuchern der Stadt vor allem in seinen direkten Auswirkungen und Ergebnissen wahrgenommen wurde, also ganz konkret in dem, was man davon auf den Straßen und öffentlichen Plätzen der Reichsstadt mitbekam. Von dem, was hinter den Mauern der Kathedrale und anderer für das Konzilsgeschehen zentraler Gebäude geschah, und von den Entscheidungsprozessen, die dort abliefen, besaß die breitere Öffentlichkeit vermutlich nur spärliche und lückenhafte Kenntnis. Fraglich ist auch, ob sie dem Diskurs in den verschiedenen Konzilsforen hätte folgen können – und sich dafür überhaupt interessierte. Dessen ungeachtet war das Ereignis »Konzil« nicht nur eine Kirchenversammlung im engeren Verständnis, keine ausschließlich auf den kirchlich-theologischen Bereich beschränkte Großveranstaltung, für den J. Helmrath den Begriff der »Primärfunktion« eines Generalkonzils eingeführt hat, der aus dessen genuin kirchlicher Natur erwächst.[256] Bisweilen kann man sich nicht einmal des Eindrucks erwehren, dass das weltliche Drumherum das eigentliche Konzilsgeschehen – zumindest in seiner öffentlichen Wahrnehmung – in den Hintergrund zu drängen schien. Dies gilt vor allem für einzelne spektakuläre und entsprechend Aufmerksamkeit beanspruchende Akte, in denen die weltliche Sphäre dominierte und Laien die Regie übernommen hatten. Man denke nur an die mit allem Pomp zelebrierten Belehnungen der Reichsfürsten durch den römischen König; die anwesenden Kirchenfürsten waren hier kaum mehr als Staffage. Im Einzelfall mag dieser Eindruck sogar für die *Causae* des Konzils (im engeren Verständnis) gegolten haben, mit denen sich ansonsten nur die Konzilsväter in der von der Öffentlichkeit weitgehend abgeschirmten Konzilsaula beschäftigten. Insbesondere traf dies dann zu, wenn es um die Durchführung bzw. die Umsetzung der dort getroffenen Entscheidungen und Ergebnisse ging. Am greifbarsten lässt sich dies wohl im Kontext der *Causa fidei** beobachten: Denn gerade wenn es um den Vollzug wichtiger Entscheidungen ging, wurde dem Außenstehenden die Bedeutung der Laien, ja ihre Unverzichtbarkeit hier buchstäblich vor Augen geführt. Nur durch die Einschaltung der weltlichen Gewalt konnten beispielsweise die Todesurteile, die zuvor vom Konzil gegen Jan Hus und Hieronymus von Prag gefällt worden waren, überhaupt vollstreckt werden. Deren Ausführung war nichts weniger als eine sorgfältigst geplante, öffentliche Inszenierung: Tausende von Schaulustigen sollen die beiden zum Verbrennungstod Verurteilten auf ihrem Weg zur Hinrichtungstätte begleitet haben, so dass sogar die Gefahr bestand, dass die Brücke am Geltinger Tor, über die der Weg zum Brühl führte, einzubrechen drohte.[257] Eine große, neugierig gaffende Zuschauermenge säumte überdies den Weg zur Richtstatte außerhalb der Stadt, wie die Augenzeugen Richental und Mladoniowitz unisono berichteten. Die Autodafés fanden sozusagen unter den Augen der städtischen wie der konziliaren Öffentlichkeit statt. Rituell sollte mit den überführten Ketzern Schluss gemacht werden – ein demonstratives Zeichen für den Sieg der Rechtgläubigkeit über die unbelehrbaren Anhänger der Häresie. Mag auch mancher Zuschauer dem Schauspiel nur mit gemischten Gefühlen beigewohnt haben, andere waren vor allem von der Standhaftigkeit der beiden zum Tode verurteilten Böhmen sichtlich beeindruckt. In jedem Fall waren die Hinrichtungen denk- und erinnerungswürdige Ereignisse.

Nichtsdestotrotz blieb das Konzil in seinem Grundverständnis eine zutiefst sakrale, kirchlich-religiöse Veranstaltung, wie bereits an dem liturgischen Rahmen, den sich die Veranstaltung gab, unschwer zu erkennen ist. Begleitet war die Arbeit des Konzils von zahlreichen Gottesdiensten; man kann geradezu sagen, dass dieser Rahmen ein konstitutiver Teil der Synode war. Eine eigens für die Abhaltung von Konzilien geschaffene Liturgie verstärkt diesen Eindruck.[258] Zentraler Bestandteil der Sitzungen wie auch der vielen Gottesdienste waren die Predigten. Und es wurde viel gepredigt in Konstanz; wenn man so will, über Gott und die Welt. Offiziöse Stellungnahmen der Konzilsleitung, ein Echo auf das, was auf dem Konzil verhandelt wurde, Impulse, für das, was geschehen sollte – all das konnten diese Ansprachen sein. Hier zeigt sich ein bislang nur wenig ausgelotetes Forschungsfeld: Denn weder sind die überlieferten Predigten selbst ausreichend erschlossen, noch ist das Umfeld, in dem sie gehalten wurden, genauer untersucht worden. Wenig weiß man auch über ihre Wirkung. Da üblicherweise in lateinischer Sprache gepredigt wurde, dürfte ihr Inhalt dem gemeinen, der kirchlichen *lingua franca* nicht mächtigen Volk weitgehend verschlossen geblieben sein. Auch waren die Orte, an denen gepredigt wurde – vorzugsweise im Münster, in der Dominikanerkirche und in der Stiftskirche St. Stephan (die allerdings gleichzeitig auch als Pfarrkirche diente) – wohl eher den eigentlichen Konzilsteilnehmern vorbehalten gewesen. Der normale Konstanzer Bürger und die vielen Besucher der Stadt werden davon jedenfalls nicht allzu viel mitbekommen haben – zumindest solange die Person des Predigers oder die Predigt/Ansprache selbst nicht für öffentlichen Gesprächsstoff sorgte.

Anders sah es dagegen mit den Prozessionen und Umzügen aus. Diese fanden sozusagen unter den neugierig aufmerksamen Augen der in Konstanz Versammelten in aller Öffentlichkeit statt. Ihr Weg führte mitten durch die Stadt, meist auf denselben vorgegebenen Routen, auf denen man bereits in vorkonziliarer Zeit zu ziehen pflegte. Das den Konstanzern wohlvertraute Ritual stellte damit eine Brücke zwischen dem spektakulären Ereignis »Konzil« und dem normalen Alltag her.[259] – Unzählige Anlässe gab es, zu denen sich Prozessionen, Bittgänge und dergleichen formierten und durch die Konzilsstadt bewegten – zu den zahlreichen Feste des Kirchenjahres ebenso wie für spezielle Anliegen des Konzils. Etwas überspitzt mag man sogar behaupten, dass die Stadt ständig auf den Beinen war. Beispielsweise fanden nach Sigmunds Abreise zu den Unionsverhandlungen mit Benedikt XIII. und König Ferdinand im Juli 1415 Sonntag für Sonntag Bittprozessionen statt, um für den Erfolg seiner Mission zu beten. Während des Konklave* im November 1417 zogen täglich Prozessionen zum Kaufhaus, um für einen Erfolg der Papstwahl zu flehen. Es wäre schlichtweg unsinnig anzunehmen, diese Prozessionen wären dem normalen Bürger und den vielen Besuchern der Stadt verborgen geblieben, sozusagen unter Ausschluss der Öffentlichkeit abgehalten worden. Selbst wenn nicht jeder unmittelbar als Teilnehmer daran beteiligt war, als aktive Zuschauer waren die Bürger und die vielen Besucher der Stadt in jedem Fall präsent. So konnte denn jeder Einzelne in der Ordnung des Prozessionszugs, der Reihenfolge, in die einzelnen Gruppen sich eingereiht hatten, auch ein Spiegelbild der gesellschaftlichen Gliederung sowie des sozialen Rangs der Teilnehmer erkennen.

Zumindest an einzelnen Prozessionen nahmen die Bürger der Stadt, jedenfalls die Vertreter des städtischen Rats und der Zünfte – vom städtischen Klerus abgesehen, der sich selbstverständlich mit einreihte – aktiv teil, und das bestimmt nicht nur anlässlich des Fronleichnamsfests, von dem dies ausdrücklich berichtet wird. Auch in die Bittprozession, die mit Blick auf die anstehende Papstwahl und für deren gutes Gelingen am 24. Oktober 1417 abgehalten wurde, war die Stadt direkt mit einbezogen: Die Konstanzer Leutpriester (Gemeindepfarrer) hatten ihre Pfarrkinder explizit dazu aufgefordert, das *ieglichs demütenklich mit dem crütz gon sölt und bichten sölt.*[260] Dass dieser Aufruf auf ein lebhaftes Echo bei den Betroffenen gestoßen ist, steht außer Frage.

Ein letztes Mal zog im Rahmen des Konzils eine Prozession am 11. Mai 1418 durch die Stadt, von der Richental schrieb: *was der aller schönest crützgang, der von der pfaffhait ze Costentz ye beschach.*[261] Der gesamte städtische Klerus zog mit, die Mönche der drei Bettelordensklöster, die Domherren und die Chorherren von St. Stephan und St. Johann und schließlich der Abt von Petershausen mitsamt seinen Konventualen. Auch die Mitglieder der Zünfte hatten sich mit ihren Kerzen eingereiht. Wenige Tage bevor der Papst Konstanz verlassen sollte, zeigte sich die Stadt noch einmal in vollem Konzilsgepränge. Stadt und Konzil bildeten sichtlich eine Einheit für den Betrachter. Das Konzil war sozusagen zu einem städtischen Ereignis (H. Maurer) geworden.

Zum kirchlich-religiösen Kontext des Konzils gehörten gleichfalls die Begräbnisfeiern hochstehender Konzilsteilnehmer, die in den knapp vier Jahren ihres Aufenthaltes in der Fremde verstarben. Während die Kirchenversammlung in Konstanz tagte, hatten mehrere Kardinäle, Bischöfe und auch andere Prominente das Zeitliche gesegnet. Von angesehenen Rednern wurden ihnen, darunter dem Kardinal Landolfo Marramaldi († 15. Oktober 1415) oder dem Bischof Robert Hallum von Salisbury, der der Kopf der englischen Konzilsdelegation gewesen war († 4. September

1417), Elogen gehalten, in denen ihre Verdienste auf das Trefflichste ins rechte Licht der Zuhörer gerückt wurden. Ganz selbstverständlich nahmen auch Bürgermeister, Rat sowie die Bürger der Stadt an den Totenmessen teil. Beim Begräbnis des englischen Bischofs standen *24 erber alt man mit nüwen wissen gewand und mit wissen kappen*, die sie später geschenkt erhielten, um den Sarg herum. Mit großer und nicht minder kostspieliger Prachtentfaltung wurden diese Begräbnisse begangen, wovon nicht zuletzt die Bilder in der Richental-Chronik einen anschaulichen Eindruck geben können.[262]

Dass die Konstanzer und wohl auch die meisten der Besucher mit dem religiösen Rahmen des Konzils, mit Liturgien und Zeremonien etwas anfangen konnten, dürfte außer Zweifel stehen. Schon bei der Wahl der Stadt als Veranstaltungsort hatte dies allem Anschein nach eine nicht unwichtige Rolle gespielt und es Johannes XXIII. leichter bei seiner Entscheidung gemacht, ins Reichsgebiet zu kommen. Darüber hinaus hatte H. Maurer zeigen können, dass »die außerhalb der Bischofskirche und der Konzilsaula sichtbaren Zeremonien des Konzils« von der Bevölkerung auch als städtische Zeremonien wahrgenommen wurden, da sie sich »in den gewohnten Formen domkapitelisch-stadtbürgerlicher Rituale« bewegten.[263]

Feierlich mit Gottesdiensten, Prozessionen etc. wurden selbstverständlich auch die zahlreichen Feste des kirchlichen Kalenders begangen, vermehrt noch um alle die Feiern und Festlichkeiten, mit denen die Gäste die Patronatstage ihrer Heiligen begingen. Einbezogen war darin auch die Einwohnerschaft der Stadt, so beispielsweise als Papst Johannes am Fest Maria Lichtmess, am 2. Februar 1415, Kerzen in das vor seinem Palast wartende Volk warf. Kerzen in einer Gesamtmenge von ca. 60 Pfund Wachs sollen verteilt worden sein, wobei es ein fröhliches Gerangel gab. Die hohen Herren, Geistliche wie Weltliche, die sich natürlich nicht in die Volksmenge begeben hatten, wurden bei einem anschließenden Essen mit dem Papst ebenso mit Kerzen beschenkt.[264]

Zumindest zum Teil überschritten diese originär religiösen Festlichkeiten allerdings die Grenzen des engeren kirchlichen Rahmens, dienten sie doch zugleich der repräsentativen Selbstdarstellung bestimmter Gruppen in der konziliaren Öffentlichkeit. Soweit das Wetter mitspielte, ist der Begriff ›öffentlich‹ durchaus wörtlich zu nehmen und bedeutete häufig den Aufenthalt im Freien, auf den Plätzen und in den Straßen und Gassen der Stadt. Davon aber auszugehen, dass solche Veranstaltungen – in einem demokratischen Sinn – für jedermann frei und offen zugänglich waren, ist problematisch. Bestenfalls Vertreter des städtischen Rats waren dazu eingeladen. Die Stadt wurde indes selbst zur öffentlichen Bühne, szenische Aufführungen waren überaus beliebt. Biblische Stoffe dienten als Vorlage und Anknüpfungspunkte; angepasst an die Feste des kirchlichen Jahres ergaben sich viele Möglichkeiten zur Selbstdarstellung, denn darauf kam es den Veranstaltern an. Sie auszurichten war aufwändig und teuer. Allein das beweist schon, dass sie kein Selbstzweck gewesen sein können. Sie dienten vor allem dem Geltungs- und Repräsentationsbedürfnis ihrer Veranstalter. Zur Feier des Johannisfest im Jahr 1416 ließen die Florentiner Banker fünf Posaunisten je dreimal kräftig ihr Instrument blasen, bevor sich der Festzug in die von ihnen prächtig geschmückte Kirche St. Johann in Bewegung setzte. Dahinter wollten die anwesenden Venezianer nicht zurückstehen, als sie ihren Stadtheiligen, den Evangelisten Markus feierten. Auffallen und wahrgenommen werden, das gehörte dazu, um sich selbst zu inszenieren und damit die eigene Bedeutung zu unterstreichen.

Für großes Aufsehen und Gesprächsstoff sorgte auch, wenn es Abweichungen von der scheinbaren Normalität gab, wie es etwa vom Auftritt der Griechen berichtet wird. Dem Chronisten Richental war die Messfeier im orthodoxen Ritus nicht nur eine längere Textpassage wert, sondern das Besondere, das ganz Andere wurde von ihm auch ansprechend ins Bild gesetzt – etwa das Aussehen der langhaarigen und bärtigen orthodoxen Popen, die sich in ihrem Aussehen von den katholischen Priestern stark unterschieden.[265]

Unabhängig vom eigentlichen Konzilsgeschehen sowie weiteren konzilsnahen Aktivitäten fand selbstverständlich das ganz normale kirchliche Leben in Konstanz wie gehabt statt – es wurden Gottesdienste gehalten und Sakramente gespendet. Die aus fernen Ländern angereisten Besucher fanden sogar Beichtväter, die ihnen die Beichte in ihren jeweiligen Muttersprachen abnahmen. Die alltägliche Ausübung der Religion war etwas ganz Unspektakuläres, über das daher wenig zu berichten war und wovon nicht viel Aufhebens gemacht werden musste. Das Läuten der Glocken kündigte hohe Feste oder besondere Ereignisse an, teilte aber auch den Tag für die damaligen Menschen ein. Die Kirchenportale waren zugleich Orte, um Öffentlichkeit über den kirchlichen Rahmen hinaus herzustellen, jedenfalls soweit diese in der Lage war zu lesen.

Selbst wenn kein »Konstanzer Veranstaltungskalender« für die Konzilsjahre überliefert ist, so sind wir durch die Hinweise einiger Augenzeugen zumindest in groben Zügen darüber informiert, was außerhalb der kirchlichen und politischen Ereignisse in der Konzilsstadt sich sonst noch ereignete. Poggio berichtete etwa von Pferderennen, von Fecht- und Reiterspielen sowie anderen Massenspektakeln.[266] Für die (adeligen) Frauen wurden Tänze und Festmähler ausgerichtet. Unterhaltung und Ablenkung von der großen Bühne des kirchen- und weltpolitischen Geschehens spielten zweifellos eine wichtigere Rolle, als dies die Dokumente auf den ersten Blick zu erkennen geben. Für die Gestaltung des Rahmenprogramms, das man vielleicht mit der Trias Schaulust, Spiel und Zeitvertreib beschreiben kann, war in erster Linie die Stadt zuständig. Natürlich sollte das Programm auch ein zusätzlicher Anziehungspunkt für die zahlreichen Gäste sein, nicht nur die aus dem näheren Umfeld. Die Stadt und die sie regierenden Kräfte gebührend hervorzuheben, war mit Sicherheit ein zentrales Anliegen der städtischen Bemühungen.

Ganz offensichtlich galt in Konstanz der Ausnahmezustand. Ansonsten strikt einzuhaltende Regelungen wurden während der Konzilszeit außer Kraft gesetzt, gesellschaftliche Abgrenzungen zum Teil aufgehoben. Selbst höchste Herren maßen sich bei den auf dem Brühl oder innerhalb der Stadtmauern ausgetragenen Reiterkämpfen untereinander und stritten um Schmuck und Ringe. Sogar König Sigmund beteiligte sich incognito an einem solchen Turnier im Jahr 1418: *Sust off die fastnacht stach der konig in fremden geczuge und stach zwei darniedir*. Als er danach den Helm abnahm, erkannte man ihn; der Jubel war groß.[267]

Im Übrigen erfüllte viel Lärm, aber auch reichlich Musik die Stadt. Die päpstliche Kapelle, die auch nach Johannes' Flucht weiterbestand, haben dabei wohl nur wenige Konstanzer Bürger vernommen. Sie dürfte das musikalische Begleitprogramm zu den liturgischen Feiern geliefert haben. Allerdings weiß man wenig darüber. Die auf dem Konzil im liturgischen Rahmen gespielte Musik ist ein noch harrendes Forschungsdesiderat.[268] Anders verhielt es sich mit den Posaunisten und Pfeifern, sie waren kaum zu überhören. Nicht zufällig erwähnte Richental diese, denn es war eine Ausnahme, dass die Städter solche Musiker zu Gesicht und gar zu hören bekamen. Das Recht auf Posaunisten und Trompetern stand allein den Fürsten zu. Wichtige Anlässe während der Zeit des Konzils, etwa die feierliche Belehnung des Burggrafen Friedrich mit dem Kurfürstentum Brandenburg auf dem Obermarkt, erhielten durch die aufspielenden Bläser einen angemessenen Rahmen und bescherten ihnen dadurch ein hohes Maß an Aufmerksamkeit.

Zweifellos dürften Musik und Tanz in den Konzilstagen das öffentliche Leben der Stadt geprägt haben, weit mehr als dies in den Quellen durchscheint. Nicht nur der Sänger Oswald von Wolkenstein hat dies geschätzt. An einem breiten, wenn auch vielleicht nicht immer sachkundigen Publikum wird es ihm nicht gefehlt haben, um seine Lieder unter die Zuhörer zu bringen. Auch der Dichter Hugo von Montfort dürfte sich von der Atmosphäre des Konzilsorts anlocken haben lassen. – Die durch das breite Unterhaltungsangebot wohl manches Mal der öffentlichen Ruhe und Ordnung zuwiderlaufenden Zustände in der Stadt können zumindest indirekt daraus erschlossen werden, dass der städtische Rat in der Nachkonzilszeit sehr bald versuchte, diese »Laster« wieder einzuschränken. Ausgelassenheit, Mummenschanz in vielfältigen Formen und das Glücksspiel – mit Karten, Würfeln oder Bällen – scheinen weit verbreitet gewesen zu sein, denn auch hier griff der städtische Rat mehrfach ein und immer wieder wurden Übertretungen geahndet. Nach der Beendigung des Konzils ließ die städtische Obrigkeit sogar für ein Jahr jegliches Kartenspielen in privaten Räumen untersagen.[269] Ob diese rigide Maßnahme allerdings den gewünschten Erfolg gehabt hat, sei dahingestellt.

Erholung und Zerstreuung fanden Einheimische wie Besucher zudem außerhalb der Stadtmauern (und ihrem Rechtsbezirk), vielleicht auch solche, die außerhalb der üblichen städtischen Normen und Sitten lagen. Richentals Beschreibung, wiewohl in ihrem Inhalt glaubwürdig, zeichnet jedoch ein geradezu idyllisches Bild dieser Zustände.[270] Nicht nur wurde im stadtnahen Bereich gegessen, getrunken und gefeiert. Auch öffentliche Prostitution gehörte zum Alltag. Mehrere hundert Kurtisanen (*hipsch frowen*) sollen in den Konzilstagen ihrer Profession in der Stadt nachgegangen sein, der Chronist Richental zählte selbst in offiziellem Auftrag allein um die 700. Man wird zusätzlich wohl von einer höheren Dunkelziffer ausgehen dürfen.[271] Es muss offen bleiben, inwieweit die Prostitution den Zeitgenossen als ehrenrührig galt. Es spricht eher einiges dagegen, denn andernfalls hätte ihre Existenz – und nicht nur der Preis ihrer Dienstleistung! – einen stärker kritischen Niederschlag in den zeitgenössischen Quellen gefunden. Von Verboten oder anderen einschränkenden Maßnahmen ist aus den Konzilsjahren jedenfalls nichts bekannt. Dass die Zulassung der öffentlichen bzw. öffentlich geduldeten Prostitution allerdings vom Rat mit Blick darauf gewährt wurde, damit die eigenen Frauen und Mädchen desto besser vor Nachstellungen geschützt werden konnten – so eine Annahme W. Brandmüllers[272] –, lässt sich nicht belegen. Der große Männerüberschuss in den Tagen der Kirchen- und Reichsversammlungen könnte indes den Rat zu entsprechenden Vorsichtsmaßnahmen veranlasst haben. War vielleicht die Stadt selbst an den zur Konzilszeit bestehenden, etwas euphemistisch als *frowenhus* bezeichneten Bordellen finanziell beteiligt? Zumindest dürfte auch für die Einheimischen im einschlägigen Umfeld von Liebe und Sex gutes Geld zu verdienen gewesen sein. Wollte man, so bleibt zu fragen, ihnen diese Geldquelle von Amts wegen wirklich verbauen, vielleicht dadurch sogar zu sozialen Spannungen in der Stadt beitragen? – Die Preise für die Dienstleistungen »im horizontalen Gewerbe« waren jedenfalls gesalzen. Und es herrschte offenbar eine rege Nachfrage nach den Diensten dieser Frauen. Dies musste die Preise geradezu zwangsläufig nach oben treiben. Oswald von Wolkenstein etwa klagte: *Und was mein bart von freulin rain zu Costenz ha erlitten, und mancher taschen der sigelstain ward maisterlich geschnitten, es ist ain ungeleicher sin.*[273] Kaum anders berichtete Eberhart Windecke: *sit das concilium gon Costenz ist komen; die dirnen sint gemelich und sint och worden wacker und rich.* [...] *Dukaten, nobeln und krone wollent die swebschen dirnen von den gesten hon.*[274] Dass sich in der verbreiteten Prostitution sehr deutlich die wirtschaftliche Not der in diesem Gewerbe tätigen Frauen widerspiegelt, sollte nicht ausgeblendet werden.

Nicht nur durch die »Fremdenordnung«, die Spannungen zwischen den Einheimischen und den Zugereisten erst gar nicht aufkommen lassen sollte, lässt sich belegen, dass den Stadtoberen daran gelegen war, ihre Stadt den vielen Besuchern von der besten Seite zu präsentieren und ihnen soweit möglich Annehmlichkeiten aller Art zu bieten. Hochgestellte Besucher wie der König oder der Papst wurden beschenkt, nachdem man sie feierlich in die Stadt geleitet hatte. Das war so Brauch und auch nicht auf die Stadt Konstanz beschränkt. Möglicherweise wollte man die Geehrten auch darüber hinwegsehen lassen, dass nicht alles optimal geregelt war. Zweifellos war das Ereignis »Konzil« aber auch ein Aushängeschild von größter Bedeutung für die Stadt. So griff der Rat – in engem Zusammenspiel mit den königlichen und päpstlichen Behörden – in die Preisgestaltung ein, sicherte eine ausreichende Versorgung und sorgte für die Sicherheit und Ordnung in der Stadt.

Überall dort, wo viele Menschen zusammenkommen, wird auch das Verbrechen magisch angelockt – das dürfte in früheren Zeiten kaum anders gewesen sein als heute. Der städtischen Obrigkeit ist es aber wohl gelungen, die Kriminalitätsrate nicht allzu stark anschwellen zu lassen. Dass die von Richental aufgezeichneten, allerdings sichtbar geschönten Zustände – *bestund do das concilium in gutem frid* – nicht ganz der Wirklichkeit entsprachen, lässt sich unter Heranziehung des Ratsbuchs der Stadt Konstanz leicht verifizieren.[275] Es kam zu spektakulären Verbrechen und Mordtaten. Am 20. Oktober 1417 versuchte der Wittelsbacher Herzog Heinrich von Bayern seinen Cousin Herzog Ludwig umzubringen, was ihm aber misslang. Ludwig blieb schwer verletzt liegen, während sich sein Verwandter nur durch rasche Flucht einer gerechten Strafe entziehen konnte. Der Propst von Luzern wurde am 7. Dezember 1417 auf offener Straße ermordet, der gedungene Mörder hingerichtet.[276] Der Freiherr von End, der durch Raubüberfälle die Wege um den Konzilsort unsicher machte, konnte schließlich nur durch einen militärischen Einsatz der Stadt unschädlich gemacht werden, seine Burg wurde geschleift. Er selbst kam zumindest mit dem Leben davon. Seinem Knecht, der den städtischen Häschern in die Hände gefallen war, erging es deutlich schlechter; er wurde auf der Rheinbrücke hingerichtet. Im Übrigen war es nicht die einzige Todesstrafe, die in den Konzilsjahren vollstreckt wurde. Auch kleinkriminelle Delikte wie Diebstähle wurden zum Teil mit drastischen, der Abschreckung dienenden Strafen geahndet.

Selbst wenn der gemeine Konstanzer Bürger nur wenig von den eigentlichen Verhandlungen des Konzils mitbekam und vielleicht noch weniger davon verstand, so musste er doch registrieren, dass die eigene Stadt so voll war wie nie zuvor. Es herrschte eine geradezu drangvolle Enge. Man sah Menschen, die man zuvor noch nie gesehen hatte, bestenfalls von ihnen gehört: höchste geistliche Würdenträger, sogar einen leibhaftigen Papst. Zahlreiche Fürsten und schließlich der römische König samt der Königin waren dem Volk fast zum Anfassen nah. Selbst wenn Sigmund der nominelle Stadtherr war, so hat dies noch lange nicht geheißen, dass er vorher häufiger zu Gast in der Reichsstadt gewesen wäre. Dieses Mal aber hielt er sich sogar ein gutes halbes Jahr in Konstanz auf, mitunter mischte er sich leutselig unter das Volk. Nach anderthalb Jahren der Abwesenheit kam er Anfang 1417 noch einmal an den Bodensee und blieb dort wiederum viele Monate.

Allein die Ankunft eines hohen Gastes, der nicht selten von einem oft mehrere hundert Köpfe zählenden Gefolge begleitet wurde, konnte nicht unbemerkt bleiben. Schließlich war die Begrüßung und Einholung der eintreffenden Gäste und Gesandtschaften ein den Alltag durchbrechender feierlicher Akt, der nach festgelegtem protokollarischen Verfahren ablief.

Geistliche und weltliche Fürsten, ebenso die Gesandtschaften der Universitäten und Städte wurden angemessen empfangen und in die Stadt geleitet. Dazu kamen die vielen Gäste, die aus fernen, teilweise kaum bekannten Gebieten angereist waren, Kleidung trugen, die man noch nie gesehen hatte, vielleicht sogar eine andere Hautfarbe besaßen. Das allein schon dürfte für einiges Aufsehen gesorgt haben.

Auf den Straßen und den Plätzen der Stadt war permanent etwas los. Allein um die alltägliche Versorgung der Bewohner und ihrer Besucher zu sichern, mussten ständig Waren angeliefert werden – teilweise aus großer Distanz, teilweise aus der näheren Umgebung. Genaueres weiß man darüber jedoch nicht: Die Angaben bei Richental sind nicht repräsentativ und oft auch zu allgemein gehalten. Die Beziehungen des Konzilsorts zu seinem nahen Umfeld, d. h. ins Oberschwäbische und ins Thurgauische – sind überdies noch wenig erforscht. Jedenfalls dürften die Straßen ständig verstopft gewesen sein, nicht zuletzt von den vielen fahrenden Händlern, die ihre frisch zubereiteten Produkte überall in der Stadt anboten. Viele der Kaufleute – ihre Zahl wird mit mehreren Hundert angegeben[277] –, die ihre Stände auf dem oberen Münsterhof und bei St. Stephan aufgeschlagen hatten, präsentierten dabei ein Angebot, welches die meisten Stadtbewohner in ihrem Leben zuvor noch nie gesehen haben dürften. Leisten konnten sich diese für den Konstanzer Durchschnittsbürger exotischen Waren allerdings nur wenige. Das angepriesene Sortiment richtete sich wohl in erster Linie an die gehobene und zahlungskräftige internationale Käuferschaft, die anlässlich des Konzils in die Bodenseestadt gekommen war. Zu den angebotenen Waren und Dienstleistungen zählten die Produkte der Gold- und Silberschmiede, Kürschner, Schneider und anderer Spezialisten, die den Teilnehmern zum Konzil gefolgt waren und dort die hohen Herren mit dem versorgten, was sie aus ihrer Heimat kannten. Bemerkenswert ist die auffällig hohe Zahl von Apothekern, die sich zu Konzilszeiten in Konstanz aufhielten. Ganz offensichtlich bestand hier eine Marktlücke, denn zumindest zwei aus Bologna stammende Apotheker blieben in der Stadt und lassen sich noch Jahre nach dem Konzil in Konstanz nachweisen.[278]

Stellt sich zuletzt noch die Frage, wie der normale Bürger im alltäglichen Leben von den Ereignissen rund um das Konzil betroffen wurde: Selbst wenn die Bürger der Stadt – wie viele der Besucher – das Geschehen innerhalb der Konzilsaula nur von außen mitbekamen, waren sie doch vielfach von dem tangiert, was das Konzil als Ereignis ausmachte. Das gilt aber auch im Privaten: Vielleicht hatte er ja sein Haus, einige Zimmer oder wenigstens eine Stallung vermieten können. Möglicherweise eröffnete ihm das Konzil geschäftliche Perspektiven, brachte ihm eine Beschäftigung oder einen neuen Job ein. Vielleicht hatte er auch nur teil an dem, was das Konzil begleitete – von den feierlichen Prozessionen bis zum vielfältigen Unterhaltungsprogramm, welches insbesondere für die Gäste gedacht war. In jedem Fall gab es viel zu sehen und zu hören.

### 3.3.6 Von Sigmunds Rückkehr nach Konstanz bis zur Papstwahl: Nationenstreit – Prioritätsstreit – Konklave

Als der römische König nach anderthalb Jahren Abwesenheit erneut in Konstanz einzog, hatten sich die Voraussetzungen für sein Wirken dramatisch geändert. Sein Nimbus eines unparteiischen und ganz der Unionsarbeit verschriebenen selbstlosen Mittlers, dem man deshalb auch bereit war manches nachzusehen, war gründlich verblasst. Die durch den wieder aufgeflammten englisch-französischen Krieg ausgelösten Erschütterungen hatten inzwischen auch das *Constantiense* voll erfasst. Aufgrund seines mit Heinrich V. von England eingegangenen Bündnisses hatte sich Sigmund die Franzosen zum Feind gemacht. Das galt insbesondere für die beiden einflussreichen Kardinäle d'Ailly und Fillastre, mit denen er in der Anfangsphase des Konzils engstens kooperiert hatte bei dem Versuch, den widerstrebenden Johannes XXIII. zum Rücktritt zu bewegen. Unter den Italienern hatte der römische König schon zuvor wenige Freunde gehabt und die mittlerweile eingetroffenen Vertreter der iberischen Königreiche gingen jetzt ebenfalls mehr und mehr auf vorsichtige Distanz zum König. Selbst im Reich verlor der Luxemburger an Rückhalt; die um den Mainzer Erzbischof Johann II. von Nassau gescharte Opposition witterte Morgenluft. Mit dem Mainzer Kurfürsten lag der Luxemburger nicht zuletzt deshalb über Kreuz, weil er in die Streitigkeiten zwischen dem Kirchenfürsten und den nach mehr Autonomie strebenden Mainzer Bürgern eingegriffen hatte. Auch dem Pfälzer Kurfürsten entfremdete er sich zusehends. Sigmunds Vermittlungsbemühungen zwischen dem Königreich Polen und dem Deutschen Orden waren trotz einer erneuten Verlängerung des Waffenstillstands gescheitert, keine der beiden Konfliktseiten setzte mehr auf eine Vermittlung des Luxemburgers. In Böhmen war die Situation nach der Verurteilung und Verbrennung des Jan Hus und seines Weggefährten Hieronymus von Prag zwischenzeitlich völlig aus dem Ruder gelaufen. In der tschechischen Heimat der beiden Magister hing Sigmund der Ruf an, der eigentliche Schuldige an Hus' Tod zu sein, hatte er doch diesem das gegebene Geleitversprechen gebrochen. So jedenfalls sahen es die Anhänger des Prager Magisters.[279]

Vor allem aber hatte das »papstlose Konzil« inzwischen längst Fuß gefasst und in den langen Monaten der Abwesenheit des Luxemburgers demonstriert, dass es sehr wohl auch ohne den römischen König arbeits- und entscheidungsfähig war. Hinzu kamen Veränderungen struktureller Art, die nicht zuletzt mit der Dauer des Konzils zu tun hatten. Waren die Grenzen zwischen kirchlichem und politischem Kongress zu Anfang eher noch verschwommen, so suchten die Konzilsväter jetzt deutlicher nach Unterscheidung. Das wiederum tangierte beträchtlich die Rolle des Königs. Letztlich war auch er nur ein Laie und als solcher war es seine Aufgabe, das Konzil zu beschützen und vielleicht noch zu beraten; zu entscheiden haben sollte er aber nichts. An theologischen Fragen zeigte sich der Luxemburger insgesamt auch nur mäßig interessiert, sehr wohl allerdings an kirchlichen bzw. kirchenpolitischen, sofern diese weltliche Implikationen besaßen. Allerdings war das Konzil zumindest in der Frage der Überwindung des Schismas geradezu zu einem Erfolg verdammt und damit auch zur Kooperation mit dem König. Umgekehrt hing an diesem Erfolg in hohem Maße auch das persönliche Prestige und Ansehen Sigmunds, das ihm, dem von seiner eigenen realen Machtbasis her betrachtet eher schwachen König, Einfluss, Macht und Autorität weit über seine eigene Stellung hinaus sicherte.

Der in den Anfangsmonaten 1417 in voller Schärfe ausbrechende Streit um den Rang der *Anglicana,* der schließlich in der Frage nach der grundsätzlichen Berechtigung der englischen Nation gipfelte, hatte seine tieferen Wurzeln in den vorangegangenen Entwicklungen, an denen Sigmund nicht ganz unschuldig war. Der Hebel, mit dem jetzt den Engländern der Rang als Nation streitig gemacht werden sollte, lag in der vorgeblichen Sprengung der traditionellen Vierzahl der Nationen, der faktisch durch die Ankunft der Spanier, genauer der Gesandtschaft Aragóns, heraufbeschworen wurde. Mit ihrem Einzug in die Konzilsstadt am 5. September 1416 und der Bildung einer *natio Hispanica* war das bisher gültige Prinzip der Vierzahl, wie es sich in der Anfangsphase des Konzils zunächst auch in Konstanz konstituiert hatte, in der Tat durchbrochen worden.

Trotz einer vorläufigen Konsensregelung in der Nationenfrage blieb die Stimmung vergiftet. In der 28. Sitzung vom 3. März 1417 kam es dann zum offenen Eklat, als Johannes Campani, einer der Gesandten des Königs von Frankreich, eine Protestnote gegen die *natio Anglicana* zu verlesen versuchte, was in dem ausbrechenden Tumult aber unterging. In seinem Redetext[280] wurde ausgehend von der Dekretale *Vas electionis* Benedikts XII. (Extr. III.10.1) die Vierzahl der Konzilsnationen als Strukturprinzip begründet: Im Vergleich zu Frankreich sei England klein; wenn dieses Königreich jedoch eine Konzilsnation bilde, müsse man dies – so Campani – auch anderen Völkerschaften zugestehen. Nicht einmal dem Römischen König, so der Gesandte scheinheilig, und auch nicht den Kardinälen stehe eine Stimme auf dem Konzil zu, wie dann den Engländern! Damit hatte der Streit um die Nationen politische Dimensionen erreicht. Folgt man Campanis Argumentationsgang weiter, so kann seine Schlussfolgerung, dass die Nationen als Ordnungsprinzip grundsätzlich ausgedient hätten, nicht wirklich überraschen. Konsequent forderte er, man solle doch zum herkömmlichen Abstimmungsmodus zurückkehren, worüber das Konzil entscheiden möge. Das Prinzip *Concilium constitutur ex nationibus* stand damit wieder im Brennpunkt.

Die so rüde Attackierten ließen die Angriffe nicht einfach auf sich sitzen. Drei Tage später suchten die Engländer jetzt ihrerseits den Nachweis zu führen, dass sie mit vollem Recht eine eigenständige Nation seien. Mit diesem Anspruch konnten sie sich letztlich auch durchsetzen. Der Konflikt war damit aber keineswegs beigelegt. Nach diesem ersten Auflodern köchelte er aber zunächst nur auf kleiner Flamme weiter. Andere Ereignisse überdeckten vorläufig diesen neuen Streitherd.

Dass der römische König, entsprechend der mit England eingegangenen Bündnisverpflichtung, am 22. März 1416 Frankreich den Krieg erklärte,[281] goss weiteres Öl ins Feuer, selbst wenn Sigmund diese Kriegserklärung nicht nach Frankreich, wohl aber an Heinrich V. quasi als Blankovollmacht abgeschickt hatte. Für den Fortbestand des Konzils bestand damit höchste Gefahr, so dass die Konzilsväter sich selbst in der Verantwortung sahen und einen Friedensvermittlungsversuch unternahmen.

Zum eigentlichen Machtzentrum in der »königlosen« Zeit war der Hauptausschuss (*deputati generales*) geworden, der das Geschehen auf dem Konzil nicht nur vorbereitete und organisierte, sondern in zunehmendem Maß auch steuerte und kontrollierte. Auch wenn die Quellenlage, wie alles, was die Organisationsstrukturen des Konzils betrifft, ziemlich dürftig ist, so scheint es, dass die einzelnen Nationen monatlich alternierend mehrere Mitglieder aus ihren Reihen in den Hauptausschuss schickten. Einer dieser Deputierten musste zumindest im Folgemonat bestätigt werden, um die notwendige personelle Kontinuität für eine reibungslose Arbeit in diesem zentralen Gremium sicherzustellen. An der Spitze einer jeden Nationsgruppe stand – sozusagen als ihr Sprecher – der gleichfalls für jeweils einen Monat berufene Präsident. Offenbar war eine mehrmalige Wiederwahl in dieser Funktion zulässig. Diese vier, später auch fünf Präsidenten wechselten sich im Vorsitz des Hauptausschusses wöchentlich ab.[282] Da in den Nationen offensichtlich nur das beraten wurde, was zuvor im Hauptausschuss diskutiert worden war und dann erst an die Nationen zurückverwiesen wurde, kam diesem Gremium eine Schlüsselstellung für die Konzilsarbeit zu. Daher versuchte Sigmund wohl immer wieder, ihm gewogene Personen in dieses Organ wählen zu lassen. MARS regiere das Konzil, hielt ihm Fillastre entgegen. Hinter dem Kryptogramm MARS verbargen sich Erzbischof Bartolomeo de la Capra von Mailand (M), der (Titular-)Patriarch von Antiochia (A) Jean Mauroux, ein Franzose, Johannes von Wallenrode, Erzbischof von Riga (R) sowie der Engländer Robert Hallum, Bischof von Salisbury (S).[283]

Die vom Hauptausschuss beratenen Materien wurden über dessen Präsidenten an die Nationen zurückgegeben, wodurch diesem quasi als Filter eine enorm wichtige Steuerungsfunktion für den weiteren Beratungsprozess zuwuchs. Überdies waren es die Präsidenten, die – zusammen mit einem Kardinal – die inzwischen von den Nationen abgesegneten Beschlüsse an die Generalsitzungen weiterleiteten, wo abschließend und ohne weitere Diskussion über diese abgestimmt wurde.

Die Stellung des *advocatus et defensor ecclesiae* war nirgends festgeschrieben, noch weniger die des künftigen Kaisers. Sigmund nutzte die ihm institutionell gegebenen Rollen weitgehend extensiv aus, was ihm in der ersten Phase des *Constantiense* auch weitgehend widerspruchslos zugestanden worden war. Nach seiner Rückkehr nach Konstanz im Januar 1417 versuchte jedoch eine wachsende Zahl der Konzilsväter seinem Macht- und Gestaltungsdrang engere Grenzen zu ziehen, schließlich war er ein Laie.[284] Hinzu kamen die Auswirkungen internationaler Spannungen, die auch vor der Kirchenversammlung nicht halt gemacht hatten. Sigmund hatte seinen Ruf als Friedensbringer ruiniert, schlimmer noch, er war selbst Partei geworden. Die wichtigsten Gegenspieler auf Seiten der Kardinäle waren Franzosen und sahen in dem König einen Feind. Hier zeigte sich deutlich, dass das Konzil – ureigentlich eine kirchliche Angelegenheit – nicht im politikfreien Raum agieren noch diesen negieren konnte.

Aus der Rückschau wird man die Ankunft der kastilischen Delegation, des letzten der spanischen Königreiche, welches bislang noch nicht offiziell auf dem Konzil vertreten war, als einen entscheidenden Wendepunkt in der Geschichte des *Constantiense* bezeichnen können. Spätestens mit ihrer Ankunft sank der Stern des Römischen Königs. An der Spitze der Kastilier[285] standen mit Diego de Anaya y Maldonado, dem Bischof von Cuenca und Leiter der Gesandtschaft, und Juan Rodríguez de Villalón, dem Bischof von Badajoz, zwei hohe Prälaten. Unter den übrigen Mitgliedern der Delegation gab es ausgewiesene Vertrauenspersonen des aus dem kastilischen Trastámara-Geschlecht stammenden, inzwischen aber verstorbenen Königs Ferdinand, die nicht zuletzt in Erinnerung an die Perpignaner/Narbonner Verhandlungen für eine enge Kooperation mit Sigmund und dem Konzil aufgeschlossen waren. Unter den Gesandten befanden sich, angeführt von dem Conquenser Bischof Anaya, aber auch einige, die sich innerlich von Benedikt noch nicht abgewandt hatten und dem Konzil reserviert, wenn nicht sogar ablehnend gegenüber standen.[286] Trotz der repräsentativen Zusammensetzung der Delegation handelte es sich allerdings auch im Falle Kastiliens um eine königliche Gesandtschaft und nicht um eine Abordnung des kastilischen Klerus, ein Umstand, der für ihr Agieren in Konstanz von nicht geringer Bedeutung war.[287]

Am 29. März 1417 war die Delegation aus dem fernen Kastilien am Bodensee eingetroffen, gerade pünktlich zur Eröffnung des eigentlichen Absetzungsverfahrens gegen Benedikt. Seit der Ausstellung des Beglaubigungsschreibens durch den noch unmündigen König Johann II. war beinahe ein halbes Jahr verstrichen. Am 3. April überreichten sie dieses in Konstanz, doch erst am 18. Juni traten die Gesandten Kastiliens der spanischen Konzilsnation bei und waren damit auch formell in das Konzil aufgenommen.[288] Zwei Fragen standen im Fokus der kastilischen Delegation: einmal die nach dem Stimmenverhältnis innerhalb der *natio Hispanica,* zum anderen die nach der Freiheit und Sicherheit auf dem Konzil sowie nach dessen Legitimität. Während die erste das keineswegs unkomplizierte Verhältnis der Kastilier zu den Vertretern der Krone Aragóns bestimmen und klären sollte, war mit der zweiten die Rolle Sigmunds auf dem Konzil ins Kreuzfeuer ihrer Kritik gerückt. Der Eindruck mag sich aufdrängen, dass die Protagonisten für das Zustandekommen der *Capitula Narbonensia*, deren Vollzug der kastilische Hof aus innenpolitischen Gründen so lange hinauszögert hatte,[289] zumindest von einzelnen Mitgliedern der kastilischen Delegation in ihrem Ruf, für die Union Wichtiges geleistet zu haben, beschädigt werden sollten. So galt der römische König in den Augen der Benedikt ergebenen, kastilischen Hardliner als notorischer Störenfried, wenn nicht gar als personifizierte Bedrohung für den Fortgang des Konzils. Und König Alfons, der Sohn und Nachfolger Ferdinands in Aragón war aus ihrer Sicht derjenige, der mit seinen Aragonesen – wie einst schon sein Vater – die Kastilier zu dominieren suchte. Daneben verfolgte die kastilische Delegation ein weiteres zentrales Anliegen: die Rahmenbedingungen für den unvermeidlichen Absetzungsprozess gegen Pedro de Luna und die Klärung der Voraussetzungen für eine kanonistisch nicht zu beanstandende Papstwahl sollten in jedem Fall sichergestellt werden, bevor an eine weitere Kooperation mit dem Konzil zu denken war. Einmal mehr wurde von ihnen die Frage nach der Legitimität des Konzils und seiner Arbeit aufgeworfen. Sieht man sich die Fragen an, bei denen die Kastilier Klärungsbedarf anmeldeten, dann sind es im Wesentlichen die gleichen, wie sie der spanische Papst schon in Perpignan gestellt hatte.[290] Nicht zuletzt Sigmund war darüber erbost.[291]

Im Gegensatz zu dem straff geführten Absetzungsprozess gegen Johannes XXIII. erwies sich das gegen Benedikt XIII. eingeleitete Verfahren als eine äußerst langwierige Angelegenheit, die nicht zuletzt dem Respekt vor dem Gegner, dem kanonistisch geschulten Pedro de Luna, geschuldet war. Auf keinen Fall wollte man in Konstanz riskieren, dass auch nur der kleinste Funken eines Verdachts an der bestehenden Rechtmäßigkeit des Verfahrens insgesamt noch an seiner formal einwandfreien Durchführung aufkommen konnte. Verfahrensfehler mussten auf jeden Fall vermieden werden, um den Fehlschlag von Pisa nicht zu wiederholen. Daher war der Prozess gegen Pedro de Luna erst am 5. November 1416 eröffnet worden, knapp drei Wochen, nachdem sich die *Hispanica* konstituiert hatte. Gleich zu Beginn hielt man dem Aragoneser Papst die Förderung des Schismas vor, da er sein mehrfach wiederholtes Rücktrittsversprechen nie eingelöst habe. Er sei ein *fautor, nutritor et defensor schismatis atque schismaticus inveteratus et haereticus*.[292] Im Unterschied zu dem abgeschlossenen Verfahren gegen Cossa war allerdings von Vorwürfen, die sich auf Benedikts Lebenswandel bezogen, nirgends die Rede. Der Prozess begann mit den üblichen Zeugeneinvernehmungen. Auf der 24. Generalsession* am 28. November 1416 war das persönliche Erscheinen vor dem Konzil durch öffentlichen Anschlag (*edictum publicum*) beschlossen worden, wobei festgehalten wurde, dass eine Definitivsentenz*, also ein endgültiges Urteil, hundert Tage nach diesem Termin – bzw. siebzig Tage nach der Publikation des Edikts in Peñiscola – vorgenommen werden sollte.[293] Die Begegnung der Gesandten mit dem Papst, am 22. Januar 1417, verlief überaus denkwürdig, wie Abt Lambert de Stipite in seinem Bericht an das Konzil geschrieben hat.[294] Auf die Bekanntgabe der Zitation* reagierte Benedikt äußerst ungehalten; den darin erhobenen Vorwurf, er sei Schismatiker und Häretiker, wollte er nicht auf sich sitzen lassen. Im Gegenzug qualifizierte er nun seinerseits das *Constantiense* als eine Versammlung von *schismatici ecclesiae vel haeretici* ab. Ein paar Wochen später, am 8. April 1417, exkommunizierte er das Konzil sogar explizit; seine Absetzung (*depositio**) wie auch die geplante Neuwahl (zu seinen Lebzeiten!) stempelte er dagegen als unkanonisch ab. Verzögern, gar aufhalten konnte er damit aber das gegen ihn eingeleitete Absetzungsverfahren nicht mehr.

Wenige Tage nach Ankunft der kastilischen Delegation in Konstanz war nun der gegen Pedro de Luna geführte Prozess mit der Generalsitzung am 1. April 1417 in seine entscheidende Phase eingetreten. Selbst die Argumente des Papstes gegen seine Vorladung wurden von Gerson zu Beginn nochmals einer peinlich genauen Prüfung unterzogen,[295] wollte man doch das Verfahren *mature et cum summa gravitate* durchführen. Dabei machte der Pariser Kanzler klar, dass das Bekenntnis zur Einheit der Kirche ein unverrückbarer Glaubensgrundsatz sei. Daraus folgerte er, dass eine notorisch schismatische Gesinnung unzweifelhaft in die Häresie führe – eben wie dies der Fall bei Benedikt sei. In der Konsequenz leitete sich daraus ein zwingendes Gebot der zur Erhaltung des Glaubens verpflichteten Kirche, sprich des die Gesamtkirche repräsentierenden Konzils, ab – kraft der von Christus verliehenen Autorität – über den Papst zu Gericht zu sitzen. Im Grunde war dies nichts anderes als eine nochmalige Rückkopplung des Absetzungsverfahrens an seine theologisch-kanonistischen Wurzeln. Die folgenden Prozesswochen boten in ihrem Ablauf wenig Abwechslung: Zeugeneinvernahmen wechselten mit Kommissionssitzungen ab und diese mit weiteren, nichts desto weniger vergeblichen Ladungen an den Papst bzw. seine Verteidiger. Am 22. April wurde schließlich eine erweiterte Fassung der Anklageartikel vorgelegt. Nach der Ausrufung des Papstnamens an der Tür der Kathedrale – es handelte sich natürlich um einen symbolischen Akt, da den Konzilsvätern klar war, dass Benedikt nicht auf dem Weg nach Konstanz war – wurde am 26. April die Halsstarrigkeit des Papstes festgestellt; Richental hat das Ereignis treffend ins Bild gesetzt.[296] Schritt für Schritt wurde der Prozess nun unter peinlicher Beachtung der kanonistischen Bestimmungen vorangetrieben. Ein gewaltiger Aufwand, aber es ging auch darum, die Gesandten Kastiliens vom rechtmäßigen Vorgehen des Konzils zu überzeugen. Der Bannstrahl aus dem fernen Spanien, wo Benedikt XIII. inzwischen alle Beteiligten an dem gegen ihn geführten Absetzungsprozess exkommuniziert hatte, verfehlte daher seine Wirkung und konnte am Lauf des Verfahrens nichts mehr ändern.[297]

Nach der von kastilischer Seite durch Scheindiskussionen immer wieder hinausgezögerten Aufnahme in die *natio Hispanica* auf der am 18. Juni 1417 einberufenen 35. Generalsitzung konnte der Prozess gegen Pedro de Luna nun zügig zu Ende gebracht werden: Nach einer letztmaligen Zitation* am 22. Juli wurde bereits wenige Tage später, am 26. Juli, im Rahmen einer weiteren Generalsitzung das definitive Absetzungsurteil verkündet.[298]

Umstritten blieb, nach welchen Modalitäten der neue Papst gewählt werden sollte. Lange Zeit war die Forschung davon ausgegangen, dass das Hinauszögern der Papstwahl eine Folge des verbissen geführten Prioritätsstreits um die Papstwahlmodalitäten gewesen sei. Das ist gewiss nicht falsch, aber wohl nicht die einzige Erklärung für diesen Sachverhalt. An einer Reform waren letzten Endes alle interessiert, auch die Kardinäle; und die rasche Beendigung der Vakanz* lag in allgemeinem Interesse. Selbst Sigmund hatte sich in diesem Sinne geäußert.[299] Die Standpunkte waren demnach keineswegs so verfestigt, dass ein Kompromiss nicht möglich gewesen wäre.[300] Erst jüngst wies Ph. Stump daraufhin hin, dass es die politischen wie kanonistischen Probleme waren, die sich im Zusammenhang mit der Wahlprozedur auftaten, die eine wichtige Hürde auf dem Weg darstellten, um zu einem einvernehmlichen Wahlmodus für die Neuwahl des Papstes zu gelangen.[301]

Wer sollte eigentlich wählen dürfen? In Pisa (1409) war erstmals ein Generalkonzil gleichzeitig auch ein Konklave* gewesen, Wähler waren die in der Arnostadt anwesenden Kardinäle. Eine Diskussion über das Wahlrecht wurde nicht geführt. Für Konstanz kündigte sich nun ein weiteres Novum an: Wiederum sollten die Teilnehmer am Konklave* aus den Reihen der Konzilsväter bestellt werden, allerdings war von vornherein daran gedacht, die gesamte *christianitas*, wie sie durch die *nationes* repräsentiert wurde, am Wahlvorgang zu beteiligen. Damit sollte eine breitere Repräsentation der *christianitas* bei der Wahl verankert und dadurch auch eine allgemeine Anerkennung des Gewählten gewährleistet werden. Durch die Zusammenführung der ehedem drei Obödienzen* war die Ökumenizität immerhin weitgehend hergestellt worden, sofern man die Orientalen in diesem Zusammenhang einmal außer Acht lässt.

Umstritten war hingegen, ob und – falls ja – inwieweit die Kardinäle an der Wahl beteiligt werden sollten. Dass man aber an den Purpurträgern trotz ihrer Verstrickung in den Ausbruch und die Fortdauer des Schismas nicht einfach vorbeigehen konnte, wurde in der Diskussion immer deutlicher. Die Frage war nur, wie das Wahlgremium zusammengesetzt sein sollten, und darüber gab es heftig Streit.

Die Frage nach den Konklaveberechtigten hatten die Aragonesen bereits während der Verhandlungen im Herbst 1415 in Perpignan aufgeworfen, als zwar der Amtsverzicht Benedikts bzw. die Subtraktion* als sinnvolle Maßnahmen zur Wiederherstellung der Union akzeptiert wurden, die Legitimität Benedikts von seinen Anhängern aber noch nicht grundsätzlich in Frage gestellt worden war. Auch unter den Konzilsvätern war diese Frage bereits ausführlich diskutiert worden und dies nicht erst mit dem Erscheinen der Spanier in Konstanz. Die zunächst nahe liegende Antwort, die Kardinäle sollten den Papst wählen, bereitete indes erhebliche Kopfschmerzen. Gab es denn überhaupt Kardinäle, deren Legitimität zweifelsfrei erwiesen war – wenn man von der Person Benedikts absah, der als einziger noch von Gregor XI., dem letzten Papst vor Ausbruch des Großen abendländischen Schismas, in das Kollegium berufen worden war. Alle anderen Träger des roten Huts waren von Päpsten kreiert worden, deren Legitimität doch alles andere als klar und eindeutig war. Wie schon zuvor Benedikt XIII. argumentierte auch Bischof Anaya, der Leiter der kastilischen Gesandtschaft, auf einer streng legalistischen Schiene: Aus zweifelhaften Kardinälen ließen sich doch keine rechtmäßigen und darum wahlberechtigten Kardinäle machen, selbst wenn sie aus allen drei Obödienzen* stammen würden.[302]

Hinzu kam der unausgesprochene, von vielen Konzilsteilnehmern geteilte Vorwurf, dass es ja gerade die Kardinäle gewesen seien, die das Schisma durch die Doppelwahl von 1378 hervorgerufen und durch die anschließenden Neuwahlen perpetuiert hätten. Der Kuriale Dietrich von Niem formulierte seine Befürchtungen in der zugespitzten Behauptung, dass – nach den gemachten Erfahrungen – die Kardinäle eine Wahl womöglich verhindern würden oder aber durch ihre Wahl alles noch viel schlimmer werden könnte. Das Konzil befand sich in einem Dilemma. Zu guter Letzt machte man sich auch noch Gedanken darüber, wie die allgemeine Anerkennung des Gewählten zu erreichen und sicherzustellen sei. – Insbesondere in der italienischen Nation, aber auch unter den Kardinälen, fand der Vorschlag, den Papst wie bisher allein durch die Kardinäle wählen zu lassen, immer mehr Anhänger. Bedenkt man aber, dass die Kardinäle bis auf eine Ausnahme alle Italiener oder Franzosen waren, so wären die deutsche und englische Nation überhaupt nicht, die spanische weit unter Wert an der Wahl beteiligt gewesen. Mit Blick auf eine allgemeine Akzeptanz des Neugewählten – eine *conditio sine qua non*, um den Unionsprozess zu einem guten Ende zu bringen – war dies keine erfolgversprechende Alternative. Trotz der offen ausgetragenen Meinungsunterschiede hatte allerdings keine Seite ein Interesse daran, dass über die Frage des Wahlrechts die endgültige Überwindung des Schismas im letzten Moment noch scheitern sollte.

Die Kardinäle waren es nun, die die Initiative zuerst ergriffen und konkrete Vorstellungen zum Wahlverfahren äußerten.[303] Ein Zufall war dies gewiss nicht, da die Purpurträger darauf setzen konnten, dass eine rasche Vornahme der Wahl die bei Papst und Kurie ansetzenden Reformbemühungen des Konzils entschärfen würde. Zu Recht durften sie davon ausgehen, dass es ihren Privilegien und finanziellen Absicherungen an den Kragen gehen sollte. Diese Gefahr vor Augen ließ die Bereitschaft zu Zugeständnissen unter ihnen wachsen, führte sie aber auch zu einer engeren Kooperation untereinander. Geschlossen appellierten sie an die Konzilsteilnehmer, rasch über Zeitpunkt, Ort und Verfahren zu entscheiden, um die Zeit der Sedisvakanz* nicht ausufern zu lassen. Im Übrigen, so forderten sie, müssen die Wahl *pure libere et canonice in conclavi* ablaufen, wie es die von d'Ailly formulierte Cedula* *Ad laudem* vom 29. Mai 1417, dem Pfingstsamstag, vorschrieb. Darin hatte der Kardinal einen entscheidenden Schritt nach vorne gemacht, indem er für dieses eine Mal neben den Kardinälen auch Vertreter der einzelnen Nationen an der Wahl beteiligt sehen wollte. Allerdings sollten deren Zahl die der Kardinäle nicht übersteigen.[304] Zunächst signalisierten jedoch nur die Franzosen und Italiener ihre Zustimmung zu *Ad laudem*, die anderen Nationen fürchteten auch bei diesem Vorschlag unter die Räder zu kommen.

Nach und nach begann der Vorschlag der Kardinäle die Zustimmung der einzelnen Nationen zu finden. Die Kastilier, die zu diesem Zeitpunkt noch nicht dem Konzil beigetreten waren, hatten sich schon zuvor für eine Wahl durch Kardinäle und Konzilsdeputierte stark gemacht.[305] Im Wesentlichen lautete damit das Ergebnis: Das Konzil solle dieses eine Mal durch Deputierte an der Wahl beteiligt werden, deren Gesamtzahl aber nicht die der Kardinäle übersteigen. Damit hatten sich die Purpurträger mit ihrem wichtigsten Anliegen durchsetzen können, dass nämlich kein Papst gegen ihr Votum gewählt werden konnte.

Wenn die Diskussion damit auch noch nicht beendet war, so war doch ein zentraler Pflock in den Boden geschlagen worden. Ergänzende Vorschläge kamen jetzt aus den Reihen der *Gallicana*, die ihrerseits rasch Schützenhilfe durch die *Germanica* erhielt und später ebenso Verstärkung von Seiten der *Hispanica*. Ihrem Vorschlag folgend sollten die einzelnen Nationen jeweils sechs Deputierte aus den eigenen Reihen zugestanden bekommen. Zwei Drittel der Stimmen einer jeden Nation sollten schließlich nötig sein, um die Wahl eines Kandidaten zu ermöglichen. Dieser Vorschlag führte indes nicht weiter, da die Kardinäle ihr Stimmgewicht jetzt wieder bedroht sahen: Drei Deputierte einer Nation könnten – so ihr Einwand – möglicherweise sogar eine Wahl verhindern. Doch auch die einzelnen Nationen waren untereinander zutiefst uneins. Ein treffendes Stimmungsbild dieser inneren Zerrissenheit zeichnete Fillastre: ›Niemand außerhalb der *Italica* wolle einen Italiener, die Franzosen keinen Engländer noch einen Deutschen, die Engländer keinen Franzosen, und keine von den Nationen würde einen Deutschen wählen‹.[306] Will man dem Gewährsmann trauen, so waren die Kardinäle letztlich diejenigen, die nachgaben und sich bereit erklärten, sich einem einhelligen Vorschlag der Nationen anzuschließen. Das passt gut zu dem Bild, welches der Kardinal auch sonst vom Kollegium zu zeichnen suchte. Fillastre wies darüber auf die Abwesenheit des Königs während dieser Tage hin – »zur Erleichterung vieler«, wie er schrieb. Genau diese Aussage macht den Tagebuchschreiber jedoch verdächtig, es mit der Wahrheit nicht immer so genau genommen zu haben. Wie so häufig entsteht bei der Lektüre seines Diariums* der vom Verfasser bewusst hervorgerufene Eindruck, dass es letztlich die Kardinäle gewesen seien, die die Papstwahl ermöglicht hätten, und der König derjenige, der immer nur störte – eine Tendenz, die im Übrigen das »Tagebuch« des französischen Prälaten spätestens seit den Aufzeichnungen ab Ende des Jahres 1415 durchgängig beherrscht.[307]

Wie man auch immer dies bewerten mag, eine am 12. Juli 1417 getroffene, erste Übereinkunft zwischen den Kardinälen und dem König brachte die endgültige Einigung über die Wahlfrage einen weiteren wichtigen Schritt voran. Viel mehr als eine allgemeine Absichtserklärung, die Rechte des Königs wahren zu wollen, war dies aber noch nicht. Allerdings zeigte diese Erklärung schon in die Richtung, in der schließlich eine Kompromisslösung gefunden wurde. Am 19. September wurden die königlichen Patronatsrechte*, die Bonifaz IX. dem Luxemburger in dessen Eigenschaft als König von Ungarn für sein Kronland bereits gewährt hatte, in einer gegenseitigen Vereinbarung nochmals bestätigt:[308] So durfte ohne Zustimmung des Königs ein vom Papst ernannter Bewerber sein kirchliches Benefizium* nicht einnehmen; Urteile römischer Gerichte konnten ohne königliches Einverständnis nicht vollstreckt werden. Damit war auch im Königreich Ungarn der Weg in die Landeskirche vorgezeichnet.

Dass der römische König in der vorgezogenen Papstwahl ein Ende seiner Herrschaft über das Konzil befürchten musste (W. Brandmüller),[309] kann als Begründung für sein Festhalten am Vorrang der Reform nicht recht überzeugen. Seine Dominanz hatte er längst schon eingebüsst. Zweifellos war ihm aber die Reform ein zentrales Anliegen, auch wenn er andere Vorstellungen davon hatte als etwa die Kardinäle. Dass Sigmund in dem Prioritätsstreit ausschließlich eigennützige Interessen verfolgt haben soll, ist nicht nur in der Sache verkürzt, sondern auch eine allzu einseitige Interpretation, die seiner Rolle nicht gerecht wird. Seine Vorstellungen von einer umfassenden Reform, die nicht nur die Kirche, sondern auch das Reich umfassen sollte, hatte er ohnehin längst begraben müssen, nachdem das von ihm angestrebte Junktim über eine zunehmend schärfere Trennung der Konzilsaufgaben zwischen vornehmlich geistlichen und weltlichen Angelegenheiten an der Realität gescheitert war.

Bedeutete die anstehende Neuwahl damit den Verzicht auf eine Reform der Kirche? Gewiss nicht, denn im Prioritätsstreit hatten sich beide Seiten auf einen Kompromiss verständigt. Die Reformvorschläge, auf die man sich bisher schon hatte einigen können, sollten unverzüglich beschlossen werden; im Übrigen sollte der Neugewählte vorab auf weitere Reformen verpflichtet werden. Durch die Bestimmung, regelmäßig Konzilien abzuhalten, glaubte man zudem den Schlüssel für einen dauerhaften Erfolg in der *Causa reformationis** gefunden zu haben.

Ergebnis der Beratungen waren die bekannten Beschlüsse der 39. und 40. Generalsession* am 9. bzw. 30. Oktober 1417.[310] Mit dem auf der 39. Sitzung beschlossenen Dekret *Frequens* legte das Konzil dezidiert fest, in einem regelmäßigen Turnus von zehn Jahren jeweils eine weitere Generalsynode abzuhalten. Die nächstfolgende sollte allerdings schon nach fünf Jahren, die daran anschließende nach weiteren sieben Jahren stattfinden. In Einklang mit dem Konzil habe der Papst den Tagungsort festzulegen. Mit der angestrebten Periodizität von Generalkonzilien stellten sich die Väter in eine Traditionslinie, die bis zu Guillaume Durant d.J. († 1330) zurückreichte.[311] – Dass aber mit der Periodizität seiner Einberufung das Konzil als quasi parlamentarische Kontrollinstanz dauerhaft gegenüber dem Papsttum in Stellung gebracht werden sollte, wie bis in die 1960er Jahre wiederholt behauptet wurde, ist zu verwerfen. Bei dieser Interpretation des Konzils handelt es sich um eine anachronistische Verkennung der Generalsynode als einer »urdemokratischen Institution«, die durch zeitbedingte Analogien zu erklären ist, aber kaum zur Erhellung der Forderung nach periodisch abzuhaltenden Konzilien im 15. Jahrhundert beitragen kann.[312] Eine nur im Zehn-Jahres-Rhythmus zusammentretende Generalsynode wäre wohl kaum geeignet gewesen, das Papsttum wirksam zu kontrollieren. Dagegen dürfte das in festgelegten Abständen stets neu einzuberufende allgemeine Konzil den Vorstellungen der Konzilsväter von einem fest in das Leben der Kirche verankerten Verfassungselement, dessen Aufgabe das Vorantreiben der Reform sein sollte, sehr wohl entsprochen haben. *Haec Sancta* wurde, wenn man so will, institutionalisiert.

Eine Absicherung fand die in *Frequens* gemachte Bestimmung über die Periodizität von Konzilien in dem unmittelbar anschließenden Dekret *Si vero*, welches eine Vorsichtsmaßnahme im Falle eines erneut ausbrechenden Schismas enthielt: Sollte es danach erneut zum Ausbruch eines Schismas kommen, dann habe die Folgesynode automatisch im darauffolgenden Jahr stattzufinden. Ausführungsbestimmungen lassen erkennen, wie stark der Erhalt der kirchlichen Einheit von den Konzilsvätern als notwendige Voraussetzung für jede Reformarbeit betrachtet wurde. Der weitergehende Schluss, das Generalkonzil, insbesondere durch die Periodizität seiner Abhaltung, als einen maßgeblichen Garanten der Reform zu sehen, blieb nicht ganz unbestritten. Die Mehrheit der neueren Forschung hat dies aber mehr oder weniger bejaht.

Neben *Frequens* und *Si vero* wurden weitere Reformbestimmungen abgesegnet. Bereits auf der 39. Sitzung war beschlossen worden, dass die Kurie auf eine Versetzung eines Prälaten gegen dessen Willen zu verzichten habe, ebenso kein Anrecht habe auf die auf den Nachlass eines verstorbenen Prälaten anfallenden Spolien. Visitationsgebühren durch kuriale Kollektoren sollten ebenfalls entfallen. Damit waren zumindest einige der meist beklagten Missstände abgestellt worden.

In dem sog. Kautionsdekret aus der 40. allgemeinen Sitzung wurde das neu zu wählende Kirchenoberhaupt auf die Erledigung von insgesamt 18 Papst und Kurie berührenden Reformaufgaben verpflichtet. Wie diese Reformvorgaben aber konkret umzusetzen seien, darüber schweigt sich das

Dokument aus. In der langen To-do-Liste finden sich mehr oder weniger alle die Beschwerden, die seit langem immer wieder zu hören gewesen waren und deren Abstellung in zahllosen Predigten gefordert worden war. Es begann mit der Zusammensetzung des Kardinalkollegiums, es folgten die Pfründenvergabe durch die Kurie und die dafür zu zahlenden Gebühren, weiter wurden die an der Kurie geführten Prozesse sowie der kuriale Geschäftsgang angesprochen. Ebenso durfte das Ablasswesen nicht fehlen. Immer wieder ging es auch um das leidige Themen der Finanzen, um Abgaben und Gebühren. Primär Leidtragende dieser Reformmaßnahmen war damit die Kurie, der ein Großteil der bisherigen Einnahmequellen verstopft zu werden drohte.[313] Den Konzilsvätern war indes klar, dass ein funktionierendes Papsttum über eine finanzielle Absicherung verfügen musste.

Mit diesem umfassenden Maßnahmenpaket war der Prioritätsstreit endgültig entschärft. Und überhaupt ist die vielfach überstrapazierte Dichotomie »Reform versus vorgezogene Papstwahl« ein Konstrukt der Geschichtsschreibung, was sich auch daran zeigt, dass die Arbeit in der Reformkommission nach dem Beitritt der Kastilier zum Konzil einen neuen Impetus bekommen hatte. Mit erneut veränderten Strukturen arbeitete diese, zumeist in aller Stille, weiter.

Das Konzil konnte sich damit jetzt dem letzten Schritt zuwenden, der zur endgültigen Wiederherstellung der Union noch fehlte: der Papstwahl.

Am 28. Oktober 1417 war eine endgültige Verständigung über das Verfahren zur Papstwahl erreicht worden.[314] Mit Glockengeläute, wie dies bei wichtigen Anlässen Usus auf dem Konzil war, wurde diese gebührend gefeiert. Zwei Tage später wurde die Vereinbarung in der 40. Generalsitzung auch formell abgesegnet: Neben allen Kardinälen, die für die Teilnahme an der Wahl festgesetzt waren, schickte eine jede Konzilsnation jeweils sechs von ihr bestimmte Wahlmänner in das Konklave*. Als gewählt sollte dann der Kandidat gelten, dem es gelang, nicht nur eine Zweidrittel-Mehrheit der Kardinalsstimmen auf sich zu vereinigen, sondern auch zwei Drittel der Deputiertenstimmen einer jeden Nation. Innerhalb von zehn Tagen sollte das Konklave* beginnen.

Natürlich wurde schon der eine oder andere Konzilsvater im Vorfeld der anstehenden Wahl als *papabile* gehandelt. Kardinal Colonna dürfte in diesem Zusammenhang bereits genannt, wenn auch nicht gerade als heißer Favorit gehandelt worden sein. Mithin ein typischer Kompromisskandidat.[315]

Oddo de Colonna entstammte einer alten römischen, im Latium reich begüterten Adelsfamilie mit bedeutendem Einfluss auf die Stadtpolitik Roms; geboren wurde er 1368 in Genazzano/Latium. Nach Rechtsstudien in Perugia begann er seine kuriale Karriere als Referendar unter Urban VI.; Bonifaz IX. ernannte ihn zum apostolischen Protonotar und Kanoniker am Lateran; unter Innozenz VII. wurde er 1405 zum Kardinaldiakon mit der Titelkirche S. Giorgio in Velabro kreiert. 1408 kündigte er Gregor XII., dem Nachfolger Innozenz' in der römischen Obödienz*, den Gehorsam auf und beteiligte sich am Konzil von Pisa (1409), ohne dort jedoch sonderlich in Erscheinung zu treten. Dies gilt im Übrigen auch für sein Auftreten auf dem Konstanzer Konzil (1414–1418), zu dem er als Anhänger und im Gefolge Papst Johannes' XXIII. gekommen war. Nach dessen Flucht nach Schaffhausen gehörte er zu den Kardinälen, die sich – letztlich erfolglos – für eine Verständigung zwischen Konzil und Papst einsetzten, die Absetzung Johannes' allerdings nicht verhindern konnten. Erst am 4. Mai 1415 sagte er sich endgültig von diesem los. Colonna gehörte zu den eher im Hintergrund agierenden Personen auf dem Konzil, die sich in den Streitfragen kaum exponierten und sich damit wenig Gegner gemacht hatten.

Ob der Kardinal indes den Vorstellungen von einem Kirchenoberhaupt entsprach, dem man auch die kirchliche Erneuerung zugetraut hat, sei dahingestellt. Manch ein Prediger, so der Lodenser Bischof Giacomo Arrigoni de Ballardis, riet den Wählern: *Eligite meliorem* (Wählt den Besseren!)[316], nachdem er zuvor in einer Predigt das Idealbild eines Papstes entworfen hatte, welchen die Kirche jetzt dringend bräuchte. Dass Sigmund sich für Colonna ausgesprochen haben soll, wie zuweilen zu lesen ist, lässt sich quellenmäßig nicht nachweisen und ist auch wenig wahrscheinlich. Bewusst hatte sich der König in dieser Phase weitgehend zurückgehalten – auch mit Äußerungen, die als Wahlempfehlungen hätten ausgelegt bzw. missverstanden werden können. Zudem war er in den Wochen vor der anstehenden Wahl nicht ständig präsent in Konstanz.[317]

Am 8. November 1417 zogen nach der Feier der Heilig-Geist-Messe die 23 in Konstanz anwesenden Kardinäle zusammen mit je sechs Deputierten aus jeder der fünf Konzilsnationen – neben Konklavisten, Sekretären und anderen Dienern der Papstwähler – ins Konklave* ein, für das das Konstanzer Kaufhaus (heute etwas irreführend als »Konzil« bezeichnet) umgestaltet worden war.[318] 56 Zellen waren zu diesem Zweck in den beiden oberen Stockwerken des Gebäudes eingerichtet worden. Im Namen des Königs wurde nun der Zugang zu dem Gebäude untersagt und von der Seeseite durfte kein Schiff mehr näher als die Entfernung eines

Pfeilschusses herankommen. Nach dem Einzug der Papstwähler wurden die Türen des Gebäudes fest hinter den Eingezogenen verschlossen. Die zuvor vereidigten Konklavewächter, überwiegend hohe Adlige, wachten über die äußere Sicherheit des Konklaveortes sowie die Einhaltung der Konklaveordnung. Im Übrigen herrschte eine strikte Nachrichtensperre. Selbst das gelieferte Essen wurde kontrolliert, damit keine Botschaften in das Gebäude hineingeschmuggelt werden konnten. Ausdrücklich verboten wurde auch der Brauch der Römer, Hab und Gut des zum Papst Gewählten zu plündern – eine Vorsichtsmaßnahme, die bewusst getroffen wurde, um solch chaotische Situationen, wie sie sich anlässlich der Papstwahl 1378 in Rom abgespielt hatten, unter allen Umständen zu vermeiden.[319] Begleitet wurde das Konklave* von täglichen Bittprozessionen, die zum Kaufhaus zogen und deren Gesänge und Gebete von den Konklaveteilnehmern gut zu hören waren.[320] Möglicherweise trugen diese zu einer Atmosphäre bei, die die Entscheidung der in dem Gebäude Eingeschlossenen für einen Kandidaten beschleunigte.

Über die näheren Umstände des Wahlablaufs selbst sind wir recht gut informiert durch unmittelbar daran Beteiligte, die die Interna den Briefen an ihre jeweiligen Auftraggeber anvertrauten.[321] Am 10. bzw. 11. November wurde je einmal abgestimmt (*scrutinium*), wobei jeder der Wähler einen oder mehrere Namen aufschreiben durfte. Colonna hatte zu diesem Zeitpunkt erst 5 bzw. 8 Stimmen bekommen, nicht einmal unter den Kardinälen hatte er die meisten Stimmen auf sich vereinigen können. Allerdings hatte er aus jeder Nation Stimmen bekommen, in der italienischen und englischen sogar schon die für einen Wahlerfolg nötige Anzahl. Das Ergebnis des zweiten Wahlgangs ließ jedenfalls noch keine klare Vorentscheidung für Colonna erkennen. Dem zweiten Wahlgang folgte nun der Akzess, d.h. die Wähler konnten aufgrund des vorher festgestellten Abstimmungsresultats ihre Voten verändern. Während der Akzess startete, zog, wie berichtet wird, die während des Konklave* täglich durchgeführte Prozession mit lautem Gesang des Hymnus *Veni creator Spiritus* (»Komm, Schöpfer Geist«) vor das Kaufhaus, um für die Einheit der Kirche zu werben. Selbst nüchterne Berichterstatter erwähnen die Ergriffenheit dieser Szene; auch innerhalb des Kaufhauses hatte man die Stimmen der 150 bis 200 Sängerknaben hören können, was dort einen nachhaltigen Eindruck hinterlassen haben dürfte: Man glaubte sogar Engelsstimmen gehört zu haben.[322] Rasch brachte der Akzess Kardinal Colonna die noch fehlenden Stimmen zur Zwei-Drittel-Mehrheit, die ihm schließlich die Wahl sicherte. 20 Minuten soll diese Prozedur nur gedauert haben, dann hatte man *in plena et perfecta concordia* abgestimmt.[323] Nun wurde jeder Wähler unter notarieller Aufsicht noch einmal explizit gefragt, ob er der Wahl zustimme, was ausnahmslos bestätigt wurde. Auch hier wird das Bestreben erkennbar, Pannen, wie sie bei der Wahl im April 1378 unterlaufen waren, zu vermeiden. Anschließend wurde das Protokoll von allen unterzeichnet, der Wahlakt als solcher war beendet. Damit war Kardinal Oddo de Colonna, der sich nach dem Tagesheiligen Martin V. nannte, gewählt. Gemessen an den damaligen Verhältnissen fiel die Entscheidung schnell, in knapp drei Tagen. Bonifaz IX. war 1389 am achten Tag des Konklave* gewählt worden, sein Nachfolger Innozenz VII. (1404) schon am fünften; zur Wahl Gregors XII. (1406) benötigten die Kardinäle immerhin gute zwölf Tage, während die komplizierte Wahl auf dem *Pisanum* (1409) nach zehneinhalb Tagen mit der Wahl Alexanders V. abgeschlossen werden konnte. Für das Bologneser Konklave* (1410, Johannes XXIII.) reichten dagegen fast schon rekordverdächtige zweieinhalb Tage.

Kaum war das Wahlverfahren formal abgeschlossen, wurde das *Te deum* angestimmt, das Tor zum Konklave* geöffnet und das *Habemus papam* verkündet. Als der König dies vernahm, betrat er sofort den Ort des Konklave* und huldigte dem Gewählten. Am Nachmittag zogen der Papst und seine Wähler in feierlicher Prozession zum Münster, wobei Sigmund das Maultier des Papstes eigenhändig am Zügel führte. Hier nun erteilte der Neugewählte seinen ersten Segen.

Den »chaotischen« Anfängen bei Ausbruch des Schismas stand – nach fast 40 Jahren – eine geordnete Abwicklung bei dessen Überwindung gegenüber.[324] Gewalttätige Ausschreitungen, wie sie in Rom nach Papstwahlen an der Tagesordnung waren, unterblieben. Ein nicht geringes Verdienst, das sich der römische König auf seine Fahnen schreiben konnte. Selbst der ihm nicht sonderlich gewogene Gesandte Aragons, Maciá des Puig, attestierte ihm weise Zurückhaltung, wie ein Engel habe er sich aufgeführt.[325]

Eine geradezu euphorische Freude über die rasche Wahl und ihr Ergebnis war allgemein verbreitet. »Ich sage Euch, Herr, wahrhaftig, ich glaube, dies war ein außergewöhnlicher Eingriff des Heiligen Geistes, der da erschien«, schrieb der Konklaveteilnehmer de Malla an seinen König, Alfons von Aragón.[326] Das nicht enden wollende Schisma war nun doch noch zu einem glücklichen Ende gekommen. *Des wir alle gefroyet syn, wendt her des ordens grosse gunner allewege gewest ist und noch ist*, schrieb der Ordensprokurator Peter von Wormditt am Wahltag an seinen Hochmeister[327] und zeigt sehr deutlich die Erleichterung und zugleich die Erwartungen, die in den Gewählten gesetzt wurden. Allenthalben lässt sich diese Stimmung nachlesen, selbst in der Ferne, wo das Konzil ansonsten keine Erwähnung wert gewesen ist. So schrieb Burkard Zink in seiner Städtechronik: *Item an sant Martins tag ward der babst Martinus erwölt, ain ainiger babst, gott sei gelopt.*[328]

Dass die freudigen Stimmen so überschwänglich ausfielen, dürfte allerdings auch damit zusammenhängen, dass mit Martin V. eine »Transfiguration des Papsttums zu erneuter Lichtengel-Qualität« stattfand, gewissermaßen eine Überhöhung, die nicht zuletzt durch das schmähliche Ende seines Vorgängers Johannes XXIII., des Inbegriffs eines Schurken, vorgezeichnet war.[329]

Warum die Wahl auf Oddo de Colonna gefallen ist, darüber lassen sich bestenfalls Vermutungen anstellen, da die Quellenlage nur wenig Sicheres hergibt. Der italienische Kardinal verfügte über langjährige kuriale Erfahrungen, in den kirchlichen und politischen Wirrnissen seiner Zeit kannte er sich glänzend aus. Als ausgewiesener Kanonist* war er bereits in den Jahren vor dem Konstanzer Konzil mit schwierigen Aufgaben befasst gewesen, so leitete er zeitweilig die Kommission, die das Verfahren gegen Hus vor der Kurie führte. Auf dem Konzil war er aber bislang kaum hervorgetreten. Einen möglichen Hinweis auf die Motive seiner Wähler kann man vielleicht darin sehen, dass die italienische, vor allem aber die englische Nation bereits frühzeitig mit Mehrheit für Colonna votiert hatte. Sollte damit die Wahl eines Franzosen, etwa d'Aillys oder Fillastres, verhindert werden? Zabarella, der – wie Colonna gleichfalls italienischer Herkunft – zweifellos als aussichtsreichster Kandidat für die Petrusnachfolge gegolten haben dürfte, war nur wenige Wochen vor der Papstwahl gestorben († 26. September 1417).

Über den Meinungsbildungsprozess vor und im Konklave* ist nur wenig überliefert; für eine sichere Rekonstruktion der Entscheidungsfindung reicht dies jedenfalls nicht aus. In jedem Falle wird man gegenüber solchen Stimmen, die sich erst nach dem erfolgreichen Abschluss des Konklave* zur Wahl Colonnas geäußert haben, vorsichtig sein müssen.

Es folgten nun die nach einer Papstwahl üblichen liturgischen Feierlichkeiten, die einen starken Eindruck bei den Anwesenden hinterlassen haben dürften. Der Gewählte, der bislang nur die Weihe des Subdiakons erhalten hatte, wurde in den nächsten Tagen erst zum Diakon, tags darauf zum Priester und bereits am 14. November zum Bischof geweiht. Am gleichen Tag feierte Martin V. seine erste Messe, an welcher allein 140 Mitra-Träger teilnahmen. Die folgenden Tage waren ausgefüllt von den Obödienzbekundungen, die ihm Klerus, Orden und Fürsten entgegenbrachten.[330] Eine Woche später, am 21. November, einem Sonntag, wurde Martin in Anwesenheit des römischen Königs, der Kurfürsten und Fürsten, des Adels sowie des gesamten Klerus in einem feierlichen Gottesdienst, der von Mitternacht bis in den frühen Morgen dauerte, zum Papst gekrönt. Die Predigt hielt zu diesem Anlass der Barcelonenser Theologe Felip de Malla,[331] der eine wichtige Rolle bei der Gewinnung der Obödienz* Benedikts XIII. für das Konzil gespielt hatte. Anschließend wurde der neue Papst gesalbt. Der eigentliche Krönungsakt fand etwas später am Tag im Hof vor der Bischofspfalz statt, wo Martin vom rangältesten Kardinaldiakon gekrönt wurde. Nach dem abschließenden *Te deum*, in das die dem Akt zuschauende Menge einstimmte, begann der Papst den traditionellen Umritt. Mit einem Messgewand bekleidet und aufgesetzter Tiara saß Martin V. auf einem vom römischen König geführten weißen Schimmel; ihnen schlossen sich die gleichfalls berittenen geistlichen Würdenträger an. Danach folgten die Patrizier und schließlich das »gemeine« Volk samt Posaunenbläsern und Pfeifern. Auf diesem Umritt durch die Stadt huldigten selbst die Konstanzer Juden dem neuen Papst, der ihnen den Segen spendete.[332] Dies war so üblicher Brauch nach Papstwahlen.

### 3.3.7 Von der Wahl Martins V. bis zum Ende des Konzils

Mit der Wahl Martins V. besaß die Kirche wieder ein einziges, unbezweifelbares Oberhaupt an ihrer Spitze, sofern man die Existenz des auf seiner Felsenburg Peñiscola mit wenigen Getreuen ausharrenden Benedikt XIII. einmal ausblendet. Nahezu vier Jahrzehnte, die von einem nicht enden wollenden Papstschisma geprägt waren, schienen in dieser Wahl einen versöhnlichen Abschluss gefunden zu haben. Kein Wunder, dass die rasche Entscheidung für den italienischen Kardinal Oddo Colonna. von vielen Zeitgenossen als ein Zeichen des Himmels empfunden wurde. Die Prachtentfaltung der nachfolgenden Feiern dürfte gewiss das Ihrige zu der allgemeinen Feststimmung beigesteuert haben. Ganz allmählich begann sich eine große Erleichterung breit zu machen. Viele Zeitgenossen dürften gehofft haben, dass die Wirren der zurückliegenden Jahrzehnte nun endgültig der Vergangenheit angehörten. Nicht von ungefähr wird daher die

Wiedergewinnung der Union auch in der Konzilshistoriographie unisono als der größte Erfolg des *Constantiense* angesehen.

Bis zur endgültigen Überwindung der Spaltung war es allerdings, genau betrachtet, noch ein weiter, mühsam zu beschreitender Weg. Weder hatte die auf einen kleinen Rest geschrumpfte Obödienz* des Aragonesen Pedro de Luna aufgehört zu bestehen, noch war die Position des in Konstanz gewählten Kirchenoberhaupts in Benedikts einstiger Obödienz* so gefestigt, dass von dieser Seite ein Wiederaufleben des Schismas völlig auszuschließen gewesen wäre.

Nach der faktischen Überwindung des abendländischen Schismas konnte sich der zu Konstanz gewählte Pontifex nunmehr der Spaltung zwischen Ost- und Westkirche verstärkt zuwenden. Dieses Ziel war in Konstanz schon zuvor in den Fokus der Väter gerückt. Allerdings war über die eindeutig Vorrang besitzenden Bemühungen zur Bereinigung des Papstschismas im Westen eine Überwindung der Kirchenspaltung zwischen Rom und Konstantinopel, zwischen West- und Ostkirche, noch keinen entscheidenden Schritt vorangebracht worden. Dass der Union mit der orthodoxen Kirche überhaupt eine erhöhte Aufmerksamkeit der Konzilsväter zuteil wurde, dürfte einer Delegation des litauischen Großfürsten zu verdanken sein, die die Konzilsstadt am 18. Februar 1417 erreichte. An ihrer Spitze stand der Metropolit Grigorij Camblak von Kiew, der offenbar das besondere Vertrauen des litauischen Großfürsten Witold (Vytautas) besaß. Man wird wohl davon ausgehen können, dass es vor allem polnisch-litauische Interessen gewesen waren, die den Kiewer Metropoliten an den Bodensee geführt hatten. Als aufmerksamer Chronist seines Einzugs berichtete Richental von *vil haiden* [. . .] *uss der Tartarye und uss der Turggie* und erwähnte dabei ihre langen Haare, ihre Tonsur sowie das bartlose Gesicht (*ob dem mund kain bart*).[333] Eine Messfeier im orthodoxen Ritus scheint gleichfalls die neugierige Aufmerksamkeit der in Konstanz Versammelten geweckt zu haben, dürfte doch kaum jemand dergleichen zuvor erlebt haben.[334] Ob es darüber auch zu ernsthaften Verhandlungen zwischen den beiden Kirchen kam, ist nicht bekannt, jedoch eher zweifelhaft. Die Unionsfrage mit all ihren Implikationen war nun einmal nicht allein auf die sichtbaren Unterschiede im Ritus zu verkürzen, wie es dem außenstehenden Beobachter vielleicht erscheinen mochte. Unklar ist überdies, welches Verhandlungsmandat und welche Vollmachten die orthodoxen Gesandten überhaupt besessen haben und wer sie eigentlich gesandt hatte. Das Interesse des byzantinischen Kaisers

Manuel II. am Konstanzer Konzil galt jedenfalls weniger der Union mit der römischen Kirche als dem Bemühen um konkrete Hilfszusagen für den von ihm geführten Selbstbehauptungskampf Konstantinopels gegen die Türken.[335] Es spricht auch wenig dafür, dass Camblak ein weitergehendes Verhandlungsmandat des neuen Patriarchen Joseph II. besessen hat. Aus Sicht der Griechen setzte eine Union zudem ein in der Tradition der sieben ökumenischen Konzilien der Alten Kirche stehendes allgemeines Konzil in Konstantinopel voraus. In Konstanz hatte man jedoch ganz andere Sorgen; die Dringlichkeit einer Union mit der griechischen Kirche besaß keine Priorität.

Energisch und mit der ihm eigenen Entschlusskraft nahm Martin V. die Zügel des Konzils straff in seine Hand. Widerstand regte sich dagegen nicht, vielmehr hatte es den Anschein, dass viele Konzilsväter froh darüber waren, dass sie von der jetzt einsetzenden Normalität entlastet wurden. Der verfassungsrechtliche Ausnahmezustand hatte ein Ende gefunden. Außerdem herrschte allseits der Wunsch, die dringendsten Anliegen zu einem raschen Abschluss zu bringen – das galt insbesondere für die Reform – und dann heimkehren zu können. Auch der römische König hielt sich seit der Papstwahl auffallend zurück.

Viele der Aufgaben, die bislang liegen geblieben bzw. noch nicht zu ihrem Abschluss gelangt waren, wurden nun mit neuem Schwung angepackt. Die Zusammenführung der drei einstigen Obödienzen* mit der notwendigen Neuorganisation der kirchlichen Führungsebene, was vor allem bei den sich abzeichnenden finanziellen Einschnitten eine deutliche Verschlankung des kurialen Apparats bedeutete, war eine Baustelle, die auf ihre Fertigstellung wartete. Angesichts fehlender Mittel war diese Aufgabe zunächst nur in kleinen Schritten zu lösen. Der große Wurf blieb indes aus. Das Fehlen entsprechender finanzieller Ressourcen ließ dies ebensowenig zu wie die vor der Wahl gefassten Konzilsbeschlüsse, die den Handlungsspielraum des neuen Papstes beschränkten.

Die *Causa fidei** konnte gleichfalls noch nicht als erledigt gelten: Eine Entscheidung in der Tyrannenmordsache stand noch aus; der Konflikt zwischen dem Deutschen Orden und Polen war ebenso wenig beigelegt und schon bald kam es zu einem erneuten Waffengang zwischen den beiden verfeindeten Parteien, der mit dem für den Orden ungünstigen Friedensschluss von Melnosee 1422 endete. Noch problematischer war die weitere Entwicklung in Böhmen und Mähren: Die durch Hus' Feuertod und den seines Mitstreiters Hieronymus von Prag ausgelösten Unruhen hatten sich in deren Heimat zu einem gewaltigen Flächenbrand entwickelt, der die Rom zugewandte, hierarchisch-strukturierte Kirche in diesem Raum in ihren Grundfesten erschütterte und in ihrem Fortbestand gefährdete. Ohne grundlegende Reformen war der von hier drohenden Gefahr auf Dauer nicht entgegenzuwirken.

Auf die sich im Königreich Böhmen immer gefährlicher zuspitzende Situation sollte Martin V. am 22. Februar 1418 mit den Bullen* *Inter cunctas* und *In eminentis* – in ausdrücklichem Einklang mit dem Konzil reagieren. Damit hatten »Papst und Konzil in der böhmischen Sache ihr letztes Wort« gesprochen.[336] Die theologische Auseinandersetzung um den Laienkelch wurde indes nicht noch einmal aufgerollt, sondern lediglich das auf dem Konzil längst Dekretierte bekräftigt und eine Verfolgung der böhmischen Häresien und ihrer Anhänger angemahnt. Eine Hand zum Kompromiss, zu einer einvernehmlichen Lösung des Konfliktes wurde vorerst nicht ausgestreckt. Im Gegenteil, im Fall weiterer Unbotmäßigkeit wurde gar unverhohlen mit einem Kreuzzug gedroht.[337]

Die Fortführung der Reform war eine der ersten Maßnahmen, der sich Martin V. zuwandte. Gerade Fortschritte auf diesem Gebiet konnten schließlich auch dazu dienen, die infolge des Schismas geschwächte Autorität des Papsttums zu restituieren. Dazu erweiterte er die aus den Deputierten der einzelnen Nationen bestehende Kommission um sechs Kardinäle. Für dieses Gremium hat sich die Bezeichnung »drittes Reformatorium« in der Literatur eingebürgert. Trotz Beendigung der Vakanz* und der Wiederherstellung »normaler« Verhältnisse waren die kontroversen Standpunkte der einzelnen Nationen in den diversen Reformfragen keineswegs verschwunden. Der Streit entzündete sich insbesondere an der Wahl der Prälaten und deren Bestätigung sowie an den Verleihungen von Benefizien*: Die kontroversen Standpunkte brachten die Diskussion darüber erneut in Gang, ohne dass ein Ende abzusehen war. Es scheint so, als habe in dieser verfahrenen Situation, die wenig Hoffnung auf eine allseits befriedigende Lösung machte, Martin V. jetzt die entscheidende Initiative ergriffen. Freundlich und konziliant forderte er die einzelnen Nationen auf, Stellung zu einem von ihm verfassten Entwurf zur Umsetzung der in der Sitzung vom 30. Oktober zusammengestellten 18 Reformthemen zu nehmen, um die konsensfähigen Punkte herauszufiltern.[338] In Form einer päpstlichen Konstitution* zusammengestellt, wurde diese sog. »Reformakte« Martins V. am 20. Januar 1418 verkündet.[339] Wir kennen die Antworten der *Germanica*, ebenso die der

*Hispanica* und der *Gallicana*, die in einzelnen Punkten übereinstimmten, in anderen wieder nicht.[340] Vermutlich wurde daraufhin auf einer Sitzung des Reformatoriums Mitte März 1418 entschieden, welche der Reformvorschläge für alle Nationen gelten sollten. Auf insgesamt sieben Dekrete hat man sich am Ende einigen können.[341] Bei all den Punkten, bei denen keine gemeinsame Linie gefunden werden konnte – etwa bei der Benefizienverleihung* – sollte eine Regelung mit den einzelnen Nationen getroffen werden, um deren spezifische Wünsche berücksichtigen zu können. Das Ergebnis waren die sog. Konstanzer Konkordate*, die in Einzelverhandlungen mit den einzelnen Nationen abgeschlossen wurden. Darin ging es insbesondere um einen fairen Ausgleich bei der Benefizienvergabe* zwischen Römischer Kurie und Ortshierarchie sowie auf der Empfängerseite zwischen den graduierten Universitätsgelehrten und den einfachen Klerikern. Vom englischen Konkordat* abgesehen, das nicht befristet war, wurde die Laufzeit der anderen auf fünf Jahre begrenzt, d. h. bis zu Beginn des durch das Dekret *Frequens* festgelegten nächsten Konzils. Feierlich wurden die Abmachungen auf der 43. Generalsession* am 21. März 1418 vom Konzil *in pleno* verabschiedet.[342] Neben den konkreten Inhalten lag die entscheidende Bedeutung dieser Beschlüsse in der Selbstverpflichtung des Papstes, dass er sich an seine mit den Nationen getroffenen Abmachungen halten wolle.[343] Die Rechtskonstruktion dieser Konkordate* mit den einzelnen Konzilsnationen als Partnern des Papstes besaß aber einen Schwachpunkt. Es waren eben nicht die weltlichen Königreiche, die in die Verhandlungen unmittelbar einbezogen worden waren und damit auch nicht automatisch an diese vertraglichen Regelungen gebunden waren. Ihre Zustimmung war allerdings Voraussetzung, damit die Konkordate* rechtlich anerkannt und ihre Bestimmungen umgesetzt werden konnten. Die französische Reaktion machte dies denn auch deutlich: Das Pariser Parlement weigerte sich, das Konkordat* zu registrieren; für das Königreich Frankreich war dessen Inhalt somit kein geltendes Recht. Auch in anderen Ländern gab es Schwierigkeiten und nicht zuletzt war es die päpstliche Kurie, die auf bestimmte Vorrechte nicht verzichten wollte. »Es gab keine wirksame Instanz [. . .], um die Einhaltung der Bestimmungen einzufordern«.[344]

In der gleichen Sitzung vom 21. März wurde darüber hinaus eine Reihe von Reformdekreten (*Super materia reformacionis capitula*) beschlossen, deren Inhalte von allen Seiten akzeptiert werden konnten. Diese enthielten Bestimmungen zu den Exemtionen*, Inkorporationen*, den *fructi medii temporis**, zur Simonie, über Dispense* und die Zehnten, also in erster Linie Beschlüsse, die die kuriale Verwaltung betrafen und die finanziellen Beziehungen auf eine neue Grundlage stellten. Wie nicht anders zu erwarten war, gingen die meisten dieser Dekrete zu Lasten von Papst und römischer Kurie, denen erhebliche finanzielle Zugeständnisse abgetrotzt werden konnten. Zudem wurden alle Pfründeninhaber verpflichtet, sich spätestens sechs Monate nach Erhalt ihres Benefiziums* weihen zu lassen. Dass die nachdrückliche Einforderung dieser Verpflichtung dringend geboten war, ist unbestritten, war dies doch einer der häufigsten Klage- und Kritikpunkte an den Zuständen der damaligen Kirche und galt als Symptom ihres Verfalls;[345] ob der Missstand damit aber zu beheben war, sei dahingestellt. Solange die niederen Weihen vornehmlich als eine Art Karrieresprungbrett betrachtet wurden, um eine »Pfründenlaufbahn« einschlagen zu können, dürfte das Interesse an den höheren Weihen, die den Inhaber zu ganz anderen, möglicherweise gar nicht angestrebten Aufgaben verpflichtete, nicht sonderlich stark gewesen sein. Jedenfalls konnte es der Qualität des Seelsorgeklerus nur gut tun, wenn die kirchlichen Aufgaben und Ämter von den damit Bepfründeten ausgeübt und nicht schlecht bezahlten Hilfspriestern überlassen wurden. Außerdem wurden noch Bestimmungen über den Lebenswandel und die Ehrenhaftigkeit (*honestas*) der Kleriker erlassen, was aber kaum über die Kritik an einer allzu weltlichen Kleidung der Priester hinausging. In einem ersten, bescheidenen Ansatz werden hier Reformvorstellungen sichtbar, die nicht nur auf eine Umverteilung finanzieller Lasten abzielten. Martin V., der diese Vorschläge bereits in seine *Responsio super reformatione data nationibus* vom 20. Januar 1418 aufgenommen hatte, tat hier einen ganz vorsichtigen Schritt in Richtung *reformatio in membris**. Trotz dieser tastenden Versuche wird man W. Brandmüllers Verwunderung angesichts des geringen Ertrags der Reformbemühungen verstehen können. In seinen Augen hat das *Constantiense* jedenfalls keinen »Impuls zur geistig-geistlichen Erneuerung der Kirche« gegeben. Mit dieser Auffassung steht er im Übrigen nicht allein, denn schon H. Finke bemängelte, dass »in der Besserung der religiösen Verhältnisse« in Konstanz wenig erreicht worden sei.[346]

Zweifellos war aber das eine Woche vor dem Osterfest erzielte Ergebnis das Optimum dessen, was in der gegebenen Situation überhaupt machbar gewesen war. Martin V. konnte damit einen vorläufigen Schlussstrich unter die *Causa reformationis** ziehen, indem er erklärte, damit sei den am 30. Oktober des Vorjahres eingegangenen Verpflichtungen auf Reform Genüge getan worden. Dass aus dieser Äußerung ein allgemeiner Unwillen des neuen Papstes gegenüber Reformen herauszulesen ist, wie seine Reformfeindlichkeit lange als *locus communis* der Forschung galt, ist heute nicht mehr haltbar. Was sich bereits in Konstanz abzeichnete, blieb auch für die Zeit danach bestimmend: Martin V. und seine Kurie entwickelten auch weiterhin Vorstellungen zur kirchlichen Erneuerung, die die nachkonziliare Reformdiskussion – zumindest in Deutschland – befruchtete.[347] Das gilt gerade auch für solche Bereiche, die bislang wenig greifbare Erfolge gebracht hatten. Allerdings blieb nicht nur bei den in Konstanz Versammelten ob des bescheidenen Ertrags der Reformbemühungen ein gewisses Unbehagen über das Erreichte, ein Gefühl des Unfertigen, wenn nicht sogar des Unvollkommenen zurück. So richteten sich die Hoffnungen – geradezu zwangsläufig – auf das angekündigte kommende Konzil, das spätestens nach fünf Jahre zusammentreten sollte.

Das Nachdenken über notwendige wie mögliche Reformen riss indes nicht ab. Die vielfach angestellten Überlegungen, die auf eine stärkere Internationalisierung der Kurie und vor allem des Kardinalkollegiums abzielten, waren nicht ausschließlich zukunftsgerichtet. Der vorwärtsgewandte Blick war häufig gepaart mit einem zurück in die Vergangenheit; man erhoffte sich von den Reformen auch einen Schutzmechanismus gegen eine Wiederholung der Ereignisse von 1378. So manches, was unter dem Deckmantel der Reform lief, zielte damit in erster Linie darauf ab, den Ausbruch eines künftigen Schismas zu verhindern. Das Dekret *Frequens* ist selbst ein gutes Beispiel dafür.[348]

Hatten sich mit der Wahl Martins V. die Hinweise auf die Glaubenskommission und ihre Arbeit verringert, so verschwinden sie bald ganz aus den Quellen. Gerade in theologischen Fragen dürfte die letzte Autorität nun wieder uneingeschränkt beim Pontifex gelegen haben. Auf ihn setzten die Konzilsväter ihre Hoffnungen, dass er die Häresie konsequent bekämpfe.[349]

Nicht zuletzt die vielen Glückwünsche, die in den ersten Wochen und Monaten nach seiner Wahl in Konstanz eintrafen, und die Huldigungen, die dem Papst entgegengebracht wurden, ermöglichten es diesem, den diplomatischen Verkehr zwischen dem Heiligen Stuhl und den verschiedenen Staaten und Königreichen rasch wieder aufzunehmen und zu intensivieren. Insbesondere galt das natürlich für Italien. Daneben richtete sich das Hauptaugenmerk seiner politischen Aktivitäten zwangsläufig auf die iberische Halbinsel, weil König Alfons aus politisch-taktischen Gründen nicht mit dem *factum Paniscolae*, dem auf seiner Felsenburg Peñiscola zurückgezogenen Pedro de Luna aufräumen wollte.

Nach den stürmischen Ereignissen in den ersten Konzilsjahren stellte sich nach der Wahl Martins V. in der täglichen Arbeit von Papst und Kurie schnell wieder Normalität ein. In seinem ersten Konsistorium*, abgehalten am 29. November 1417, erfolgte eine Reihe von ausstehenden Bischofsernennungen. Mit einer weiteren, kurz darauf gefassten Personalentscheidung begab sich der Papst allerdings auf ein politisches Minenfeld – und musste schmerzlich seine Grenzen erkennen: Zum Dank für die von diesem geleisteten Vermittlungsdienste im unmittelbaren Vorfeld der Papstwahl ernannte er den Bischof Henry Beaufort von Winchester, den Onkel des englischen Königs, zum Kardinal und gleichzeitig zum *legatus a latere* für England. Man darf wohl annehmen, dass Martin V. damit ausloten wollte, wie stark belastbar die königlichen Prärogativen waren, wie sie in den *Statutes of Provisors and Praemunire* festgeschrieben waren. Der englische König nahm die Herausforderung an und zwang Beaufort, auf die Würde zu verzichten[350].

Eine glücklichere Hand bewies der Papst mit einem anderen Akt. In einem am 19. Januar 1418 abgehaltenen öffentlichen Konsistorium* leitete Martin V. die Bestätigung der Wahl Sigmunds zum römischen König ein. Dass das entsprechende Begehren des Luxemburgers erst jetzt behandelt wurde, war durch eine Krankheit des Königs verursacht gewesen. Die von dem Colonna-Papst zur Überprüfung eingesetzte Kardinalskommission legte bereits drei Tage später ihren Bericht vor. Am folgenden Tag, dem 23. Januar, wurde in einem weiteren öffentlichen Konsistorium* die Wahl bestätigt; Sigmund leistete kniend seinen Eid, in dem er – mit der Formel, die Otto I. einst Papst Johannes XII. gegenüber (962) gebraucht hatte – Papst und römischer Kirche seinen Schutz und Schirm versprach.[351] Parallel dazu liefen die Verhandlungen zwischen beiden Seiten über die finanzielle Entschädigung, die Sigmund für seine Bemühungen um die Überwindung des Schismas erhalten sollte. Ergebnis war die Bulle* *Dum praeclara devotionis* vom 26. Januar 1418: ein Jahr lang sollte der römische König – mit wenigen Ausnahmen – einen Zehnt auf alle kirchlichen Einkünfte im Bereich der *nacio Germanica* sowie der übrigen zum Reich gehörenden Bistümer erhalten. Für den finanziell stets klammen König war dies ein Segen. Darüber hinaus wurde ihm am Montag nach *Lætare*, dem 6. März 1418, durch den neuen Papst ein zweites Mal die *Goldenen Rose* verliehen. Hunderttausend Zuschauer will Richental jedenfalls gezählt haben, die sich auf dem oberen Hof befunden bzw. den Weg gesäumt haben, als diese Auszeichnung von Kurfürst Friedrich von Brandenburg in einer feierlichen Prozession dem auf dem Krankenbett liegenden König ins Augustinerkloster, seinem damaligen Quartier, gebracht wurde.[352]

Kaum war der neue Papst gewählt, hatte sich die Stadt erneut mit vielen Fremden gefüllt. Ihr Interesse galt aber diesmal weniger dem Konzil, stattdessen wollten sie Martin V. ihre Aufwartungen machen, Pfründen und Privilegien bestätigt oder neu gewährt bekommen und im Übrigen ihren Geschäften an der Kurie nachgehen. Das galt insbesondere auch für die Universitäten: Von den beim Konzil verbliebenen Vertretern und Bevollmächtigten über die Entwicklung in Konstanz auf dem Laufenden gehalten und teilweise direkt dazu aufgefordert, brachten die umgehend an den Bodensee geschickten Universitätsgesandten in ihrem Gepäck *rotuli** ihrer Heimatuniversitäten mit, Stellengesuche, die der neue Papst bestätigen sollte. Allen Reformbestrebungen zum Trotz zeigte sich daran deutlich, dass es keineswegs im Sinne aller war, dass Papst und Kurie zugunsten der Ortsordinarien, d. h. der Bischöfe, oder der weltlichen Obrigkeit Federn hatten lassen müssen. Wohl zu Recht mussten die Universitätsangehörigen befürchten, dass sie bei einem durch die Fürsten und Bischöfe wahrgenommenen Besetzungsrecht deutlich schlechter gestellt sein würden als bei der bisherigen Regelung. Dass Gelehrsamkeit und akademische Reputation gegenüber dem mächtigen Adel kaum erfolgreich um die attraktiven Pfründen hätten konkurrieren können, war wohl mehr als bloße Schwarzmalerei.

Sichtbar neigte sich nun das Konzil dem Ende zu. Führende Konzilsväter waren inzwischen zu den ihnen vom Papst aufgetragenen Legationen aufgebrochen. Bereits im Januar hatte Simon de Cramaud Konstanz verlassen, um nach Poitiers zurückzukehren. Auch d'Ailly verließ um die Monatswende April/Mai den Bodensee, um sich in sein Haus in Avignon zurückzuziehen. So mancher, der das Konzil mitgeprägt hatte, hatte inzwischen der Bodenseestadt den Rücken gekehrt. Viele andere Konzilsteilnehmer machten sich jetzt ebenfalls bereit zum Aufbruch.

Auf der feierlichen Konzilsversammlung vom 19. April 1418, der 44. Sessio*, wurde durch die Bulle* *Cupientes ac etiam volentes* das im Herzogtum Mailand gelegene Pavia zum nächsten Konzilsort bestimmt.[353] Mit der Bekanntgabe war Martin V. der entsprechenden Vorgabe durch das Dekret *Frequens* gefolgt. Allerdings hielt er sich nicht an die Bestimmung, bereits einen Monat vor Beendigung der laufenden Kirchenversammlung die kommende einzuberufen. Außerdem enthielt diese Bulle* keinerlei Angaben darüber, was in Pavia eigentlich verhandelt werden solle. Klar war, dass die in Konstanz nur ansatzweise bewältigte Reformfrage Thema sein würde; auch waren die Konkordate* – mit Ausnahme des englischen – nur auf fünf Jahre abgeschlossen und standen somit auf dem kommenden Konzil zur Neuverhandlung an. Ungewöhnlich war dieses Fehlen einer Agenda aber in jedem Fall.[354]

War also schon diese Sitzung durch Misshelligkeiten gekennzeichnet, so erlebte die letzte Sessio* am 22. April einen gewaltigen Eklat.[355] In einer laut verlesenen Protestnote wandten sich die Polen in aller Schärfe dagegen, dass Falkenbergs *Satira* nicht vom Konzil als häretisch verurteilt worden war, worauf sich lautstarker Tumult erhob. Unter Androhung der Exkommunikation ließ der Papst dem Anwalt der polnischen Seite, Paulus Vladimiri, das Wort verbieten, worauf der Krakauer Jurist wenige Tage später, am 4. Mai 1418, an ein künftiges Konzil appellierte.[356] Ein unerhörter Affront! – Erst 1425 sollte die polnische Appellation* schließlich zurückgenommen werden.[357] Anschließend erklärte Martin V. das Konzil für beendet und gab allen Anwesenden die Erlaubnis abzureisen. Auch Sigmund ließ nun allen, die nach Konstanz gekommen waren, danken und versprach, alle Beschlüsse des Konzils zu akzeptieren und seine Aufgaben als Schutzherr der Kirche auch künftig wahrnehmen zu wollen. Dass er vom Redner, dem Konzilsadvokaten Ardicino della Porta, in höchsten Tönen gelobt wurde für seine Verdienste am Zustandekommen des Konzils und dessen Erfolges, ließ noch einmal etwas von der Rolle durchschimmern, die der römische König auf dem *Constantiense* gespielt hat.

Am 16. Mai 1418 verließ Martin V. endgültig den Tagungsort des Konzils. Auf alle Bemühungen Sigmunds, den Papst dafür zu gewinnen, in einer Stadt im Reich seine Residenz aufzuschlagen, war jener nicht eingegangen[358]. Es war ein prächtiger Auszug: vorneweg zwölf mit scharlachfarbenem Tuch bedeckte Pferde, denen Ritter mit vier Kardinalshüten folgten. Dann kam der Papst, an seiner Seite der römische König, der das Pferd des Papstes am Zaum führte; ihm gegenüber auf der anderen Seite des Papstes ging Kurfürst Friedrich von Brandenburg. Unter Glockengeläut ritt Martin V. aus der Stadt[359], die das Konzil mehr als dreieinhalb Jahre in ihren Mauern beherbergt hatte. Langsam bewegte sich der Zug nach dem nicht weit entfernten Gottlieben. Von dort reiste der Papst weiter per Schiff rheinabwärts in Richtung Schaffhausen, dann über Solothurn und Bern weiter zum Genfer See.

Wenige Tage später brach auch der Luxemburger auf, sein nächstes Ziel lag ebenfalls den Rhein ein Stück hinunter: Er wollte nach Basel. Schnell leerte sich nun die Stadt, beschleunigt durch eine Seuche, die in den letzten Wochen ausgebrochen war. Die Tage des Konzils waren vorbei und – endgültig Geschichte.

---

1 Dieter Girgensohn, Das Fortwirken des Pisaner Konzils von 1409 in der Kirchenpolitik des frühen 15. Jahrhunderts (ungedr. Manuskript einer Rede zum 60. Geburtstag von W. Brandmüller, Köln, Januar 1989), S. 10.

2 Die genaueren Umstände der Wahl in: Walter Brandmüller, ›Infeliciter electus fuit in Papam‹. Zur Wahl Johannes XXIII., in: Dieter Berg – Hans-Werner Goetz (Hg.), Ecclesia et regnum. Beiträge zur Geschichte von Kirche, Recht und Staat im Mittelalter. FS Franz-Josef Schmale, Bochum 1989, 309–322, ND in: Brandmüller, Papst und Konzil 71–84.

3 Vgl. Philippe Genequand, Kardinäle, Schisma und Konzil: das Kardinalskolleg im Großen Abendländischen Schisa (1378–1417), in: Dendorfer –Lützelschwab (Hg.), Geschichte des Kardinalats 303–334, hier 321.

4 Eine den modernen wissenschaftlichen Standards genügende Biographie zu Baldassare Cossa ist ein dringendes Forschungsdesiderat; Vorarbeiten von Wolfgang Decker/Köln sind offenbar nie zum Abschluss gelangt, jedenfalls nie gedruckt worden. Vorläufig ist zu verweisen auf Frenken, Johannes XXIII. (LexMA) 546 f.; Uginet, Giovanni XXIII (DBI) 621–627, sowie Ders., Giovanni XXIII, antipapa 614–619, in Kürze erscheint: Frenken, Johannes XXIII. [im Druck]. Das Zitat bei Stump, Council of Constance 402. – Mit der Rezeption dieser umstrittenen Person setzt sich kritisch auseinander: Brandmüller, Johannes XXIII. 106–145.

5 Einberufung des Konzils für den April des Folgejahres, Rom 1411, April 29 (ACC I 127–131 [Nr. 31], zur Konzilsaufgabe ebd. 128).

6 Vgl. dazu demnächst Ansgar Frenken, Art. »Rom. Allgemeines Konzil (1.4.1412 – 3.3.1413)«, in: Lexikon der Konzilien [in Vorbereitung].

7 ACC I 132–148.

8 ACC I 165–167.

9 Stellvertretend sei hierfür der Freiburger Mediävist Heinrich Finke genannt (in: ACC I 171). Eine gänzlich entgegengesetzte Position nahm der Augsburger Kirchenhistoriker Walter Brandmüller ein, der die Ansicht vertrat, dass Sigmund wegen fehlender Macht und Finanzmittel keinerlei Chance gehabt habe, einen Romzug anzutreten (Brandmüller, Konzil von Konstanz I[2] 37–43; Ders., Sigismund 430).

10 Edikt König Sigmunds vom 30. Oktober 1413, in: MOCC VI 5 f. (Nennung Konstanz': ebd. 5 Z. 10 f.) – Bulle *Ad pacem et exaltacionem* vom 9. Dezember 1413 (abgedruckt in: MOCC VI 9 f.; Mansi 27, 537 f.). Zur handschriftlichen Verbreitung vgl. u. a. Brandmüller, Konzil von Konstanz I[2] 64 Anm. 33. Neben den Konzilsdiarien von Fillastre und de la Tour (ACC II 5; 349) hat die Bulle auch Richental in seiner Konzilschronik inseriert (Buck, Chronik 9). – König Sigmund bestätigt nochmals die Konzilseinberufung in einem Schreiben an verschiedene Städte des Reichs: Cremona 10./20. Januar 1414: DRTA 7, 189 f. Nr. 129.

11 Helmrath, Locus concilii 610–615.

12 ACC I 358–391 zu den Verhandlungen Sigmunds mit dem französischen und englischen König, ACC I 391–401 zum Briefwechsel mit Kaiser Manuel. Vgl. weiterhin Brandmüller Konzil von Konstanz I[2] 118–125; Reitemeier, Außenpolitik 265–275; zuletzt Dan Ioan Mureşan, Une histoire de trois empereurs: Aspects des relations de Sigismond de Luxembourg avec Manuel II et Jean VIII Paléologue, in: Ekaterini Mitsiou (Ed.), Emperor Sigismund and the orthodox world, Wien 2010, 41–101, besonders 67–81.

13 Brandmüller, Konzil von Konstanz II 15–17; auf die engen Kontakte weisen auch verschiedene im Barceloneser Kronarchiv aufbewahrte Schreiben hin, u. a. das von Diego Fernández de Vadillo an König Ferdinand gerichtete Schreiben vom 6. September [1413], worin dieser über Kontakte zwischen Ladislaus, Benedikt und Königin Katharina von Kastilien berichtet, bzw. Informationen an Ferdinand über den Fortgang des Heiratsprojekts zwischen seinem Sohn Johann und Königin Giovanna von Neapel (vgl. Santiago González Sánchez, Documentos del reinado de Fernando I de Aragón referentes a Castilla, in: Boletín de la Real Academia de la Historia 208 [2011] 343–382, N° 44, 92). – Dass man in Konstanz von Benedikts Bemühungen in Italien Anfang/Mitte 1415 wusste, belegt ein Brief des Wiener Universitätsgesandten Pulkau vom 15. Oktober 1415 (Firnhaber, Petrus de Pulka 34 f.).

14 Maurer, Städtisches Ereignis 149–172; dazu auch Werner Maleczek, Zusammenfassung, in: Helmrath – Müller (Hg.), Konzilien 389.

15 Helmrath, Schisma 138.

16 Brandmüller, Konzil von Konstanz I² 130. Die Details finden sich in Frenken, Wohnraumbewirtschaftung, passim.

17 Angaben zur zeitlichen Bewältigung längerer Reisestrecken, etwa nach Italien oder auf die Iberische Halbinsel, unterliegen naturgemäß großen Schwankungen. Straßenzustand, Wetterbedingungen und Jahreszeit konnten die Dauer einer Reise erheblich beeinflussen: Ein Fußgänger dürfte auf längeren Distanzen ca. 25 km/Tag geschafft haben, ein Reiter vielleicht doppelt so viel, bei regelmäßigem Pferdewechsel sogar 80 Kilometer. Im Kurierdienst konnte diese Tagesleistung noch einmal deutlich gesteigert werden. Flussabwärts waren mit dem Schiff auch 100–150 Kilometer zu bewältigen, auf See noch mehr, sofern Windstille und Stürme die Reise nicht behinderten. – Ein paar Beispiel, um diese Angaben zu veranschaulichen: Ein Fußgänger war von Konstanz nach Genf somit acht bis neun Tage unterwegs; zu Pferd war die Strecke von Chur über den San Bernadino nach Bellinzona in 4–6 Tage zurückzulegen. Von Basel den Rhein hinab nach Köln waren mit dem Schiff ca. vier Tage anzusetzen; von Lyon nach Avignon konnte die Fahrt zwischen zwei und fünf Tagen dauern. – Nachrichten, die von Konstanz nach Prag (bzw. umgekehrt) liefen, brauchten zwei bis drei Wochen, solche nach Barcelona waren ca. drei Wochen unterwegs. – Eine Karte der gängigen Handelswege in: Schulte, Mittelalterlicher Handel II, Anhang 1.

18 Grundlegend dazu die beiden älteren Studien von Schulte, Mittelalterlicher Handel und Ders., Geschichte der Grossen Ravensburger Handelsgesellschaft (1380–1530) I–III, Stuttgart-Berlin 1923 ND Wiesbaden 1964.

19 Buck, Chronik 7 Z. 26–28. – Überblicksmäßig wies zuletzt Franz Irsigler (Der ländliche Raum. Das Land als Versorgungsbasis der Stadtbevölkerung, in: Spätmittelalter am Oberrhein. Alltag, Handwerk und Handel 1350–1525 – Ausstellungskatalog, Stuttgart 2001, 19–21) auf die nicht nur klimatisch begünstigte Situation der Oberrheinlande hin, die eine vergleichsweise große Zahl von Städten sowie eine gute Versorgung der dort lebenden Menschen ermöglichte.

20 Buck, Chronik 25.

21 Vgl. Cod. Frankfurt. 962a fol. 37b.

22 Aufträge für Gold- und Silberarbeiten, Geschmeide etc. für den neuen Papst, besonders für die Krönungsfeier, waren bezeichnenderweise an auswärtige Künstler und Goldschmiede gegangen, die offenbar schon früher für die römische Kurie gearbeitet hatten. Vgl. die Zahlungsanweisungen an den Thesaurar Martins V. aus dem Zeitraum 10. Dezember 1417 – 6. Mai 1418 (auszugsweise gedruckt in: ACC IV 212–217 [Nr. 382]).

23 *Item es warend och zů Costentz wechßler, die da allain dem baupst, den cardinäl und irem gesind wechßlotend* … (Buck, Chronik 168). Der Cod. Frankfurt. 962a fol. 37b zählte 49 Florentiner Wechsler und Knechte in der Stadt. Unter ihnen befand sich auch der junge Cosimo de' Medici. – Durch eine Besteuerung der fremden Wechsler (Verordnung von 1415 Februar 2, in: Ratsbuch fol. 28) gelang es der Stadt immerhin, deren Geschäfte zu kanalisieren und an ihren Gewinnen zu partizipieren.

24 Von Aldigherius Francisci und seinen Gesellschaftern, den *mercatores de Romana curia*, weiß man, dass sie dem Deutschen Orden einen Kredit gewährt hatten. Die Rückzahlung erfolgte jedoch nicht in dem vereinbarten Zeitraum, so dass sich der Gläubiger direkt an den Hochmeister wandte (Konstanz 9. September [1416]: ACC IV 719–721 [Nr. 531]).

25 Vgl. Bauer, Zins- und Wucherfrage; Ders., Rentkauf-Gutachten.

26 Richental meinte sogar: *In dem allem hieltend sich burger und die frömden mit ain andern so lieplich, das kain klag, nach kain unfrid under nieman uffstůnd, ... Es kam och nie klag für gericht, als lang das concilium werott* (Buck, Chronik 25 Z. 6–8). Dass der Blick des Chronisten auf die Realität etwas verklärend einseitig ausfällt, macht ein Blick in die Konstanzer Ratsbücher jener Jahre rasch deutlich.

27 Voigt, Italienische Berichte 54.

28 Zu den in Konstanz gehandelten Sorten und den Preisen vgl. Richental-Faksimile (ed. Feger) fol. 23b: *ain mǎß gůts malmasie umb 30 pfening aund also den romaine; ain mǎß gůts rainfan umb 20 d, ain maß elsesser umb 6 pfening, och fand man in umb fünf und umb vier. Ain maß lantwin umb 4 pfening oder umb dry und gůtten knechtwin umb 2 pfening.*]. Vgl. jetzt Buck, Chronik 26 Z. 4–6.

29 Exemplarisch dazu die Untersuchung von Coville, Vins de Bourgogne 326–330.

30 Siegmann, Hoppäzgen 79–99 || Bernd Fuhrmann, Konrad von Weinsberg – Ein adliger Oikos zwischen Territorium und Reich [= VSWG.Bh. 171], Wiesbaden 2004.

31 Buck, Chronik 25 Z.6–8. Die einseitige Positivzeichnung lässt sich kritisch gegenlesen durch die Eintragungen im Ratsbuch der Stadt Konstanz aus den entsprechenden Konzilsjahren (StadtA Konstanz, Ratsbuch [der Stadt Konstanz] II: 1414–1419 [Sign: B I 2]).

32 Das militärische Vorgehen der Stadt Konstanz gegen die Freiherrn von End (oder: Enne), die von ihrer Burg Grimmenstein b. Rorschach mehrfach Raubüberfälle auf durchreisende Kaufleute und Konzilsbesucher unternommen hatten, zeigt deutlich, dass die Stadt – in dem konkreten Fall im April 1416 gemeinsam mit anderen Reichsstädten des Bodenseegebiets – alles unternahm, um die Sicherheit auf ihren Zufahrtswegen zu gewährleisten (Ratsbuch fol. 91 [zu 1416 November 7]; vgl. auch Buck, Chronik 75 f.; Richental-Faksimile [ed. Feger] fol. 64b–65a, ebenso Niem, MOCC II 443–446). Weitere Hinweise zu den Freiherrn von Enne in: Feger (Hg.), Ulrich Richental II 212 f.

33 Dass sich der Rat für die Sicherheit *per territoria nostra transitum* verantwortlich fühlte, wird auch aus einem Schreiben an König Ferdinand von Aragón vom 9. März 1416 deutlich (ACC III 533 f.).

34 Bulle *Ad pacem et exaltacionem* vom 9. Dezember 1413 (MOCC VI 9).

35 Zitat: Feger, Konzilschronik 31. Vgl. Brandmüller, Konzil von Konstanz I² 86 f.; Frenken, Logistische Bewältigung 117.

36 Exemplarisch mögen hier die Vorschriften zum Umgang mit offenem Licht vom 6. Oktober 1414 (Ratsbuch fol. 18) oder die zur Einhaltung der Nachtruhe vom 17. Dezember (ebd. fol. 22) stehen.

37 Zur Verbreitung lassen sich keine genauen Angaben machen; allerdings haben sich eine Reihe Einladungsschreiben an unterschiedliche Adressaten erhalten. Darüber hinaus lassen sich weitere erschließen, etwa an den Hochmeister des Deutschen Ordens (vgl. Koeppen, Berichte 190 Nr. 89).

38 Mansi 27, 55 f.; Brandmüller, Konzil von Konstanz I² 146 f.

39 ACC III 314–316. Vgl. dazu ACC I 301; auch Brandmüller, Konzil von Konstanz I² 104 mit Anm. 32.

40 ACC I 48–60; dazu Brandmüller, Konzil von Konstanz I² 101–103.

41 ACC I 180 f., 250 f. Nr. 50.

42 Alphons Lhotsky, Art. »Friedrich IV.«, in: NDB 5 (1971) 524 f., der das politische Verhalten Friedrich gegenüber Sigmund unangemessen als »töricht« bzw. »schwerste Mißgriffe« abqualifizierte. Detaillierte Darstellung des Verhältnisses zwischen Friedrich IV. und Sigmund bei Hoensch, Kaiser Sigismund 214 f. u. ö.; Baum, Reichs- und Territorialgewalt 240–274.

43 Kramer, Meraner Bündnis 440–452. Dass der Papst in Vorahnung seiner späteren Absetzung dieses Bündnis gesucht hat – so Baum, Reichs- und Territorialgewalt 260 f. – ist natürlich Blödsinn.

44 In diese Richtung könnte eine Äußerung auf einem Merkzettel des Ordensprokurators des Deutschen Ordens Peter von Wormditt vom 10.–16. August 1414 gedeutet werden, der sich damals bei Johannes XXIII. in Bologna aufhielt (Koeppen, Berichte 216 Nr. 106).

45 ACC II 15, dessen Darstellung in der deutschsprachigen Literatur vielfach wiederholt wurde, so bei Fink, Konzil von Konstanz 147; Ders., Abendländisches Schisma 550; kritisch dazu Brandmüller, Konzil von Konstanz I² 93.

46 Der Brief Brunis an seinen Humanistenfreund, den Florentiner Niccolò Niccoli, datiert auf den 30. Dezember 1414. Zweisprachiger Teilabdruck in: Folker Reichert (Hg.), Quellen zur Geschichte des Reisen im Spätmittelalter [= Ausgewählte Quellen zur deutschen Geschichte des Mittelalters 46], Darmstadt 2009, 109–115; dazu Voigt, Italienische Berichte 48–51.

47 Buck, Chronik 13 (Text); Richental-Faksimile fol. 9r (Abbildung).

48 Zur Interpretation der Arlberg-Szene: Buck, Papst Johannes 37–110; Abbildungen der Szene aus den verschiedenen Handschriften bzw. Drucken ebd. 103–110.

49 Maurer, Konstanz im Mittelalter I(–II); Ders., Art. »Konstanz II. Stadt«, in: LexMA 5 (1991) 1400 f.; zuletzt Andreas Bihrer, Der erste Bürgerkampf. Zur Verfassungs- und Sozialgeschichte der Stadt Konstanz in der Mitte des 14. Jahrhunderts, in: ZGO 153 (2005) 181–220. Zur archäologischen Entwicklung: Judith Oexle, Konstanz, in: Stadtluft, Hirsebrei und Bettelmönch 52–67. Vgl. außerdem die detaillierten Ausführungen bei Tüchle, Stadt des Konzils 55–66.

50 Zusammenfassend: Maurer, Konstanz im Mittelalter I 224 f.

51 Frenken, Wohnraumbewirtschaftung 109–146. – Die Stadt Basel hatte es anderthalb Jahrzehnte später deutlich leichter, da sie sich bei den Konstanzern erkundigen konnte (Rudolf Wackernagel, Geschichte der Stadt Basel I, Basel 1905 [ND 1968], 483).

52 Angaben nach Otto Feger, Die Konzilschronik des Ulrich Richental, in: Ders. (Hg.), Ulrich Richental 30.

53 Unter den Steuerpflichtigen befinden sich auch Ehefrauen, Witwen, Kinder und Erbengemeinschaften. Dagegen fehlen in dieser Liste ganze Gruppen (Gesellen, Lohnarbeiter, das zahlreiche Gesinde, die städtischen Wachleute, der komplette Klerus sowie das Personal der bischöflichen/kirchlichen Verwaltung). Dazu: Stadtarchiv Konstanz (Hg.), Die Steuerbücher der Stadt Konstanz I: 1418–1460, Konstanz 1958, 1–27 [zu 1418], und die Untersuchung von Bernhard Kirchgässner, Das Steuerwesen der Stadt Konstanz 1418–1460, Konstanz 1960, hier 148 ff. Bedauerlicherweise fehlen städtische Steuerlisten für den Zeitraum vor 1418.

54 Zum Baubestand des spätmittelalterlichen Konstanz vgl. Konrad Beyerle – Anton Maurer (Bearb.), Konstanzer Häuserbuch II, Heidelberg 1908.

55 Vergleiche mit Pisa oder anderen früheren Konzilsorten zu ziehen, dürfte aufgrund der unterschiedlichen Voraussetzungen in diesem Punkt kaum weitergeführt haben; ganz abgesehen davon, dass den Konstanzer Stadtvätern entsprechende Informationen wohl kaum vorgelegen haben.

56 An einer ersten Erkundungs- und Requirierungsreise in das nahe Thurgau war Richental selbst beteiligt (Buck, Chronik 11 f.). Doch auch hier bekamen die Kundschafter zunächst die unbefriedigende Antwort: *Sy hetten halb nit gnůg herbergen.*

57 Maurer, Konstanz II 18 f., nennt eine Reihe von Beispielen hochgestellter Konzilsteilnehmer, die in den Häusern namentlich genannter Konstanzer Patrizier Unterkunft fanden.

58 Vgl. dazu die einschlägigen Hinweise bei Maurer, Konstanz im Mittelalter I 257.

59 Vgl. in diesem Zusammenhang eine beiläufige Äußerung des Kardinals Guillaume Fillastre, dass die zur Papstwahl eingerichteten Zellen im Konklavegebäude für deren Bezieher größer und bequemer gewesen sein sollen – *multique ibi lecius et quiecius steterunt, quam in propriis domibus* – als ihre eigentlichen Quartiere in der Konzilsstadt (Tagebuch des Kardinal Fillastre, abgedruckt in: ACC II 157).

60 Vgl. Finke, Bilder 13, und Ders., Badisches Land 47, der sich bei seinen Angaben auf die Rechnungsbücher des päpstlichen Kämmerers Stefano di Geri di Buono, Bischof von Volterra, stützte. Die von der päpstlichen Kammer beglichenen Handwerkerrechnungen sind in Auszügen abgedruckt in: Fink, Finanzwesen 632 ff. Ein etwas kryptischer Hinweis findet sich auch in der »Konstanzer Chronik« des Gebhardt Dachers (ed. Sandra Wolf, Ostfildern 2008, 462 Z. 12–14).

61 Zur symbolischen Bedeutung dieses Standorts als zeitweiligem Wohnsitz des Königs vgl. Frenken, König 177–242, hier 193.

62 Ausdrücklich hatte der Ordensprokurator Wormditt die Anfang 1417 nach Konstanz aufbrechende hochrangige Delegation des Deutschen Ordens aufgefordert, einen Knecht vorauszuschicken, *der in bestelle umb herberge und umb notdurft* – andernfalls könne es Schwierigkeiten geben (Brief vom 6. Januar 1417: Koeppen, Berichte 381 [Nr. 192 Nachschrift]).

63 Buck, Chronik 29 Z. 20–26.

64 Vgl. Buck, Chronik 33, der dies vom Salzburger Erzbischof berichtete. So schrieb auch der Sieneser Vertreter in Konstanz und Leibarzt Johannes' XXIII. Pietro di Bernardo da Montalcino am 14. Dezember 1414 an den Rat seiner Heimatstadt: *Et perche non vi maravigliate come questa terra puo riceptare tanta multitudine sappiate che ohni uno manda e suoi cavagli e la sua famiglia ale terre dintorno* (zitiert nach Brandmüller, Konzil von Konstanz I² 132 Anm. 14). Der Prager Magister Jan Hus hatte sein eigenes Pferd und die seiner Begleiter nach Ravensburg bringen lassen, nicht zuletzt weil das Futter in Konstanz zu teuer war (Bujnoch, Hus 65).

65 Frenken, Gelehrte 119 Anm. 47.

66 Vgl. dazu Feger, Konstanzer Konzil 320: »Für Richental ist nur das Vordergründige des Aufzeichnens würdig, …, der Einritt hoher Gäste und die Zahl ihrer Begleiter und ihrer Pferde . . .«. Die

verkürzte Sichtweise Fegers blieb indes nicht unwidersprochen, vgl. dazu Matthiessen, Richentals Chronik, und Rathmann, Geschehen.

67 Buck, Chronik 18f.

68 Die Darstellung folgt in wesentlichen Zügen Maurer, Konstanz im Mittelalter II 17–19; zuletzt Buck, Topographie. – Zu St. Stephan: Ders., Das Stift St. Stephan in Konstanz [= GermSac NF 15], Berlin 1981, 56, Register.

69 Brief an Iacobo de Colonna (zur Person des Empfängers vgl. Peter Partner, Art. »Colonna, Giacomo [Iacopo]«, in: DBI 27 [1982] 318–320) vom 14. Februar 1415 – zitiert nach Finke, Badisches Land 50. Eine Analyse der Ortsbeschreibung bei Voigt, Italienische Berichte 52–55.

70 MOCC II 398 (Niem); die Zitate wiedergegeben nach Maurer, Konstanz im Mittelalter II 15 bzw. nach Finke, Badisches Land 50.

71 An der Kölner Universität rechnete man mit ca. drei Monaten Konzilsdauer (Hermann Keussen, Regesten und Auszüge zur Geschichte der Universität Köln 1338–1559, in: Mitteilungen aus dem Stadtarchiv Köln 15/H.36–37 (1918) 28–49 [= *die Konzilszeit (1413–1418) umfassende Regesten*] 31f. Nr. 214), in Heidelberg nicht wesentlich länger (Gerhard Ritter, Die Heidelberger Universität im Mittelalter 1386–1508. Ein Stück deutscher Universitätsgeschichte, Heidelberg [1936] ND 1986, 305f.).

72 Buck, Ulrichs von Richental Chronik 215. Der Herausgeber dieser sog. Aulendorfer Handschrift vermerkte dabei, dass diese Zahl von anderer Hand nachgetragen worden sei. Sie ergibt sich indes aus den zuvor gemachten Angaben. – Buck, Chronik 207 Z. 11 mit Anm. 1503.

73 Maurer, Konstanz im Mittelalter II 36.

74 Offenbar war aber zumindest von städtischer Seite der Versuch gemacht worden, Zahl, Rang und Namen der Teilnehmer zu ermitteln: Klingenberger Chronik 187: *das man in ain aigen bůch gemachett ha$^{u}$t, won es warend lütt ze Costentz, die sölichs ergiengend und söllichem na$^{u}$ch giengend.* Ähnliches berichtete der Berner Konrad Justinger, vgl. Kathrin Jost, Konrad Justinger (ca. 1365–1438), Chronist und Finanzmann in Berns großer Zeit [= VuF Sonderbd. 56], Ostfildern 2011, 230 Anm. 321.

75 Ausführliche Darstellung des Einzugs in Richental (Richental-Faksimile fol. 9b – fol. 12b [mit Abbildungen]; Buck, Chronik 13 Z. 25 – 15 Z. 3). Zur Wahrnehmung des Konzils durch die Konstanzer Bevölkerung vgl. Maurer, Städtisches Ereignis 149–172.

76 Cerretani, ACC II 184.

77 Cerretani, ACC II 190–196.

78 Zu diesem Gremium vgl. Frenken, Theologischer Sachverstand 345–362.

79 MOCC II 190.

80 Mansi 27, 543f.; vgl. dazu Brandmüller, Konzil von Konstanz I$^{2}$ 157. Eine völlige Überbewertung der Bedeutung dieser Hofordnung, wenn nicht gar grobe Fehleinschätzung liegt wohl bei Fink, Konzil von Konstanz 151f., vor, der in dieser eine Korrekturmaßnahme am (bisherigen) Verhalten Johannes' XXIII. seitens des Konzils sehen wollte. Eine solche Interpretation ist unangemessen und anachronistisch, sie lässt sich auch nur in der Rückschau und im Wissen des späteren Absetzungsprozesses und der Anklagen gegen den Papst vornehmen.

81 Mansi 27, 536–540.

82 Sieben, Konzilsgeschäftsordnungen, bes. 347–352.

83 ACC II 187 (Cerretani – erstaunlicherweise bleibt Fillastre für diese Phase ziemlich wortkarg, über den Wappenstreit berichtet er nicht); vgl. Brandmüller, Konzil von Konstanz I$^{2}$ 165f.

84 Zur Person: Frenken, Petrus von Ailly [mit umfangreicher Bibliographie]; Guenée, Pierre d'Ailly; Pascoe, Church and Reform.

85 Mansi 27, 542f.

86 Zur Person: Frenken, Zabarella [mit umfangreicher Bibliographie]; Girgensohn, Francesco Zabarella 232–277; Ders., Francesco Zabarella da Padova. Dottrina e attivà politica di un professore di diritto durante il grande scisma d'Occidente, in: Quaderni per la storia dell'Università di Padova 26–27 (1993–94) 1–48.

87 Zu Zabarellas Bedenken: ACC II 197. – Zu seiner Position auf dem Konzil: Zonta, Zabarella (Anhang), nennt mehr als 100 Schüler, die in Konstanz anwesend gewesen sein sollen. Zu seiner Ausstrahlung allgemein: Girgensohn, Studenti; vgl. Frenken, Gelehrte 130. – Zabarella hatte in engem Kontakt zum Florentiner Staatsmann Coluccio Salutati († 1406) gestanden, der der Entwick-

lung des Humanismus wichtige Impulse gab, nicht zuletzt durch die Berufung des byzantinischen Gelehrten Manuel Chrysoloras an die Universität Florenz (1396), um das Studium der griechischen Sprache in Italien zu fördern.

88 MOCC II 188 f.; ACC II 16.

89 Krzenck, Johannes Hus 154.

90 Buck, Chronik 21 Z. 14–16.

91 Zur Person: Frenken, Sig(is)mund von Luxemburg [mit ausführlichen Literaturhinweisen]; Hoensch, Kaiser Sigismund [*Maßgebliche Biographie!*]; Pauly – Reinert (Hg.), Sigismund [*Wichtiger Aufsatzband zum gegenwärtigen Forschungsstand.*].

92 ACC I 380 Nr. 105.

93 Schon zuvor aus Mainz, 6. August 1414: DRTA VII 269 f. Nr. 176; RI XI 66 Nrn. 1127–1133. Dazu Kerler, in: DRTA VII 257. Aus Koblenz erfolgt am 4. September die Einladung an den Deutschen Orden: DRTA VII 270 f. Nr. 177; RI XI 70 Nr. 1171.

94 Ausführliche Darstellung zuletzt in: Frenken, König 177–242.

95 Dies geht aus dem Brief des Pietro di Bernardo vom 14. Dezember 1414 an seine Heimatstadt Siena hervor (auszugsweise wiedergegeben bei Brandmüller, Konzil von Konstanz I² 175 f. Anm. 16).

96 ACC II 200. – Zur liturgischen Funktion Sigmunds, die allerdings aus der Stellung des römischen Königs resultierte, vgl. die beiden Aufsätze von Heimpel, Königlicher Weihnachtsdienst 388–411, bzw. Ders., Weihnachtsdienst im späten Mittelalter, 131–206; dazu die kritischen Anmerkungen von Brandmüller, Konzil von Konstanz I² 177 mit Anm. 25.

97 Frenken, König 182–190, bes. 189.

98 Cerretani, ACC II 202; Brandmüller, Konzil von Konstanz I² 178 f.

99 Mansi 27, 547 f.; ACC III 61, dazu Brandmüller, Konzil von Konstanz I² 181. – Zur Synode von Sutri vgl. Heinz Wolter, Die Synoden im Reichsgebiet und in Reichsitalien von 916–1056, Paderborn u. a. 1988, 381–394; Pius Engelbert, Heinrich III. und die Synoden von Sutri und Rom im Dezember 1046, in: RQ 94 (1999) 228–266.

100 Cerretani, ACC II 209 f.

101 Brandmüller, Konzil von Konstanz I² 187.

102 Mansi 27, 553B–555E.

103 Cedula *Si placet regiae maiestati*, gedruckt in: Mansi 27, 552 f.; ACC II 209 f. – Gregor XII. hatte schon Anfang 1413 den Vorschlag gemacht, dass die drei Päpste ein allgemeines Konzil – *trium omnium (paparum) consensu* – einberufen sollten und falls das nicht gelinge, ein mächtiger Fürst dies in seine Hände nehmen solle (ACC I 48–60 Nr. 9).

104 Finke, in: ACC IV, S. CI; vgl. auch Miethke, Forum 746 mit Anm. 32.

105 ACC II 19.

106 Cedula *Tu quisquis es*, in: Mansi 27, 562 ff.

107 Frenken, Ultimativer Lösungsversuch. – Zur Rolle der Universitäten auf dem Konzil: Frenken, Gelehrte 107–147 [*Die Personenlisten sind noch ungedruckt, werden aber demnächst im AHC erscheinen.*]; Müller, Universitäten 109–144.

108 Cedula *Tu quisquis es* (wohl zwischen Ende Januar und Mitte Februar 1415 verfasst: MOCC II 226–231; Mansi 27, 561–563, hier 562BC). – Zum Hintergrund vgl. Brandmüller, Konzil von Konstanz I² 203 f.; Minnich, Changing Status 202–204.

109 Mansi 27, 553–555; dazu ACC II 18 (Fillastre). Zur Einordnung Brandmüller, Konzil von Konstanz I² 187 f.

110 ACC III 82 f. (Cedula vom 31. Januar 1415); dazu Brandmüller, Konzil von Konstanz I² 189.

111 Vgl. die Analyse von Mierau, Fama 237–286.

112 Mansi 27, 564CD.

113 Mansi 27, 568D–569C. Darüber berichtete auch der Erzbischof von Riga an den Hochmeister OT in seinem Brief vom 4. März 1415 (Koeppen, Berichte 228 [Nr. 115]).

114 Zu den Details vgl. Brandmüller, Konzil von Konstanz I² 209–215. Vgl. auch den gen. Brief des Erzbischofs von Riga, der als Datum für die Zusammenkunft den 30. Juni oder 1. Juli 1415 sowie als Ort Nizza *in provincia Provincie* nannte (Koeppen, Berichte 228 f. [Nr. 115]). Die offensichtlich nicht besonders gut informierten Kölner Universitätsgesandten gingen sogar noch am 1. August von Nizza als Verhandlungsort aus (Martène-Durand, Thesaurus II 1641 f.).

115 Diese Formulierung benutzte schon Fink, Konzil von Konstanz 149, zuletzt auch Brandmüller, Sigismund 431.

116 Grundlegend zum Brauch und zur symbolischen Bedeutung: Cornides, Rose.

117 Vgl. Frenken, König 195–198.

118 ACC II 217f. – Schon Mitte Februar 1415 gab es bereits Befürchtungen, der Papst könne den Konzilsort verlassen (ACC III 32).

119 Brandmüller, Konzil von Konstanz I² 226 Anm. 6, der sich hier auf eine Bemerkung des Polen Petrus de Wolfram von Ende April 1415 stützte. Peter, Informationen, der die Zusammenhänge rund um die Flucht am besten aufgearbeitet hat und auch von Brandmüller ausgewertet wurde, bewertete die Vorgänge hingegen gänzlich anders. Vgl. Stump, Council of Constance 410 mit Anm. 45.

120 Koeppen, Berichte 233 (Nr. 117).

121 Brandmüller, Konzil von Konstanz I² 225f., der sich für die Rekonstruktion der Ereignisse im Wesentlichen auf Peter, Informationen, stützen konnte.

122 RI XI 97 Nr. 1542. – Weiss, Herzog Friedrich IV 31–56; Hoensch, Kaiser Sigismund 216 (Zitat!).

123 ACC II 25.

124 Buck, Chronik 47f.

125 Brandmüller, Konzil von Konstanz I² 230.

126 Aus der umfangreichen Literatur zu Gerson seien besonders hervorgehoben: John B. Morrall, Gerson and the Great Schism, Manchester-New York 1960; Guillaume Henri Marie Posthumus Meyjes, Jean Gerson: Apostle of Unity, Leiden 1999 (eine überarbeitete und ins Englische übersetzte Fassung seines Erstlingswerks »Jean Gerson. Zijn kerkpolitiek en ecclesiologie [1963]«); Pascoe, Jean Gerson; Ders., Jean Gerson: Mysticism, Conciliarism and Reform, in: AHC 6 (1974) 135–153; Oakley, Gerson as Conciliarist 179–204. – Zusammenfassend: Christoph Burger, Art. »Gerson, Johannes«, in: TRE 12 (1984) 532–538.

127 Glorieux V 39–50 (Nr. 210), der die Rede auf den 23. März datiert.

128 Crowder, Unity 12.

129 Hoensch, Kaiser Sigismund 215. – Vgl. zum Zusammenhang Heinrich Koller, Kaiser Siegmunds Kampf gegen Herzog Friedrich IV. von Österreich, in: Friedrich Bernward Fahlbusch – Peter Johanek (Hg.), Studia Luxemburgensia. FS Heinz Stoob, Warendorf 1989, 313–352; Weiss, Herzog Friedrich 31–56.

130 Wilhelm Baum, Die Habsburger in den Vorlanden 1386–1486. Krise und Höhepunkt der habsburgischen Machtstellung in Schwaben am Ausgang des Mittelalters, Wien-Köln-Weimar 1993, 118–124; Ders., Reichs- und Territorialgewalt 264–270.

131 Vgl. Stump, Council of Constance 411f. – Zu Zabarellas Verhalten zuletzt: Decaluwé, Dekret *Haec Sancta* 322–324, Zitat: 323.

132 COD³/¹ 408f.; zur kontroversen Auslegung vgl. etwa Schneider, Konziliarismus 239–307; Frenken, Erforschung 365–389, 411f.; Decaluwé, Three Ways; Ders., Dekret *Haec Sancta* – Zur Weigerung Zabarellas vgl. das »Tagebuch« Fillastres (ACC II 235).

133 Vgl. zuletzt Grohe, Concilio di Costanza, passim [im Druck].

134 Zur Person: Paolo Viti, in: DBI 33 (1987) 40–44. Zu seinen Aktivitäten auf dem Konzil vgl. Brandmüller, Konzil von Konstanz II 215–221 u.ö.

135 Brandmüller, Konzil von Konstanz I² 335; demnächst dazu mein Aufsatz »Theologische Expertengremien auf dem Konstanzer Konzil (1414–1418)«. – Vgl. zuletzt Norman P. Tanner, Wyclif and Companions: Naming and Describing dissenters in Ecumenical and General Councils, in: Linda Clark – Maureen Jurkowski – Colin Richmond (Ed.), Image, text and church, 1380 – 1600: essays for Margaret Aston, Toronto 2009, 131–141.

136 Brandmüller, Konzil von Konstanz I² 343. Dass Hus' Ekklesiologie der »Urgrund« für seine Verurteilung auf dem Konzil war, betonte auch Patschovsky, Gewissen 147–158, Zitat ebd. 147.

137 COD³/⁴ 426–431; Bernhard Schimmelpfennig, Die Degradation von Klerikern im späten Mittelalter, in: ZRGG 34 (1982) 305–323. – Eine bildliche Darstellung der Degradation sowie der anschließend erfolgten Verbrennung in: Richental-Faksimile fol. 57v, 58r.

138 Buck, Chronik 66 Z. 5f. – Gleiches hat auch Dietrich Vrie berichtet (MOCC I 170f.).

139 Erste öffentliche Vorstellung des aus dem Musée d'Unterlinden in Colmar stammenden Objekts, das laut einer alten Beschriftung Hus zugeschrieben wird, am 6. Juli 2012 im badischen Landesmuseum

Karlsruhe. Eine textiltechnologische Untersuchung im Institut der Abegg-Stiftung in Bern konnte zumindest eine Entstehung des Wollstoffes im Mittelalter als höchstwahrscheinlich nachweisen.

140 Versailles' Äußerung vom 26. September 1415 (ACC IV 352 mit Anm. a). Zur Beurteilung des Verfahrens siehe unten Kap. »Die Causa Hus«.

141 MOCC IV 332–334; Mansi 27, 727f.; COD$^{3/4}$ 418f.

142 Auf der Grundlage von Pulkaus *Confutatio Jacobi de Misa* (ediert von Girgensohn, Peter von Pulkau 217–250) gelang es Brandmüller, Konzil von Konstanz I$^{2}$ 367–370, die theologischen Implikationen der Laienkelch-Entscheidung aufzuzeigen.

143 Eine gründliche Darstellung bei Peter, Informationen.

144 *Auctoritas huius sacri concilii* (Mansi 28, 21).

145 Vgl. Corpus iuris civilis, Dig. 4.2.1. – Brandmüller, Konzil von Konstanz I$^{2}$ 269. Zur kanonistischen Problematik aller Rechtsakte, die unter Furcht zustande kommen, vgl. den Liber Extra tit. *De his, quae vi metusve causa fiunt* X 1.40.1–7 (= Friedberg II 218–222).

146 Eine lebendige und immer noch lesenswerte Darstellung bei Finke, Badisches Land 19–70, hier 51–57.

147 So Brandmüller, Konzil von Konstanz I$^{2}$ 226 mit Anm. 8, der sich auf einen aus Bologna stammenden Brief an Siena stützte, der jedenfalls diese Annahme nahelegt.

148 Zitiert nach Finke, Bilder 28. Die dieses Zitat enthaltende Urkunde aus dem Stadtarchiv Straßburg AA 138 Nr. 51 ist abgedruckt bei Finke, Badisches Land 63.

149 Brandmüller, Konzil von Konstanz I$^{2}$ 275.

150 Verlesen durch den Erzbischof Pileo de Prata von Genua (Mansi 27, 625–627).

151 Brandmüller, Konzil von Konstanz I$^{2}$ 288.

152 Mansi 27, 707E.

153 Mansi 27, 715f.; COD$^{3/4}$ 417f.; vgl. Brandmüller, Konzil von Konstanz I$^{2}$ 294f.

154 COD$^{3/4}$ 416f.

155 Mansi 27, 717–720, vgl. auch Brandmüller, Konzil von Konstanz I$^{2}$ 296.

156 Brandmüller, Konzil von Konstanz I2 405f., der hier Gerson wiedergibt; Frenken, Erforschung 162–164; Stump, Council of Constance 414 (Zitat).

157 Alois Gerlich, Zur Kirchenpolitik des Erzbischofs Johann II. und des Domkapitels von Mainz 1409–1417, in: ZGO 105 NF 66 (1957) 334–344, hier 342f. Finke, Badisches Land 68, hielt dagegen den Fluchtversuch bloß für ein Gerücht, das von Dietrich von Niem wiedergegeben, vielleicht sogar gezielt gestreut worden ist.

158 ACC III 295f. Nr. 137 (Der Bericht darüber ging an Alfons V. und nicht an Alfons IV., wie es fälschlich bei Finke heißt, der diese irreführende Angabe aus den Barcelonenser Register übernommen hat, wo dieser offensichtliche Schreibfehler bereits enthalten ist.). Eine wichtige Quelle ist Leonardo Bruni: Rerum suo tempore gestarum commentarius, ed. Emilio Santini – Carmine di Pierro, in: RIS$^{2}$ 19/3 (1914–1926), 423–458, hier 445.

159 Die früher vermuteten Todesdaten, 22. oder 23. Dezember, wie sie vielfach in der Literatur angegeben werden, sind aufgrund eines Eintrags eines von Klerikern der Kardinalskammer geführten Manuale zu verwerfen (vgl. Esch, Papsttum 778 Anm. 235 [mit Quellennachweis]).

160 Frenken, Darstellende Quellen 392.

161 Vgl. Horst W. Janson, The Sculpture of Donatello, Princeton, NJ $^{2}$1963 ND 1979, 59–65 (Tafeln 26f.); Ronald W. Lightbown, Donatello and Michelozzo. An Artistic Partnership and its Patrons in the Early Renaissance I–II, London 1980, I 24–52, II 1–20 (Tafeln); Wolfgang Decker, Ioannes quondam papa. Il monumento fiorentino a Baldassarre Cossa, in: Isa Lori Sanfilippo – Antonio Rigon (Hg.), Condannare all'oblio: pratiche della damnatio memoriae nel Medioevo: atti del convegno di studio svoltosi in occasione della XX edizione del Premio internazionale Ascoli Piceno: Ascoli Piceno, Palazzo dei Capitani, 27–29 novembre 2008, Roma 2010, 109–126.

162 Brandmüller, Konzil von Konstanz I$^{2}$ 298.

163 Georg Erler, Dietrich von Nieheim, Leipzig 1887, 341, 387.

164 Brief vom 29. Mai 1415 zitiert und in der angegebenen Passage übersetzt bei Brandmüller, Konzil von Konstanz I$^{2}$ 299 mit Anm. 107.

165 Consulte 43, fol.48r – 4. Juli 1415 (zitiert nach: Lewin, Negotiating survival 200f. Anm. 160).

166 Einen Bezugspunkt stellt meist der Standpunkt der Autoren zur Legitimität der einzelnen Papstreihen dar; entsprechend wird das Einsetzen der Sedisvakanz häufig mit dem Rücktritt Gregors XII.,

manchmal gar erst mit der Absetzung Benedikts XIII. angesetzt. Auf die damit verbundene Problematik hinsichtlich dessen, was *conciliariter* beschlossen wurde, und auf die Frage, ob für diese Entscheidungen eine spätere päpstliche Approbation erfolgen musste, ist später noch einzugehen.

167 Vgl. ACC I 33–81, bes. 48–60 Nr. 9.

168 Zur Person vgl. Philip J. Jones, The Malatesta of Rimini and the Papal States. A political history, London 1974, bes. 135–146; zuletzt Anna Falcioni, Art. »Malatesta (de Malatestis), Carlo«, in: DBI 68 (2007) 17–21; zu seinem Verhältnis zu Gregor XII.: Franco Foschi, Su Gregorio XII e Carlo Malatesta, in: Le Signorie dei Malatesti. Atti della Giornata di studi malatestiani a Recanati, Rimini 1990, 5–51; Ders., Recanati alla fine del Grande Scisma: Gregorio XII e Carlo Malatesti, in: Atti e memorie (Marche) N.S. 92 (1987) 173–255.

169 Eine moderne, wissenschaftlichen Ansprüchen genügende Biographie ist ein Desiderat. Vorläufig ist zurückzugreifen auf: Girgensohn, Gregorio XII; Ortalli, Gregorio XII 584–593 (erschöpfende Bibliographie); Ders., Gregorio XII (DBI) 195–204. – Ein kurzgefasstes, pointiertes Lebensbild erscheint demnächst: Ansgar Frenken, Gregor XII.

170 ACC III 333 Nr. 150. – Zur Rolle Venedigs vgl. Jones, Malatesta 142; Girgensohn, Kirche, passim. Vgl. ebd. 81 mit Anm. 17 als Venedig am 15. September 1415 eine offizielle Gesandtschaft zum Konzil nach Konstanz ablehnte: *mores nostri domini semper fuerunt et sunt in rebus ecclesiasticis nos non impedire sed permittere illos, quibus talia spectant, secundum canones et ecclesiasticas constituciones facere, regere et disponere facta predicta* (Archivo di Stato di Venezia, Senato Secreti reg. 6 fol. 69).

171 Mansi 27, 730D.

172 Mansi 27, 744D–745B.

173 Den Ablauf der 14. Sitzung vom 4. Juli 1415 beschrieb zuletzt detailliert Brandmüller, Konzil von Konstanz I[2] 314–316 (mit Quellenbelegen); zur Bedeutung dieses Vorgangs vgl. Engels, Reichsgedanke 384; Frenken, König 195, 238. – Die Rolle, die Job Vener als wichtigster Berater des Pfälzer Kurfürsten, der wiederum der Rückhalt Gregors XII. im Reich war, in der *Causa unionis* auf dem Konzil einnahm, wird ausführlich dargestellt von Heimpel, Vener I 329–361.

174 Mansi 27, 741.

175 ACC III 337–339 Nrn. 152, 153.

176 Der Sarkophag Gregors XII. ist heute noch im Dom von Recanati zu sehen.

177 Benedikt entsandte Bischof Nicolas Aviñó von Sénez und den Presbyter Jaime Belleroni, Doktor beider Rechte, nach Konstanz, um Verhandlungen über einen geeigneten Ort für ein Treffen zwischen dem römischen König, König Ferdinand und ihm aufzunehmen (San Mateo, 20. September 1414: Regest nach Reg.Avin. 335 fol. 639rv, in: Ovidio Cuella Esteban, Bulario Aragónes de Benedicto XIII: La Curia de Peñiscola [1412–1423], Zaragoza 2006, 216 f. nr. 418). Ein Dreivierteljahr später verlängerte er die Gesandtschaft Belleronis – jetzt in Begleitung des Diego Navarro (Valencia, 15. Juni 1415: Regest nach Reg.Avin. 335 fol. 648rv, in: ebd. 307 nr. 651).

178 Mansi 27, 769DE.

179 MOCC II 470–485; Mansi 28, 549–557; Glorieux V 471–480 (Nr. 241); dt. Übersetzung in: Gill, Konstanz und Basel-Florenz 375–388.

180 Vgl. Brandmüller, Konzil von Konstanz I[2] 405–407.

181 Glorieux V 479.

182 Allein die von Palemon Glorieux (Glorieux V, S. XIV) nachgewiesenen Handschriften, die heute in zahlreichen Archiven Frankreichs, Italiens, Deutschlands und Polens zu finden sind, zeigen eine weite Verbreitung der Predigt.

183 Martène-Durand, Thesaurus II 1642 f. Vgl. Hoensch, Itinerar 95. – Caille, Empereur Sigismond 462–478.

184 Ludwig Vones, Art. »Ferdinand I. *v. Antequera*«, in: LexMA 4 (1989) 356–358; Julio Valdeón Baruque, Los Trastámaras. El triunfo de una dinastía bastarda, Madrid 32002, bes. 77–120.

185 Hoensch, Itinerar 95.

186 Zur zeremoniellen Einholung Sigmunds vgl. unten Kap. »Zeremoniell, Ritual und andere Formen symbolischer Kommunikation …« – Augenzeugen waren Eberhard Windecke und Oswald von Wolkenstein, der seine Eindrücke in dem Lied *Es ist ain altgesprochner rat* (Klein [Hg.], Lieder Oswalds 53–62 Nr. 19, bes. Z. 25–44, 57–64) verarbeitete. Vgl. dazu Hartmann, Sigismunds Ankunft 133–139. Allgemein auch Schwedler, Herrschertreffen 459 f.

187 Zum Kompromiss von Caspe: Jesús Lalinde Abadía, Art. »Caspe, Compromiso de«, in: LexMA 2 (1983) 1549; Enrique Cantera Montenegro, El Compromis de Caspe, in: Vicente Ángel Álvarez Palenzuela (coord.), Historia de España de la Edad Media, Barcelona 2002, 707–725; zuletzt: Francisco M. Gimeno Blay, El Compromiso de Caspe (1412). Diario del Proceso, Zaragoza 2012.

188 Alberto Boscolo, La politica italiana di Ferdinando d'Aragona, Studi Sardi 2 (1955) 70–254; Ders., Progetti matrimoniali aragonesi per l'annessione del regno di Napoli alla corona di Aragona, in Studi medievali in onore di Antonino di Stefano, Palermo 1966, 92–105.

189 Vgl. das Gutachten des Franziskanermagisters Antonius de Piscibus, vermutlich vom September 1415, das den Standpunkt Benedikts wiedergibt (ACC III 454). Vgl. auch Suárez Fernández, Benedicto XIII 289 (»Ésta fue su última y definitiva respuesta.«), der sich seinerseits auf Alpartil beruft.

190 Die unterschiedlichen Positionen in der neueren Forschung wie die diesen zugrunde liegenden Positionen in den Quellen werden dargestellt in: Stump, Council of Constance 417 f.; eine punktuelle Neubewertung der Quellengrundlage bei Jaspert, Dilemma [im Druck].

191 Zur Person dieser Schlüsselfigur vgl. Ansgar Frenken, Malla, Felipe de, in: BBKL 5 (1993) 626 f. (mit umfangreicher Literaturliste); Perarnau i Espelt, Malla [*Grundlegend!*]; zuletzt: Pedretti, Catalan diplomat 143–161.

192 Über die Verhandlungen mit Benedikt XIII. informiert ausführlich Prinzhorn, Verhandlungen. Jetzt auch Jaspert, Dilemma [im Druck].

193 Abdruck in: Mansi 27, 811–817.

194 Brandmüller, Konzil von Konstanz II 46.

195 Mansi 27, 817–824.

196 Brandmüller, Konzil von Konstanz II 43 (Zitat!).

197 Auf die damit verbundene Problematik bei der Umsetzung der Subtraktion in Kastilien weist Frenken, Endgültiger Bruch, sowie Ders., Sánchez de Rojas, hin.

198 Abdruck in: Mansi 27, 824–829.

199 In diese Richtung argumentiert Brandmüller, Konzil von Konstanz II 5.

200 Darauf wies zuletzt Jaspert, Dilemma [im Druck] hin.

201 Frenken, Nürnberger Angelegenheiten 383–433, hier 415 f.

202 Puig y Puig, Episcopologio 561.

203 Zuletzt Jaspert, Dilemma [im Druck], der feststellt: »Die im vatikanischen Archiv aufbewahrten Handschriften aus dem Umkreis Benedikts XIII. zum Konstanzer Konzil und den Ereignissen von 1415–1416 (Archivio Segreto Vaticano, Vat. Lat. 4904, 7110, Barb. Lat. 871, 874, 876, Pal. Lat. 701) wurden größtenteils, aber nicht vollständig von Heinrich Finke ausgewertet: Josep Perarnau i Espelt, Alguns volums manuscrits de la Biblioteca Vaticana relatius a Benet XIII, in: Jornades sobre el Cisma d'Occident a Catalunya, les Illes i el País Valencià II: Ponències i comunicacions, Barcelona 1988, 479–530. Vgl. Josep Serrano i Calderó – Ders., Els inventaris de la Biblioteca papal de Peníscola a la mort de Benet XIII. Taula dels volums i llur destí, in: Arxiu de textos catalans antics 6 (1987) 7–295 sowie zum geistigen Umfeld des Hofes: Ders., Cent vint anys d'aportacions al coneixement de la Biblioteca papal de Peníscola, in: Arxiu de textos catalans antics 6 (1987) 315–338; Marie-Henriette Jullien de Pommerol – Jacques Monfrin, La bibliothèque pontificale à Avignon et à Peñiscola pendant le grand schisme d'occident et sa dispersion: inventaires et concordances I–II, Roma 1991.

204 Jaspert, Dilemma [im Druck] – mit Quellennachweis.

205 Zur Person: Emilio Saéz – Raoul Manselli, Art. »Alfons I. (V.)«, in: LexMA 1 (1980) 401–403; Ryder, Alfonso [*Grundlegende Darstellung!*].

206 Brandmüller, Konzil von Konstanz II, passim. – Überblicksmäßig: Suárez Fernández, Benedicto XIII 300–304.

207 Vgl. dazu José Goñi Gaztambide, Presencia de España en los concilios generales del siglo XV, in: Ricardo Garcia Villoslada [Coord.], Historia de la Iglesia en España III/1, Madrid 1980, 38–40. – Für Alfons' zunehmende Distanz zu den Beschlüssen von Narbonne nach der Wahl Martins V. vgl. Grohe, Synoden 10–20.

208 Zur Entwicklung in Kastilien vgl. Frenken, Endgültiger Bruch, und Ders., Sánchez de Rojas (mit detaillierten Nachweisen).

209 Die folgende Darstellung folgt in wesentlichen Zügen Hoensch, Kaiser Sigismund 225–229. Zur Politik Sigmunds gegenüber Frankreich vgl. Kintzinger, Westbindungen 85–94; Ders., Entre exer-

cice du pouvoir et droit des gens, in: Stefan Weiss (Hg.), Regnum und Imperium. Die französisch-deutschen Beziehungen im 14. und 15. Jahrhundert, München 2008, 219–233, hier 229–232 [Kap. »Médiation et arbitrage«].

210 Einen solchen Vorschlag hatte er bereits dem englischen König in der ersten Hälfte 1415 unterbreitet (ACC I 388–391 Nr. 110).

211 Erkens, *Grosse Reise* 739–762; Frenken, König 183 f.

212 Vgl. dazu Gerald Schwedler, Die persönlichen Beziehungen Sigismunds von Luxemburg zu den Herrschern des Balkans, in: Hruza – Kaar (Hg.), Kaiser Sigismund 411–427, hier 413 f.

213 RI XI Nr. 1764; Brandmüller, Konzil von Konstanz I² 401.

214 Mansi 27, 784 f.

215 Zu den Bullensiegeln: Schneider, Siegel 310–345, besonders 316–334; zum Zusammenhang Brandmüller, Konzil von Konstanz II 64–66 (mit weiterführender Literatur).

216 Das Konzil als Behörde ist eine bestehende Forschungslücke, die noch keinen Bearbeiter gefunden hat. Die institutionelle Ausgestaltung basierte zunächst auf den strukturellen Vorgaben der von Johannes XXIII. an den Bodensee mitgebrachten Kurie. Nach dessen Flucht arbeitete sie trotz personellen Aderlass weiter, erfuhr allerdings in den folgenden Monaten und Jahren Veränderungen und Umgestaltungen, die aufgrund der veränderten Anforderungen und Aufgaben während der *sede vacante* notwendig wurden.

217 Exemplarisch: Originalurkunde Johannes' XXIII. vom 27. November 1414, der als Dank für die ihm vor dem Einzug nach Konstanz gewährte Gastfreundschaft den Abt Erhard Lind (Helvetia sacra IV/2 280 f.) des gastgebenden Augustinerchorherrenstifts Kreuzlingen infulierte; Bestätigung der Urkunde am 17. August 1415 (REC III 205 Nr. 8487).

218 Vgl. Brandmüller, Konzil von Konstanz II 374.

219 Frenken, Wohnraumbewirtschaftung (mit zahlreichen Einzelbeispielen). – Zu den beiden angeführten Beispielen vgl. den Briefwechsel Wormditts mit dem Hochmeister OP (Konstanz 5. Juni 1416: Koeppen, Berichte 334 Nr. 162) und das Schreiben des Erzbischofs direkt an den Hochmeister (Konstanz ca. 22. März 1418: ebd. 465 f. Nr. 242 [Regest]; vgl. Jähnig, Wallenrode 134), zur angedrohten Festsetzung vgl. Wormditts Briefe vom 8. Februar und 9. März 1418 (Koeppen, Berichte 457, 461 Nrn. 237, 240). Ob dieser mit der beschworenen Gefahr nicht etwas übertrieben hat, um den Hochmeister zur rascheren Überweisung dringend benötigten Geldes zu bringen, lässt sich heute kaum mehr verifizieren.

220 Buck, Chronik 168 Z. 5–11, und ausführlicher: Richental-Faksimile (ed. Feger) fol. 62b.

221 RTA VII 195 Nr. 136 (Bericht Eigils von Sassen aus Friedberg über seine Reise zum König auf den Tag in Speyer, Juli 1414).

222 Zu Köln vgl. Hermann Keussen, Die Stellung der Universität Köln im großen Schisma und zu den Reformkonzilien des 15. Jahrhunderts, in: Annalen des Historischen Vereins für den Niederrhein 115 (1929) 225–254, bes. 230–232; zu Wien vgl. Girgensohn, Peter von Pulkau 55 mit Anm. 309, der sich auf den bei Firnhaber, Petrus de Pulka edierten Brief Nr. 3 von April 1415 (ebd. 16) stützt.

223 Exemplarisch sei auf die Stadt Nürnberg verwiesen, die nur zu Zeiten der Anwesenheit des Königs in Konstanz präsent war; nicht anders handelte Frankfurt. Vgl. Frenken, Nürnberger Angelegenheiten, passim; Janssen (Hg.), Frankfurts Reichscorrespondenz I, passim.

224 Nachweise – auch für das Folgende – bei Frenken, Erforschung 348–352. Vgl. Boockmann, Reichstag 15–24.

225 Zur Problematik des Begriffs »Reichstag« im frühen 15. Jahrhundert vgl. Moraw, Versuch; zur Diskussion um Struktur und Zahl der in Konstanz parallel zum Konzil abgehaltenen Reichstage sei verwiesen auf Boockmann, Reichstag 15–24; zum Verhältnis von Reichs- und Kirchenangelegenheiten auf dem Constantiense grundlegend: Engels, Reichsgedanke 80–106 (ND 369–403).

226 Brandmüller, Konzil von Konstanz II 180 f.

227 Buck, Chronik 71 Z. 11 f.

228 MOCC VI 9 f.; Mansi 27, 537 f.

229 DRTA 7, 269 f. Nr. 76: . . . *wann ein gemein concilium gen Costencz gelegt ist uf allerheiligen tag schirstkunftig anczufahen, dobij wir in unser selbs person mot gots hilf ye sin wollen, . . . wann wir nit allein der kirchen sunder ouch des richs und gemeines nuczes sachen anligende, den beiden rates und hilf sere not ist* . . . Vgl. dazu Engels, Reichsgedanke 80–106 (ND 369–403).

230 Patschovsky, Reformbegriff 7–28, hier 10.
231 Miethke, Kirchenreform 17 f.
232 Vgl. oben Kap. »Vom Beginn des Konzils bis zur Flucht des Papstes«.
233 Arendt, Predigten. Die Predigten des Konstanzer Konzils werden seit einigen Jahren von den beiden Amerikanern Ph. Stump und Ch. Nighman (siehe oben Kap. »Das Konstanzer Konzil im Blick«) erforscht und editiert. – Das Zitat bei Brandmüller, Causa reformationis, ND 268.
234 ACC II 367–545; spätere Funde sind verzeichnet in: Frenken, Erforschung 14 mit Anm. 32. Zu ergänzen sind die verschiedenen Arbeiten von Ch. Nighmann (siehe unten »Auswahlbibliographie«).
235 COD[3/4] 408 f.; vgl. Miethke, Einleitung, in: Miethke – Weinrich (Hg.), Quellen 29 f.
236 Brandmüller, Konzil von Konstanz II 76.
237 Miethke, Einleitung, in: Miethke – Weinrich (Hg.), Quellen 35. Eine Ordnung in dieses heterogene Material gebracht zu haben, ist ein Verdienst der Studie von Stump, Reforms. Hier besonders Appendix 1 »Edition of the Constance Reform Committee Deliberations« 273–414.
238 Zum Charakter der in diesem Kontext wichtigen Predigten vgl. Arendt, Predigten, passim; Brandmüller, Konzil von Konstanz II 68. Vgl. dazu die wichtige Studie von Helmrath, Reform 86–89, die die verwendeten Topoi und die historischen Fakten einander gegenüberstellt.
239 Miethke, Einleitung, in: Miethke – Weinrich (Hg.), Quellen 36.
240 Druck in: MOCC I 409–433; (lateinisch-deutsch:) Miethke – Weinrich (Hg.), Quellen 338–377. – Zur Zahl der Kardinäle und ihrer Zusammensetzung bes. 348–351; zum Hintergrund: Esch, Papsttum 798 f. Zum Zustand nach 1417: Dendorfer, Papst und Kardinalskolleg 362 f.
241 Frech, Reform; zuletzt Matthias Nuding, Matthäus von Krakau, Tübingen 2007, 146–173.
242 »Die Vorstellung, das Generalkonzil könne auch generalstabsmäßig vom Papst bis herab zum Laien jedem Stand die ihm nötige Reform verordnen und zugleich noch in jedem Einzelnen den Geist wahrer ›Metanoia‹ erwecken, war gescheitert, oder wohl richtiger gesagt: Sie hatte sich als illusorisch erwiesen« (Helmrath, Theorie und Praxis 68).
243 Vgl. Karel Hruza, Propaganda, Kommunikation und Öffentlichkeit im Mittelalter, in: Ders. (Hg.), Propaganda, Kommunikation und Öffentlichkeit (11.–16. Jahrhundert), Wien, 2002, 9–25.
244 Brandmüller, Konzil von Konstanz II 116 [Zitat].
245 Miloslaw Polívka, Art. »Hieronymus von Prag«, in: LexMA 5 (1991) 6; František Šmahel, Jeroným Pražský. Život revolučního intelektuála [= Hieronymus von Prag. Leben eines revolutionären Intellektuellen], Praha 1966; Ders., Leben und Werk des Magisters Hieronymus von Prag. Forschung ohne Probleme und Perspektiven, in: Historica 13 (1966) 81–111; zuletzt: Ders., Život.
246 Sitzung vom 23. September 1415 (Mansi 27, 791–793; vgl. auch ACC II 50 f.).
247 Brandmüller, Konzil von Konstanz II 207 f.
248 Zur Person: Paolo Viti, in: DBI 33 (1987) 40–44; Kaeppeli III 73–77 (Schriftenverzeichnis).
249 Walch I/4, 129–161, hier 158 f. (Wiedergabe nach der Übersetzung bei Brandmüller, Konzil von Konstanz II 209). – Die Predigt vom 8. März ebd. Walch I/4, 25–31.
250 Vgl. Brandmüller, KK II 210 f.
251 Druck in: Bernhard Meller, Zur Erkenntnislehre des Peter von Ailly, Freiburg 1954, 289–336; eine kritische Neuedition in: Oakley, Political Thought 244–342 (vgl. die kritischen Anmerkungen zur Meller-Edition in: ebd. 343–345). Eine knappe Analyse bei Franzen, Vorgeschichte 22–24. – Die Zeitumstände legen nahe, dass d'Ailly bei seinen Überlegungen weniger ein Generalkonzil als ein Konzil der eigenen avignonesischen Obödienz im Auge gehabt hatte (Oakley, Political Thought 250).
252 Druck: MOCC VI 15–78; DuPin II 925–960. – Vgl. Sieben, Traktate 29 f.; zur öffentlichen Verlesung: Miethke, Forum 753–755. Zu Inhalt und Einordnung: Pascoe, Theological Dimensions 357–366; Ders., Church and reform 77–82.
253 Zitat: Brandmüller Konzil von Konstanz II 215.
254 ACC II 705.
255 Glorieux V 376–398; der Traktat bei Glorieux VI 210–250.
256 Helmrath, Kommunikation 118 f.
257 Buck, Chronik 65 Z. 10 f.
258 Koep, Liturgie 241–251; Schimmelpfennig, Zeremoniell 273–292; Schneider, Konzilsliturgie 731–746.

259 Maurer, Städtisches Ereignis 164 f. Für das Basiliense untersuchte dies eingehend Claudius Sieber-Lehmann, Basel und »sein Konzil«, in: Helmrath – Müller, Konzilien 173–204.
260 Buck, Chronik 96 Z. 15 f. Weitere Einzelheiten bei Maurer, Städtisches Ereignis 158.
261 Buck, Chronik 131 Z. 6. Weitere Einzelheiten bei Maurer, Städtisches Ereignis 159.
262 Zu Kardinal Marramaldi vgl. Richental-Faksimile fol. 61v–62r; Buck, Chronik 69–71; zu Bischof Hallum: Richental-Faksimile fol. 91v, 92v; Buck, Chronik 97 Z. 4–13.
263 Maurer, Städtisches Ereignis 160–172, Zitat ebd. 168.
264 Buck, Chronik 39 f.
265 Richental (Faksimile) fol. 120rv, 121 rv, 122r; der Text dazu fol. 123 f. Richental war selbst Augenzeuge des Gottesdienstes (Buck, Chronik 122 Z. 13: *ich Ůlrich Richental selbs hab gesehen*). Vgl. Kohlschein, Orthodoxe Liturgie 234–241.
266 Der Brief ist abgedruckt in: Poggio Bracciolini: Lettere I–III, ed. Helene Harth, Firenze 1984–1987. Vgl. Finke, Badisches Land 49–51; auch Voigt, Reiseberichte, passim.
267 So der Bericht des Frankfurter Gesandten Heinrich von Odernheim vom 15. Februar 1418 nach Frankfurt, in: Janssen (Hg.), Frankfurts Reichscorrespondenz I 318 Nr. 549. Dazu Boockmann, Politische Geschichte 53. – Der Bericht ist durchaus typisch für die Wahrnehmung des Konzils durch die Stadtgesandten, die zumeist Laien waren. Weitere Beispiele aus Regensburger oder Nürnberger Briefen ließen sich leicht daneben stellen.
268 Die Erforschung der auf dem Konzil im liturgischen Rahmen gespielten Musik ist über die Ergebnisse der von Schuler, Musik, präsentierten Ergebnisse kaum hinausgekommen. Im Rahmen der Festlichkeiten zu »600 Jahre Konstanzer Konzil« ist jetzt ein musikwissenschaftliches Symposium angekündigt, das sich eingehend mit der Musik auf dem Konstanzer Konzil befasst.
269 Keupp – Schwarz, Konstanz 160–164. Über die Bestrafungen gibt das Ratsbuch [der Stadt Konstanz] zuverlässig Auskunft.
270 Buck, Chronik 68; Richental-Faksimile (ed. Feger) fol. 60a. – Bukolische Bilder eines friedlichen, ja paradiesischen Lebens werden wach, wenn man hört, dass die Konzilsteilnehmer in die Weinschänken der umliegenden Wälder und Gärten gingen und sich dort ihres Lebens erfreuten: *Und fand man darinn fail gebrautne hünr, [flaisch, würst, bratten, visch] und was man begerott, und darzů erber* [in anderer Handschrift: *hipsch*] *frowen. Und das die gaistlichen herren spatzierenen gingen, in welhen garten sy wolten, daz wart inn nieman* (ebd. Z. 23–25).
271 *Offen hůren in den hůrhüsern und sust, die selb hüser gemiet hattend und in den staelen lagen und wa sy mochten, dero waren ob viic* (Buck, Chronik 206 Z. 22–24, mit dem bemerkenswerten Zusatz *on die haimlichen, die laß ich beliben*). Die Angabe deckt sich mit den Aufzeichnungen im Cod. Frankfurt. 962a »Reichssachen. Nachträge (1414–1417)«, fol. 37b (collationiert von Joseph K. Riegel in: Ungedruckte Listen zur Dissertation »Die Teilnehmerlisten des Konstanzer Konzils. Ein Beitrag zur mittelalterlichen Statistik« [Freiburg 1916]). Genaueres lässt sich Frenken, Wohnraumbewirtschaftung 142–144, entnehmen.
272 Brandmüller, Konzil von Konstanz I[2] 131.
273 *Es ist ain altgesprochner rat* [= Kl 19, Z. 9–13], in: Klein (Hg.), Lieder Oswalds ([2]1975) 53.
274 Altmann, Windeckes Denkwürdigkeiten 280–282.
275 StadtA Konstanz, Ratsbuch [der Stadt Konstanz] II: 1414–1419 (Sign: B I 2). Dazu Feger, Konstanzer Konzil 318 u.ö.
276 Buck, Chronik 99, 115 f.
277 Buck, Chronik 206, beziffert die Zahl der *Koufflüt, kromer* ... und Handwerker, die ihre Dienste anboten, auf 1400 Personen, ohne dass ihre Diener mitgezählt wurden. Ähnliche Dimensionen (*CCCXXX kofflüt und ir knecht* sowie *CCDVI kramer und ir knecht*) ergeben sich nach der Anfang 1415 entstandenen Liste der Konzilsteilnehmer in Cod. Frankfurt. 962a, fol. 37b.
278 Ammann, Konstanzer Wirtschaft 71.
279 Die Darstellung folgt in wesentlichen Zügen der Biografie von Hoensch, Kaiser Sigismund, passim.
280 MOCC IV 56–75; Mansi 27, 1022–1031; vgl. Schmidt, Kirche – Staat – Nation 479 f.
281 DRTA VII 340 f.
282 Hollnsteiner, Geschäftsordnung (nach dem ND in: Bäumer [Hg.], Konstanzer Konzil) 136 f. – Eine lückenlose Liste der Präsidenten existiert nicht. Selbst eine – langwierige – Durchsicht aller erhaltenen Konzilsdokumente und -quellen auf deren Namen hin dürfte diese Lücken nicht vollständig schließen können.

283 ACC II 53, 114 f. (*Unde in isto concilio fuit publice dictum, quod Mars regebat concilium...*) – Weiterführende Hinweise zu den genannten Prälaten in: Frenken, König 214 Anm. 99–101 sowie Jähnig, Wallenrode.

284 Frenken, König 232 f.

285 Zu den Teilnehmern der kastilischen Delegation: Goñi Gaztambide, Españoles (1966) 145–190; Ders., Presencia 45 ff.

286 Goñi Gaztambide, Españoles (1966) 151–161; Ders., Art. »Anaya y Maldonado, Diego de«, in: DHEE 1 (1972) 62f.; Miguel Ángel Ochoa Brun, Historia de la diplomacía española I, Madrid 1991, 250 f. – Auf dessen verschiedene Störmanöver in Konstanz hat schon Brandmüller, Konzil von Konstanz II 325, 330–332, hingewiesen.

287 Maßgeblich jetzt: Frenken, Endgültiger Bruch; Ders., Kastilien. Den Hintergrund der Machtverhältnisse und ihrer Auswirkung auf die Politik beleuchtet: Villarroel González, Rey.

288 COD$^{3/4}$ 436 (Hinweis).

289 Frenken, Endgültiger Bruch 341–350; auch Ders., Kastilien. – Den Hintergrund der Machtverhältnisse und ihrer Auswirkung auf die Politik beleuchtet: Villarroel González, Rey.

290 BU Salamanca Msc. 1819 fol. 135r, zitiert bei Brandmüller, Konzil von Konstanz II 299.

291 So nach dem Bericht eines Benedikt wohl nahe stehenden Anonymus aus Konstanz (ACC IV 77–81, hier 78: *Sobre aco lemperador los dix moltes aspres paraules e a la final ell los demana, que per que staven?*).

292 Mansi 27, 968–972, hier 971A.

293 Die Darstellung folgt im Wesentlichen Zimmermann, Absetzung 113–137, hier 130–133.

294 MOCC IV 1124–1129 (Bericht des Lambert de Stipite vom 22. Januar 1417 an das Konzil). – Der nicht anwesende Humanist Poggio Bracciolini gibt einen plastischen Bericht dieser Begegnung samt dem stattgefundenen Wortwechsel, der indes keinen allzu hohen Quellenwert beanspruchen kann (Vgl. dazu Brandmüller, Konzil von Konstanz II 266 f.).

295 Glorieux VI 265–277 Nr. 286.

296 Richental-Faksimile fol. 70v.

297 8. April 1417 (ACC III 606 [Nr. 258]).

298 COD$^{3/4}$ 437 f.

299 Palacký (Ed.), Documenta 658 – 24. August 1417.

300 Jähnig, Wallenrode 113, der einer in der Literatur häufiger zu beobachtenden polarisierenden und damit verkürzenden Interpretation der Vorgänge entgegentritt.

301 Stump, Reforms 32.

302 BU Salamanca Msc. 2599 fol. 17v–22v, wiedergegeben bei Brandmüller, Konzil von Konstanz II 325.

303 Das Folgende knüpft an die Darstellung bei Brandmüller, Konzil von Konstanz II 289 ff., 322 ff., an.

304 Druck: MOCC II 586 f.; vgl. dazu auch ACC III 620–624 (Nr. 263). – Die Cedula war bereits vorbereitet in d'Aillys um 1416 entstandenen und am 1. Oktober 1416 öffentlich verlesenen Traktat *De ecclesiastica potestate* (Druck: DuPin II 925–960; vgl. Oakley, Political thought; Pascoe, Church and reform). – Zur Situation: ACC II 107 f. (Fillastre); Brandmüller, Konzil von Konstanz II 294 f.

305 Das Material zur Diskussion in ACC III 613–618 (Einleitung Finkes), 619–671 [Nrn. 262–274].

306 ACC II 151, hier wiedergegeben nach Brandmüller, Konzil von Konstanz II 334.

307 Vgl. Frenken, König 204, 206; Ders., Darstellende Quellen 389–392.

308 Mályusz, Patronatsrecht (vgl. dazu Frenken, Erforschung 309 f. mit Anm. 40). Druck des Abkommens zuletzt in: Sándor Csernus, Sigismond et la soutraction d'obédience: une doctrine de politique internationale? In: Crises et réformes dans l'église de la réforme grégorienne à la préréforme, Paris 1991, 315–331, hier: 329 f. Zur weiteren Entwicklung: Andor Csizmadia, Der Einfluß der »Bulle« von Konstanz auf die Entwicklung des Oberpatronatsrechts, in: Acta Iuridica Academiae Scientiarum Hungaricae 2 (Budapest 1960) 53–82; Ders., Die Entwicklung des Patronatsrechts in Ungarn, in: ÖAKR 25 (1974) 308–327; Erdő, Bolla del Concilio 167–176.

309 Brandmüller, Sigismund – Römischer König 431.

310 COD$^{3/4}$ 438–443, 444–446. Miethke – Weinrich (Hg.), Quellen 484–505 (Nrn. XIII – XIVa,b).

311 Zu dem von ihm verfassten »Tractatus de celebratione concilii generalis« vgl. Sieben, Konzilsidee im Mittelalter 351–357, vor allem auch die Arbeiten von Constantin Fasolt, darunter zuletzt: William Durant the Younger and conciliar theory, in: JHI 58 (1997) 385–402.

312 Vgl. Frenken, Erforschung 325 f., 342 f.

313 Miethke – Weinrich (Hg.), Quellen 498 f. (Nr. XIVa).

314 Miethke – Weinrich (Hg.), Quellen 500–505 (Nr. XIVb).

315 Brandmüller, Konzil von Konstanz II bes. 363–373; Ders., Elezione 3–9. – Zur Herkunft: Andreas Rehberg, Art. »Colonna«, in: Volker Reinhardt (Hg.), Die großen Familien Italiens, Stuttgart 1992, 171–188; zur Biographie: Ansgar Frenken, Art. »Martin V.«, in: BBKL 5 (1993) 912–915 [mit umfangreicher Bibliographie], ergänzt in: »http://www.bbkl.de/m/martin-v-pa.shtml«; Bianca, Martino V 619–634; Dies., Martino V (DBI) 277–287 [mit neuester Literatur]. Grundlegend: Studt, Martin V.

316 MOCC I 931–945; dazu Arendt, Predigten 153 f.

317 Hoensch, Itinerar 98.

318 Buck, Topographie 120 mit Anm. 3.

319 Rollo-Koster, Raiding Saint Peter. Dazu meine Rezension in: »http://hsozkult.geschichte.hu-berlin.de/rezensionen/2010-3-118«. »In Hinblick auf die ritualisierten Gewalttätigkeiten, die die Papstwahlen begleiteten, ist die Situation in Konstanz 1417 bemerkenswert, umso mehr als sie in der Forschung kaum registriert wurde. König Sigmund als Repräsentanten der weltlichen Autorität gelang es im Zusammenspiel mit dem Konzil, ähnliche Vorkommnisse wie bei der Wahl von 1378 zu unterbinden. Konstanz war nicht Rom und die Rahmenbedingungen gewiss andere, das ändert jedoch nichts an den Fakten: Den »chaotischen« Anfängen bei Ausbruch des Schismas stand – nach fast vierzig Jahren – immerhin eine geordnete Abwicklung bei dessen Überwindung gegenüber. Die Frage nach der Bedeutung der weltlichen Autorität wird von Rollo-Koster allerdings nicht weiter verfolgt.«

320 Buck, Chronik 107 Z. 34 – 108 Z. 4.

321 Den ausführlichsten Bericht schrieb Felip de Malla an König Alfons (abgedruckt in: ACC IV 147–155 [Nr. 347]), ein weiterer Konklavebericht stammt von dem Sieneser Arzt und Gelehrten Beltramo de'Mignanelli an das Concistoro seiner Heimatstadt (abgedruckt bei: Fink, Wahl 138–151, hier 147–149 [ND 306–322, hier 318–320]). Girgensohn, Berichte 351–391, edierte darüber hinaus zwei Briefe, die vermutlich an den Bischof von Würzburg gingen, sowie zwei einschlägige Dokumente des Generalmagisters OP Juan de Puy-de-Noix (ebd. 364–391). – Über den Prozess der Meinungsbildung im Lager der Wähler der *Germanica* vgl. Jähnig, Wallenrode 114–116 und Heimpel, Vener I 373–378.

322 Felip de Malla in seinem Bericht an König Alfons am 11. November: *Durant lo present scrutini ho publicacio e connumeracio de vots passa la prosesso custumada, en la quel se cantavan himpnes e cants divinals, que parie, fossen celestials cantichs* (ACC IV 151). Gleiches lässt sich nachlesen bei Puy-de-Noix (Girgensohn, Berichte 372).

323 Details bei Brandmüller, Konzil von Konstanz II 367 f.

324 Vgl. Rollo-Koster, Raiding Saint Peter; dazu meine Rezension in: Historische Literatur 8 (2010) [»http://hsozkult.geschichte.hu-berlin.de/rezensionen/2010-3-118«].

325 Bericht Macía des Puig an König Alfons vom 9. November: *Et lemperador no es sino un angel et sich monstra et sich es monstrat ab tot bona affectio et sens color alguna . . .*

326 *Dic vos, senyor, per veritat, que yo crec, que aço era un singular pes he voler del spirit sant, que apparia,* . . . (Brief vom 11. November 1417, ACC IV 152, hier nach der Übersetzung von Keupp – Schwarz, Konstanz 60).

327 Brief vom 11. November 1417 (Koeppen, Berichte 439 Nr. 226). Vgl. auch die Äußerung des Regensburger Gesandten in: Heimpel, Regensburger Berichte 256–258 Nr. 13. Hier eingelegt die Nachricht Sigmunds vom Wahltag: *Ersamen lieben getrewen. Wir verkunden ew frolich. . .* [die heutige Wahl Martins V. mit nachfolgender Aufforderung, Gott dafür zu danken.] (ebd. 258).

328 Müller, Widerschein 447–456, hier 453.

329 Patschovsky, Italienischer Humanismus 6.

330 Die Angaben stützen sich vor allem auf Brandmüller, Konzil von Konstanz II 371 f. (mit weiteren Verweisen auf MOCC sowie die Richental-Chronik).

331 MOCC IV 1488 – Thema war eine allegorische Ausdeutung des die Union wiederherstellenden Konzils.

332 Richental-Faksimile fol. 105v–106r; wiedergegeben nach Maurer, Konstanz im Mittelalter II 26. Eine Abbildung der Wiener Richental-Handschrift (Wien, ÖNB, Cod. 3044 fol. 133r) findet sich in Hruza – Kaar (Hg.), Kaiser Sigismund Tafel XIV.

333 Buck, Chronik 120 Z. 27–29. – Gerhard Podskalsky, L'intervention de Grigorij Camblak, métropolit de Kiev, au concile de Constance (février 1418), in: Revue des Ètudes Slaves 70 (1988) 289–297.
334 Kohlschein, Orthodoxe Liturgie 234–241.
335 Zum Zusammenhang: Frenken, Wege 67–104, hier 82–85. – Schon Kardinal d'Ailly hatte in seinem am 1. November 1416 verlesenen Reformgutachten »auf den inneren Zusammenhang zwischen Türkenabwehr und Griechenunion« hingewiesen (Brandmüller, Konzil von Konstanz II 192).
336 Druck: MOCC IV 1518–1533 (*Inter cunctas*); Mansi 27, 1215–1220 (*In eminentis*). Inhaltliche Beschreibung von *Inter cunctas* bei Brandmüller, Konzil von Konstanz II 385; das angeführte Zitat ebd. 386.
337 Machilek, Hus/Hussiten 723.
338 Zu den Details vgl. Brandmüller, Konzil von Konstanz II 390–394.
339 »Responsi ... per modum avisamenti data nationibus« (MOCC I 1021–1042, Mansi 27, 1177–1184); dazu Finke in: ACC II 565–567; Stump, Reforms 46f.; Brandmüller, Konzil von Konstanz II 390 mit Anm. 74, weist – entgegen der älteren Forschung – darauf hin, dass die Initiative vom Papst ausgegangen ist.
340 MOCC IV 998–1011; ACC II 673–680 – sowie das von Brandmüller (wie vorherige Anm.) angeführte Manuskript BU Salamanca Msc. 2599 fol. 30r–31v.
341 COD[3/4] 447–450 (= Reformstatuten); Miethke – Weinrich (Hg.), Quellen 506–515 (Nr. XV).
342 Mercati (Ed.), Concordati 144–168 [150–156 (frz. Konkordat) 157–165 (dt. Konkordat), 165–167 (engl. Konkordat)]; verbessert und ins Deutsche übersetzt in: Miethke – Weinrich (Hg.), Quellen 516–545 (dort in der Reihenfolge deutsches, französisches und englisches Konkordat).
343 COD[3/4] 450; Miethke – Weinrich, Quellen 514/515 (Absatz h); dazu Miethke, Einleitung 47 mit Anm. 113.
344 Schmidt, Raumgliederung 485.
345 Vgl. die Reformgutachten und -avisamente aus der späten Schismazeit und der Anfangszeit des Konzils, in Auswahl bei Miethke – Weinrich (Hg.), Quellen 296–415.
346 Miethke – Weinrich (Hg.), Quellen 505–516; zur Bewertung des letztgenannten Reformdekretes vgl. Brandmüller, Causa reformationis 279f. [Zitat!]; Ders., Konzil von Konstanz II 397; zuletzt Studt, Martin V. 33, die das Ergebnis deutlich positiver bewertete. Allgemein: Finke, Badisches Land 20.
347 Vgl. etwa Oakley, Councils 645: »for he [i.e. Martin V.] sympathized neither with conciliar reform nor with the conciliarist sentiments« – zur Neubewertung vgl. Studt, Martin V.
348 Vgl. die entsprechende Interpretation des Dekrets bei Brandmüller, Frequens.
349 So beispielsweise der anonyme Prediger vom 19. Dezember 1417 in »Gaudete in domino semper« (ACC II 522–24, hier 523); vgl. dazu auch Arendt, Predigten 162, 165.
350 Zur Problematik dieser Ernennung vgl. Gerald L. Harriss, Cardinal Beaufort. A Study of Lancastrian Ascendancy and Decline, Oxford 1988, 94–97.
351 *Tibi domino* D. 63 c. 33 (Friedberg I 246); zur Bestätigung: ACC II 163; Hoensch, Kaiser Sigismund 251.
352 Buck, Chronik 121f. mit Anm. 796.
353 COD[3/4] 450; Miethke – Weinrich (Hg.), Quellen 515 Anm. 26 (mit deutscher Übersetzung).
354 Vgl. Brandmüller, Konzil von Pavia-Siena 1f.
355 MOCC IV 1548–1554; auf die dort geschilderten Vorgänge stützt sich im Wesentlichen auch Boockmann, Falkenberg 284–286, ebenso Brandmüller, Konzil von Konstanz II 411–413.
356 Grundlegend: Hans-Jürgen Becker, Die Appellation vom Papst an ein allgemeines Konzil. Historische Entwicklung und kanonistische Diskussion im späten Mittelalter und in der frühen Neuzeit, Köln-Wien 1988 (zu Konstanz: ebd. 123–129, 314–317). – Zur Konstanzer Appellation: Bäumer, Verbot der Konzilsappellation 187–213; Boockmann, Falkenberg 288f. Anm. 456; Frenken, *Concilium generale* 323–360, hier 354–356.
357 Druck der Appellation, in: MOCC IV 1559–1563. Vgl. Fink, Beurteilung 340f. Anm. 31. Eine begründete Vermutung des Hergangs bei Boockmann, Falkenberg 298 mit Anm. 456.
358 Altmann, Windeckes Denkwürdigkeiten 77 [Cap. LXXVI.[d]].
359 Die Darstellung folgt dem Bericht Windeckes (wie vorhergehende Anm.).

# 4 Von Konstanz nach Basel

Nachdem die Glockenschläge des Konstanzer Münsters endgültig verklungen waren und Papst und König – zusammen mit den vielen anderen Teilnehmern und Besuchern der Konstanzer Ereignisse – die Stadt Mitte Mai 1418 verlassen hatten, begann für die Stadt und ihre Bürger eine mühsame Rückkehr in den Alltag.

Wenige Tage zuvor, das Ende des Konzils war bereits deutlich abzusehen, hatte der Rat in enger Abstimmung mit Papst und König noch versucht, die Gäste zur Begleichung ihrer oftmals beträchtlichen Zahlungsrückstände anzuhalten[1] – insgesamt wohl mit einigem Erfolg. Es gab allerdings auch Ausnahmen: So hatte der sich in ständiger Geldnot befindende Römische König bei einzelnen Bürgern der Stadt noch Rechnungen offen stehen. Diese einzutreiben erwies sich für die Gläubiger als nicht so leicht; die Pfänder, die der Luxemburger ihnen bis zur Begleichung der Schuld aushändigte, waren für sie nicht selten ziemlich wertlos, da schlicht unverkäuflich. Erst Jahre später sollte der König seine Schulden endgültig tilgen.[2] Umgekehrt hatte aber Sigmund Konstanz mit der maßgeblich von ihm beeinflussten Entscheidung, das Konzil in der oberdeutschen Reichsstadt abzuhalten, einen ökonomischen Boom beschert, der bessere Verdienstmöglichkeiten und mehr Arbeitsplätze für eine große Zahl der Bürger mit sich gebracht hatte. Wenn auch in unterschiedlichem Maß hatte die gesamte Einwohnerschaft von dem ökonomischen Aufschwung partizipiert. Durch Privilegien und verschiedene andere Vergünstigungen hatte der Luxemburger der Stadt darüber hinaus erhebliche geldwerte Vorteile gewährt, die sich ebenfalls in barer Münze niedergeschlagen haben dürften.[3]

Mit dem Weggang der Konzilsteilnehmer verließ zugleich viel Kaufkraft die Stadt. Soziale Spannungen, mühsam während des Konzils verdeckt und nur notdürftig gekittet, brachen wieder auf. In den folgenden Jahren erlebte Konstanz unruhige Zeiten. Zunehmende Einkommens- und Besitzunterschiede zwischen Arm und Reich sowie die Folgen der »Globalisierung«, die sich dem in Zünften zusammengeschlossenen Konstanzer Handwerker- und Bürgertum vor allem in den überregional organisierten Handelsgesellschaften zeigten, führten zu teilweise geradezu rabiaten Abwehrmaßnahmen und Verboten.[4] Vor allem der Zusammenschluss von städtischen und fremden Kaufleuten in den überregionalen Handelsgesellschaften sowie eine zunehmende Durchlöcherung der bestehenden innerstädtischen Standesschranken zwischen Zünftlern und Patriziern wurden von den ständisch organisierten Handwerkern äußerst argwöhnisch beäugt und immer wieder zu unterbinden versucht. So wuchsen die Spannungen, welche sich schließlich in Pogromen gegen die Konstanzer Juden ein Ventil suchten.[5] Kein Wunder, dass man sich in die Zeit des Konzils zurückwünschte. Entsprechend gab es in den nächsten Jahren und Jahrzehnten mehrfach Bestrebungen, ein weiteres Mal eine Kirchenversammlung in die am unteren Ausgang des Bodensees gelegene Reichs- und Bischofsstadt zu lotsen.[6]

Trotz der vielen Menschen, die sich in Konstanz während der Konzilsjahre aufhielten, war die Stadt vom Glück begünstigt gewesen. Von Seuchen blieb sie während des Großereignisses weitgehend verschont. Eine derartige Katastrophe, die nur wenige Jahre später die Synode von Pavia ereilte und deren Verlegung nach Siena mitverursachte, suchte Konstanz erst knapp vor der Beendigung des Konzils heim, eine weitere Seuche folgte bereits 1425.[7] Auch dies mag dazu beigetragen haben, dass die Konzilsjahre bei den Konstanzer Bürgern in guter Erinnerung blieben.

Schon bevor Martin V. das Konzil feierlich beendete, hatte er mit dem Aufbau seiner Kurie begonnen. Aufgrund der vom Konzil angeordneten zahlenmäßigen Verkleinerung der päpstlichen Verwaltung konnte er aber bei der Rekrutierung fähiger Mitarbeiter nur scheinbar aus dem Vollen schöpfen. Immerhin stand ihm der aufgeblähte Personalpool der drei zuvor existierenden Obödienzen* weitgehend zur Verfügung. Allerdings standen der geforderten Verkleinerung des Apparats die Versorgungsansprüche der Mitarbeiter aller drei ehemaliger Obödienzen* faktisch gegenüber, die im Zuge des Rücktritts bzw. der Absetzung der einzelnen Papstprätendenten detailliert geregelt worden waren. Zwangsläufig besaß die Sicherung dieser Ansprüche zunächst höchste Priorität und hatte damit zu einer starken Überbesetzung bei den kurialen Ämtern geführt, dem der Papst durch einen faktischen Stellenstopp für Neubesetzungen entgegenzusteuern suchte. Eine schnelle Lösung des Problems war damit aber nicht in Sicht, da es auch keine nennenswerte Zahl von Rücktritten unter den Kurialen zu verzeichnen gab.[8] So blieb die Verkleinerung der Kurie eine Langzeitaufgabe, deren Lösung sich erst in der Mitte des 15. Jahrhunderts abzeichnete.[9] Durch den späteren Verkauf der Ämter durch die Kurie wurden indes neue Schwierigkeiten aufgeworfen.

Der (aus der römischen bzw. seit 1408 aus der Pisaner Obödienz* kommende) Papst konnte immerhin auf den Sachverstand der einstigen Mitarbeiter der avignonesischen Kurie zurückgreifen. Beinahe ungestört durch Schisma und Obödienzwechsel hatten diese unter der Leitung des päpstlichen Kämmerers und Vikars in Avignon, des Narbonner Erzbischofs François de Conzié,[10] ihre Arbeit über die langen Jahre des Schismas bis zur Konstanzer Papstwahl kontinuierlich weitergeführt. Martin V. übernahm eine stattliche Zahl dieser erfahrenen Verwaltungsspezialisten.[11] Indes musste der Papst neben der schon aus finanziellen Nöten gebotenen Verkleinerung des Kurienapparats dem verbreiteten Wunsch, die päpstli che Behörde zu ›internationalisieren‹ Rechnung tragen. Mit Blick auf die zunehmende Zahl der Deutschen, die während seines Pontifikats in die römische Kurie eintraten, ist dies wohl auch gelungen.[12] Allerdings ist zu fragen, ob der Internationalisierung der Kurie eine bewusste Rekrutierungsstrategie Martins V. zugrunde lag oder dies nicht doch eher eine Folge der Zusammenführung der verschiedenen Obödienzen* war.[13] Zweifellos nahm aber die Zahl der Franzosen zugunsten der aus Italien stammenden Mitarbeiter der päpstlichen Verwaltung ab, ihr Einfluss wohl ebenso. Mit seiner am 1. September 1418 erlassenen Konstitution* *In apostolicae dignitatis* ordnete der Papst die kurialen Geschäftsgänge in Kanzlei und päpstlicher Gerichtsbarkeit (Rota und Poenitentiarie) neu und erreichte damit innerhalb kürzester Zeit eine erhebliche Effizienzsteigerung dieser Behörden. Die Ämterkäuflichkeit nahm – trotz teilweise gegenläufiger Entwicklungen – deutlich ab. Weitere Verbesserungen sollten mit den beiden Konstitutionen* *Statuimus* vom 7. April 1421 und *Romani Pontificis* im Jahr 1424 erfolgen.[14] Insgesamt dürfte Martin V. jedoch kein schlüssiges Gesamtkonzept für die Reform der Kurie und des Kardinalskollegiums, dessen Zahl er immerhin – wie bereits in den Konstanzer Reformbeschlüssen festgelegt[15] – auf 24 Mitglieder beschränkte, besessen haben.

Da durch die vor seiner Wahl gefassten Konzilsbeschlüsse die finanziellen Einnahmen der Kurie drastisch gekürzt worden waren, versuchte der Papst in den in der Endphase des Konzils mit den Konzilsnationen abgeschlossenen sog. Konkordaten* die bisherigen Rechte und Einkünfte des Papsttums soweit wie möglich zu sichern – mit einigem Erfolg. Eine umfassende Neuorganisation der Verwaltung im Kirchenstaat, dem *Regnum**, die der Papst bald nach seiner Rückkehr nach Italien zügig vorantreiben sollte und die durch den Tod des Braccio di Montone (1424), des faktischen Beherrschers des *Regnum*, ihren größten Widersacher verlor, sorgte mittelfristig für einen kräftigen Anstieg der aus dem Kirchenstaat gewonnenen päpstlichen Einnahmen. Mit Fug und Recht lässt sich daher vom Beginn einer neuen »Epoche der Papstfinanz« (C. Bauer) sprechen.[16] Damit wurde das Papsttum aber auch deutlich italienischer. Die in Konstanz anvisierte tiefgreifende Reform, die womöglich die Einnahmen von Papst und Kurie noch ärger beschnitten hätte, war jedenfalls erst einmal vertagt und auf das nächste Konzil verschoben worden; die unmittelbare Bedrohung für die finanzielle Ausstattung der römischen Kurie schien damit vorläufig beseitigt.

So verließ Martin V. im September 1418 den Genfer See, überquerte die Alpen über den Mont Cenis, passierte Turin, Mantua, Pavia und Mailand und zog schließlich erneut bis nach Mantua, wo er drei Monate auf die Weiterreise warten musste. Dann ging es nach Florenz. Während seines Aufenthaltes in der Arnostadt kam es am 23. Juni 1419 zur Versöhnung des Papstes mit Baldassare Cossa, dem in Konstanz abgesetzten Johannes XXIII.

Nahezu anderthalb Jahre musste Martin unfreiwillig in der Arnorepublik ausharren, bevor er am 28. September 1420 in Rom einziehen konnte. Erst ein Abkommen mit Braccio hatte ihm den Weg zum Tiber geöffnet.

Damit war nicht nur der Papst in seine Heimat zurückgekehrt, auch das Gros der Teilnehmer aus aller Herren Länder war inzwischen zu Hause angekommen. Manch einer hatte schon in Konstanz dafür gesorgt, dass er vom neuen Papst mit Pfründen und Gunsterweisen ausgestattet in seiner Heimat ankam; auch Familienangehörige, Freunde und Weggefährten konnten oftmals angemessen versorgt werden. Anderen gelang es in den Folgejahren, in ihrer Heimat Karriere zu machen.[17] Für viele war Konstanz eine wichtige Drehscheibe auf dem eigenen Karriereweg gewesen, für manche sogar ein Sprungbrett zu Höherem. Manch einem der jüngeren Teilnehmer, der zur Entourage geistlicher oder weltlicher Großer gehört hatte, stand der Aufstieg in hohe und höchste Stellungen noch bevor. Nicht wenige sollten Jahre später eine Mitra oder gar den roten Kardinalshut tragen. Auf dem Konzil hatten sie ihre Chance genutzt, auf sich aufmerksam zu machen, weshalb später der Blick erneut auf sie fiel, als es darum ging, wichtige Aufgaben zu erfüllen und herausgehobene Positionen zu besetzen.

Rom befand sich bei Martins Ankunft nicht nur politisch, sondern auch wirtschaftlich auf einem Tiefpunkt;[18] die Bevölkerungszahl war auf einen historischen Niedrigstand von höchstens noch 25 000 Einwohnern gesunken – um 1300 war es gut die doppelte Anzahl gewesen.

Rasch gelang es dem Papst, der Stadt seine direkte Herrschaft aufzuzwingen. Der stadtrömische Adel und die Kommune unterlagen zunehmend der Kontrolle des Papsttums, die Freiheitsbestrebungen der römischen Bürger fanden ihre Grenzen in der sich festigenden Macht der Päpste.

Die ständige Präsenz des Papstes in der Tiberstadt, die Colonna selbst nicht mehr für längere Zeit verlassen sollte, dürfte schon als Impuls ausgereicht haben, um einen anhaltenden Aufschwung in der Stadt zu bewirken. In humanistischen Kreisen erhielt der Papst aufgrund seiner umfangreichen Bautätigkeit, vielleicht auch wegen der Wiederherstellung der auf eine Gründung Innozenz' VII. (1406) zurückgehenden Universität, den Ruhmestitel eines *restaurator urbis*.[19]

Zweifellos ist es Martin V. gelungen, die territoriale Basis für die weltliche Herrschaft des Papsttums im *Regnum** wiederherzustellen und den Kirchenstaat von Grund auf zu reorganisieren. Er legte damit zugleich die materielle Grundlage für die Wiedererstehung Roms und die Blütezeit, die die Stadt in der Renaissance erreichen sollte.[20] Mit Recht konnte Niccolò Machiavelli daher einige Jahrzehnte später den Kirchenstaat als einen der fünf staatlichen Gebilde bezeichnen, die für das Machtgleichgewicht in Italien sorgten.[21] Dass die Restauration des Papsttums und die Wiederherstellung seiner weltlichen Grundlagen nicht nur ein positives Echo erfahren hat, dürfte unter anderem mit dem Problem des Nepotismus* zusammenhängen, der bereits in Schismazeiten in Rom grassierte.

Vielleicht noch kritischer ist der Erfolg von Martins Politik mit Blick auf die längerfristigen Konsequenzen seines Vorgehens, vornehmlich die weltliche Stellung des Papsttums zu stärken, einzuschätzen. »Der von Martin V. eingeschlagene Weg äußerer Restaurierung der Machtstellung des Papsttums auf territorial-weltlicher Basis, der unvereinbar war mit der Reform des Amtes in Richtung auf dessen spirituelle Grundlagen hin, schuf […] die Voraussetzung für das Auseinanderbrechen der Kirche ein Jahrhundert später« (A. Patschovsky),[22] ein vielleicht allzu harsches Urteil, das nur aus der Kenntnis der weiteren Entwicklung gefällt werden konnte. Es bleibt aber dabei, dass eine Bewertung des (kirchen-)politischen Wirkens Martins V. nach wie vor recht zwiespältig ausfällt, obgleich in den letzten Jahren eine tendenzielle Neubewertung seiner Lebensleistung zu erkennen ist.[23] Die Restitution des Kirchenstaats sowie die Restauration des Papsttums waren rückblickend vielleicht die vordringlichsten Aufgaben im Pontifikat Colonnas. Und am Ende konnte er zweifellos auf einigen Erfolg bei der Bewältigung dieser beiden Aufgaben zurückschauen.

Martin V. hielt sich an die Konstanzer Dekrete, vor allem an *Frequens*, ebenso wie an die Abmachungen, zu denen er sich in den Konstanzer Konkordaten* verpflichtet hatte. Die zur Weiterführung des Reformanliegens nach fünf Jahren festgesetzte Synode in Pavia hat er einberufen (wenn auch nach deren Verlegung nach Siena handstreichartig im Folgejahr beendet), ebenso 1431 das *Basiliense* – sieben Jahre später, wie es das Konstanzer Dekret verbindlich vorgeschrieben hatte. Im Vorfeld des Konzils von Pavia-Siena hatte er von einer Kardinalskommission Vorschläge für eine Reform der Kurie machen lassen. Die Reformarbeit des Konstanzer Konzils wurde damit weitergeführt, allerdings war sie von Vorstellungen begleitet, die fern jeder Realisierung lagen. Wie bei anderen Aufgaben suchte Martin V. die Initiative sowie weitgehende Handlungs- und Entscheidungsfreiheit allein für sich zu reklamieren; eine kooperative Einstellung zur Zusammenarbeit mit dem Konzil wird man ihm nur mit Mühe attestieren können. Bedingt durch unterschiedliche Interessenlagen der Konzilsväter und die Konfrontationen zwischen den Kräften, die die Rolle des Konzils nachdrücklich stärken wollten, und denen, die die päpstliche Linie unterstützten, verlief die Reformarbeit letztlich im Sande und musste auf das nächste Konzil verschoben werden. – Dieser Fehlschlag ließ den Papst allerdings nicht ruhen. Nach entsprechenden Vorarbeiten erließ er am 13. April 1425 die Konstitution* *Sanctissimus dominus noster*. Darin hatte er die Leitlinien eines ambitionierten Reformprogramms festgelegt, das auf eine Stärkung der apostolischen Autorität in einer nach den langen Schismajahren erneut an Ansehen gewonnenen Gesamtkirche hinauslief.[24] Der Papst beließ es jedoch nicht bei einer ausschließlich im Zentrum ansetzenden Reform, sondern er bemühte sich ebenso, die *reformatio particularis*, d. h. die Reform aller Glieder der Kirche, voranzutreiben. Mit den Mitteln von Synoden, Legationen und Visitationen suchte er seinen Einfluss auf die Reform der Ortskirchen zu nehmen.[25]

In der Auseinandersetzung mit dem Hussitismus folgte die päpstliche Politik der durch das Konstanzer Konzil vorgezeichneten Linie, die den Kampf gegen die Häresie eng mit Reformbemühungen verband. Dies machte bereits das Empfehlungsschreiben des ersten Kreuzzugslegaten Giovanni Dominici an die Könige und geistlichen Würdenträger Böhmens und Ungarns von 1419 deutlich, in welchem sich Martin V. für eine verbesserte Gottesdienstversorgung stark machte.[26] Ihm war klar, dass ohne erfolgreiche Reformen in der Seelsorge der Boden für eine weitere Ausbreitung von Häresien bereitet war. Letztlich blieben aber seine Reformbemühungen hinter den Zwängen und Notwendigkeiten der Kreuzzugspolitik zurück.

Gemäß dem Dekret *Frequens* hatte Martin V. am 19. April 1418 eine weitere Synode einberufen, die fünf Jahre nach Abschluss des *Constantiense* im damals zum Mailänder Herrschaftsgebiet gehörenden Pavia zusammentreten sollte.[27] Im Zentrum sollte die Fortführung der in Konstanz noch nicht erledigten Aufgaben stehen, insbesondere die *Causa reformationis**. Außerdem sollte in der Auseinandersetzung mit den Hussiten ein Schlussstrich gezogen und die Union mit den Orthodoxen vorangetrieben werden.[28]

Vorbereitet durch eine Reihe von Provinzialsynoden sowie eine – allerdings erfolglos gebliebene – Legation nach Byzanz setzte nur langsam der Zuzug der Konzilsteilnehmer in den oberitalienischen Tagungsort ein, wo die Synode am 22. April 1423 eröffnet wurde. Überschattet wurde die Versammlung überdies von Beginn an durch die fortwährenden Kämpfe um das Königreich Neapel, das der Aragoneser König Alfons V. für sich beanspruchte.[29] Ein drohender Pestausbruch sowie das Verhalten des Aragonesen, der Pavia als Tagungsort des Konzils aus Feindschaft zu Filippomaria Visconti, dem Herzog von Mailand, kategorisch ablehnte, führte am 22. Juni 1423 zur Verlegung der Synode nach Siena.

Vier Wochen später, am 21. Juli, wurde das Konzil in der toskanischen Stadt wiedereröffnet. Die gefährdete Lage des Kirchenstaats wie auch das Risiko, das sich aus der am 10. Juni 1423 erfolgten Wahl Clemens' VIII. zum Nachfolger des schismatischen Benedikt XIII. († 29. November 1422, aus taktischen Erwägungen wurde sein Tod wohl zunächst geheim gehalten)[30] ergab, ließen ein Erscheinen des Papstes auch in Siena nicht zu. Ob dies der einzige Grund für seine Entscheidung war, ist aber eher zweifelhaft. Vielmehr deutet sein Fernbleiben hin auf ein grundsätzliches Misstrauen gegenüber dem Konzil, vielleicht auch als Demonstration der eigenen Stärke. Die Kirchenversammlung trat aufgrund des Ausbleibens des Papstes auf der Stelle; die Auseinandersetzungen zwischen und innerhalb der Nationen sowie den Konzilspräsidenten, was die Leitung des Konzils und Steuerung der Arbeit betraf, nahmen an Heftigkeit zu. Die inhaltliche Arbeit wurde darüber vernachlässigt und blieb in ihrem Ergebnis bescheiden: So erließ das Konzil nur wenige Dekrete, am 8. November 1423 eines gegen die Hussiten sowie eines gegen die Schismatiker in Peñíscola; in Sachen Reform konnte sich das Konzil zu keinem einzigen Konzilsbeschluss durchringen. Auch gab es keinerlei Fortschritte auf dem Weg, mit der Kirche des Ostens zu einer Union zu gelangen. Die vor allem in der erneuten Aufnahme der Diskussion um das Konstanzer Dekret *Frequens* durch die konziliaristisch gesinnte Opposition sichtbar werdende Gefährdung für die traditionelle Verfassungsstruktur der Kirche (Durchsetzung der Konzilssuperiorität*) und insbesondere die unverhohlene Drohung mit einem neuen Schisma durch den Aragoneser König[31] ließen Martin V. im Verein mit den Konzilspräsidenten und unterstützt von einer papstfreundlich gesinnten Gruppe unter den Konzilsteilnehmern die Versammlung, zunächst unbemerkt, am 7. März 1424 auflösen, nachdem der Papst in Einklang mit *Frequens* kurz zuvor, am 19. Februar, Ort und Zeitpunkt der nächsten Synode (Basel 1431) hatte beschließen lassen. Das handstreichartige Vorgehen bei der Beendigung des Konzils ist zweifellos als ein Beleg für die wenig kooperative Position des Papstes zu werten.

Keinen Zweifel hatte der Papst daran aufkommen lassen, dass er eine Konzilssuperiorität* grundsätzlich ablehnte, ja mit allen Mitteln bekämpfen würde. In Ansätzen lässt sich diese von ihm vertretene Position schon in der Schlussphase des *Constantiense* erkennen, das Konzil von Pavia-Siena machte dies ganz unverhohlen deutlich. Weder zeigte er sich persönlich auf dem Konzil noch war er bereit, irgendwelche Zugeständnisse den Konzilsvätern zu machen, die die päpstliche Autorität in irgendeiner Weise hätte einschränken können. Er bestimmte den Kurs und gab das Arbeitsprogramm der Synode vor. Und bevor ihm die Macht zu entgleiten drohte, ließ er das *Papiense-Senense* kurzerhand verlegen und später in einer Nacht- und Nebelaktion schließen.

So hat dieses Konzil zweifellos die ihm gestellten Aufgaben nicht erledigen können: Die Frage nach dem Verhältnis der Gewalten in der Kirche, aber auch das nach wie vor drängende Thema einer grundlegenden Reform harrten weiterhin einer Lösung. Genausowenig gab es substanzielle Fortschritte bei den Unionsbemühungen mit Byzanz, auch nicht bei der Suche nach einer Konfliktlösung mit den aufständischen Hussiten. Als sieben Jahre später das von Martin V. einberufene Konzil in Basel zusammentrat – Colonna selbst war kurz vor der Eröffnung am 20. Februar 1431 gestorben – sollten die ungelösten innerkirchlichen Streitfragen schließlich zum offenen Bruch zwischen Papst und Konzil führen.

In seiner fristgerechten Einberufung entsprechend dem Dekret *Frequens* bezeichnete J. Helmrath das Basler Konzil als »ein (Enkel-)Kind des

*Constantiense*«. Auch an anderen Punkten wird deutlich, wie stark sich die Basler Konzilsväter in der Nachfolge des Konstanzer Konzils sahen. Viele der Probleme, die sich ihnen stellten, waren schon zwei Jahrzehnte früher Thema der Kirchenversammlung gewesen (Hussitenproblematik, Reform, konziliare Frage u. a.). Das Dekret *Haec Sancta* wurde schließlich zu einer Art Grundgesetz des *Basilense* erhoben.[32] Auch Sigmund sah sich in der Nachfolge des Konstanzer Konzils stehen, wenn er seinen Anspruch »als Beschützer der Versammlung in Basel und als allseits akzeptierter weil uneigennütziger Vermittler und Schiedsrichter« (J. Helmrath) anmeldete. Seine Leistungen auf dem Vorgängerkonzil gaben ihm nicht nur in den eigenen Augen die Legitimität, erneut eine zentrale Rolle zu spielen.[33]

Noch mehr als beim *Constantiense*, das ohne das vorangegangene *Pisanum* nicht gedacht werden kann, gilt dies daher für Basel: ohne *Constantiense* auch kein *Basiliense*. Dass diese Kirchenversammlung, die die vorhergehende in ihrer Dauer noch um ein Mehrfaches überbieten sollte, unter inhaltlichen Gesichtspunkten sogar weit über das Konstanzer Konzil hinausging und sich schließlich in eine Richtung entwickelte, die die einst am Bodensee versammelten Konzilsväter wohl kaum angedacht haben dürften, in ihrer Mehrheit wahrscheinlich auch abgelehnt hätten, steht auf einem anderen Blatt. Eine gewisse sachlogische Konsequenz der Entwicklung lässt sich jedoch nicht bestreiten. Allerdings ist hierbei mit zu berücksichtigen, dass sich bald nach Abschluss des *Constantiense* ein tiefgreifender Generationswechsel vollzogen hatte: Die das Konstanzer Konzil prägenden Personen, wie etwa die Kardinäle d'Ailly und Fillastre, der Pariser Kanzler Gerson und letztendlich auch Papst Martin V., waren in den anderthalb Jahrzehnten bis zum Zusammentritt der Basler Synode gestorben. Eine Generation, die noch zutiefst durch das Schisma und die Anstrengungen, dieses zu überwinden, geformt worden war, war inzwischen jüngeren Kräften gewichen, die das *Constantiense* entweder persönlich überhaupt nicht erlebt hatten oder aber in untergeordneter Position daran teilgenommen hatten. Für diese galt daher, was das Spannungsverhältnis von Papst und Konzil anging, ein gänzlich anderer Bezugsrahmen. Dies machten die Auseinandersetzungen der Basler Konzilsväter mit Eugen IV. nur allzu deutlich.

Für die Selbstfindung des Basler Konzils spielten *Haec Sancta* wie *Frequens* eine zentrale Rolle; J. Helmrath bezeichnete sie gar als Angelpunkte, was ihre Inserierung (Aufnahme) in die Basler Dekrete deutlich macht. Kein Zweifel, *Haec Sancta* wurde von Beginn des Konzils an als eine verbindliche Glaubenswahrheit verstanden.[34]

Endlich, könnte man sagen, widmete sich die Basler Synode auch der immer wieder aufgeschobenen Reformarbeit. In diesem Sinne von einem Reformstau zu sprechen, ist sicher nicht ganz verkehrt. Entsprechend der konziliaren Ekklesiologie der Konzilsmehrheit knüpften die Basler Väter stark an das *Constantiense* und an dessen Bemühungen um eine *reformatio in capite** an. Die im Wesentlichen in der Phase zwischen 1433 und 1436 verabschiedeten Dekrete richteten sich gleichermaßen gegen den päpstlichen Einfluss auf Stellenbesetzungen wie gegen die daraus erwachsenden finanziellen Ansprüche der Zentrale. Hierin spiegelt sich die Selbstbehauptung des Konzils ebenso wie in dem mit harten Bandagen ausgetragenen Konkurrenzkampf mit Eugen IV. Anders als in Konstanz vernachlässigten die Basler Konzilsväter allerdings auch nicht solche Reformen, die bei den Gliedern (*in membris**) ansetzten, wie etwa die Einschärfung der Bestimmung, regelmäßig Diözesan- und Provinzialsynoden durchzuführen.

Eine Tendenz zum Rigorismus, sichtbar an den Bestimmungen gegen die im Konkubinat Lebenden, zeigte sich später auch im Umgang mit Eugen IV., der »Dogmatisierung« von *Haec Sancta* und schließlich der Wahl eines neuen Papstes, die ein neues Schisma heraufbeschwören sollte. Um ihr eigenes Handeln zu legitimieren, griffen die Basler Konzilsväter auf das Konstanzer Schlüsseldekret zurück und wiederholten es am 16. Mai 1439 in Form des Dekrets »Sacrosancta«, wobei sich der Charakter aufgrund der unterschiedlichen Situationen, in denen es erlassen worden war, grundsätzlich verschoben hatte.[35]

---

1 Martin V. hatte Ende April 1418 – wohl auf Bitten der Stadtoberen – eine Anordnung an alle Kirchentüren anschlagen lassen mit dem Tenor, dass ein jeder Gast vor der Abreise seine Schulden zu bezahlen bzw. bei etwaigen Differenzen innerhalb der nächsten acht Tage diese auf dem Rechtswege zu klären habe (Buck, Chronik 129 Z. 9–14; Richental-Faksimile fol. 125v. Vgl. auch Feger, Konstanzer Konzil 330).

2 Wie so häufig befand sich König Sigmund auch im Mai 1418, vor seiner endgültigen Abreise aus Konstanz, finanziell in der Klemme. Da er nicht über die nötigen Barmittel verfügte, hinterließ er seinen Leihgebern Pfänder, die jedoch von diesen nicht einzulösen waren (vgl. dazu die kritischen Bemerkungen bei Buck, Chronik 131 f.). Andere Rechnungen blieben wohl gänzlich offen; einige davon sind bei Maurer, Konstanz im Mittelalter II 40, verzeichnet. Etwas unterschlagen wurde indes in der Literatur, dass Sigmund schon früher die Stadt teils finanziell (vgl. dazu die Überlassung der Reichssteuer der Stadt Konstanz, veranschlagt mit jährlich 600 Pfund, gegen ein Darlehen in Höhe von 600 Pfund Haller: Originalurkunde in Generallandesarchiv Karlsruhe KS 575, zitiert nach Feger [Bearb.], Urkundenbuch, ad datum) teils durch Privilegien, etwa zur Abhaltung einer 14-tägigen Messe statt eines Jahrmarktes (20. Oktober 1417), entschädigt hatte. – Seine Schulden gegenüber der Stadt konnte Sigmund erst im Zuge der Beilegung der Unruhen von 1429 endgültig

tilgen, wobei er seine Außenstände auf die Konstanzer Juden, die ›königlichen Kammerdiener‹, abwälzen konnte (vgl. Joos, Unruhen 51).

3 Das Wichtigste war die Überlassung des Thurgauer Landgerichts in Winterthur gegen eine Darlehenssumme von insgesamt stattlichen 3100 Gulden (vgl. RI XI 187 Nr. 2640 [zu 1417 Okt. 20]). Für die Konstanzer lag die Bedeutung dieses Landgerichts im Ausbau ihrer Hoheitsrechte auf die nach Süden und Südwesten angrenzende Region des Thurgaus, in der schon bislang die kirchlichen Institutionen der Stadt, aber auch einzelne Konstanzer Bürger über beträchtlichen Grundbesitz und weitere Rechte verfügt hatten. Durch die Verpfändung des Landgerichts zeichnete sich damit die reale Möglichkeit ab, sich einen territorialen Herrschaftsraum im südlichen Hinterland der Stadt aufzubauen. Der Wert dieser Verpfändung für die Stadt wird auch dadurch sichtbar, dass sich Bürgermeister und Rat von Konstanz diese von einer weiteren Seite, einem in der Urkunde nicht genannten Fürsten, verbriefen ließen (StadtA Konstanz, UR Nr. 8312 [nach 1417]). Die weitere Entwicklung zeichnete Maurer, Konstanz im Mittelalter II 71–74, nach; zuletzt auch die Arbeit von Joshua Robert Burson, The Relationship between the City of Constance and the Surrounding Countryside in the Fifteenth Century, (Diss.) Yale 2009.

4 Ammann, Konstanzer Wirtschaft 63–174; Klaus D. Bechtold, Zunftbürgerschaft und Patriziat. Studien zur Sozialgeschichte der Stadt Konstanz im 14. und 15. Jahrhundert, Sigmaringen 1981; Joos, Unruhen 46–48.

5 Maurer, Konstanz im Mittelalter II 60–64; Keupp – Schwarz, Konstanz 156 f. – Zuletzt erschien zu dieser Problematik eine Arbeit von Judith Barbara Klerks, Juden in Konstanz während und nach dem Konstanzer Konzil – unter besonderer Betrachtung des Zunftaufstandes und der Besonderheiten der Judenverfolgung in Konstanz von 1429 bis 1431, (Zulassungsarbeit) Konstanz 2013, die mir jedoch nicht vorgelegen hat.

6 Maurer, Konstanz im Mittelalter II 43 f.

7 Maurer, Konstanz im Mittelalter II 188 f.

8 Stump, Reforms 124 f. (mit weiterer Literatur).

9 Walter von Hofmann, Forschungen zur Geschichte der kurialen Behörden I, Rom 1914, 5–17 [*Klassische Studie!*]; Brigide Schwarz, Die Organisation kurialer Schreiberkollegien von ihrer Entstehung bis zur Mitte des 15. Jahrhunderts, Tübingen 1972; Dies., Abbreviatoren, bes. 211–217; Dies., Die Entstehung der Ämterkäuflichkeit an der Römischen Kurie, in: Ilja Mieck (Hg.), Ämterhandel im Spätmittelalter und im 16. Jahrhundert, Berlin 1984, 61–65.

10 Zur Person vgl. Hélène Millet, Un archevêque de Narbonne grand officier de l'Église: François de Conzié (1347–1431), in: Michelle Fournié – Daniel Le Blévec (éd.), L'archevêché de Narbonne au Moyen Âge, Toulouse 2008, 185–212.

11 Marc Dykmans, D'Avignon à Rome. Martin V et le cortège apostolique, in: Bulletin de l'Institut Historique Belge de Rome 39 (1968) 203–309; Brigide Schwarz, Die Organisation der päpstlichen Kurie und die aus dem Schisma herrührenden Probleme, in: Maria Chiabò et al. (a cura di), Alle origini della nuova Roma: Martino V (1417–1431). Atti del convegno, Roma, 2–5 marzo 1992, Roma 1992, 329–345.

12 Schuchard, Die Deutschen; Dies., Deutsche an der päpstlichen Kurie im 15. und frühen 16. Jahrhundert, in: RQ 86 (1991) 78–97. Eine exemplarische, eine Region untersuchende Studie legte Sabine Weiss, Salzburger am Hof Papst Martins V. in Rom (1420–1431). Ein Beitrag zur Erforschung deutscher Kurienaufenthalte, in: RQ 86 (1991) 53–77; Dies., Kurie und Ortskirche. Die Beziehungen zwischen Salzburg und dem päpstlichen Hof unter Martin V. (1417–1431), Tübingen 1994, vor.

13 Schwarz, Römische Kurie 246.

14 Zur Kurienreform unter Martin V. vgl. die Literaturhinweise bei Schwarz, Römische Kurie 255 Anm. 122; auch Dies., Abbreviatoren, passim.

15 Stump, Reforms 328 (Beschlüsse der ›Common Collection‹ c. 4).

16 Übernommen von Clemens Bauer, Die Epochen der Papstfinanz. Ein Versuch, in: HZ 138 (1928) 457–503 (ND in: Ders., Gesammelte Aufsätze zur Wirtschafts- und Sozialgeschichte, Freiburg i. Br. [u. a.] 1965, 112–147).

17 Exemplarisch für den deutschen Raum erschien vor wenigen Jahren eine Fallstudie von Robert Gramsch, Erfurter Juristen im Spätmittelalter. Die Karrieremuster und Tätigkeitsfelder einer gelehrten Elite des 14. und 15. Jahrhunderts, Leiden-Boston 2003. – Für die Konzilsteilnehmer der

Krone Aragóns vgl. die Nachweise bei Jaspert, Dilemma [im Druck], für andere Spanier bei Goñi Gaztambide, Recompensas 259–267.

18 Ein Eindruck über den Zustand Roms in den späten Schismajahren gibt das Tagebuch des Antonio dello Schiavo, eines Kanonikers an St. Peter, wieder (Antonio di Pietro dello Schiavo: Il Diario romano, dal 19 Ottobre 1404 al 25 Settembre 1417, ed. Francesco Isoldi, in: RIS 24/5, Città di Castello 1917, 3–112).

19 Dazu die Beiträge von Maria Grazia Blasio, Radici di un mito storiografico: il ritratto umanistico di Martino V, in: Chiabò (a cura di), Alle origini 111–124; Wouter Bracke, Le orazioni al pontefici, in: ebd. 125–142; Paola Casciano, Il pontificato di Martino V nei versi degli umanisti, in: ebd. 143–161.

20 Zu Martins Pontifikat und seiner Bedeutung für den Wiederaufbau Roms vor allem Partner, Papal State; überblicksmäßig: Mario Caravale – Alberto Caracciolo, Lo stato pontifico da Martino V a Pio IX [= Storia d'Italia, dir. Giuseppe Galasso, 14], Torino 1978, 18–50. Zuletzt auch Carol M. Richardson, Reclaiming Rome. Cardinals in the Fifteenth Century, Leiden-Boston 2009, bes. 145–181.

21 Niccolò Machiavelli: Il principe c. 11 [»De principatibus ecclesiaticis«], ed. Sergio Bertelli, Opere di Niccoló Machiavelli I, Verona 1968, 36; dt. Übers. in: Niccolò Machiavelli: Politische Schriften, hg. v. Herfried Münkler, Frankfurt 1990, 81.

22 Patschovsky, Reformbegriff 15.

23 Maßgeblich dürfte für diese Neubewertung die Arbeit von Studt, Martin V., sein, die die lange vorherrschende Meinung von der Reformfeindlichkeit Martins V. widerlegen konnte. In weiteren Arbeiten gelang es der Autorin, ein deutlich positiveres Bild von ihm zu zeichnen.

24 Ourliac – Schimmelpfennig, Schisma 109; grundlegend dazu jetzt die Studie von Studt, Martin V. Vgl. außerdem: Dies., Reformverbände und Reformzirkel in der politischen Kommunikation von Kirche und Reich im Spätmittelalter, in: Gisela Drossbach – Hans-Joachim Schmidt (Hg.), Zentrum und Netzwerk: kirchliche Kommunikationen im Mittelalter, Berlin 2008, 299–328. – Vergleichbare Arbeiten zu anderen Regionen liegen nicht vor.

25 Birgit Studt, Legationen als Instrumente päpstlicher Reform- und Kreuzzugspropaganda im 15. Jahrhundert, in: Gerd Althoff (Hg.), Formen und Funktionen öffentlicher Kommunikation [= VuF 51], Stuttgart 2001, 421–453; Dies., Anspruch und Wirklichkeit: Der Wandel von Handlungsspielräumen und Reichweiten päpstlicher Diplomatie im 15. Jahrhundert, in: Claudia Zey – Claudia Märtl (Hg.), Aus der Frühzeit europäischer Diplomatie. Zum geistlichen und weltlichen Gesandtschaftswesen, Zürich 2008, 85–118.

26 ASV, Reg.Vat. 352, fol. 132v–133v, wiedergegeben nach: Studt, Hussitenpolitik 115 Anm. 12.

27 Die einzige moderne Gesamtdarstellung stammt von Walter Brandmüller, Das Konzil von Pavia-Siena (1423–24) I/II, Münster 1968/1974 [Band II ist eine Quellensammlung]. Der Darstellungsband erschien in überarbeiteter und erweiterter Fassung erneut 2001 (in italienischer Sprache 2004). Gegen diese Darstellung wurden ähnliche Einwände wie schon gegen seine Darstellung des Konstanzer Konzils erhoben (vgl. ZSRG.K 90 [2004] 609–611; deutlich zurückhaltender Heribert Müller, in: HZ 276 [2003] 445–448; grundlegend jetzt: Ders., Kirchliche Krise 97 f.). – Eine knappe Übersicht zu dieser Synode geben die Artikel von Johannes Grohe, in: LexMA 6 (1995) 1837, und demnächst von Ansgar Frenken, in: Lexikon der Konzilien [in Vorbereitung].

28 Am 21. April 1423, wie die Podestà von Pavia an das Consilio segreto des Mailänder Herzogs Filippomaria am darauffolgenden Tag berichtete (Civico Museo Pavia, Lettere ducali, Cartella 1, zitiert nach Brandmüller, Konzil von Pavia-Siena 117).

29 Grundlegend: Ryder, Alfonso. – Vgl. Brandmüller, Konzil von Pavia-Siena 67 f., 203–220.

30 Überzeugend nachgewiesen von Girgensohn, Schisma 236–239 (= Anhang 1).

31 Die Bedeutung Alfons' V. und seiner verschiedenen politischen Manöver für den Verlauf des Konzils dürfte bei Brandmüller, Konzil von Pavia-Siena, passim, überbetont worden sein.

32 Helmrath, Basler Konzil 3.

33 Hans-Joachim Schmidt, Sigismund und das Konzil von Basel, in: Pauly – Reinert (Hg.), Sigismund 127–141, hier 127 f. (Zitat ebd. 128).

34 Helmrath, Basler Konzil 464.

35 Helmrath, Basler Konzil 460–477.

# Teil B: Zentrale Aspekte der Forschung

# 5 Theologische und ekklesiologische Probleme

Selbst wenn die Beschäftigung mit explizit theologischen bzw. kanonistischen Fragestellungen im Zusammenhang mit der Rezeption des Konstanzer Konzils in den vergangenen Jahrzehnten spürbar nachgelassen hat, so lassen einige Publikationen aus der jüngeren Vergangenheit darauf schließen, dass längst noch nicht alle Fragen hinreichend geklärt und beantwortet sind.[1]

Angelehnt an A. Franzen, der 1965 seinen Forschungsbericht zum Konstanzer Konzil noch fast ausschließlich auf diese theologisch-kanonistischen Kernprobleme des *Constantiense* fokussiert hatte, lassen sich zunächst drei Forschungs- und Diskussionsschwerpunkte ausmachen. Deren erster dreht sich um die »Frage der Legitimität der Päpste und der Rechtmäßigkeit des Konstanzer Konzils« und greift damit tief zurück in die Vorgeschichte des Konzils. Der zweite beschäftigt sich mit dem Herzstück theologischer Konstanz-Forschung, dem »Konstanzer Konziliarismus und den Dekreten *Haec Sancta* und *Frequens*«, der dritte befasst sich schließlich mit der ekklesiologischen Deutung der Konstanzer Dekrete und der Frage ihrer Bestätigung durch Martin V. und Eugen IV.[2] Darüber hinaus wurden in jüngerer Zeit noch zwei weitere Problemkreise mehrfach von der an theologischen Fragestellungen orientierten Forschung angeschnitten, zum einen die Frage nach dem Charakter der Absetzung Papst Johannes' XXIII. und deren Bewertung, zum anderen die nach der Ökumenizität des *Constantiense*. Dass die Einschätzungen bzw. Interpretationen keineswegs einheitlich ausfielen, lässt den aufmerksamen Leser ein sehr unterschiedliches ekklesiologisches Vorverständnis erahnen, mit dem sich die Forscher den angesprochenen Problemstellungen näherten. Auf ein größeres Interesse stieß darüber hinaus die Frage, in welchem Maß das Konstanzer Konzil, seine Diskussionen und Entscheidungen, Wirkmächtigkeit für die nachfolgenden Konzilien besessen hat, erhoffte man sich doch dadurch, die Bedeutung des *Constantiense* für die Konzilien- und generell die Kirchengeschichte besser beurteilen zu können.

## 5.1 Zur Papstwahl von 1378

Am 8. April 1378 war Bartolomeo Prignano zur allgemeinen Überraschung als Urban VI. aus dem Konklave* hervorgegangen.[3] Die Wahl hatte unter starkem Druck der römischen Öffentlichkeit gestanden, die einen Römer, zumindest aber einen Italiener als Papst forderte.[4] Trotz der problematischen, ja sogar dramatischen Begleitumstände wurde die Rechtmäßigkeit dieser Wahl zunächst nicht in Frage gestellt.[5] Allerdings sollten die tumultartigen Geschehnisse rund um das Konklave* den Kardinälen nur wenige Monate später das entscheidende Argument an die Hand geben, um von ihrer eigenen Wahlentscheidung abzurücken: Am 2. August 1378 erklärten sie die Wahl für ungültig, da sie nicht frei erfolgt sei;[6] am 9. August wurde der Apostolische Stuhl für vakant erklärt. Heraufbeschworen hatte diese Krise nicht zuletzt der Papst selbst, da er sich mit wenig Rücksichtnahme und mangelndem Fingerspitzengefühl daran gemacht hatte, die Privilegien der Kardinäle im Zuge der von ihm eingeleiteten Kurienreform drastisch zu beschneiden.[7] Ob dies jedoch den Ausschlag für den spektakulären und beispiellosen Akt in der Geschichte der Kirche gegeben hat oder es doch die zu beobachtenden pathologischen Züge in der Person Urbans VI. gewesen sind, die zu der Abkehr seiner Wähler führten, ist auf der Grundlage des überlieferten Materials wohl nicht mehr mit letzter Klarheit zu entscheiden. Doch kaum hatten die abgefallenen Kardinäle einen endgültigen Schlussstrich unter das Kapitel Urban gezogen, wählten die mittlerweile nach Fondi ausgewichenen Purpurträger am 20. September 1378 ihren Mitbruder Robert von Genf, einen Verwandten des französischen Königs, zum Papst.[8] Die Wahl Clemens VII., wie dieser sich nannte, löste das Große abendländische Schisma aus, da Urban – von seiner Legitimität überzeugt – keineswegs an einen Rückzug dachte.[9]

*Multum obscura et intricata* hatte einst É. Baluze die Gründe für den Ausbruch des Schismas charakterisiert.[10] Seitdem hat die Forschung zwar einiges Licht in die lange zurückliegenden Vorgänge werfen können, allerdings sind eine Reihe zentraler Probleme bis heute ungelöst.

Ähnliches gilt für die Frage nach der Legitimität des *Pisanum*. Der Status des Konzils ist allein schon deshalb ungeklärt, weil seine Ökumenizität – vor allem aus orthodox-römischer Sicht – nach wie vor als umstritten gilt.[11] Allerdings hat H. Millet inzwischen den Nachweis erbringen können, dass sowohl die Zahl der Teilnehmer als auch deren Herkunft aus großen Teilen der lateinischen Kirche repräsentativen Charakter hatte. Allein Benedikt und seine Anhängerschaft blieben dem Konzil fern. Da sich das *Pisanum* jedoch auf die Mehrheit der Kardinäle sowohl der römischen als auch der avignonesischen Obödienz* stützen konnte, ist sein ökumenischer Charakter (nach dem Verständnis der römisch-katholischen Kirche) in der Tat nur schwer zu bestreiten;[12] die Bezeichnung *conciliabulum** für das Pisaner Konzil sollte daher aus guten Gründen vermieden werden. Egal, wie das Urteil zu Pisa ansonsten ausfallen mag, dieses Konzil wies den Weg nach Konstanz. Alexander V. selbst hatte kurz vor Ende des *Pisanum* die Einberufung einer weiteren Generalsynode innerhalb von drei Jahren dekretiert, da in Sachen Reform noch nichts Entscheidendes geschehen war. Nach dem Fiasko des römischen Konzils (1412/13) wurde damit Konstanz zum eigentlichen Nachfolgekonzil der Pisaner Kirchenversammlung. Wenn das *Pisanum* im Nachhinein aber wieder in Frage gestellt wurde, dann musste dies zwangsläufig auch Auswirkungen für die dort gegründete Papstlinie haben – ihre Legitimität beruhte schließlich auf der des Pisaner Konzils. Folglich hätte ein Johannes XXIII., Nachfolger Alexanders V. in der Pisaner Papstlinie, das Konstanzer Konzil niemals rechtmäßig einberufen können.

Letztlich erweist sich das Problem der legitimen Papstnachfolge als kaum entwirrbar. Eine autoritative Setzung, wie sie durch die offiziöse römische Papstliste scheinbar vorgenommen wird,[13] kann die aus den Quellen zu gewinnende Einsicht, dass sich die Legitimität der Papstreihen mit letzter Klarheit nicht mehr bestimmen lässt, sicher nicht ersetzen. Für eine historische Beurteilung der Legitimität der beiden Papstprotagonisten und ihrer Nachfolger ist sie jedenfalls unbrauchbar.

Der in Konstanz gewählte Martin V. bezog seine Legitimität indes nicht aus der Rechtmäßigkeit einer der drei Papstreihen aus der Zeit des Schismas. Nach Überzeugung der damaligen Kirche, die im Übrigen mit der der heutigen Kirche übereinstimmt, ist er als der allgemein anerkannte Bischof von Rom Nachfolger des Heiligen Petrus und damit legitimer Nachfolger auf dem Papststuhl, wobei er direkt an das Pontifikat Gregors XI. anknüpft.

## 5.2 Kontroversen um *Haec Sancta*

Lange Zeit war die Interpretation des Konzilsdekrets *Haec Sancta* das theologische Kontroversthema schlechthin. Als solches füllten die dazu verfassten Stellungnahmen und Studien viele Regalmeter,[14] ohne dass dies aber den Eindruck erwecken konnte, es sei schon alles gesagt.[15] Den letzten Höhepunkt erreichte die Beschäftigung mit dem wohl berühmtesten der Konstanzer Dekrete im zeitlichen Umfeld des Zweiten Vatikanums, als sich eine wahre Publikationsflut über die interessierte Leserschaft ergoss.[16] Gezielt wurde damals der vermeintlich in *Haec Sancta* seinen Gipfel erreichende »Konstanzer Konziliarismus« in Stellung gebracht gegen die Definition des päpstlichen Primats auf dem Ersten Vatikanum. Nicht immer hinterließen die damals entstandenen Arbeiten allerdings den Eindruck einer profunden Sach- und Quellenkenntnis; allzu häufig wurde mit stark ideologisch gefärbter Tinte geschrieben, die in erster Linie der Positionsbestimmung des jeweiligen Autors in den Auseinandersetzungen um das 1962 eröffnete Zweite Vatikanum diente. Im Zentrum stand insbesondere die Frage nach dem Gehalt des Dekrets und seiner Verbindlichkeit. Dazu hatte schon H. Jedin festgestellt: »Es ist kein sozusagen freischwebender allgemeiner Glaubenssatz, vielmehr ist *Haec Sancta* eine für einen ganz bestimmten Ausnahmefall getroffene Notmaßnahme«.[17] Dem hielt I. Pichler, sein vielleicht exponiertester Gegenspieler in der damaligen Debatte, entgegen, dass vom Standpunkt der Tradition die Verbindlichkeit des Dekrets als null und nichtig einzuschätzen sei und »das Dekret *Haec Sancta* mit seiner ekklesiologischen Konzeption von allem Anfang an keine Gültigkeit und Verbindlichkeit erlangen« konnte.[18] J. Gill und W. Brandmüller verwarfen eine Geltung des Dekrets über die konkrete historische Situation hinaus, da – so ihre Argumentation – sich seine Gültigkeit allein auf die Phase beziehe, in der es keinen einwandfrei legitimierten Papst gegeben habe. Nur für diesen speziellen Fall habe *Haec Sancta* Gültigkeit besessen; entsprechend könne sich die Gültigkeit nur auf einen vergleichbar gelagerten Fall beziehen.[19] – Eine gemeinsame Position der in der ein halbes Jahrhundert zurückliegenden Diskussion involvierten Forscher, in ihrer Mehrzahl Theologen und Kirchenhistoriker, war aufgrund der Spannbreite der Interpretationen kaum zu erzielen. Wenn man aber so will, war das Ergebnis der insgesamt wenig Erkenntnis bringenden, dafür umso kontroverser ausgetragenen Debatte die Einsicht, dass es zunächst einer genaueren Analyse des Dekrets und seiner Quellen bedürfe, um in der Bestimmung seines Charakters weiterzukommen. W. Brandmüller unterzog daher den Text einer gründlichen sprachlichen Analyse, Th. Morrissey untersuchte den situativen Kontext des Zustandekommens und beleuchtete insbesondere die Rolle Zabarellas bei der Formulierung von *Haec Sancta*.[20] Als Fazit konstatierte er dem Dekret in seinen zentralen Aussagen eine Mehrdeutigkeit, die zu lösen er als ungewiss einschätzte.

Inzwischen ist das Interesse an diesem Thema, das durch die skizzierten zeitaktuellen Umstände der unmittelbaren Nachkonzilszeit eine außergewöhnliche Hochkonjunktur erlebt hatte, spürbar abgekühlt. Erst jüngst hat sich aber mit dem Belgier M. Decaluwé wieder ein junger Historiker intensiver mit dem umstrittenen Konzilsdekret beschäftigt,[21] wobei er – Morrisseys leicht resignativ wirkende Aussage zum Problem der Mehrdeutigkeit und seiner Auflösung zurückweisend – zu durchaus neuen Erkenntnissen gekommen ist. Zunächst wies er auf die bislang wenig beachteten, unterschiedlichen Fassungen des Dekrets hin, zu denen ein weiteres, neu aufgefundenes Textzeugnis hinzugekommen war.[22] Th. Morrissey hatte sich noch auf die Version der Mansi-Edition gestützt, während W. Brandmüller die im COD gedruckte Fassung bevorzugte, die auf von der Hardt zurückgeht und aufgrund ihrer breiteren Textgrundlage ihm als zuverlässiger erschien.[23] Allein dadurch kamen die beiden Forscher bereits zu erheblich voneinander abweichenden Ergebnissen in ihrer Interpretation des Dekrets. Allerdings war schon von Brandmüller eine gründliche Analyse des Dekrettextes angemahnt worden,[24] deren Fehlen er Mitte der 1960er Jahre noch als schmerzliches Desiderat der Forschung empfand. Mit guten Gründen bestritt Decaluwé nun, dass in diesem Fall der Helmstedter Renaissancegelehrte von der Hardt den besseren Text geliefert habe. Aber selbst der Rückgriff auf die Manuskripte warf in seinen Augen ungelöste Fragen auf, so dass sich Decaluwé an eine Rekonstruktion des Textes von *Haec Sancta* und seiner unterschiedlichen Varianten in ihrem Entstehensprozess machte. Dabei konnte er nachweisen, dass die unterschiedlichen Textvarianten des Dekrets die verschiedenen, ja oftmals divergenten Ansichten der Konzilsväter hinsichtlich der Beseitigung des Schismas ebenso widerspiegeln wie die Frage, ob das Problem mit oder ohne Papst zu lösen sei.[25] Das Bemühen um die richtige Formulierung des Dekrets stellte schließlich einen Versuch dar, Konsens über das eigentliche Ziel, die Wiedergewinnung der Union mittels der *via concilii**, herzustellen und die weitere Arbeit des Konzils damit abzusichern. Versteht man *Haec Sancta* in diesem Sinne als Kompromissformel in einer ganz konkreten Situation, lässt dies viele ältere Diskussionsbeiträge zum kirchenrechtlichen Charakter und zur Reichweite dieses Dekrets als überholt erscheinen.

Unabhängig der unterschiedlichen Einschätzungen wird man *Haec Sancta* zweifellos als einen zentralen Eckstein in dem seit dem Hochmittelalter bestehenden Verfassungskonflikt zwischen monarchischer und kooperativer Gewalt in der Kirche sehen können. Insofern bleibt die Interpretation dieses Dekrets – zumindest in der theologischen Diskussion – ein Streitpunkt, der seine Relevanz bis in die Gegenwart nicht verloren hat und nicht allein mit den Mitteln der historisch-wissenschaftlichen Analyse zu entscheiden ist.

## 5.3 Das Ende des Pontifikats Johannes' XXIII. – Absetzung oder Rücktritt?

In der älteren Konzilsforschung war diese Frage kaum angeschnitten worden. Für Kirchen- wie Säkularhistoriker schien die Sachlage klar auf der Hand zu liegen: Nach der gescheiterten Flucht war Johannes XXIII. als Gefangener an den Bodensee zurückgebracht worden, wo ihm vor dem Konzil der Prozess gemacht wurde. Man beschuldigte den Papst der Häresie (in seiner weiteren Bedeutung), da er durch sein notorisches Verhalten den Fortbestand des Schismas begünstige. Darüber hinaus machte man ihn für eine schlechte Amtsführung und die Verschleuderung von Kirchengut verantwortlich und bezichtigte ihn neben anderem der Simonie. Selbst wenn die Anklagepunkte später zusammengestrichen wurden, um das Ansehen des Papstamtes nicht noch stärker zu diskreditieren, war das Ergebnis des Prozesses vorhersehbar. Baldassare Cossa akzeptierte das über ihn ausgesprochene Urteil und schwor, sich damit abfinden zu wollen und nicht dagegen zu appellieren. Das prozessurale Verfahren war damit beendet.

Die Frage bleibt aber, wie das Ende von Johannes' Pontifikat zu beurteilen ist: Wurde der Papst tatsächlich abgesetzt oder hat er, wenn auch nicht ganz freiwillig, abgedankt?

Am Ende des Prozesses stand die Absetzung Johannes' XXIII. – so sahen und schrieben es schon die zeitgenössischen Kurienmitarbeiter.[26] Dies war bis vor nicht allzu langer Zeit auch die einhellige Meinung der Forschung. Noch die Arbeit von H. Zimmermann, die er anlässlich der 550-Jahrfeier des Konzils zur Frage der Absetzung der Päpste verfasst hatte,[27] stand ganz in dieser Tradition. Das Verhalten des Papstes fand dabei kaum eine Berücksichtigung, geschweige denn eine angemessene Würdigung, die in eine Gesamtbewertung der Vorgänge hätte einfließen können. Eine solche perspektivische Neubewertung nahm erst W. Brandmüller in den 1990er Jahren vor,[28] die zweifellos aus seiner, gegenüber anderen Forschern, deutlich positiveren Wahrnehmung der Person Cossas und dessen Verhaltens resultierte. Dank Brandmüllers gründlicher Analyse zur Gleichzeitigkeit beider Vorgänge, des Prozesses wie des parallel laufenden Verhaltens des gefangenen Papstes, dürfte die Aussage Ph. Stumps »The truth is that John XXIII both was deposed and abdicated«[29] heute im Kreis der Fachgelehrten weitgehend auf Akzeptanz und Zustimmung stoßen.

Darüber hinaus betonte W. Brandmüller gegenüber älteren Auffassungen, dass Johannes XXIII. überhaupt kein »zweifelsfrei legitimer Inhaber der Cathedra Petri« gewesen sei, daher konnte nach seiner Ansicht die Absetzungssentenz* des Konzils auch »nur ins Leere« stoßen. Denn wovon konnte er denn abgesetzt werden, so die rhetorische Frage des damaligen Augsburger Kirchenhistorikers, wenn er zwar »in seiner Obedienz de facto als Papst fungierte, de jure jedoch kaum« als solcher gelten konnte?[30]

Wenngleich hier die eher dogmatisch orientierte Position Brandmüllers stärker sichtbar wird, die die Vorgänge aus einer spezifisch römisch-katholischen Perspektive nicht immer unvoreingenommen beurteilt und wertet, so gelang es dem Augsburger Kirchenhistoriker aber, den Ablauf des Prozesses minutiös nachzuzeichnen: In den entscheidenden Maiwochen pendelten verschiedene Delegationen zwischen dem Konzil und dem nach Radolfzell gebrachten Papst hin und her, übermittelten immer wieder neue Vorschläge mit Forderungen des Konzils und Zugeständnissen Johannes' XXIII., während parallel dazu der eigentliche Absetzungsprozess in Konstanz vorangetrieben wurde. Nachdem der Papst schon zuvor seine bedingungslose Bereitschaft zum Rücktritt bekundet hatte, lieferte er zu guter Letzt die Insignien der päpstlichen Macht aus, womit Cossa faktisch seinen Rücktritt vollzog. Fast zeitgleich kam auch der gegen ihn geführte Prozess mit der Absetzungssentenz* zum Abschluss.[31] Angesichts der Abfolge der Ereignisse wurde von mir bereits an anderer Stelle einmal formuliert: »In einem »Akt der Autodeposition« hatte jener [gemeint ist Johannes XXIII.] – allerdings unter dem Zwang der Verhältnisse – das Urteil de facto bereits vorweg genommen«.[32] Schon der Zeitgenosse Gerson hatte dies so gesehen, wie man seiner Rede *Prosperum iter* entnehmen kann.

Damit stellt sich die Frage, warum die Konzilsgeschichtsschreibung lange Zeit allein auf den Prozess fokussiert war, die Vorgänge in der Burg Gottlieben, in der Johannes XXIII. schließlich gefangen gehalten wurde, aber aus dem Blick verlor. Als mögliche Erklärung mag folgender Ansatz dienen: Nachdem Johannes XXIII. sich dem Druck der Konzilsmehrheit auf raschen Rücktritt vom Papstamt nicht freiwillig hatte beugen wollen, durch seine Flucht eine Überwindung des Schismas faktisch sogar zu torpedieren drohte, ging es der Konzilsmehrheit darum, den gefangenen Papst endgültig und unwiderruflich als Stolperstein bzw. Hindernis auf dem Unionsprozess aus dem Weg zu räumen. Die Absetzung konnte folglich das einzige Ziel sein. Mit dem ihm eigenen Pragmatismus* dehnte das Konzil die Grenzen der Prozessführung bis an die Grenzen des rechtlich Zulässigen – und punktuell vielleicht sogar darüber hinaus – aus, wohl wissend, dass ein Verstoß gegen kanonische Rechtsvorschriften erhebliche Gefahren für die Legitimität des Verfahrens und damit für das Tun des Konzils aufwerfen würde. Am Ende stand in der Tat das Ergebnis, das bereits zu Beginn quasi vorgegeben war: die Absetzung. Darüber war es dann ziemlich egal, wie sich Johannes verhielt. Die spätere Forschung folgte in ihrer Bewertung des Geschehens im Wesentlichen dieser Marschroute.

Eine Beurteilung der Abläufe ist im Übrigen unabhängig davon zu sehen, wie der Prozess und das schließlich gefällte Urteil letztlich zu bewerten sind. Dass das Verfahren in seiner Durchführung insgesamt als problematisch einzuschätzen ist, darauf wies bereits H. Finke hin. Dezidiert vertiefte W. Brandmüller die Kritik an dem Prozess in seinem Bemühen, dem abgesetzten Papst historische Gerechtigkeit geschehen zu lassen und das Zerrbild von seiner Person und seinen Leistungen zurechtzurücken.[33] Gerechtfertigt in der Sache, der Überwindung des Schismas, bleibt bei der Detailanalyse des Prozesses jedenfalls ein etwas schaler Geschmack zurück.

## 5.4 Die ekklesiologische Deutung der Konstanzer Dekrete und die Frage ihrer Bestätigung durch Martin V. und Eugen IV.

Da das heute gültige Kirchenrecht (CIC von 1983, Can. 341 §1) eine Bestätigung aller Konzilsdekrete durch den Papst vorsieht, bevor diese ihre Gültigkeit erlangen, haben sich insbesondere Kirchenhistoriker immer wieder die Frage gestellt, wie diese Forderung mit den vor bald sechs Jahrhunderten gefassten Konstanzer Dekreten in Einklang zu bringen ist.[34] Hat es nun eine Bestätigung der Dekrete gegeben, in welcher Form und wann war diese überhaupt nötig? N. Minnich hat die in der Forschung vertretenen unterschiedlichen Positionen unlängst noch einmal dargestellt,[35] so dass an dieser Stelle auf eine Wiederholung verzichtet werden kann.

Für *Frequens* hat sich die Frage einer päpstlichen Approbation* weniger gestellt, da das Dekret erst zu einem Zeitpunkt verabschiedet worden war, an dem alle modernen Autoren die Ökumenizität der Versammlung als gegeben annahmen.[36] Schwieriger war die Ausgangslage im Falle von *Haec Sancta*: Für Fink, Küng und selbst für Jedin bedurfte dieses Dekret für seine Gültigkeit keinerlei nachträglicher Zustimmung durch den Papst. Anders argumentierte dagegen Brandmüller, der aber gleichfalls die Notwendigkeit einer Zustimmung verneinte. Er begründete seine Position damit, dass dieses Dekret nur für die Zeit der *sede vacante* gegolten habe. Keinen Zweifel gibt es daran, dass Martin V. die einschlägig gegen Wyclif und Hus gerichteten Konzilsdekrete durch die Bulle* *Inter cunctas* vom 22. Februar 1418 formell bestätigt hat. Dabei hat es sich allerdings um Glaubensangelegenheiten gehandelt, was für *Haec Sancta* im engeren Sinne nicht zutraf, da es sich – im Verständnis des Papstes und vermutlich weiter Konzilskreise – eben nicht um eine dogmatische Wahrheit gehandelt hat. Ein Beleg dafür, dass Martin *Haec Sancta* damit seine Gültigkeit hat absprechen wollen, lässt sich aus *Inter cunctas* jedoch nicht herauslesen. Die Situationsgebundenheit des Dekrets – sprich: *Haec Sancta* wurde zu einem Zeitpunkt beschlossen, als es gar keinen zweifelsfrei legitimen Papst gegeben hat – erzwang keine förmliche Bestätigung, was seine prinzipielle Gültigkeit im Falle eines erneuten Schismas aber nicht einschränkte. Dass der Papst eine verfassungsmäßige Neujustierung des Verhältnisses der beiden Gewalten Papst und Konzil, wie sie in dem besagten Konzilsdekret eine Grundlage finden konnte, ablehnte, bewies zwar sein späteres Handeln. Daraus allerdings einen Rückschluss auf seine Äußerungen zu Ende des Konstanzer Konzils zu ziehen, ist methodisch fragwürdig und inhaltlich problematisch.

## 5.5 Zur Frage nach der Ökumenizität des *Constantiense*

Anders als es einem theologisch unbedarften Leser auf den ersten Blick vielleicht erscheinen mag, ist die Frage nach dem synodalen Charakter des Konstanzer Konzils keineswegs als belanglos abzuqualifizieren. Stattdessen impliziert ihre Beantwortung organisatorische wie kirchenrechtliche Konsequenzen. Für den Theologen ist sie daher – über die historische Kontroverse hinaus – letztlich sogar von einer aktuellen Bedeutung. Sie gibt unter anderem Aufschluss über die dem Konzil gestellten Aufgaben sowie hinsichtlich der Reichweite der dort gefassten Beschlüsse und Entscheidungen, »ob [wie W. Brandmüller formulierte] das dort Geschehene rechtmäßig, gültig, verbindlich war – oder nicht«.[37] Insbesondere im Kontext der Rezeption von *Haec Sancta* spielt die Einschätzung des synodalen Charakters dieser Kirchenversammlung eine bedeutsame Rolle, worauf im letzten Abschnitt bereits hingewiesen wurde.

Zeitgenössisch belegt ist die Bezeichnung »ökumenisches Konzil« im Kontext des *Constantiense* nicht. In der Zählung der ökumenischen Konzilien, wie sie seit Ende des 16. Jahrhunderts zunehmend autoritativen Charakter bekam, war die Klassifikation des *Constantiense* als eines ökumenischen Konzils aber keineswegs unumstritten, zumindest nicht für die gesamte Dauer des Konzils.[38] Mag die Bezeichnung »Allgemeines Konzil« oder »Generalkonzil« von der Sache her unproblematischer und damit konsensfähiger sein, so wird dem Konstanzer Konzil der ökumenische Charakter heute kaum mehr abgesprochen, auch wenn umstritten ist, ab welchem Zeitpunkt er für das *Constantiense* gilt.

Anhand einiger Kriterien, die theologischerseits zur Bestimmung der Ökumenizität eines Konzils herangezogen werden, lässt sich auch das *Constantiense* auf seinen Anspruch, ein ökumenisches Konzil zu sein, überprüfen, wohl wissend, dass der heutige Forscher aus der Distanz von bald 600 Jahren manchen Sachverhalt möglicherweise etwas anders einschätzen wird, als es der Zeitgenosse tat.[39] Im Wesentlichen geht es dabei um die folgenden fünf Kriterien:

### *Die Einberufung des Konzils*

Unbestritten wurde das *Constantiense* von Johannes XXIII. einberufen, dem Papst der Pisaner Obödienz*. Die römische Obödienz* trat erst mit dem Verzicht Gregors XII. auf die Papstwürde am 4. Juli 1415 dem Konzil bei, die Anhänger Benedikts XIII. taten dies peu à peu erst in den beiden nachfolgenden Jahren. Der spanische Papst selbst wurde schließlich am 26. Juli 1417 durch das Konzil abgesetzt. Spätestens ab diesem Zeitpunkt ist die Ökumenizität im westlich-römischen Verständnis gegeben.

### *Das Problem der* repraesentatio – *die Frage nach der Ökumenizität der Versammlung*

Spätestens nach Beitritt der spanischen Königreiche aus der einstigen Obödienz* Benedikts XIII. standen allein Schottland und kleinere Herrschaften im Pyrenäenbereich noch abseits des Konzils. Der westliche *orbis christianus* war überdies in seiner ganzen Breite in Konstanz repräsentiert, sowohl was die geographische Verteilung angeht als auch durch eine breite Vertretung aller Hierarchiegrade. Für das Selbstverständnis des *Constantiense* als eines *concilium generale* hatte, nachdem die römische und avignonesische Obödienz* dem Konzil faktisch beigetreten waren, das Fehlen einer offiziellen Delegation aus der orthodoxen Kirche keine entscheidende Bedeutung gehabt. Für die Griechen war dagegen klar, dass es sich nicht um ein »wirkliches« allgemeines Konzil (im Sinne der *sancta octo*, der Konzilien des ersten Jahrtausends) handelte, das in der Tradition der frühen ökumenischen Konzilien stand.

### *Der Konzilsvorsitz*

Zu Beginn hatte Johannes XXIII. den Konzilsvorsitz eingenommen und das Konzil wie selbstverständlich geleitet. Das *Constantiense* stand ganz in der Nachfolge der Vorgängersynode von Pisa (1409); der Vertreter der dort eingesetzten Papstlinie nahm die einem Papst zustehenden Aufgaben wahr. Nach Johannes' Flucht fiel der Vorsitz an den ältesten der Kardinäle, ein in der Vakanz* übliches Verfahren. Tatsächlich betrachteten sich die Konzilsväter im Zustand der Vakanz*. Dass der römische König die 14. Sessio* geleitet habe, ist ein Irrtum, der auf einem mangelnden Verständnis der Zusammenhänge beruht.[10] – Mit der Wahl Martins V. fiel der Konzilsvorsitz wieder dem gewählten Oberhaupt zu, der gleichzeitig auch die Initiative des Handelns an sich zog. Bis auf den Zeitraum der *sede vacante* lag damit der Vorsitz eindeutig beim Papst.

### *Die Papstwahl*

Das Wahlverfahren im Konstanzer Konklave* war der speziellen Situation des Schismas geschuldet. Zeitweilig war sogar umstritten, ob den Kardinälen (als Mitverantwortlichen für den Ausbruch des Schismas) das Wahlrecht überhaupt zugestanden werden sollte. Allerdings kristallisierte sich in der Diskussion über das Wahlverfahren im Laufe des Jahres 1417 heraus, dass das Wahlrecht der Kardinäle nicht grundsätzlich angetastet werden sollte. Um dem Gewählten jedoch eine allgemeine Anerkennung zu verschaffen, wurde – beschränkt auf diesen speziellen Einzelfall – die

Wahlordnung insoweit verändert, dass aus allen Konzilsnationen heraus Delegierte für das Konklave* zu bestimmen waren. Allerdings konnten diese keinen Kandidaten gegen die Mehrheit der Kardinäle küren, ebenso wenig wie diese gegen den Widerstand selbst einer einzigen Nation ihren Kandidaten hätten durchsetzen können.

Nach Konstanz kehrte man für die Wahl eines neuen Papstes in die alten Gleise zurück, die folgenden Wahlen von 1431, 1447, 1455 etc. wurden im Wesentlichen wieder nach den Konklavebestimmungen Gregors X. durchgeführt. Der Sonderfall der Wahl Felix' V. (1439) auf dem Basler Rumpfkonzil, an der die Kardinäle nicht beteiligt waren,[41] ist den ungewöhnlichen Umständen geschuldet und gibt daher als Präzedenzfall wenig her.

### *Die Approbation der Konzilsbeschlüsse*

Verlangt das CIC (Can. 341 §1) heute eine förmliche Zustimmung des Papstes zu den Beschlüssen des Konzils, so hat sich die Approbationsfrage* dem Zeitgenossen auch anders darstellen können. Bedenkt man die Situation des Schismas, in der die Legitimität der Päpste keineswegs mehr eindeutig zu bestimmen war, sowie die spezifische Situation auf dem *Constantiense*, hat sich die Frage in dieser Form überhaupt nicht gestellt. Das Selbstverständnis der Synode, wie es sich etwa in *Haec Sancta* ausdrückt, bedurfte einer nachträglichen päpstlichen Approbation* nicht. Die Frage nach der päpstlichen Anerkennung der Dekrete ist somit ein Produkt der »nachkonstanzer« kirchenrechtlichen Entwicklung, historisch wird man sie für das *Constantiense* verneinen und auch als überflüssig ansehen dürfen.

Summa summarum lässt sich die Frage nach der Ökumenizität des *Constantiense* daher nicht so einfach beantworten; sie hängt vielmehr von zuvor getroffenen Prämissen und Vorentscheidungen ab. Anders als der Theologe kann sich der Historiker allerdings bei dieser Diskussion zurückhalten.

In mehrfacher Hinsicht stellt das Konzil von Konstanz jedenfalls einen Sonderfall dar, weshalb es nicht ohne weiteres mit den anderen allgemeinen Konzilien des Mittelalters und der Neuzeit, geschweige denn mit den ökumenischen Konzilien des ersten Jahrtausends in seiner Struktur und seinen Aufgaben gleichgesetzt werden kann. »Bestimmungen, wie sie etwa im gültigen CIC von 1983 (Can. 336–341) zur Qualifikation eines allgemeinen Konzils zu finden sind, können helfen, das Gemeinsame wie auch das Besondere des *Constantiense* im Vergleich zu anderen allgemeinen Konzilien herauszuarbeiten.[42]

Diese Bestimmungen schematisch, ja dogmatisch auf einen Sachverhalt rückwirkend anwenden zu wollen, hieße, die Vergangenheit zu vergewaltigen, da einem solchen Vorgehen die Vorstellung zugrunde liegt, die Kirche und ihre Institutionen seien in ihrer historischen Entwicklung starr und unveränderbar.

## 5.6 Das Nachwirken des Konzils in der Kirchen- und Konzilsgeschichte

Die Bedeutung eines Konzils – sozusagen über den Tag hinaus – lässt sich ermessen an seiner Rezeption und der seiner Dekrete. In Konstanz setzte diese bereits auf dem *Constantiense* selbst ein und hielt in den kommenden zwei Jahrzehnten mit zunehmender Intensität und Schärfe an. Zumindest formal hielt sich Martin V. an *Frequens*, denn er berief die nachfolgenden Konzilien von Pavia-Siena und Basel zu den in diesem Dekret festgelegten Zeitpunkten ein. Dabei entsprach sein Handeln zwar dem Buchstaben, weniger aber der Intention des Dekrets. Am 31. Oktober 1423 bestätigte das Konzil von Pavia-Siena die Konstanzer Dekrete schließlich ein weiteres Mal, ohne sich aber inhaltlich mit ihnen zu beschäftigen.

Th. Prügl hat nachweisen können, dass in dem dem *Constantiense* folgenden Jahrzehnt »*Haec Sancta* selbst bei konzilskritischen Theologen als Ausdruck genuin katholischer, von der Tradition gedeckter Kirchentheorie galt«.[43] Eine kontroverse Diskussion um das Dekret mit entsprechender Breitenwirkung ist entsprechend kaum zu erkennen. Erst die Auseinandersetzungen auf dem Basler Konzil brachten eine Wende. Nachdem das *Basiliense* im November 1431 von Eugen IV. aufgelöst worden war, setzte durch die Konzilsväter eine neuerliche Rezeption von *Haec Sancta* ein, was damit zusammenhängt, dass das Dekret nun dezidiert als Kronzeuge für die Fortführung der Versammlung auch ohne und gegen den Papst in Stellung gebracht werden konnte. Das Konstanzer Dekret wurde quasi zur autoritativen Grundlage ihres Widerstands gegen die päpstliche Entscheidung. Dass es mit dieser Lesart der Intention seiner Verfasser noch entsprach, ist allerdings höchst fraglich. Durch die Arbeiten von O. Engels, R. Bäumer und H. Schneider kann im Übrigen die Rezeptionsgeschichte der Schlüsseldekrete und damit des wichtigsten Vermächtnisses des Konstanzer Konzils bis in die frühe Neuzeit als weitgehend erforscht gelten.[44] Spätestens mit der

Konsolidierung der Position des Papsttums in der Mitte des 15. Jahrhunderts spielte jedoch das kollegiale Element in der Kirchenverfassung eine zunehmend unbedeutendere Rolle.

---

1 Eine knappe Zusammenstellung der wesentlichen Aspekte jetzt bei Grohe, Concilio di Costanza [im Druck].

2 Franzen, Konstanzer Konzil 555–574, ND in: Bäumer (Hg.), Konstanzer Konzil 165–207.

3 Zuletzt: Ait, Urbano VI 561–569.

4 Vgl. den anschaulichen Bericht, den der Kanonist Gilles Bellemère von dem Geschehen in Rom gibt, welches er als Augenzeuge mitverfolgt hat (Henri Gilles, La vie et les œuvres de Gilles Bellemère, in: BECh 124 [1966] 30–136, 382–431, hier 56).

5 Zur Lage in Rom vor und während des Konklaves vgl. Trexler, Rome 489–509. Dass die äußeren Umstände der Wahl einschließlich der sie begleitenden Massenaufläufe und Plünderungen keineswegs so ungewöhnlich waren, wie bald darauf von den Kardinälen behauptet werden sollte, zeigt die Studie von Rollo-Koster, Raiding Saint Peter. Die Ergebnisse dieser Studie legen eine Überprüfung, möglicherweise sogar eine Revision der Beurteilung dieser Wahl nahe. – Wahltechnisch hatte Gregor XI. noch kurz vor seinem Tod eine Änderung der Wahlordnung zugunsten der einfachen Mehrheit bestimmt, so dass nach B. Schwarz ein Schisma dieses Mal noch weniger zu erwarten gewesen wäre als sonst (Schwarz, Römische Kurie 232 mit Anm. 8).

6 Die Annullierung der Wahl Urbans wird man als verfahrenstechnischen Trick einschätzen dürfen, um nicht einen Papst absetzen zu müssen und damit einen grundsätzlichen Streit darüber zu vermeiden, wer denn überhaupt über die Absetzung eines Papstes entscheiden dürfe. Dadurch konnte man auch eine Verurteilung durch ein Generalkonzil verhindern, denn – so die Argumentation der Kardinäle – nur ein Papst könne ein solches einberufen; doch einen Papst gebe es überhaupt nicht. Dieser Argumentationslinie folgte insbesondere der Franzose Pierre Flandrin, der wohl wichtigste Verteidiger des Standpunkts der abtrünnigen Kardinäle.

7 Das Quellenmaterial, das sich auf die Briefe und andere Äußerungen stützt und großenteils noch vor dem Abfall der Kardinäle von Urban entstanden ist, wurde ausgewertet von: McFarlane, English account 75–85; Přerovský, L'elezione; Saggi, Bartolomeo Peyroni 59–77; Brandmüller, Gültigkeit der Wahl 78–120 (ND 3–41); Dykmans, Conclave 207–230; Ders., Troisième élection 217–264; zuletzt Rehberg, Inchieste 247–304 (mit weiterer Literatur) – Das Material der später durchgeführten Befragungen analysierte Michael Seidlmayer, Peter de Luna (Benedikt XIII.) und die Entstehung des Großen Abendländischen Schismas, Münster 1933; Ders., Anfänge.

8 Brandmüller, Kanonistische Hintergründe 125–130. – Auch die italienischen Kardinäle, die Urban mitgewählt hatten, hatten sich – soweit nicht verstorben – inzwischen von diesem abgewandt und schlossen sich nach einigem Zögern ihren französischen Kollegen an. Am Wahlakt in Fondi waren sie jedoch nicht beteiligt.

9 Vgl. den Sammelband Hayet (éd.), Genèse. Eine konzise Zusammenfassung des aktuellen Forschungsstands gibt Kaminsky, Great Schism 674–696.

10 Jacques Chiffoleau, Baluze, les papes et la France, in: Jean Boutier (éd.), Étienne Baluze. Érudition et pouvoirs dans l'europe classique, Limoges 2008, 228.

11 Vorbehalte äußerte etwa Walter Brandmüller, Zum Problem der Ökumenizität von Konzilien, in: AHC 41 (2009) 275–312, hier 281.

12 Millet, Pères du concile (erweiterter ND in: Dies., Concile de Pise 37–284); Dies., Représentativité, in: Dies., Concile de Pise 285–308, die sich bei ihrer Beweisführung vor allem auf eine aus Turin stammende Teilnehmerliste stützt.

13 Annuario Pontificio 2012, Città del Vaticano 2012, 17*; zuletzt auch in der einen orthodox katholischen Standpunkt widerspiegelnden »Enciclopedia dei papi II« (Città del Vaticano 2000). – Lehramtliche Kompetenz besitzen diese Auffassungen allerdings nicht; auch hat das Annuario in den gut

hundert Jahren seines Bestehens nicht immer die gleiche Auffassung vertreten. Ebensowenig gibt die Namenwahl incl. der Ordinalzahl späterer Papste eine lehramtliche Äußerung wieder.

14 Schneider, Konziliarismus. Für die kontroverse Diskussion der beiden letzten Jahrhunderte vgl. auch Hermann Josef Sieben, Katholische Konzilsidee im 19. und 20. Jahrhundert, Paderborn u.a. 1993.

15 Vor wenigen Jahren glaubte H. Müller noch sagen zu können, dass »die immer wieder behauptete Notwendigkeit einer noch ausstehenden detaillierten Untersuchung des Dekrets m.E. zweifelhaft« erscheint (Müller, Konzilien des 15. Jahrhunderts 118 Anm. 18). Möglicherweise erweist sich diese Aussage doch als etwas verfrüht.

16 Ein Überblick über die unterschiedlichen Positionen in der Debatte der vom II. Vatikanum geprägten 60er und 70er Jahre des vergangenen Jahrhunderts in: Frenken, Erforschung 365–389.

17 Jedin, Bischöfliches Konzil, ND in: Bäumer (Hg.), Entwicklung 198–228, hier 210. Zur Einordnung zuletzt Müller, Konzilien des 15. Jahrhunderts 117.

18 Pichler, Verbindlichkeit 62 [Zitat!]; zu seinem Ansatz und der Kritik daran vgl. Frenken, Erforschung 375 f.

19 Joseph Gill, The Fifth Session of the Council of Constance, in: HeyJ 5 (1964) 131–143, ND (u.d.T.: Die fünfte Sitzung des Konzils zu Konstanz) in: Bäumer (Hg.), Konstanzer Konzil 229–247 – dazu Frenken, Erforschung 374 f. || Brandmüller, ›*Haec Sancta*‹, zuletzt Ders., Konzil von Konstanz I$^{2}$ 237–259. – Eine ähnliche Position vertrat seinerzeit auch Joseph Ratzinger, der von einer Notstandsmaßnahme sprach, die allerdings »als Notrecht bleibend zu ihren [= der Kirche] Möglichkeiten« gehört (Joseph Ratzinger in einem Vortrag von 1964, zitiert bei Müller, Kirchliche Krise 70).

20 Brandmüller, Konstanzer Dekret; Thomas E. Morrissey, Franciscus de Zabarellis (1360–1417) and the Conciliarist Traditions, (Diss. Cornell Univ.) Ithaka/NY 1973 [*Ungedruckt!*]; Ders., Decree ›*Haec Sancta*‹ 145–176, zur Auflösung der Mehrdeutigkeit ebd. 176.

21 Decaluwé, Textedition 417–445; Ders., Three Ways 122–139.

22 Vázquez Janeiro, El Decreto »Haec Sancta« 863–881.

23 Morrissey, Decree ›*Haec Sancta*‹; Brandmüller, ›*Haec Sancta*‹ – die Entscheidung für den Mansi- bzw. COD-Text wird von beiden Autoren nicht eigens begründet.

24 Brandmüller, ›*Haec Sancta*‹ (ND 1990) 228–234 (mit sprachlicher und inhaltlicher Untersuchung). Brandmüllers Auslegung der Schlüsselstelle des Dekrets – *etiam si papalis existat* – kritisierte Stephan Kuttner, Zum Konzil von Konstanz. Brief an den Herausgeber, in: AHC 21 (1989) 428 f.

25 Decaluwé, Dekret *Haec Sancta* 313–340, besonders 319–324.

26 *Johannes XXIII per generale Concilium Constanciense fuit eiectus de papatu* – so verschiedene Einträge in den vatikanischen Registern vom 29. Mai 1415 (zitiert bei Brandmüller, Konzil von Konstanz I$^{2}$ 298 Anm. 99).

27 Zimmermann, Absetzung 113–137, ND in: Ders., Papstabsetzungen 273–295.

28 Brandmüller, Konzil von Konstanz I$^{2}$ 293–300; Frenken, Erforschung 162–164: »zwei parallellaufende Entwicklungen ..., die nicht unmittelbar miteinander korrespondieren« (ebd. 163).

29 Stump, Council of Constance 395–442, hier 414 (Zitat).

30 Brandmüller, Konzil von Konstanz I$^{2}$ 298 f., dort auch die Zitate! – Vgl. schon Fink, Beurteilung 340 f., der eine ganze Reihe von einschlägigen Stellen aus kurialem Schriftgut anführte, aus denen hervorgeht, dass alle Päpste nach Gregor XI. als ungewiss galten. Martin V. etwa knüpfte bei der Ausfertigung der sieben Konzilsdekrete vom 21. März 1418 an den letzten Vorschisma-Papst an: *Attendentes, quod a tempori obitus felicis recordationis Gregorii pape undecimi predecessoris nostri, nonnulli Romani Pontifices, aut pro Romanis Pontificibus se gerentes et in suis diversis obedientiis reputati* (nach Mansi 27, 1174).

31 Brandmüller, Konzil von Konstanz I$^{2}$ 282–297.

32 Frenken, Konstanz. Konzil 319–321, hier 320; Ders., Art. »Konstanz. Allgemeines Konzil. 5.11.1414 – 22.4.1418«, in: Lexikon der Konzilien [Musterartikel von 2002, Druck in Vorbereitung]. Ebd. das wörtliche Zitat!

33 Zu Rehabilitierung Cossas: Brandmüller, Johannes XXIII. 106–145.

34 Selbst wenn ein solches Vorgehen, die heute geltende Rechtslage einfach auf die Vergangenheit zu übertragen, als ahistorisch zu betrachten ist und auch theologisch Probleme aufwirft, kann deren Kenntnis trotz allem überaus aufschlussreich sein für ein Verständnis der damaligen Situation.

35 MINNICH, Councils 27–59, hier 32–34.
36 Zuletzt BRANDMÜLLER, Problem der Ökumenizität 301.
37 BRANDMÜLLER, Konzil von Konstanz II 415; vgl. auch DERS., Problem der Ökumenizität 276 f.
38 Einzelheiten dazu in: SIEBEN, Katholische Konzilsidee 182–222; dort auch zur Bedeutung der Liste Bellarmins.
39 Grundlegend für den folgenden Abschnitt: FRENKEN, *Concilium generale*, bes. 326–359 (mit detaillierten Verweisen). – Eine am aktuellen Kirchenrecht ausgerichtete Begriffsdefiniton des ökumenischen Konzils aus einer spezifisch »römischen« Sicht hat W. Brandmüller in einem Vortrag auf dem Symposion der Gesellschaft für Konzilienforschung in Nikosia/Zypern, Anfang Oktober 1999, vorgestellt, der meines Wissens ungedruckt geblieben ist. Neuerdings: DERS., Problem der Ökumenizität 275–312.
40 Eine detaillierte Analyse bei BRANDMÜLLER, Konzil von Konstanz I[2] 315–320. Vgl. auch FRENKEN, König 195, 238.
41 Jürgen DENDORFER – Claudia MÄRTL, Papst und Kardinalskolleg im Bannkreis der Konzilien – von der Wahl Martins V. bis zum Tod Pauls II., in: DENDORFER – LÜTZELSCHWAB (Hg.), Geschichte des Kardinalats 336 f.
42 FRENKEN, Concilium generale 324 f.
43 PRÜGL, *Antiquis iuribus* 72–143, hier 74.
44 Odilo ENGELS, Zur Konstanzer Konzilsproblematik in der nachkonziliaren Historiographie des 15. Jahrhunderts, in: Remigius BÄUMER (Hg.), Von Konstanz nach Trient 233–259, ND in: DERS. (Hg.), Entwicklung 329–359; Remigius BÄUMER, Nachwirkungen des konziliaren Gedankens in der Theologie und Kanonistik des frühen 16. Jahrhunderts, Münster 1971; DERS., Die Konstanzer Dekrete »*Haec Sancta*« und »Frequens« im Urteil der katholischen Kontroverstheologen des 16. Jahrhunderts, in: DERS. (Hg.), Von Konstanz nach Trient 547–574, ND in: DERS. (Hg.), Entwicklung 360–392; SCHNEIDER, Konziliarismus, passim. – Allerdings gehen nur O. Engels und H. Schneider (ebd. 27–48) auf die Entwicklung auf dem Basiliense und überhaupt im 15. Jahrhundert ein.

»Jetzt da Hus tot war, wurde er erst eigentlich lebendig«, bemerkte einst Leopold von Ranke.[1] Damit spielte er auf die breite Rezeption an, die durch den Prozess und den Verbrennungstod dieses Mannes, der zum Namensgeber einer in zahlreichen Facetten schillernden revolutionären Bewegung wurde, ausgelöst wurde. Unvermindert dauert diese bis heute an. Aus der Retrospektive erscheint uns kein anderes Konzilsereignis spektakulärer als jene auf dem Konzil *in causa fidei** geführte Auseinandersetzung mit dem Prager Magister Jan Hus, die schließlich zu dessen Tod auf dem vor den Mauern von Konstanz gelegenen Scheiterhaufen führte. Sein Begleiter Peter von Mladoniowitz (Petr Mladoňovice) stilisierte den Prager Magister in einem in Böhmen Furore machenden Prozessbericht zum christusgleichen Märtyrer,[2] was H. Kaminsky dazu bewog, dieses Werk als einen »hagiographical account« zu klassifizieren. Die Intention des Berichts lässt sich paradigmatisch an der Hinrichtungsepisode aufzeigen, vergleicht man sie exemplarisch mit der parallelen Stelle in Richentals Konzilschronik. *Do gehůb er sich mit schryen vast über und was bald verbrunnen.*[3] Eine vor wenigen Jahren erschienene Dissertation[4] kann allerdings nachweisen, dass auch die Richental-Chronik keine neutrale, ›objektive‹ Darstellung der Ereignisse ist, sondern entsprechend ihrem Käuferkreis sogar erhebliche Veränderung erfahren hat, die nicht zuletzt die Person des Jan Hus und das mit ihm verknüpfte Geschehen betraf.

Zur Ikone nationaltschechischer Geschichtsverklärung machte den Prager Magister erst der Historiker F. Palacký, der Hus in seinem *Opus magnum* zur Geschichte der Böhmen bzw. des tschechischen Volkes[5] zu einem Protagonisten des erwachenden tschechischen Nationalbewusstseins im 19. Jahrhundert formte. Durch Palackýs Bemühungen wurden Hus und die hussitische Bewegung zum »eigentliche[n] Ansatzpunkt des tschechischen Geschichtsbewußtseins«, urteilte daher vor wenigen Jahrzehnten zutreffend F. Seibt,[6] der einer der besten Kenner der spätmittelalterlichen Geschichte Böhmens wie ihrer Rezeptionsgeschichte in der jüngeren Vergangenheit war. Palackýs Stilisierung des Prager Magisters zum tschechischen Nationalhelden ließ nicht lange auf eine Reaktion von deutschnationaler Seite warten und löste eine heftige und häufig wenig von Sachargumenten getragene Kontroverse aus, die bis weit in die Mitte des 20. Jahrhunderts fortgeführt wurde. In der tschechischen Historiographie reichte die von Palacký ausgehende Traditionslinie, den Prager Magister als Protagonisten des erwachenden tschechischen Nationalbewusstseins wahrzunehmen, über V. Novotný, den bedeutenden Hus' Biographen und Editor seiner Briefe, über F. Bartoš, J. Kejř und F. Šmahel bis in die Gegenwart.[7] Dass sich diese Autoren aber ausschließlich oder gar zuvörderst auf diesen einen Aspekt beschränkt hätten, wäre indes eine verkürzte Sicht ihres Werks und eine Verkennung ihrer Leistungen. Mit ihrer Orientierung standen sie allerdings gleichzeitig auch in einem deutlichen Gegensatz zu der im 20. Jahrhundert in ihrem Heimatland dominierenden marxistischen Rezeption der eigenen Geschichte, die in Hus und der hussitischen Bewegung fast ausschließlich den sozialrevolutionären Aspekt betonte.[8]

Hus blieb also über seinen Tod hinaus lebendig, stand im Mittelpunkt kontroverser Diskussionen und wurde mitunter sogar zum Gegenstand öffentlicher Verehrung, zu einer Ikone nicht nur im engeren Kreis seiner Anhänger. Unter solchen Umständen darf es nicht verwundern, dass das kaum minder spektakuläre Absetzungsverfahren gegen Johannes XXIII. in seiner öffentlichen Wirkung deutlich gegenüber der Causa Hus verblasst. Politisches Kapital für die Erklärung und Bewältigung zeitaktueller Probleme ließ sich aus dem Absetzungsprozess eben nicht schlagen.

Angesichts der breiten Rezeption, die Hus erfahren hat und noch erfährt, rücken insbesondere die Umstände und Ereignisse, die zunächst zur Verhaftung und zur Verurteilung des Prager Magisters auf dem Konzil und schließlich zu seiner Hinrichtung auf dem Scheiterhaufen in Konstanz geführt hatten, in den Fokus wissenschaftlichen Interesses. Mit Hus als personifiziertem Protagonisten der böhmischen Reformbewegung wird erstmals die gewaltige Sprengkraft sichtbar, die der bis dahin monolithisch erscheinenden römischen Kirche durch eine zunächst innerkirchliche Reform- und Protestbewegung erwuchs und die diese in ihren Grundfesten nachhaltig erschüttern sollte. H. Müller spricht in diesem Kontext zu Recht von einem »systemsprengenden Alternativmodell« zur römisch-katholischen Kirche.[9] Darauf mussten die Konzilsväter reagieren. Gerade die Reformer auf dem Konzil brachte diese Herausforderung in ein nahezu unlösbar scheinendes Dilemma, so eine verbreitete Argumentationslinie, die in ihrer Zuspitzung allerdings selbst Fragen und Probleme aufwirft. Ihre eigene Rechtgläubigkeit konnten diese – so die gängige Annahme – letztlich nur mit einem konsequenten Vorgehen gegen den böhmischen »Reformator« unter Beweis stellen, dem die Vertretung häretischer Auffassungen in der Nachfolge Wyclifs vorgeworfen wurde.[10] Daher war es auch kein Zufall, dass der Fall Hus in den Schlüsselsituationen des Konzils – etwa in der Phase seiner sich in *Haec Sancta* niederschlagenden Selbstbehauptung – in den Fokus der Konzilsväter rückte. Parallel zu den Ereignissen, die auf die Flucht des Papstes folgten, fand eine Intensivierung des Verfahrens gegen den böhmischen Reformer statt. Auch der zunächst an einem Ausgleich interessierte römische König, der Hus überhaupt erst dazu gewonnen hatte, zum Konzil zu kommen, wandelte sich nun zusehends zum Hus-Gegner. Sigmunds Ziel war es zweifellos, eine Zuspitzung der Lage in Böhmen zu verhindern. Nachdem jedoch der Luxemburger die Tragweite des sozio-ökonomischen Revolutionspotenzials der Aufständischen ebenso wie die nationale Sprengkraft im Denken und Handeln des Prager Magisters begriffen hatte, die mittelfristig auch seine Ansprüche auf die böhmische Krone untergrub, ließ dieser den zur Symbolgestalt der Aufständischen gewordenen Magister fallen. Zwar versuchte er noch die Rechtskonformität des Verfahrens zu wahren, sein Einsatz für den Prager Universitätslehrer beschränkte sich in erster Linie aber darauf, dass dieser die Gelegenheit bekam, sich öffentlich vor den Konzilsvätern, zumindest vor der zuständigen Kommission verteidigen zu können. Nachdem die erste Anhörung am 5. Juni im Tumult versunken war, war der König bei den beiden folgenden Anhörungsterminen am 7./8. Juni selbst anwesend, wobei er Hus noch einmal zur Umkehr und zum Abschwören aufforderte. Zweifellos hatten »Insiderinformationen« von seinen einstigen böhmischen Freunden und Weggefährten, die inzwischen erklärte Gegner des Prager Magisters waren, maßgeblich zum Umdenken des Königs beigetragen. Aufgrund ihrer genauen Kenntnisse der böhmischen Zustände wurden sie zu Kronzeugen des gegen Hus geführten Ketzerprozesses vor dem Konzil.

Mit ihrem Handeln hatten die Konzilsväter genauso wie der König die durch Hus' Tod ausgelöste bzw. forcierte Entwicklung in Böhmen grob unterschätzt. Schlaglichtartig deutlich wird dies an dem späteren Vorgehen gegen den Hus-Freund und Kollegen Hieronymus von Prag: Der nach Westeuropa gereiste König, der immer wieder betonte, dass in seiner Abwesenheit nichts von Belang auf dem Konzil entschieden werden dürfe, nahm diesen Prozess samt seinem Ausgang kaum zur Kenntnis, was den offenbar geringen Stellenwert dieses Verfahrens für Sigmund unterstreicht. Anderen Konzilsteilnehmern erging es wohl ähnlich. – Die psychologische Wirkung der beiden Prozesse und ihres Ausgangs in der Heimat der beiden Hingerichteten wurde trotz des prompten Protests kaum wahrgenommen. Der sich hier anbahnende und schließlich anderthalb Jahrzehnte fortdauernde Konflikt zwischen dem hussitischen Böhmen auf der einen Seite sowie dem Reich und der römischen Kirche auf der anderen war indes für die Konzilsväter kaum vorhersehbar, fehlten ihnen doch dafür jegliche Vergleichsmaßstäbe. In den Augen der am Konstanzer Verfahren Beteiligten war der Prozess gegen Hus, ebenso der spätere gegen dessen Freund Hieronymus von Prag, ein Randproblem, eine Causa *et alia minora*, welche rasch zu erledigen sei und sie bei ihrer eigentlichen Arbeit der Wiederherstellung der Union nicht länger stören sollte.[11] Aus der Perspektive vieler Konzilsväter gesehen war Hus nicht mehr als ein Anhänger des längst wegen seiner häretischen Ansichten verurteilten Engländers Wyclif. Eine neuerliche Verurteilung des einstigen Oxforder Professors – in der 8. Sessio* am 4. Mai 1415 – sollte daher auch die Grundlage für das Vorgehen gegen Hus und Gleichgesinnte abgeben.

Überblickt man die kaum noch überschaubare Rezeptionsgeschichte der *Causa* Hus, stellten sich den beteiligten Autoren eine Reihe von Fragen, deren Beantwortung eine Beurteilung der Umstände ermöglichen, zumindest erleichtern sollte:[12]

1. Warum kam Hus eigentlich nach Konstanz, was waren Ziel und Zweck seiner Reise? Welchen Wert besaß der königliche Geleitschutzbrief und wie verbindlich war dieser?
2. Worin bestand Hus' Häresie? Vertrat er überhaupt ketzerische Ansichten?
3. Wer setzte den Prozess in Gang, wer forcierte ihn? Wurde Hus ein fairer Prozess zuteil und wie kam das Urteil zustande? Waren Schuldspruch und Hinrichtung womöglich ein Justizmord oder wurde er von den eigenen Leuten geopfert?

### *Der Zweck der Reise und das Problem des Geleitschutzes*

Anders als bei seiner Zitation an die Kurie im Jahre 1410, der er nicht Folge leistete, ließ sich Hus im Sommer 1414 auf das nicht kalkulierbare und daher riskante Abenteuer ein, nach Konstanz zu kommen. Selbst in

Böhmen befand er sich inzwischen in einer ungleich schwierigeren Situation als zuvor. Den böhmischen König Wenzel, Sigmunds älteren Halbbruder, hatte er sich mehr und mehr zum Feind gemacht. Exkommuniziert und im Angesicht eines bevorstehenden Glaubensprozesses war er, geschützt von ein paar böhmischen Adligen, faktisch gezwungen, sich außerhalb der Hauptstadt des böhmischen Königreichs auf den Burgen seiner Gönner aufhalten.[13] Den Kontakt zu den Anhängern der Prager Reformbewegung aufrecht zu erhalten, vor allem auch zur Universität, fiel ihm trotz einiger Stippvisiten in die Hauptstadt des Königreiches immer schwerer. Seine Briefe, noch weniger seine Schriften, deren wichtigste in dieser Zeit entstanden sind, ersetzten seine persönliche Präsenz vor Ort. Unter diesen Umständen konnte eine Reise nach Konstanz sinnvoll sein. Vor dem Konzil hoffte er, seine Positionen offensiv verteidigen zu können, vermutlich auch die Einstellung des an der Kurie gegen ihn laufenden Verfahrens bewirken zu können.

Als Aushängeschild der böhmischen Reformbewegung stand er aber mit seiner Entscheidung, an den Bodensee zu kommen, nicht nur für die eigene Person ein, sondern zugleich für die Sache der gesamten Reformpartei.[14] Hus selbst war hin- und hergerissen, ob er denn überhaupt gehen solle; zeitweilig befielen ihn unheilvolle Vorahnungen. Dem Magister und seinen Freunden war offenbar nicht in vollem Umfang klar, was gegen ihn vorgebracht wurde. Mangelnde Kenntnisse des kanonischen Rechts und der Prozessordnung hatten ihn die Gefährlichkeit seines Vorhabens wohl nicht erkennen lassen. Die Konsequenzen des gegen ihn vor der Kurie laufenden Häresieprozess schätzten er und seine Berater jedenfalls völlig falsch ein, wofür in der Tat eine ganze Reihe von Indizien sprechen.[15] Hus glaubte sich ausreichend gesichert, nachdem er sich seine Rechtgläubigkeit von den zuständigen kirchlichen Stellen im Königreich Böhmen hatte attestieren lassen.[16] In einem vor dem 1. September 1414 verfassten, heute nicht mehr erhaltenen Brief hatte Hus den Römischen König wissen lassen, dass er nach Konstanz kommen werde. Wohl in einer gewissen Verkennung der zuvor skizzierten Umstände und der verbreiteten antiböhmischen Stimmung, auf die er in der Konzilsstadt treffen sollte, brach er mit einer von seinem Universitätskollegen Jan z Jesenice (Johann von Jessenitz) ausgearbeiteten Verteidigungsstrategie auf, die jedoch von irrigen Voraussetzungen ausgegangen sein dürfte. Hus und seine Freunde setzten – in Verkennung der tatsächlichen Situation – offensichtlich auf eine öffentlich ausgetragene Verteidigung ihrer Ansichten in einer Form, wie sie es von den universitären Disputationen her kannten. Dafür war es allerdings eine zwingende Notwendigkeit, dass sich der Magister frei in Konstanz bewegen und äußern konnte. Es gibt darüber hinaus wohl auch kaum einen Zweifel daran, dass seine Freunde, insbesondere Jan z Jesenice, ihm zu dieser Reise geraten haben; in welchem Maße sie aber auf Hus' Entschluss Einfluss genommen haben, entzieht sich weitgehend heutigem Kenntnisstand.[17] Aus der Sicht seiner Freunde konnte der Magister in Konstanz nur gewinnen. Bestärkt fühlten sie sich zweifellos auch dadurch, dass sich das Konzil die Reform der Kirche auf die Fahnen geschrieben hatte – in offensichtlicher Verkennung der Tatsache, dass die Konzilsväter in ihrer übergroßen Mehrheit darunter etwas völlig anderes verstanden als eine Rückkehr zu den vermeintlichen Zuständen der frühchristlichen Kirche. Vermutlich setzten die Vertreter der böhmischen Reformbewegung darauf, dass das Konzil aufgrund des eigenen Reformimpetus auch für ihre Anliegen offenere Ohren haben müsse.

Das Konzept des Jan z Jesenice wurde jedoch durch Hus' rasche Verhaftung, die bald nach seiner Ankunft in Konstanz erfolgte, zum Scheitern verurteilt. Der dadurch in Gang gesetzte bzw. wieder aufgenommene förmliche Ketzerprozess machte das Verteidigungskonzept zunichte, bevor es denn angewendet werden konnte. Die mitunter geäußerte Annahme, dass Jesenice seinen Freund Hus bewusst ins Verderben habe laufen lassen, um ihn zum Märtyrer für die gemeinsame Sache machen zu können,[18] scheint mir jedoch allzu sehr vom damals wohl kaum abzusehenden Ausgang des Konstanzer Prozesses und von den nachfolgenden Ereignissen in Böhmen beeinflusst worden zu sein. Eine solche Annahme würde im Übrigen den Geleitbrief Sigmunds in seiner Wirkung von vornherein in Frage gestellt haben, was in Widerspruch zu der gesamten späteren Diskussion auf dem Konzil ebenso wie im heimatlichen Böhmen steht, auch zur späteren Rezeption. Nicht zuletzt war der an Sigmund gerichtete »offene Brief« (F. Machilek) des Kanonisten* und späteren Konzilsgesandten der Prager Universität Johannes von Reinstein gen. Cardinalis – unter Beteiligung von Jesenice – doch wohl in der Absicht verfasst worden, Hus' Position auf dem Konzil zu stärken.[19] Wäre man von einem unvermeidbaren negativen Ausgang der *Causa* Hus überzeugt gewesen, hätte diese Aktion kaum Sinn ergeben.

Mitentscheidend für Hus' Entschluss, nach Konstanz zu gehen, dürfte jedenfalls das freie Geleit gewesen sein, das ihm König Sigmund zugesagt hatte.[20] Dass es zwischen den Absprachen aus dem Frühjahr/Sommer

1414, die den Magister zur Reise nach Konstanz bewogen hatten, und dem eigentlichen, erst später ausgestellten Geleitbrief Unterschiede gegeben haben könnte, ist möglich. Allerdings lassen sich auf der Basis der bekannten Quellen Umfang und Inhalt der königlichen Zusagen nicht genau fassen. Der Inhalt des Geleits bezog sich, wie dies heute von der Forschung unisono gesehen wird, auf die freie Anreise nach Konstanz, den uneingeschränkten Aufenthalt am Konzilsort sowie das Recht auf jederzeitige Rückkehr.[21] Hus' Reiseroute führte ihn über das westliche Böhmen und Franken an den Bodensee. An mehreren Orten nutzte er die Gelegenheit, über seine Position zu theologischen Streitfragen zu disputieren.[22] Allerdings sollten Hus' eigene Äußerungen über seinen Erfolg und die Zustimmung zu seinen Positionen mit größter Vorsicht aufgenommen werden.

Zweifellos hatte Sigmund ein großes Interesse an der Anwesenheit des Prager Magisters in Konstanz. Eine durch seine Vermittlung zustande gekommene Lösung in der *Causa* Hus, die das Königreich Böhmen bereits seit einiger Zeit in Aufruhr versetzte, konnte den eigenen Ambitionen, seinen Bruder Wenzel in absehbarer Zeit auch in Böhmen zu beerben, nur nützlich sein. Er musste daher darauf bedacht sein, die sich dort rasch ausbreitenden Unruhen einzugrenzen und aufzufangen. Gleichzeitig durfte er nicht einmal die Spur des Eindruckes aufkommen lassen, dass Häresie von ihm geduldet werde – weder in Böhmen noch anderswo. Mit seinem Anspruch auf das Kaisertum hätte sich dies ebenso wenig vereinbaren lassen wie mit dem Amt des Konzilsvogts. Offensichtlich versprach er sich von Hus' Anwesenheit auf dem Konzil einen entscheidenden Beitrag zur Lösung all dieser Probleme. Allem Anschein hatte er sich mit den Zusicherungen zufrieden gegeben, die Hus bestätigten, dass er nicht der Häresie angeklagt sei. Aus seiner Sicht hatte der König seinen Geleitbrief daher auch keinem Ketzer ausgestellt. Entsprechende Dokumente, in denen der Inquisitor Nikolaus – auf Weisung des böhmischen Kronrats – Hus bestätigt hatte, er sei keinerlei häretischer Ansichten beschuldigt, waren von dem Magister nach Konstanz mitgebracht worden.

Dass der Geleitbrief selbst erst am 18. Oktober 1414 in Speyer ausgestellt und dem Magister erst am Konzilsort übergeben wurde, ist für die Bewertung der Vorgänge völlig unerheblich. Zum Zeitpunkt der Ausstellung des Briefes befand sich Hus schon längst auf seiner Hinreise an den Bodensee. Er reiste in dem Bewusstsein, sich darauf verlassen zu können, dass er unter königlichem Geleitschutz stand. Der Geleitbrief selbst ist an alle Obrigkeiten im Reich adressiert. Es handelt sich um ein gängiges

Kanzleiformular. »Individuell formuliert sind lediglich der Name, das Reiseziel und der Satz über den Königs- und Reichsschutz« (T. Schmidt).[23]

Am späteren Bruch des Geleitversprechens durch Sigmund ist daher kaum zu deuteln, dafür ist die Sachlage zu eindeutig. Umstrittener ist eine Beurteilung bzw. Bewertung dieses Schritts. Durch Hus' Verhaftung geriet der König in eine prekäre Situation. Zweifellos hatte der Luxemburger die Entwicklung der Dinge kaum voraussehen können, wie auch der später von ihm eingelegte Protest gegen die Inhaftierung Hus' deutlich macht.[24] Das Konzil rechtfertigte demgegenüber sein Vorgehen gegen den Magister damit, dass es sich bei diesem um einen notorischen Ketzer handele, der bereits – seit 1410, verschärft seit 1412 – exkommuniziert sei. Folglich brauche ein gegebenes Geleitversprechen gegen einen der Häresie Verdächtigten nicht eingehalten werden.[25] Ein entsprechend dem kanonistischen Verfahrensrecht durchgeführter Häresieprozess brach somit alle anderen Absprachen. Sigmund war dadurch in seinem Handlungsspielraum eingeengt; er musste sich dem Konzil beugen, wollte er sein Reformwerk nicht vorzeitig scheitern lassen.[26] Damit war aber die Geltung seines Geleitversprechens gegenüber dem Prager Magister faktisch hinfällig geworden.

Der König muss sich im Übrigen der Bredouille bewusst gewesen sein, in die er durch die Verhaftung des Prager Reformers in Konstanz geraten war. Da er einen der Häresie Verdächtigten wohl kaum freilassen konnte, versuchte er seine Zusagen zumindest in einem weiteren Punkt einzulösen: dem Magister öffentliches Gehör vor dem Konzil zu verschaffen. Ein Schreiben böhmischer Magnaten vom 7. Oktober 1414, in welchem der König gebeten wurde, Hus eine öffentliche Anhörung vor dem Konzil zu gewähren und das wohl auch die erzwungene Erklärung des Prager Erzbischofs enthielt, dass jener den Magister nicht der Häresie bezichtige, war allerdings dem Luxemburger nicht ausgehändigt worden.[27] Eine öffentliche Anhörung, die wider den üblichen kanonistischen Verfahrensregeln Anfang Juni 1415 stattfand, hatte der *rex Romanorum* immerhin durchsetzen können. Die ungebrochene Hartnäckigkeit bzw. aus anderer Sichtweise die Standhaftigkeit, mit der sich Hus trotz vielfacher eindringlicher Appelle Sigmunds und anderer Konzilsväter einem Abschwören widersetzte, führte jedoch unausweichlich zu Hus' Verurteilung durch das Konzil und der anschließenden Verbrennung durch die weltliche Macht. Der König konnte und wollte nichts mehr für den Prager Magister tun, nachdem er dessen theologisch legitimiertes, sozial-revolutionäres Gedankengut durchschaut hatte.

Ausdrücklich nahmen die Konzilsväter später Sigmunds Verhalten mehrfach gegen die protestierenden böhmischen und mährischen Adligen in Schutz und hießen sein Verhalten gut und richtig. Dagegen »trug im hussitischen Böhmen die Verhaftung König Sigmund den seither oft wiederholten Vorwurf des Geleitbruchs ein. Sigmund selbst hielt das Geleit solange nicht für gebrochen, als sich Hus noch erklären und abschwören konnte und seine Hartnäckigkeit noch nicht bewiesen war«.[28] Mit der Verurteilung und Hinrichtung des Magisters änderte sich die Situation allerdings schlagartig, wie bereits das Protestschreiben des böhmischen Adels nach Konstanz unübersehbar deutlich machte. Sigmund wird sich dessen bewusst gewesen sein, nicht anders als das Konzil. Die Maßnahmen, die das Konzil gegen Hus' Anhänger ergriff, zielten nun auf eine Unterdrückung des Protests. Dass damit nichts erreicht wurde, die Schritte des Konzils letztlich nur zu einer Solidarisierung breiter Schichten der Bevölkerung mit dem Protest gegen die Kirche und den römischen König und schließlich in den Aufstand führten, tut nichts zur Sache. Egal, wie der König es später sehen wollte, politisch hatte der Vorwurf, er habe Hus durch den Geleitbruch ans Messer geliefert, für ihn selbst verheerende Folgen: Nach Wenzels Tod (1419) wurde er von den Aufständischen, den als Hussiten bezeichneten Kräften, nicht als König von Böhmen anerkannt. Die Möglichkeit der Einflussnahme auf Böhmen und seiner Befriedung blieb ihm damit auf lange Zeit verwehrt. Erst die zunehmenden innerböhmischen Spannungen, die zu einem Bruch innerhalb der hussitischen Kräfte führten, sowie die Verhandlungen auf dem Konzil in Basel ließen eine Friedensregelung zu, die Sigmund 1436 die Anerkennung als König von Böhmen einbrachte.

### *Hus' häretische Ansichten*

Die Positionen, ob und inwieweit Hus häretische Auffassungen vertrat, liegen in der Forschung auch heute noch weit auseinander.[29] Die extreme Position, dass Hus – abgesehen von der Leugnung des Primats – ein treuer Sohn der Kirche gewesen sei, wie sie der Benediktiner P. de Vooght in den 1960er Jahren vertreten hatte, fand in der seriösen Forschung keine breitere Zustimmung; die stärkste Ablehnung seiner These kam bezeichnenderweise von Seiten tschechischer Historiker.[30] Mittlerweile scheint zumindest darin weitgehender Konsens zu bestehen, dass der von Wyclif übernommene spiritualistische Kirchenbegriff des Prager Magisters »im Rahmen jeder an der Kirche als Institution ausgerichteten orthodoxen Ekklesiologie, ob nun konziliarer oder papaler Prägung, unannehmbar« sein musste (H. Müller).[31] In Hus' ekklesiologischem Grundverständnis einer armen und spirituellen Kirche, die sich an der frühchristlichen Kirche orientierte und deren Gläubige im Stand der Gnade lebten, lag damit die eigentliche Sprengkraft seines theologischen Konzepts, das die Institution Kirche in ihrer damaligen Form negierte und ihre Einheit letztlich grundsätzlich in Frage stellte. Durch seine Appellation* vom Oktober 1412 an Jesus Christus, ein Schritt, der geradezu unerhört, da ohne Vorbild in der Kirchengeschichte war und den er in Konstanz nochmals ausdrücklich verteidigte, hatte Hus diesen seinen »häretischen« Kirchenbegriff manifest gemacht. Insofern wundert es nicht, dass sich alle auf dem Konzil vertretenen Richtungen unisono für seine Verurteilung aussprachen – gerade auch die stärker reformorientierten Kräfte unter ihnen.[32] Von den eigenen Landsleuten abgesehen, die ihn aus unterschiedlichen Gründen, die nur teilweise mit seinen theologischen Ansichten zu tun hatten, verteidigten, fand sich niemand, der sich für den Magister ins Zeug legen wollte. Allerdings waren die Konzilsväter bereit, Hus unter der Voraussetzung, dass er zum Abschwören bereit gewesen wäre, eine goldene Brücke zu bauen. Bekanntlich geschah dies aber nicht. – Nach W. Brandmüller bedingte sein falsches Kirchenverständnis alle weiteren Irrtümer bzw. Abweichungen von der Orthodoxie.[33] Inwieweit der Prager Magister darüber hinaus Positionen von Wyclif, insbesondere seine Vorstellung von der Kirche der Prädestinierten, direkt übernommen hat, ist in der einschlägigen Literatur – angefangen von J. Loserth (1884) bis hin zu A. Patschovsky, F. Graus, W. Brandmüller, J. Kejř und J. Miethke – durchaus unterschiedlich gesehen worden.[34] Heute wird ihm von den meisten Forschern insgesamt eine größere Eigenständigkeit in seinen theologischen Positionen zugesprochen, der Einfluss Wyclifs in seinem Denken als weniger dominierend eingeschätzt, als dies über lange Zeit angenommen worden ist. Selbst wenn es nach wie vor in der Forschung unterschiedliche Auffassungen über den Umfang und auch den Inhalt seiner Abweichungen vom orthodoxen Glauben gibt, wird die Zulässigkeit einer Häresieanklage grundsätzlich jedoch bejaht. Denn mit Blick auf die »zu Hussens Lebzeiten geltenden kirchlichen Satzungen machte [bereits] das obstinate, keiner autoritativen Belehrung zugängliche Beharren auf dem eigenen Urteil [den Magister] zum Ketzer« (A. Patschovsky); der Weg zum Scheiterhaufen war dadurch vorgezeichnet.[35]

### *Fragen zum Verfahren und zum Urteil*

Bei dem in Konstanz gegen Hus geführten Häresieprozess handelte es sich faktisch um eine Fortsetzung bzw. Wiederaufnahme jenes Verfahrens, welches seit 1412 vor der Kurie gegen ihn geführt wurde. Allerdings hatte sich der Prager Magister dem Prozess durch sein Nichterscheinen bislang erfolgreich entziehen können. Dies änderte sich, als er kurz nach seiner Ankunft am Bodensee, am 28. November 1414, vor allem auf Betreiben seiner böhmischen Landsleute verhaftet und gefangen gesetzt wurde. Gerade diese Gruppe, die Hus als Person wie auch seine Schriften und seine bisherigen Aktivitäten in Prag genauestens kannte, war es, die sich in der Anfangsphase des Konzils massiv für die Wiederaufnahme des Verfahrens einsetzte.[36] Johannes XXIII. hätte demgegenüber die Angelegenheit wohl am liebsten still und unauffällig behandelt gesehen. Auch andere Konzilsväter betrachteten die *Causa* Hus als eine eher unbedeutende Angelegenheit, um die es nicht lohne, viel Aufhebens zu machen. Da formalrechtlich der Prozess gegen den Prager Magister in Konstanz lediglich eine Wiederaufnahme des Verfahrens vor der Kurie war, hatte dieser denn auch keine neue Ladung erhalten.[37] Die ihm daraus erwachsende Gefahr hatte Hus offensichtlich unterschätzt. Von erheblicher Brisanz erwies sich darüber hinaus, dass er bereits rechtskräftig exkommuniziert war; selbst die durch den Papst verfügte vorläufige Aufhebung konnte ihn daher vor dem Fortgang des nach kanonischem Recht geführten Verfahrens nicht schützen.

Problematisch wurde der in Konstanz wieder aufgenommene Prozess für Hus vor allem durch die enge Verknüpfung mit der *Causa* Wyclif. Dessen Ansichten waren bereits mehrfach als häretisch verurteilt worden, zuletzt auf der römischen Synode von 1413. Führende Konzilsväter sahen in dem Prager Magister daher auch eher jemanden, der die gefährlichen Ideen Wyclifs übernommen hatte, als dass sie die drohenden Gefahren in den Ansichten von Hus und der böhmischen Reformbewegung selbst erkannten. Dass der Prager Magister die Schriften des Engländers kannte, diese selbst in Prag verteidigt hatte, ist jedenfalls noch kein zwingender Beleg dafür, dass er sich dessen Ansichten in allen Punkten zu eigen gemacht hatte. Darauf hatten zuletzt selbst A. Patschovsky und W. Brandmüller mit unterschiedlicher Akzentuierung hingewiesen. Verdächtig machte sich Hus aber dadurch, dass er auch in Konstanz nicht bereit war, sich von Wyclifs Ansichten klar zu distanzieren. Hinzu kam, dass zu einem Zeitpunkt, als das Konzil mit seiner eigenen Selbstbehauptung gegenüber dem geflohenen Papst rang, der Prozess plötzlich einen ganz anderen Stellenwert bekam, da die Konzilsväter in ihrem Vorgehen gegen Häresien ein Exempel für ihre eigene Orthodoxie wie auch für ihr rechtmäßiges Handeln im Zusammenhang mit *Haec Sancta* statuieren wollten.[38]

Trotz der komplizierten Ausgangslage in Konstanz ist man sich heute in der Forschung weitgehend einig in der Einschätzung, dass der Prozess selbst korrekt und einwandfrei nach den Grundsätzen des kanonischen Rechts geführt wurde.[39] Schwere Rechtsverstöße, ja Rechtsbrüche lassen sich auf Seiten der vom Konzil bestimmten Prozessbeteiligten kaum belegen. Das Fehlen der eigentlichen Prozessakten macht allerdings eine abschließende Beurteilung des Verfahrens schwierig. Inwieweit Gutachter und Richter voreingenommen in den Prozess gegangen sind, ist aus heutiger Sicht noch ungleich schwerer zu beurteilen, als dies bereits für die Zeitgenossen gegolten haben dürfte. Aus dem keineswegs unparteiischen Bericht des Hus-Anhängers Mladionowitz geht immerhin hervor, dass sich führende Prozessvertreter – einschließlich des römischen Königs – bis zum Ende darum bemühten, Hus zum Widerruf zu bewegen und ihm damit eine goldene Brücke zu bauen.[40] Dass der Prager Magister sich auf diesen Weg nicht hat einlassen wollen, hing weniger damit zusammen, dass er der Ernsthaftigkeit des Angebots nicht trauen konnte, als dass er nicht mehr als Einzelperson, sondern stellvertretend für die gesamte böhmische Reformbewegung vor Gericht stand. Aus seinem ekklesiologischen Verständnis heraus, dass er in der Verantwortung stand »für die Verkündigung von Gottes Wort unter den Daheimgebliebenen« (A. Patschovsky), wäre ein Widerruf faktisch Verrat an der eigenen Sache gewesen.[41] Spätestens jetzt, in der entscheidenden Phase des Prozesses, war der Magister nicht mehr dazu bereit, seine Freunde im Stich zu lassen und zu verraten. Dass umgekehrt führende Konzilsvertreter wie die Kardinäle Zabarella und d'Ailly alles daran setzten, Hus zu einem Widerruf zu gewinnen, dürfte mit Überlegungen zu tun haben, dass einer Ausbreitung der für die Amtskirche gefährlichen Ideen Wyclifs auf diese Weise leichter zu begegnen gewesen wäre und die kirchenkritischen Elemente in Böhmen sich leichter hätten isolieren lassen.

An der Entstehung der hussitischen Bewegung hatte Hus bestenfalls einen indirekten Anteil. P. Hilsch hat diesen Sachverhalt jüngst prägnant auf die Formel gebracht: »Hus war kein *Hussit*«.[42] Sein Tod auf dem Scheiterhaufen in Konstanz machte ihn, den theologischen Kopf der Prager

Reformer, allerdings zu einem Märtyrer und gleichsam zur Gallionsfigur der Bewegung.[43] Gleichwohl wusste der Magister bereits zu Lebzeiten um seine Stellung für die Prager Reformbewegung, weshalb er auch nicht bereit war, auf die Angebote namhafter Konzilsväter einzugehen, mit denen sie ihn zur Umkehr animieren wollten.

Zuletzt verortete J. Miethke die beiden Prozesse gegen Hus und Hieronymus von Prag im Spannungsfeld zwischen *Causa reformationis** und *Causa fidei**. Dabei stellte er fest, dass die in Konstanz schließlich verurteilte ›Lehre‹ der beiden Prager Magistri tief in »einer Bewegung der Frömmigkeit und Kirchenreform« verwurzelt war, die zur Zeit des Konzils weit verbreitet war. Trotzdem sah er keinerlei Anzeichen dafür, dass die beiden Konstanzer Prozesse »ein Konflikt zwischen unterschiedlich gestimmten Kirchenreformern« gewesen seien, sondern dass es sich hierbei explizit um Häresieverfahren gehandelt habe, die auf dem Scheiterhaufen endeten. Als eigentlichen Grund für seine Beurteilung betonte Miethke die Tatsache, dass Hus und – nach Rücknahme seines Widerrufs – auch Hieronymus »ihre Überzeugungen nicht zur Disposition ihrer kirchlichen Richter zu stellen bereit waren, weil es sich nach ihrer Überzeugung eben nicht um bloße Lehrmeinungen theoretischer Art handelte«.[44] Mit ihrem individualistischen Kirchenverständnis verabschiedeten sich die beiden Prager Magistri von der traditionellen Ekklesiologie der römisch-katholischen Kirche. Dass ein solch individualistisches Kirchenverständnis stärker verbreitet war, als die Vertreter der Institution Kirche es auf dem Konzil wahrhaben wollten, führte in das hussitische Dilemma. Ohne die kirchenkritische Disposition weiterer Kreise insbesondere im heimischen Böhmen ist die Wirkung des Todes der beiden Magistri als eines Fanals zur Revolution wohl auch nicht zu verstehen.[45]

---

1 Das in der Literatur häufig und nicht immer im gleichen Wortlaut wiedergegebene Zitat findet sich bei Leopold von Ranke, Weltgeschichte Teil 9, Leipzig 1888, 187 und lautet exakt: »Erst, da Hus tot war, wurden sein Gedanken eigentlich lebendig.« Spätere Nachdrucke übernehmen diese Formulierung allerdings nicht mehr wortwörtlich.

2 Die maßgebliche Edition: Novotný (Ed.), Petri de Mladonovic. Übersetzungen ins Tschechische ebenso wie ins Deutsche (Bujnoch, Hus) und ins Englische (Spinka, John Hus) zeugen von dem enormen Stellenwert, der dieser Quelle für den Verlauf des Prozesses gegen Hus zugemessen wird. – Zum Entstehungsprozess des Berichts und der Handschriftenlage der Quelle vgl. Machilek, Hus in Konstanz 163–170, hier 163 f.; zur Kritik am Quellenwert ebd. 170. Wichtig für das Verständnis dieser Quelle ist darüber hinaus die textexegetische Analyse von Herkommer, Geschichte 114–147 [dazu Diskussionsbericht, ebd. 148–151]; für die Breitenwirkung: Rychterová, Verbrennung.

3 Buck, Chronik 64–66, Zitat ebd. 65 Z. 27 f. – Vgl. dazu Rathmann, Geschehen 260–267, mit einem Vergleich der Darstellung von Hus' Tod in den beiden Hauptquellen.

4 Gisela Wacker, Ulrich Richentals Chronik des Konstanzer Konzils und ihre Funktionalisierung im 15. und 16. Jahrhundert. Aspekte zur Rekonstruktion der Urschrift und zu den Wirkungsabsichten der überlieferten Handschriften und Drucke, (Diss.) Tübingen 2002 »http://w210.ub.uni-tuebingen.¬de/dbt/volltexte/2002/520/index.hmtl« / »nbn-resolving.de/urn-nbn#19D878«.

5 František Palacký, Geschichte von Böhmen I–V, Prag 1836–67, ND Osnabrück 1968 (tschechische Ausgabe: Dějiny národu českého vo Čechách i v Moravě I–V, Praha 1848–67; mit zahlreichen Nachdrucken). Zur Person zuletzt: František Šmahel – Eva Doležalová (Hg.), František Palacký 1798/1998. Dejiny a dnešek. Sborník z jubilejní konference [= František Palacký 1798–1998. Geschichte und Gegenwart. Sammelband von der Jubiläumskonferenz], Praha 1999; Jirí Koralka, Mistr Jan Hus v pojetí Františka Palackého [= Magister Johannes Hus in der Auffassung von František Palacký], in: Miloš Drda – František J. Holecek (Hg.) Jan Hus na prelomu tisíciletí, Tabor 2001, 609–635; Šmahel, Hussitische Revolution I 11–16 u. ö.

6 Ferdinand Seibt, Revolution und Hussitenkriege, in: Karl Bosl (Hg.), Handbuch der böhmischen Länder I, Stuttgart 1967, 494 f.

7 Václav Novotný – Vlastimil Kybal, M. Jan Hus, život a učení I–V, Praha 1919–1931 || František Michálek Bartoš, Čechy v době Husově 1378–1415 [= Böhmen zur Zeit Hussens], Praha 1947 || Jiří Kejř, Zur Entstehung des Hussitismus, in: Welt zur Zeit des Konstanzer Konzils 47–61 (und anderen Werken) || Šmahel, Hussitische Revolution.

8 Weitere Details in Frenken, Erforschung 248–251, passim, vor allem aber Šmahel, Hussitische Revolution I 1–84 (Erster Abschnitt). – Zur weiteren Aufarbeitung von Hus und der hussitischen Zeit vgl. das monumentale Werk Šmahel, Hussitische Revolution, in welchem der tschechische Gelehrte die politischen und sozialen Rahmenbedingungen der Epoche ausführlich analysiert und die weitere Entwicklung bis 1437 minutiös verfolgt.

9 Müller, Kirchliche Krise 31.

10 Zuletzt argumentierte Müller, Kirchliche Krise 31 f., in diese Richtung.

11 Die geringe Relevanz, den der Hus-Prozess für die Konzilsteilnehmer gehabt hat, kann man auch an dem geringen Niederschlag ablesen, den dieser in den sog. Konzilstagebüchern gefunden hat. Vgl. die wenigen lakonischen Hinweise bei Fillastre: ACC II 48; Frenken, Erforschung 286 Anm. 161.

12 Vgl. die gleichlautende Fragestellung in Frenken, Erforschung 252, dazu ebd. 255–292.

13 Šmahel, Hussitische Revolution II 905–908.

14 Die beiden Standardwerke zur Geschichte der hussitischen Revolution (Kaminsky, History; Šmahel, Hussitische Revolution) erklären die herausragende Rolle, die Hus in der Prager Reformbewegung spielte, mit unterschiedlicher Schwerpunktsetzung, einerseits mit seinem Wirken als Prediger, Organisator und politischer Führer (H. Kaminsky), andererseits mit seinem Draht zu den einfacheren Volksschichten (F. Šmahel). Vgl. dazu Rychertová, Verbrennung 379.

15 Kejř, Causa Johannes Hus 190 f.; zuletzt auch Krzenck, Johannes Hus 147 f.

16 Ausgestellt von dem Prager Weihbischof, Hermann S(ch)wab von Mindelheim OESA, Titularbischof von Nicopolis in der Walachei. Zu dessen Person: DHGE 24 (1993) 73 f.

17 Eine Klärung dieser Frage ergibt sich möglicherweise aus einer gründlichen Untersuchung der noch unedierten Schrift ›Ordo procedendi‹, in der unter starker Mitbeteiligung des Jan z Jesenice eine Prozessstrategie entwickelt wurde. Vgl. dazu Kejř, Husitský právník 165; zuletzt Ders., Causa Johannes Hus, sowie Ders., Husova procesu 57–67. – Jesenice war es auch, der Hus vor seiner Reise nach Konstanz mit den notwendigen Dokumenten ausgestattet und mit ihm Ansprachen vorbereitet hatte, die dieser in Konstanz halten sollte (Krzenck, Johannes Hus 146 f.).

18 Nach Kejř, Husitský právník 86, soll Jesenice schon vor Hus' Abreise davon überzeugt gewesen sein, dass dessen Fall aussichtslos war.

19 Vgl. dazu Bartoš, Reformprogramm; Franz Machilek, Ergebnisse und Aufgaben moderner Hus-Forschung. Zu einer neuen Biographie des Johannes Hus, in: ZfO 22 (1973) 302–330, hier 317 f.

20 Genaugenommen ist zu unterscheiden zwischen den Absprachen aus dem Frühjahr/Sommer 1414, die den Magister erst zur Reise nach Konstanz bewogen hatten, und dem eigentlichen, erst später ausgestellten Geleitbrief. Auf der Basis der bekannten Quellen lassen sich allerdings Umfang und Inhalt der königlichen Zusagen nicht genau fassen. – Inwieweit Sigmunds Einladung an Hus von seinen Gegnern initiiert wurde, um ihn vor Gericht bringen zu können (so ACC IV 493), sei dahingestellt. Es bleibt zu fragen, ob der Einfluss dieser Gruppe nicht überschätzt und zu sehr aus der Sicht des nachfolgenden Ereignisses interpretiert wurde. Dem ist Sigmunds Eigeninteresse entgegenzu-

halten, nicht in den Ruch zu kommen, Häretiker zu decken. Allein dies dürfte seine Entscheidung, die Angelegenheit vor das Konzil und dort zu einem Ende zu bringen, herbeigeführt haben.

21 Hoke, Prozeß 173–193; Seibt, Nicht überführt; Šmahel, Hussitische Revolution 911.

22 Der Reiseweg wird von dem Hus-Anhänger Peter von Mladoniowitz (Bujnoch, Hus 58 f.) nachgezeichnet. Er berichtet auch über ein Streitgespräch, das er am 19. Oktober 1414 in Nürnberg mit dem Sebalder Pfarrer Albrecht Fleischmann führte. Vgl. dazu zuletzt Franz Machilek, Hus und die Hussiten in Franken, in JFLF 51 (1991) 15–37, hier 19–21.

23 Schmidt, König Sigmund 145–159, hier 151. – Zum Kanzleiformular vgl. Formelbuch Kaiser Sigmunds: Jakob Caro, Aus der Kanzlei Kaiser Sigismunds, Urkundliche Beiträge zur Geschichte des Constanzer Concils, in: AÖG 59 (1880) 35 f. Nr. 4, 134 Nr. 49.

24 In diese Richtung argumentierte zuletzt Hoke, Prozeß 189–192, der alle anderslautenden Äußerungen, die Hus nach seiner Verhaftung machte, als unberechtigten Vorwurf abtat (ebd. 190). Sigmund war aufgrund seiner politischen Ambitionen mit Sicherheit an einer friedlichen Beilegung des Konflikts interessiert. Folglich konnte ihm an einem »Märtyrer« Hus, der womöglich auch noch ursächlich durch ihn und seinen Wortbruch auf den Scheiterhaufen gelangte, kaum gelegen sein.

25 Rechtlich abgestützt war dieses Vorgehen auf die Dekret alen Gregors IX. von 1234, Liber extra C. 16 X. ›De haereticis‹ (vgl. Hoke, Prozeß 183 f.).

26 Hoke, Prozeß 184, mit Verweis auf die ältere Arbeit von Paul Uhlmann, König Sigmunds Geleit für Hus und das Geleit im Mittelalter, (Diss. 1893) Halle 1894, 24. – Dazu auch Berthe Widmer, Geleitbriefe und ihre Anwendung in Basel zur Zeit des hier tagenden Generalkonzils von 1431–1449, in: BZGA 92 (1992) 9–99, hier 44–49, die den Handlungsspielraum des Königs mit guten Gründen viel geringer ansetzte, als gemeinhin angenommen wird. Danach fand das königliche Geleit, zumindest *in causa fidei datis*, seine Grenzen an der Gewaltenfülle des Konzils.

27 Šmahel, Hussitische Revolution 910.

28 Machilek, Hus/Hussiten 720.

29 Zu Wyclifs Einfluss auf Hus vgl. Frenken, Erforschung 268–270 (zur Forschungsgeschichte ebd. 270–281). – Die Positionen in dieser Debatte sind nach wie vor kontrovers, ein Abschluss der Diskussion ist noch nicht in Sicht.

30 Vooght, L'hérésie de Jean Huss, Louvain 1960, und Ders., Hussiana, Louvain 1960. Erweiterter ND beider Bde. unter dem Titel: Ders., L'hérésie de Jean Huss I–II, Louvain [2]1975 – dazu Frenken, Erforschung 274–278. Der von P. de Vooght vertretenen Extremposition folgte nicht einmal die tschechische Forschung (Müller, Kirchliche Krise 87).

31 Müller, Kirchliche Krise 86. Zuletzt betonte dies einmal mehr Patschovsky, Gewissen 147, der darauf hinwies, dass nicht nur »Hussens ekklesiologisches Hauptwerk, der Traktat »Über die Kirche« (*De ecclesia*) explizit in der Verdammungssentenz genannt« wird, sondern auch seine fehlende Distanzierung von Wyclif, sein Amtsverständnis des Priestertums sowie seine radikale, die Hierarchie negierende Kirchenkritik.

32 Minnich, Role of Schools 53–57.

33 Vgl. dazu oben Kap. »Die Selbstbehauptung des Konzils ...«.

34 Frenken, Erforschung 270–282.

35 Patschovsky, Gewissen 148.

36 Zuletzt Hledíková, Hussens Feinde 91–102; Kadlec, Husovi odpurci 325–342.

37 Kejř, Causa Johannes Hus 191.

38 Zuletzt dazu Müller, Kirchliche Krise 86 f. mit Verweis auf Christopher M. Bellitto, Il conciliarismo, in: Giuseppe Alberigo – Giuseppe Ruggieri – Roberto Rusconi (a cura di), Il cristianesimo. Grande Atlante III, Torino 2006, 1092–1101, hier 1099, und eine Dissertation von Sebastian Provvidente (Rom-Buenos Aires), die mir nicht vorgelegen hat. Vgl. auch Ders., Factum hereticale 103–138.

39 Kejř, Causa Johannes Hus (tschechische Originalfassung: Ders., Husův proces, Praha 2000); jetzt auch Thomas A. Fudge, The Trial of Jan Hus. Medieval Heresy and Criminal Procedure, Oxford-New York 2013, eine Arbeit, die für diese Arbeit noch nicht ausgewertet werden konnte.

40 Der ausführlichste Bericht, der allerdings mit größter Vorsicht aufzunehmen ist, stammt aus der Feder des Hus-Vertrauten Peter von Mladoniowitz (vgl. oben Anm. 2). Der Bericht ist tendenziös mit der Zielsetzung, den verbrannten Jan Hus zum Märtyrer der böhmischen Reformbewegung zu stilisieren. Weitere Quellen sind Hus' Briefe, abgedruckt bei Novotný, Korespondence (für Überset-

zungen vgl. das Literaturverzeichnis). – Die sog. Konzilstagebücher gehen auf den Prozess kaum ein, ein Zeichen dafür, dass er für die Konzilsteilnehmer nicht im Mittelpunkt ihres Interesses gestanden haben kann. Die Richental-Chronik berichtet aus der ihr eigenen Außensicht.

41 Patschovsky, Gewissen 155 f.

42 Hilsch, Reformator als Bedrohung 37.

43 Peter Hilsch – Jaroslav Šebek, Johannes Hus (um 1370 – 1415) – Gedenktag: 6. Juli, in: Stefan Samerski (Hg.), Die Landespatrone der böhmischen Länder: Geschichte – Verehrung – Gegenwart, Paderborn u. a. 2009, 275–296.

44 Miethke, Prozesse 161, 167 [Zitate].

45 Patschovsky, Gewissen 148 f. – Zu den Auswirkungen von Hus' Tod auf Böhmen berichtet knapp: Boockmann – Dormeier, Konzilien 60 ff.; zuletzt: Winfried Eberhard, Die hussitische Revolution in Böhmen. Ursachen – Ziele und Gruppen – Verlauf – Ergebnisse, in: Klaus Herbers – Florian Schuller (Hg.), Europa im 15. Jahrhundert. Herbst des Mittelalters – Frühling der Neuzeit?, Regensburg 2012, 136–160.

# 7 Der Primat der Politik – Die Debatten um den Tyrannenmord

In dem Machtvakuum, das durch die zeitweilige Regierungsunfähigkeit des französischen Königs ausgelöst worden war, kam es zu einem erbitterten Machtkampf zwischen den Herzögen von Orléans und Burgund um die Vorherrschaft. Diesen Kampf konnte der Burgunder durch die auf sein Betreiben hin erfolgte Ermordung seines Gegenspielers zunächst für sich entscheiden, allerdings bekam er bald heftigen Gegenwind. Daher ließ er die Tat durch den Theologen Jean Petit öffentlich rechtfertigen.[1] Der Argumentationsgang dieser Schrift lässt sich wie folgt zusammenfassen: Zwischen der Häresie gegen Gott und dem Hochverrat am König – beides Formen von Majestätsverbrechen – bestehe lediglich ein gradueller Unterschied. Gegen einen Hochverräter – in Petits Diktion einem Tyrannen gleichzusetzen – ist entsprechend ebenso mit ungewöhnlichen Mitteln vorzugehen wie im Fall der Häresie. Beide Untaten haben als todeswürdige Verbrechen zu gelten. Aufgrund seiner Untertanenpflicht ist jedermann gegenüber dem König dazu befugt – und mehr noch: geradezu gehalten (!) – den Hochverräter zu töten, insbesondere dann, wenn jener aufgrund seines Rangs nicht durch die ordentliche Justiz gerichtet werden kann. Jedes Mittel zur Exekution ist recht, geschworene Eide binden in diesem Fall nicht.[2] Schon bald geriet die *Justification* unter Häresieverdacht, auf einer Pariser Provinzialsynode wurde sie Anfang Februar 1414 verurteilt. Damit war der Streit aber keineswegs beigelegt. Das Konzil sollte eine definitive Entscheidung bringen.

Bereits auf der 15. Generalsession* am 6. Juli 1415 wurde die Legitimierung des Tyrannenmords zwar grundsätzlich verurteilt, doch war ihr durch die ausgesparte Namensnennung bei der Verurteilung jegliche Brisanz genommen worden. Selbst wenn die Diskussion um die Berechtigung des Tyrannenmords vornehmlich mit einer politischen Zielsetzung geführt wurde, es genau betrachtet sogar eine explizit politische Angelegenheit war, so sind doch Verfahrensgang und Argumentation über weite Strecken theologisch-kanonistisch geprägt gewesen. Das Ziel derer, die diese Angelegenheit im Gewand einer Glaubensfrage vor Papst und Konzil gebracht hatten, war dabei klar: Es sollte unter allen Umständen verhindert werden, dass der Eindruck entstehen könne, der Häresievorwurf bestehe zu Recht.

Endgültig entschieden wurde der Fall nicht, war es doch im Grund eine politische und keine religiöse Frage, die zur Entscheidung anstand. Das Konzil konnte – selbst wenn es einig gewesen wäre – den politischen Grundkonflikt und damit auch nicht das Problem als solches lösen.

Der ähnlich gelagerte Fall Falkenberg blieb gleichfalls bis zum Konzilsende offen.[3] Grundlegende theologische Probleme, vor allem auch hier die massive politische Einflussnahme ließen eine Lösung vor dem Hintergrund des schwelenden Konfliktes zwischen dem Deutschen Orden und dem Königreich Polen-Litauen nicht zu. Theologisch lag diesem Streit die Berechtigung zur Bekehrung der Heiden zugrunde. Als Sprachrohr der Ordensposition vertrat der Dominikaner Johannes Falkenberg die auf Augustinus zurückgehende Lehre von der ewigen Feindschaft der Heiden zu den Christen; ein Recht auf Frieden – und davon abgeleitet auf Privatbesitz und Herrschaft – wurde den Heiden daher bestritten.[4] Extremer noch und auf den konkreten Fall der Auseinandersetzung des Ordens mit dem polnischen König gemünzt hatte er sich bereits in der 1412 verfassten *Satira*[5] geäußert, einem hasserfüllten, polemischen Pamphlet. Falkenberg hatte in dieser Schrift den polnischen König einen Götzendiener und Häretiker genannt, da er die Taufe nur zum Schein empfangen habe, ansonsten aber im Bündnis mit Heiden den Deutschen Orden bekämpfe und zahlreiche Gräuel an Christen begangen habe. Dieser Vorwurf gelte indes gleichermaßen dem König wie dem polnischen Volk, weshalb jener zu töten, dieses aber zu vernichten sei. Dies sei geradezu ein gottgefälliges Werk. Vehement widersprach die polnische Seite dem Inhalt der *Satira*. Ihr Sprecher, der Krakauer Kanonist* Paulus Vladimiri,[6] erklärte Falkenbergs Behauptungen schlichtweg für falsch, ja für häretisch, und bestritt grundsätzlich die Geltung des von dem Dominikaner angeführten Bibelzitats (Ex 22,18: *Maleficos non patieris vivere*) für die Tötung eines Verbrechers. Falkenbergs Aufforderung sei geradezu ein Aufruf zum Völkermord.[7] Vor allem durch Vladimiris Bezug auf das Naturrecht nahm der Fall eine politische Wende. Dem Deutschen Orden wurde nun prinzipiell die Existenzberechtigung abgesprochen. Das Recht auf Heidenbekehrung, im Zweifelsfall auch unter Einsatz kriegerischer Mittel, auf das sich dieser als Legitimation seiner Existenz wie seines Handelns stützte, geriet massiv unter Beschuss.[8] Nur mühsam gelang es dem Orden sich der polnischen Angriffe zu erwehren, Falkenberg selbst wurde von seinem eigenen Orden aus der Schusslinie gezogen.

---

1 Seine zunächst am 8. März 1408 dem König und seinem Rat vorgetragene Schrift trug den Titel *La justification du duc de Bourgogne sur la mort du duc d'Orléans.* – Vgl. dazu Alfred Coville, Jean Petit. La question du tyrannicide au commencement du XV$^{e}$ siecle, Paris 1932, ND Genève 1974 – *auch nach einem dreiviertel Jahrhundert immer noch die Standardbiographie zum Verfasser der »Justification«.* Zur Person vgl. auch Ansgar Frenken, Art. »Johannes Parvus (Jean Petit)«, in: LThK$^{3}$ 5 (1996, ND 2006) 956.

2 Frenken, Erforschung 181–205. – Eine Einordnung in die Entwicklung der spätmittelalterlichen Tyrannenmordtheorie in: Jürgen Miethke, Der Tyrannenmord im späteren Mittelalter. Theorien über das Widerstandsrecht gegen ungerechte Herrschaft in der Scholastik, in: Gerhard Beestermöller – Heinz-Gerhard Justenhoven (Hg.), Friedensethik im Spätmittelalter: Theologie im Ringen um die gottgegebene Ordnung [= Beiträge zur Friedensethik 30], Stuttgart u. a. 1999, 24–48; zur Debatte um den Eid vgl. Bernard Guenée, *Non perjurabis.* Serment et parjure sous Charles VI, in: Journal des Savants (1989) 241–257.

3 Boockmann, Falkenberg. [*Grundlegendes Standardwerk!*]

4 Johannes Falkenberg: Liber de doctrina potestatis pape et imperatoris, editus contra Paulum Wladimiri ..., in: Weise (Hg.), Staatsschriften 172–228 (Nr. 8). Das der Argumentation Falkenbergs zugrundeliegende theologische Konzept analysierte Kwiatkowski, Deutscher Orden.

5 Druck: Boockmann, Falkenberg 312–353; Włodek, Satire 51–120.

6 Zur Person: Frenken, Wladimiri, Paulus.

7 *Proposicio Polonorum* (Drucke: Belch, Paulus Vladimiri Nr. 8; Ludwik Ehrlich (Ed.), Pisma wybrane Pawla Wlodkowica / Works of Paul Wladimiri (A Selection) II, Warszawa 1966, 196–209), hier nach Belch, Paulus Vladimiri 1015 f. – Vgl. Boockmann, Falkenberg 265.

8 Zur Naturrechtslehre des Thomas von Aquin bei Vladimiri vgl. zuletzt Kwiatkowski, Deutscher Orden. Für Vladimiris Scheitern: Thomas E. Morrissey, Natural Rights, Natural Law and the Canonist: Franciscus Zabarella, 1360–1417, in: Kenneth Pennington – Stanley Chodorow – Keith H. Kendall (Ed.), Proceedings of the Tenth International Congress of Medieval Canon Law, Syracuse, NY, 13–18 august 1996, Città del Vaticano 2001, 727–750.

# 8 Die *Causa reformationis* auf dem *Constantiense*: Reformforderungen – Reformbemühungen – Reformergebnisse

Der Ruf nach einer tiefgreifenden und grundlegenden Reform ist ein Dauerthema, welches die Geschichte der Kirche seit ihren frühesten Anfängen immer schon begleitet, ja charakterisiert hat. Die Rückkehr zum Ideal der Urkirche, wo auch immer diese zu verorten ist, gilt als der Königsweg, um alle zeitbedingten Verfehlungen und Missstände abstellen zu können. Allerdings dürfte es sich bei der Vorstellung einer allumfassenden Reform, worauf J. Helmrath zu Recht wiederholt hingewiesen hat, um »eine[n] der größten Mythen, nicht nur der Kirchengeschichte« handeln.[1] Nichtsdestoweniger hatte diese Forderung seit der Mitte des 14. Jahrhunderts, insbesondere nach Ausbruch des Schismas, eine neue Qualität bekommen: Der Ruf nach Reform war nun eng mit dem der Überwindung der Spaltung des Papsttums verknüpft, wurde doch die ausbleibende Reform der Kirche maßgeblich verantwortlich gemacht für die Missstände in der damaligen Situation.[2] F. Rapp spricht in diesem Zusammenhang geradezu von einer Obsession des 15. Jahrhunderts,[3] die fehlende Reform für alles und jedes herhalten zu lassen bzw. umgekehrt sich von einer Reform die Beseitigung aller Missstände zu versprechen. Das Konzil als der ultimative Ort, auf dem es noch möglich erschien, das seit Jahrzehnten währende Schisma zu beenden, war mithin der rechte Platz, um auch grundlegende Reformmaßnahmen zu beschließen. Aus der Rückschau erscheinen allerdings die Kirchenversammlungen dieser Epoche eher wenig erfolgreich bei der Durchsetzung grundlegender Reformen gewesen zu sein. Sie waren jedoch die Institution, die zum Adressaten der vielfältigen Reformforderungen wurde, in der entsprechende Diskussionen geführt und Reformprojekte geplant wurden. Strittig und damit in hohem Maße erfolgshemmend war allerdings die Frage, wer und was eigentlich zu reformieren war. Das Papstschisma und die anhaltende Kritik an den Zuständen an der Kurie, gepaart mit dem Gefühl, von dieser ausgeplündert zu werden, lenkte den Blick an die Spitze (*caput*) und ließ diese zum potentiellen Opfer und Leidtragenden der Reformbestrebungen werden. Die umfassende Reform sollte wohl auch deshalb bei Papst und Kurie ansetzen, da dies der großen Mehrheit am wenigsten wehtat und damit am ehesten konsens- und kompromissfähig erschien. Verdächtigte man doch die Kurie, sie habe den Zusammentritt der Konzilien hintertrieben, um Reformen zu verhindern.[4] Zweifellos wurde das Risiko, das in einer allzu drastischen Beschneidung der finanziellen Grundlagen des Papsttums lag, nicht nur von den unmittelbar Betroffenen erkannt. Konsequenzen hatte dies zunächst nicht; erst Martin V. versuchte in den letzten Monaten des Konstanzer Konzils dieser Entwicklung vorsichtig entgegenzusteuern. Von den einzelnen reformbedürftigen Gliedern (*membri*) war auf dem *Constantiense* dagegen weniger die Rede, sollte doch der je eigene Besitzstand möglichst gewahrt bleiben. Mit scharfen Krallen versuchten die einzelnen Interessengruppen ihre jeweiligen Privilegien zu verteidigen, auch auf die Gefahr hin, dass eine durchgreifende umfassende Reform dadurch blockiert wurde.

Zumindest von ihrer Außenwahrnehmung her betrachtet hatte die *Causa reformationis** lange Zeit im Schatten der beiden anderen großen Aufgaben, der *Causa unionis** und der *Causa fidei**, gestanden. Mit wachsender Konzilsdauer stieß das Reformanliegen aber unter den Konzilsvätern auf eine zunehmende Resonanz, entsprechend wurde diese Causa jetzt auch von außen stärker registriert. Einen zweifelhaften Höhepunkt erreichte die Reformdiskussion schließlich in der für den Konzilserfolg besonders brisanten Phase, in der um den Vorrang von Reform bzw. Papstwahl heftig gerungen wurde. Trotz der teilweise erbittert geführten Auseinandersetzung wäre es allerdings falsch, den Befürwortern einer raschen Papstwahl zu unterstellen, sie seien per se Gegner einer Reform gewesen. Allerdings sahen diese im Konzil nicht die ausschließliche Instanz, durch die die Reform durchgeführt werden kann. Diese Verabsolutierung entsprach aber auch weniger der Vorstellung der Konzilsväter als der späterer Autoren.

Ergebnis des sog. Prioritätsstreits war immerhin, dass sich die Konzilsteilnehmer darauf verständigen konnten, vor der anstehenden Wahl eine Reihe von Reformbeschlüssen in Dekretform festzuschreiben und damit dem künftigen Papst quasi als Zwangsverpflichtung auf den Weg zu geben.[5] An diesen Auftrag hat sich Martin V. auch gehalten. Doch mehr als ein Kompromiss in Form weiterer Reformdekrete und der Konkordate* kam in der letzten Konzilsphase nicht mehr zustande. Denn schon im Verlauf des *Constantiense* hatte sich gezeigt, dass die Gegensätze zwischen den unterschiedlichen Interessen – wenn man so will, das Kardinalproblem der Reform – kaum zu überbrücken waren, eine Gesamtlösung mithin nicht zu erreichen war. Kompromissfindungen zu Ende der Konstanzer Konzilsjahre, so schien es lange Zeit, und die wachsende Konzilsmüdigkeit sorgten dann immerhin dafür, dass das Großprojekt »Reform« auf ein weiteres Konzil verschoben wurde, dessen Einberufung durch das Dekret *Frequens* verbindlich festgeschrieben worden war.

Die Auseinandersetzungen zwischen konzilsorientierten und papstfreundlichen Gruppen sowie im weiteren Verlauf die handstreichartige Auflösung des Konzils von Pavia-Siena verhinderten jedoch, dass es auf dieser Folgesynode in Sachen Reform nennenswerte Fortschritte gab. Damit erneut unerledigt liegen geblieben, sollte die Reform-Causa ein zentrales Thema für das *Basiliense* bleiben, das in der Tat eine stattliche Zahl von Reformdekreten beschließen konnte. Die vor allem in der älteren deutschsprachigen Literatur anzutreffende, einseitig verzerrende Sicht, dass das Ausbleiben einer grundlegenden Reform auf den Konzilien des frühen 15. Jahrhunderts für den Ausbruch der Reformation im nachfolgenden Säkulum mitverantwortlich gemacht werden muss,[6] erwies sich als verhängnisvoll für eine sachgerechte Einschätzung dessen, was in Konstanz in Sachen Reform tatsächlich geleistet worden ist und öffnete stattdessen einer interessengeleiteten Fehlinterpretation der *Causa reformationis** Tür und Tor.

Unter dem Eindruck der vergleichsweise wenigen Reformdekrete, die auf dem *Constantiense* verabschiedet wurden,[7] und des sog. Prioritätsstreits wurde der Reformertrag des Konstanzer Konzils seit den Publikationen Hüblers (1867) und Hollnsteiners (1929) als eher gering eingeschätzt.[8] Verstärkend wirkte sich aus, dass der Erfolg der *Causa* nicht an den Kriterien der Konzilsväter gemessen wurde, soweit dieser aus den zeitgenössischen Reformforderungen und -traktaten zu erschließen ist, sondern aus der Retrospektive, d.h. im Wissen um die weitere Entwicklung, wenig sachgemäß beurteilt wurde. Die Stichworte »Reformation« und »Parlamentarisierung« mögen genügen, um die Irrwege interpretatorischer Fehlleistungen anzudeuten. Infolgedessen hatte sich die Forschung lange Zeit auch eher nur am Rande mit der *Causa reformationis** beschäftigt, sie galt als »ein Stiefkind der Forschung«.[9] W. Brandmüller schließlich ließ es mit einer Charakterisierung der Reformen als ökonomische Verteilungskämpfe innerhalb des Klerus bewenden, was aber ebenfalls zu kurz greift.[10]

Eine grundlegende Neubewertung der Reformleistungen des Konzils erfolgte erst mit den bahnbrechenden Publikationen des Amerikaners

Phillip H. Stump aus den 1980er/1990er Jahren. Nicht nur konnte er die Quellenbasis um einige weitere Stücke erweitern, sondern auch am Fallbeispiel der päpstlichen Einnahmen nachweisen, »that the council did enact major reforms of papal taxation«.[11] Ebenso gelang es ihm, an den durch Vakanzen* anfallenden Servitien und Annaten exemplarisch zu verdeutlichen, dass die Kurie wie die dadurch begünstigte französische Seite die Regelung als Erfolg verbuchte.[12] Vor allem begnügte sich Ph. Stump für seine Analyse der Konstanzer Reformarbeit nicht mit den relativ wenigen promulgierten Reformdekreten und deren schon bei H. Finke abgedruckten Vorstufen, sondern zog für seine Untersuchung auch das Material heran, das den Diskussionsprozess in Sachen Reform (etwa in Form von Entwürfen, Memoranden und Beschlussvorlagen) stärker sichtbar macht.[13] Auch wenn die Quellenbasis zur *Causa reformatio** nach wie vor als unbefriedigend einzustufen ist, so zeigt das neue Material, dass die Diskussion eine Intensität besaß, die durch die lange Zeit übliche Fixierung auf das Endergebnis verstellt blieb und in der Wertung der Reformleistungen kaum mehr zu erkennen ist. Insofern ist H. Müller zuzustimmen, der die Reformdiskussion auf dem Konzil als die zentrale Leistung in Sachen Reform beschrieb und damit »den Weg als das Ziel« charakterisierte.[14] Durch die chronologische Anordnung des von Ph. Stump neu aufgefundenen bzw. neu edierten Materials können wir überdies einen tiefen Blick in die Werkstatt des Konzils werfen. Bestätigt wird damit die Vermutung, dass in Konstanz in Sachen Reform weit mehr geleistet wurde, als die Forschung aus einer weitgehend durch die Nachgeschichte verstellten Sicht bis dato wahrnehmen wollte. Dabei hätte schon ein Blick auf die (seit langem bereits) gedruckten Predigten zu mehr Vorsicht vor vorschnellen Ergebnissen und Verurteilungen raten können: Warum haben eigentlich so viele Redner das Thema Reform aufgegriffen, wenn es doch angeblich kaum Niederschlag in der Arbeit des Konzils gehabt haben sollte?

Eines der Ergebnisse der Beschäftigung mit den Reformschriften ist in jedem Fall die Erkenntnis, wie stark die Reform der Kirche – insbesondere in der Anfangsphase – mit einer Reform des Reichs korrelierte. Nicht nur der römische König Sigmund deutete in seinen Einladungsschreiben den engen Zusammenhang einer Kirchen- und Reichsreform an, in den Reformschriften finden wir ein Echo darauf.[15] Das zunehmende Auseinanderfallen von Reichs- und Kirchenangelegenheiten im Verlauf des Konzils – parallel zu dem abnehmenden Einfluss des Königs – ließ die anfänglichen Impulse bald versiegen. Spätestens nach der Abreise Sigmunds in

Richtung Mittelmeer »(war) das Konzil Konzil in einem engeren Sinne, als seine Anfänge hatten erwarten lassen« (H. Boockmann).[16] Eine Reform des Reichs, die die institutionellen Schwächen der »Reichsverfassung« überwinden hätte können und die Stellung des Königs bzw. Kaisers, selbst wenn er über keine starke Hausmacht verfügte, gestärkt hätte, ließ sich – aufgrund interner Widerstände unter den Reichsfürsten und -ständen – nicht durchsetzen. Selbst der angestrebte Landfriede, die Münzreform usw. blieben ein Torso.[17] Welche Impulse die Reichsreformdiskussion und die Reichsreformbestrebungen, wie sie in Konstanz sichtbar wurden, daher tatsächlich für die späteren Entwicklungen gehabt haben, bleibt offen. Sigmund hat sie immerhin den Ruf eingebracht, er habe die Reform entscheidend gefördert. [18]

Selbst wenn eine Reform der Glieder weitgehend ausblieb, die Frömmigkeit vielleicht weniger als erhofft stimuliert werden konnte, so gingen zweifelsfrei Reformimpulse von Konstanz aus. Allerdings fehlen nach wie vor einschlägige Untersuchungen, die das Reformerbe des *Constantiense* systematisch aufgearbeitet hätten. Durch die Arbeiten von B. Studt[19] hat sich das Dunkel allerdings mittlerweile deutlich gelichtet, ebenso durch verschiedene Studien über Reformbestrebungen in den Orden, die vielen Zeitgenossen als eine Art Modell für eine allgemeine Reform galten.[20]

---

1 Helmrath, Reform 131, Theorie und Praxis 69 f.; vgl. auch Müller, Kirchliche Krise 83.

2 Zuletzt etwa Christopher M. Bellitto, The Reform Context of the Great Western Schism, in: Rollo-Koster – Izbicki (Ed.), Companion 303–331.

3 Francis Rapp, L'église et la vie religieuse en occident à la fin du moyen âge, Paris 1971 [6]1999, hier: [2]1980, 208.

4 Diesen Vorwurf erhob beispielsweise Pierre d'Ailly in seiner Schrift »De reformacione ecclesie« von Oktober 1416 (Miethke – Weinrich [Hg.], Quellen 342; dt. Übersetzung: ebd. 343).

5 Sog. Reformdekrete der 39. und 40. Sessio, abgedruckt in: COD[3/4] 438–444 und Miethke – Weinrich (Hg.), Quellen 484–499.

6 Die negative Einschätzung der Reformierbarkeit der Kirche geht bereits auf Martin Luther (WA 5, 342 Z. 20 f.; WA TR 3, Nr. 3800) zurück. – Der Tübinger Kirchenhistoriker K. A. Fink hatte es auf die prägnante, wenn auch stark verkürzte Formel gebracht: »Man sieht doch deutlich: ohne Konzil keine Reform« (Karl August Fink, Das Scheitern der Kirchenreform im 15. Jahrhundert, in: MedBoh 3 [1970] 237–244, hier 243); das Ausbleiben der Reform führte aber – so Fink – schließlich zur Reformation (Ders., Papsttum und Kirche im abendländischen Mittelalter, München 1981. 59).

7 COD[3/4] 438–443 (39. Sitzung vom 9. Oktober 1417); 444 (40. Sitzung vom 30. Oktober 1417); 447–450 (43. Sitzung vom 23. März 1418).

8 Ein Nachhall dieser opinio communis lässt sich bis in die jüngeren Überblicksdarstellungen und -artikel verfolgen. Drei namhafte Stimmen mögen dafür Zeugnis geben. Joseph Gill (Konstanz und Basel-Florenz 124) war der Meinung, dass »das Konzil nur sehr wenig von der allgemeinen Reform verwirklichen konnte«; Francis Oakley bemerkte, »... most of the work of reform would have to await the assembly of another council« (Councils 651) und Walter Brandmüller formulierte: »Die

causa reformationis stand allzu sehr im Schatten des Schismaproblems, als daß sie umfassend hätte behandelt werden können« (Konstanz, Konzil [LexMA 5] 1404).

9 Frenken, Erforschung 299 mit Anm. 3; Müller, Kirchliche Krise 82.

10 Brandmüller, Causa reformationis 63, zuletzt auch Ders., Konzil von Konstanz II 353.

11 Stump, Reforms; Ders., Papal taxation 69–105, Zitat: 69. Vgl. Frenken, Erforschung 334–336.

12 Stump, Papal taxation 98.

13 Stump, Reforms 51–169 (Analyse), 273–319 (Material). – Zur Bedeutung dieser Publikation vgl. Frenken, Reform 380–385.

14 Frenken, Reform 376–388; Müller, Kirchliche Krise 82 f. (Zitat leicht abgewandelt: ebd. 83). – Auch J. Miethke betont, dass »das Konstanzer Konzil zu Recht ein »Reformkonzil« genannt« wird (Miethke, Prozesse 157).

15 Frenken, Erforschung 349–351 mit Verweisen auf Engels, Reichsgedanke und Boockmann, Politische Geschichte.

16 Boockmann, Politische Geschichte 54.

17 Grundlegendes bei Heinz Angermeier, Das Reich und der Konziliarismus, in: HZ 192 (1961) 529–583, sowie Ders., Die Reichsreform 1410–1555. Die Staatsproblematik in Deutschland zwischen Mittelalter und Gegenwart, München 1978, der allerdings den Zusammenhang von Kirchen- und Reichsreform bestritt. – Vgl. Hoensch, Kaiser Sigismund, passim; exemplarische Einblicke geben meine beiden Aufsätze: Frenken, Nürnberger Interessen, sowie Ders., Nürnberg.

18 Heinrich Koller, Kaiserliche Politik und Reformpläne des 15. Jahrhunderts, in: FS Hermann Heimpel II, Göttingen 1972, 61–79.

19 An erster Stelle ist hier die Studie von Studt, Martin V., zu nennen.

20 Mertens, Reformkonzilien 431–457. Allgemein zu den Problemen der Ordensreform: Ders., Monastische Reformbewegungen des 15. Jahrhunderts: Ideen – Ziele – Resultate, in: Hlaváček – Patschovsky (Hg.), Reform 157–181.

# 9 Zeremoniell, Ritual und andere Formen symbolischer Kommunikation im politischen Kontext des Konzils

In einem jüngst gehaltenen Vortrag wies Birgit Studt auf die Bedeutung des politischen Zeremoniells, der Symbole, Rituale und der liturgischen Formen hin, um Politik und die gesellschaftliche Ordnung sichtbar zu machen.[1] Für das *Constantiense*, ein Ereignis, das im Zentrum öffentlicher Aufmerksamkeit weit über die engeren Stadtgrenzen des Veranstaltungsorts hinaus gestanden hat – hier darf sogar die Metapher vom ganzen christlichen Erdenkreis bemüht werden – dürfte dies in besonderem Maße gegolten haben. Die Bilddarstellungen in den Chroniken des Ulrich Richental und des Eberhard Windecke[2] vermitteln einen lebendigen Eindruck dieser Inszenierungen, die indes in ihrer Komplexität und der dahinter stehenden Aussage nicht immer leicht zu deuten und zu interpretieren sind. Ergänzt werden die Bilder durch Textzeugnisse aus den genannten Chroniken, aber auch aus vielen anderen Textquellen. Dabei bleibt stets im Auge zu behalten, dass die Mehrzahl der Handschriften gar nicht bebildert war.

Vor allem die Richental-Chronik ist eine wahre und entsprechend häufig genutzte Fundgrube an einschlägigem Material, da deren Verfasser mit dem ihm nachgesagten Blick »von außen« bis zur Detailverliebtheit genau über diese scheinbaren Nebensächlichkeiten berichtet hat. Lange Zeit waren diese in der einschlägigen Forschung als belanglos für das eigentliche Konzilsgeschehen abqualifiziert, manchmal auch einfach nur als kurios abgetan worden. Dem Autor selbst hatte es schließlich den Ruf eines bestenfalls unzuverlässigen Chronisten beschert; häufiger wurde er auch der Ahnungslosigkeit und Naivität gescholten. Aus solchen Urteilen spricht aber eine Verkennung seiner Schreibintention, die nicht einfach mit der Erwartungshaltung des heutigen Lesers gleichgesetzt werden darf. Richental berichtete jedenfalls viel stärker über ›das Nebensächliche‹ als etwa die sich auf andere Schwerpunkte konzentrierenden Konzilsaufzeichnungen Fillastres – auch dies ein Hinweis auf die unterschiedliche Perspektive, mit der die beiden Autoren auf das *Constantiense* blickten. Bedauerlicherweise ist die Forschung ihrer Schreibintention bislang noch nicht systematisch nachgegangen.[3]

Bei entsprechender Lektüre der Quellen erschließt sich jedenfalls aus den auf den ersten Blick belanglosen Einzelheiten ein bislang weitgehend vernachlässigtes Forschungsfeld, dessen methodische Grundlagen zum Teil erst in jüngerer Zeit gelegt worden sind und dessen enorme Bedeutung für die Erschließung politischer/gesellschaftlicher Ordnung erst in den letzten beiden Jahrzehnten stärker erkannt wurde, zumindest aber seitdem stärker ins Bewusstsein der Historikerzunft gerückt ist.[4]

Mit vier kategorialen Vorannahmen umriss erst kürzlich M. Kintzinger den Rahmen öffentlicher und damit politischer Kommunikation: Diese »bezeichnet erstens den Vorgang der Vermittlung von Geltungs-, Herrschafts- und Machtansprüchen, aber auch von Rechtsansprüchen, Anteilsforderungen und Mitwirkungsinteressen durch öffentliche Inszenierung. Politische Kommunikation ist zweitens zu verstehen als Prozess der Herstellung von Zustimmung, Gefolgschaft oder Konsens in demjenigen Publikum, das Adressat ihrer öffentlichen Inszenierung ist. Das Publikum repräsentiert dabei drittens seinerseits die politische Öffentlichkeit. [. . .] Politische Öffentlichkeit ist viertens, weil öffentliche Inszenierungen in der Gesellschaft des Mittelalters niemals eine Totalität von Publikum erreichen konnten und auch nicht mussten, stets nur auf bestimmte Teile der Gesellschaft bezogen«.[5] Zugleich wies er darauf hin, dass der Begriff der Öffentlichkeit präzisiert werden müsse, nicht weniger der Kommunikationsbegriff, um beides – etwa für die Konzilienforschung – fruchtbar zu machen. Dabei ist Kommunikation nicht nur in einem engeren Verständnis als Austausch von Nachrichten zu verstehen. »Erst ein vorausgehend gemeinsames Wissen ermöglichte beiden Seiten, inszenierte Repräsentation in ihrer Formensprache und politischen Botschaft analog und unter Einrechnung der Intentionen und Deutungsmöglichkeiten der jeweils anderen Seite zu interpretieren«.[6]

Dass wir es hier im weitesten Sinne mit einer gezielten Beeinflussung der Öffentlichkeit zu tun haben, liegt auf der Hand. Gerade darauf setzte auch die Informationspolitik – gegebenenfalls auch Desinformationspolitik –, die durch öffentlich inszenierte Akte stattfand. So ritt Sigmund zusammen mit dem Pfalzgrafen Ludwig III und begleitet von Herolden und Posaunisten, die für die nötige Öffentlichkeit sorgten, nach der Flucht des Papstes durch die Stadt, um die Kaufleute, Händler und insbesondere die italienischen Geldwechsler zu beruhigen und sie davon zu überzeugen, dass sie ihren Geschäften weiter nachgehen sollten, statt Konstanz überstürzt zu verlassen.

Wie Kommunikation konkret ablaufen konnte, lässt sich exemplarisch am König erkennen. Zweifellos beherrschte er die Kunst symbolischer Kommunikation nahezu perfekt, nichts blieb dem Zufall überlassen: Als sichtbares Zeichen seines Schmerzes über den Zustand der Kirche trug der Luxemburger ein Trauergewand beim festlich geschmückten Einzug in Perpignan.[7] Benedikt und seine Anhänger standen ihm allerdings kaum nach. So waren bei der Einholung des Königs an allen Wegkreuzungen Männer aufgestellt, die mit lauter Stimme Ereignisse aus dem Leben Jesu und seiner Leidensgeschichte rezitierten.

Wer den König bei der Verfolgung seiner Ziele jedoch hinhalten wollte, sich gar seinem Anliegen samt dem von ihm favorisierten Weg entgegenzustellen wagte – und sei es auch mit den besten Argumenten! – lief leicht Gefahr, die öffentliche Meinung gegen sich zu mobilisieren. Umgekehrt versuchte Sigmund gezielt, die Öffentlichkeit in seinem Sinne zu beeinflussen. Dies dürfte auch die Intention seiner zuweilen theatralisch erscheinenden Auftritten gewesen sein.[8] Wutausbrüche des Königs weisen ihn weniger als Choleriker aus, sondern wurden gezielt eingesetzt. Auch wäre sein öffentliches Weinen in bestimmten Situationen gründlich missverstanden, wollte man es als Zeichen dafür nehmen, dass der Luxemburger seine Emotionen nicht im Griff gehabt hätte. Es war ein weiteres probates Mittel in seinem Arsenal, durch symbolische Handlungen Politik zu machen. Entrüstung, Wut und Trauer, aber auch Freude konnten auf diese Weise sichtbar gemacht werden. Als der sich krank stellende Johannes XXIII. bei Sigmunds Besuch kurz vor seiner Flucht aus Konstanz diesem seine Absicht zurückzutreten nochmals durch den Vizekanzler, den Kardinal de Brogny, kundtun ließ, war – laut Richental – die Reaktion des Königs: *Domete war der koning eczlicher mosse erfroyet und wenete.*[9]

Nicht weniger auf die Öffentlichkeit zielte seine Partizipation an öffentlichen Akten. An den festlichen Gottesdiensten im Verlauf des Konzils nahm Sigmund ebenso teil wie an den feierlichen Prozessionen, zuweilen war er dabei als Diakon gekleidet.[10] Das Tragen bestimmter Kleidung war gleichfalls von hoher symbolischer Bedeutung und unterlag ritualisierten Vorstellungen. Bei der Fronleichnamprozession am 10. Juni 1417 sehen wir den König *in imperialibus*, also in Dalmatik und Pluviale mit Zepter, Reichsapfel und blankgezogenem Schwert vor dem Allerheiligsten schreiten. Dass diese Inszenierung sorgsam geplant war, macht schon der Blick auf die damaligen Ereignisse deutlich. Mitten in der Auseinandersetzung um den Vorrang von Reform oder Papstwahl demonstriert Sigmund mit dem spektakulären Auftritt seinen Anspruch, sich durchsetzen zu wollen.

Im Gegensatz zu seinem Auftreten stand sein Quartier, als er nach der gescheiterten Friedensmission nach Konstanz zurückkam. Das Absteigen in dem kargen Kloster der Augustinereremiten sollte das Bild eines idealen Herrschers widerspiegeln, »mittellos und dem Armutsideal ergeben«.[11] Angesichts der verbreiteten Kritik an der Verweltlichung der Kirche und dem Lebensstil der kirchlichen Hierarchie, die nicht zuletzt in Böhmen laut geworden war, war diese Wahl alles andere als Zufall, vielmehr eine geschickte Selbstinszenierung, um möglicherweise auch gegen ihn gerichtete kritische Stimmen zum Verstummen zu bringen.

Neben den sichtbar inszenierten Formen lassen auch andere, weniger transparente Formen wie etwa die Verbreitung von Gerüchten, Verleumdungen und Unterstellungen so etwas wie Öffentlichkeit entstehen. Als ein geschickter Manipulator, der auf diese Art und Weise Stimmung zu machen versuchte – anfänglich gegen Johannes XXIII., später gegen den römischen König – zeigte sich Kardinal Fillastre in seinen Aufzeichnungen vom Konstanzer Konzil, deren vermeintlicher Objektivitätsgehalt lange Zeit kaum hinterfragt wurde.[12] Dass Fillastre jedoch alles andere als ein objektiver Beobachter gewesen ist, sondern ein aktiv Beteiligter war und damit keineswegs unvoreingenommen von den Ereignissen berichtet hat, versuchte er systematisch zu vertuschen. Insbesondere wenn er selbst unmittelbar im Geschehen involviert gewesen war, wurde die eigene Rolle heruntergespielt, wenn nicht gar verschwiegen. Guten Glaubens hat daher so mancher Historiker alles für bare Münze genommen, was der Kardinal in seinen Aufzeichnungen berichtete.[13] Zu untersuchen wäre allerdings, inwieweit dieses bewusste Streuen von Gerüchten in seinem Fall unmittelbare politische Wirkung hat zeigen können, da diese Aufzeichnungen erst mit einigem Abstand zu den Ereignissen in der vorliegenden Form zusammengestellt und erst später bekannt wurden. Dass sie interessengeleitet waren, um sein und der Kardinäle Verhalten im Nachhinein zu legitimieren, daran dürfte heute allerdings kein ernst zu nehmender Zweifel mehr bestehen.[14]

Wenn wir bei den verbreiteten Gerüchten, Verleumdungen und Unterstellungen bestenfalls indirekt etwas über deren Wirkung sagen können, so gilt dies weniger für bewusst in Szene gesetzte Akte. Das *Constantiense* erlebte eine ganze Reihe von solch bewusst inszenierten Akten und symbolischen Handlungen, die uns heute durch ihre Beschreibung in Bild und/oder Wort eine Aussage ermöglichen über deren öffentliche Wahrnehmung und deren Einordnung in einen größeren Zusammenhang. Die Darstellung von Herrschereinzügen, des Ablaufs feierlicher Gottesdienste und der Konzilssitzungen, von Sitzordnungen, Schenk- und Belehnungszeremonien, der Prozessionen, Festmähler und von vielem mehr stützen sich dabei auf ein tradiertes Wissen, das es durch deren Zeichenhaftigkeit den Rezipienten ermöglicht, die Bedeutung dieser Vorgänge adäquat zu erfassen und angemessen zu interpretieren. Eine genaue Kenntnis ihrer Bedeutung kann darüber hinaus verhindern, dass solche Inszenierungen vorschnell missverstanden werden und zu falschen Schlüssen verleiten. Dem Zeitgenossen – ebenso wie dem für solche Fragen aufgeschlossenen Forscher – geben sie wichtige Hinweise beispielsweise auf bestehende bzw. vermeintliche Rangordnungen, auch auf scheinbar verdeckte Aussagen, und machen die Einzelereignisse wie das gesamte Konzilsgeschehen erst in seiner Gänze vergleichbar. »Im Lichte solcher Formen symbolischer Kommunikation erscheint das Konstanzer Konzil als Bild einer sakral und juristisch geprägten Versammlung, die mit anderen Typen politischer Versammlungen verglichen werden sollte«, formulierte B. Studt einen bislang noch nicht eingelösten Forschungsauftrag.[15]

Exemplarisch soll die mögliche Bedeutung symbolischer Kommunikation für das Verständnis des *Constantiense* verdeutlicht, zugleich sollen aber auch die Schwierigkeiten einer angemessenen Interpretation und die Desiderate bisheriger Forschung aufgezeigt werden: Die von Richental beschriebenen, den Lesern in ihrer Detailversessenheit und stereotypen Darstellung geradezu ermüdenden Einzüge enthalten beispielsweise eine Vielzahl von Einzelheiten, die Rückschlüsse über die Personen geben, die in Konstanz eintrafen oder die Stadt wieder verließen. Wer ist der Ankömmling bzw. der Abreisende, wer begleitete ihn, welche Kleidung trug er, wer holte ihn ein und wo wurde er abgeholt? Diese und viele andere Einzelheiten verraten zweifellos etwas über den Rang und Bedeutung der eintreffenden bzw. abreisenden Person, ebenso aber über denjenigen, der ihn abholte bzw. verabschiedete. Weitere Aussagen lassen sich gegebenenfalls über die Beziehungen von Ankommendem und Einholendem treffen. Der Wert dieser so monoton wirkenden Wiederholungen erschließt sich aber erst im Vergleich: Die Anzahl der Pferde etwa, mit denen jemand nach Konstanz einritt, ist zugleich ein Hinweis auf den Anspruch, mit dem der Ankommende auftrat, zumindest aber einer auf die Bedeutung und Wertschätzung, die der Berichterstatter dem Eintreffenden zumaß.

Möglicherweise wird in den die – scheinbar – genauen Details wiedergebenden Sequenzen auch schon ein Vorgriff auf das gemacht, was chronologisch erst später folgen sollte. Die demonstrative Abwesenheit des Connétable von Frankreich, Graf Bernhard VII. von Armagnac, als Anfang 1416 der römische König in der französischen Hauptstadt eintraf,[16] lässt sich auch als ein Zeichen lesen auf das spätere Scheitern Sigmunds bei seinem Versuch, zwischen Franzosen und Engländern zu vermitteln. Die Anhänger des Hauses Orléans, die Armagnaken, so macht Windecke deutlich, zeigten sich von vornherein an einem Erfolg der Friedensbemühungen des Königs desinteressiert.

Der solche Begebenheiten schildernde Autor geht damit über das tatsächlich Vorgefallene hinaus. Dass, wie Richental notierte, die aus Schaffhausen zurückkehrenden Kardinäle (*do ritten zu Costentz wider in* [...] *und rait inn nieman engegen, dann das die andern iro spottotend*), wie geschlagene Hunde in die Stadt kamen,[17] zeigt die offene Missbilligung für ihr Verhalten. Es handelt sich dabei – möglicherweise – um ein Werturteil, das das wirkliche Geschehen ignorierte, zumindest aber überformte. Symbolhaftes lässt sich in den Texten, die über das Konzil berichten, vielfach nachweisen. Die geglückte Wahl Martins V. wird von dem Konstanzer Chronisten durch eine Vogelschar angekündigt: *Do beschach ain grosses zaichen von den vogeln, alsbald der bapst erwelt was worden, do kommen sovil clainer maisen, buochfinken, rötelin und allerley clainer vogel und die flugend uff des kofhus tach.*[18] Nicht mehr die (unglückbringenden) Rabenvögel bevölkern das Dach des Konklavegebäudes, von denen Richental zuvor geschrieben hatte.

Wertung spiegelt sich aber bereits in der Auswahl des für berichtenswert Gehaltenen bzw. in ihrem Verschweigen wider. Das ständige Verweisen auf das Fehlen, das Ausbleiben bestimmter Gesandtschaften (König Sigmund, Franzosen, Universität Paris, Engländer usf.) lässt sich als ein Hinweis auf die reale Bedeutung dieser Personen und Gruppen interpretieren, zumindest auf die, die ihnen von wem auch immer zugesprochen wurde. Dafür hätte es nicht einmal der verstärkenden Formulierung »ohne die auf dem Konzil nichts geschah« bedurft, wie sie von dem Konstanzer Chronisten häufiger verwendet wurde.

Großereignisse wie die Generalkonzilien der spätmittelalterlichen Kirche spiegeln die gesellschaftliche Ordnung in hohem Maße wider. Nichts blieb dabei dem Zufall überlassen, wenn etwa Rangordnungen verdeutlicht werden sollten.[19] Wer welchen Rang einnahm, ließ sich an Sitzordnungen ebenso ablesen wie etwa an der Position, die von bestimmten Personen oder Gruppen in einem Prozessionszug eingenommen wurden. Der eigens für den König errichtete erhöhte Sitz in der Konzilsaula, quasi auf Augenhöhe mit dem Papst, ist ein solches nicht zu übersehendes Zeichen. Die Sitzordnung auf den im Schiff des Münsters errichteten Bänken spiegelte ebenso die Rangordnung wider, wenn die hohen Prälaten oben, die niedrigeren weiter unten und die Gelehrten schließlich ganz unten Platz nehmen durften.

Wer wo sitzen durfte, war keineswegs gleichgültig, ebenso wenig, wer sein Siegel an eine Urkunde anhängen konnte und in welcher Reihenfolge das geschah. Hier manifestierte sich ein Rangdenken, zugleich aber auch ein Ranganspruch. Streitigkeiten waren dadurch geradezu vorprogrammiert. So kam es beispielsweise über die Reihenfolge, das Siegel anzubringen, wohl Mitte November 1416 zu einem heftigen Streit unter den Nationen in Konstanz. Schließlich verzichtete die *natio Germanica* auf den angestammten dritten Platz beim Anhängen der Bullen* der Nationspräsidenten und überließ diesen der damals ausschließlich aus Aragonesen bestehenden *Hispanica,* um die weitere Arbeit des Konzils durch diesen Präzedenzstreit nicht zu gefährden.[20] Der »rechte« Sitz als Sichtbarmachung der sich formierenden Nationen zeigte sich auf europäischer Ebene erstmals auf dem Konzil in Konstanz, dann erneut in Basel.[21]

Ähnliches ließe sich auch bei den Prozessionen beobachten: Wer ging bzw. wer ritt mit? Wie war die Platzierung der einzelnen sozialen und hierarchischen Gruppen innerhalb des Prozessionszugs? Welcher Weg wurde beschritten? Sichtbar zieht die soziale Ordnung der spätmittelalterlichen Welt, von Klerus und Laien, von Fürsten, Adligen und Bürgern, von Gelehrten und einfachem Volk, von Einheimischen und Fremden, vor unseren Augen vorbei. Ausführlich auch hier die Mitteilungen, die wir Richental, aber auch anderen Quellen verdanken. Die Prozessionen wurden zu einem Geschehen, das nicht nur Geistliches mit Säkularem verband, sondern auch das Weltereignis »Konzil« mit dem städtischen Leben verknüpfte, wie zuletzt H. Maurer herausgearbeitet hat.[22] Ob die Zielsetzung Richentals mit der Beschreibung der geordneten Prozessionszüge und der ritualisierten Form ihres Ablaufs tatsächlich die Absicht verfolgte, »»die Einhaltung der Ordnung« innerhalb des bürgerlichen Gemeinwesens der Konzilsstadt« zu dokumentieren und in diesem Sinne möglicherweise eine geschönte Wirklichkeit widerzuspiegeln,[23] bedürfte noch weiterer Untersuchungen.

Gewiss haben Forschungen zur politischen Kommunikation des Konstanzer Konzils, zum Zeremoniell und den vielfältigen Ritualen in den letzten beiden Jahrzehnten einen deutlichen Aufschwung erlebt. Als Ergebnis ist eine ganze Reihe von Einzelstudien publiziert worden. Was dagegen noch fehlt, ist eine umfassende und übergreifende Darstellung des *Constantiense*, die diese Gesichtspunkte zu einer Gesamtstudie vereint, sozusagen eine Geschichte des Zeremoniells, der Rituale und symbolischen Handlungen. Ebenso mangelt es an Vergleichsarbeiten zu anderen zeitgleichen Großereignissen in der weltlichen Sphäre oder zu anderen Generalkonzilien, über deren Vergleich auch für das Konstanzer Konzil neue Erkenntnisse abfallen würden.

---

1 Birgit Studt, Das Konstanzer Konzil und die gegenwärtige historische Forschung. Vortrag zum Symposion 22./23. Januar 2010, Schloss Hersberg, Immenstaad/Bodensee, in: »www. konstanzer-¬ konzil.de/cms/upload/Vortraege/ Vortrag-Studt.pdf«, hier S. 7.

2 Zu Richental die oben, S. 28 Anm. 1–2 genannte Literatur. || Zu Windecke vgl. Joachim Schneider, Das illustrierte "Buch von Kaiser Sigmund« des Eberhard Windeck. Der wiederaufgefundene Textzeuge aus der ehemaligen Bibliothek von Sir Thomas Phillipps in Cheltenham, in: DA 61 (2005) 169–180; Ders., Herrschererinnerung in Text und Bild. Zu Besonderheiten des wieder aufgefundenen illustrierten Exemplars von Eberhard Windeckes Sigmund-Buch, in: Imre Takács (Hg.), Sigismundus. Rex et imperator, Kunst und Kultur zur Zeit Sigismunds von Luxemburg 1387–1437 – Ausstellungskatalog, Mainz 2006, 433–437; zuletzt Ders., Herrschererinnerung 429–448, sowie Martin Roland, Was die Illustrationen zu Eberhard Windecks Sigismundbuch präsentieren, was man dahinter lesen kann und was verborgen bleibt, in: ebd. 449–465 (mit zahlreichen Abbildungen).

3 Ansätze finden sich bei Rathmann, Geschehen. Vgl. dazu meine Rezension in: ZHF 30 (2003) 473 f., sowie Müller, Kirchliche Krise 78 f.

4 Hingewiesen sei auf einen paradigmatischen Aufsatz von Werner Paravicini, Zeremoniell und Raum, in: Ders. (Hg.), Zeremoniell und Raum. 4. Symposium der Residenzen-Kommission der Akademie der Wissenschaften in Göttingen, Potsdam 25. bis 27. September 1994, Sigmaringen 1997, 11–36, der die Spannbreite des Forschungsfelds beleuchtet. Auf die Schwierigkeit einer verbindlichen Definition der Begriffe und ihrer trennscharfen Unterscheidung sei hier nur am Rande aufmerksam gemacht. Zur Begrifflichkeit vgl. die Literatur, die bei Maurer, Konstanzer Konzil 156 Anm. 45, genannt wird.

5 Kintzinger – Schneidmüller, Politische Öffentlichkeit 11 f.

6 Kintzinger – Schneidmüller, Politische Öffentlichkeit 13.

7 Finke, in: ACC III 377; Hoensch, Sigismund 222 f. – Zum Einzug in Perpignan vgl. auch Hartmann, Sigismunds Ankunft 133–139. Zu dem Zusammentreffen mit König Ferdinand und Papst Benedikt XIII. in Perpignan vgl. auch Schwedler, Herrschertreffen 459 f. Nicht weniger theatralisch und auf öffentliche Wirkung bedacht war der spätere Einzug Sigmunds am 1. März 1416 in Paris: Der römische König und sein Gefolge trugen schwarze Gewänder mit großen Kreuzen und der Aufschrift *deus misericors et omnipotens*, um die Trauer und den tiefen Schmerz über den fortdauernden Krieg zwischen Frankreich und England auszudrücken. Windecke berichtete, dass der Graf von Armagnac unmittelbar zuvor die Stadt verlassen hatte, wohl um dem Einzug des Königs zu umgehen und ihm nicht freundlich entgegentreten zu müssen. Für den Chronisten war es ein Zeichen, dass der Connetable keinen Frieden wollte (vgl. Schneider, Herrschererinnerung 432).

8 Vgl. Jaspert, Dilemma [im Druck].

9 Koeppen, Berichte 232 Nr. 117.

10 Mehrfach erwähnt in der Chronik Richentals und im Tagebuch Fillastres (in: ACC II).

11 Buck, Chronik 84 Z. 2 f., 19; vgl. dazu Brandmüller, Konzil von Konstanz I[2] 131; Hoensch, Kaiser Sigismund 275 f., 491 [Zitat]. – Als Dank für seine Beherbergung sorgte der König für die Ausmalung der Augustinerkirche; dazu: Josef Gramm, Kaiser Sigismund als Stifter der Wandgemälde der Augustinerkirche in Konstanz, in: Repertorium für Kunstwissenschaft 32 (1909) 391–406; Christian Altgraf zu Salm, Die Wandgemälde der Augustinerkirche in Konstanz, in: Studien zur Kunst des Oberrheins. FS für Werner Noack, Konstanz-Freiburg 1964, 46–64 zuletzt: Johannes Zahlten, Die Fresken aus der Konzilszeit in der Konstanzer Dreifaltigkeitskirche, Karlsruhe 2009.

12 Als vermeintlich objektive Quelle wurden die Aufzeichnungen zuletzt noch von Brandmüller, Konzil von Konstanz II passim, vielfach ausgewertet.

13 Das gilt insbesondere für H. Finke und seine Schüler. Zur Kritik: Rathmann, Geschehen 179–183.

14 Zu den Aufzeichnungen des Kardinals vgl. Rathmann, Geschehen 155–207; Frenken, Tagebücher 383–394.

15 Studt, Konstanzer Konzil 7 (in pdf-Fassung).

16 Altmann, Windeckes Denkwürdigkeiten 92 [Kap. XCIV].

17 Buck, Chronik 50 Z. 27 – 51 Z. 2.

18 Buck, Chronik 108 Z. 23–31. Auf diese Szene weist auch Rathmann, Schlacht 51, hin.

19 Grundlegend Spiess, Rangdenken 39–61, der auf das Konstanzer Konzil allerdings nur am Rande eingeht; für den weltlichen Bereich vgl. Jörg Peltzer, Das Reich ordnen: Wer sitzt wo auf den Hoftagen des 13. und 14. Jahrhunderts, in: Ders. – Gerald Schwedler – Paul Töbelmann, (Hg.), Politische Versammlungen und ihre Rituale, Ostfildern 2009, 93–111.

20 Brandmüller, Konzil von Konstanz II 257 f.

21 Spiess, Rangdenken 60. – Zu Basel vgl. Hermann Heimpel, Sitzordnung und Rangstreit auf dem Basler Konzil. Skizze eines Themas, aus dem Nachlaß hg. v. J. Helmrath, in: Johannes Helmrath – Heribert Müller (Hg.), Studien zum 15. Jahrhundert. FS für Erich Meuthen, München 1994, 19.

22 Maurer, Städtisches Ereignis 149–172, bes. 157–159.

23 Maurer, Städtisches Ereignis 161.

# 10 Konstanz als Kommunikationszentrum und Umschlagplatz von Ideen

Man täte dem *Constantiense* gewiss Unrecht, würde man seinen Erfolg/Misserfolg allein an den Dekreten messen wollen, die es zustande gebracht hat, oder an der Erfüllung der Agenda, wie sie in den Einladungsschreiben zu diesem Konzil bereits angesprochen wurden. Das in Konstanz tagende Konzil war mehr als nur eine bloße Kirchenversammlung, auch wenn es das im Kern natürlich gewesen ist. Dies zeigt schon ein flüchtiger Blick auf die Teilnehmer. Dieses Treffen war nicht nur eine Zusammenkunft kirchlicher Würdenträger, es war gleichzeitig auch ein Aufeinandertreffen von hochrangigen Vertretern aus Kirche und Politik, aus Wissenschaft und Gesellschaft[1]. Einen Widerspruch wird man daraus kaum konstruieren können, denn viele von ihnen besaßen zumindest die niederen Weihen.

Konstanz hatte die Welt zu Gast, was hier durchaus wörtlich zu nehmen ist. Aus allen Teilen Europas strömten die Besucher an den Bodensee, aber auch aus benachbarten Regionen des Nahen Ostens und des nördlichen Afrikas. Neben den eigentlichen Teilnehmern, deren Kreis sich gegenüber früheren Konzilien deutlich erweitert hatte, und ihrem Tross von Bediensteten kamen im Schlepptau der großen Gefolge Händler, Handwerker, Dienstleister aller Art, darunter auch die schon von Richental gezählten Prostituierten, um am Konzilsort ihren Geschäften nachzugehen oder ihr Glück zu machen. Groß und Klein, Reich und Arm – die ganze Welt des Mittelalters traf hier wie unter einem Brennglas zusammen. Entsprechend ging es in Konstanz auch um wesentlich mehr als nur um eine Regelung innerkirchlicher bzw. rein religiöser Angelegenheiten. Schon ein kurzer Blick auf die Agenda der anstehenden Themen macht das hinreichend deutlich.

Allerdings war die Kirche – trotz ihrer Schwächung durch das Schisma – ein eminent wichtiger Machtfaktor, ein konstitutiver Bestandteil der spätmittelalterlichen Sozial- und Herrschaftsordnung. Religion war schließlich eine öffentliche Angelegenheit, sie durchdrang alle Teile der Gesellschaft nicht weniger wie das alltägliche Leben. Kirchliche Probleme und religiöse Fragen berührten insofern die Menschen, wenn auch nicht alle gleichermaßen. Von einem durch die Aufklärung geprägten Begriffsverständnis von Religion als der einer Privatangelegenheit eines jeden Einzelnen sind wir im frühen 15. Jahrhundert noch meilenweit entfernt. In dieser Hinsicht war das am Vorabend der Neuzeit stehende Großereignis in Konstanz noch zutiefst »vorreformatorisch«, letztlich also mittelalterlich geprägt.[2]

Das *Constantiense* war aber auch in anderer Hinsicht mehr als nur eine Kirchenversammlung, es war eine intellektuelle Drehscheibe der abendländischen Welt. Hier trafen Wissenschaftler und Gelehrte, Denker und Schriftsteller aus aller Herren Länder aufeinander und es entstand eine Sphäre der fruchtbaren Auseinandersetzung und des gegenseitigen Austauschs von Gedanken und Ideen. Das wirft allerdings die Frage danach auf, wie die Kommunikation zwischen Personen, die aus unterschiedlichsten Regionen stammten und mit unterschiedlichen Sprachkenntnissen ausgestattet waren, funktionieren konnte. Latein als *lingua franca* war die offizielle Sprache des Konzils und seiner Dokumente, sie diente auch als Verständigungsbasis auf der Ebene der Diplomatie. Aber längst nicht alle Anwesenden verstanden genügend Latein, noch weniger konnten sie sich in dieser Sprache auch verständigen. Hier am Bodensee lässt sich ein Partikularisierungsprozess beobachten, der sich auf politischer Ebene in einem wachsenden Nationalbewusstsein widerspiegelte. Viele Reden wie auch die zahlreichen Predigten stießen damit – bildlich gesprochen – auf taube Ohren;[3] ebenso richteten sich die vielen Traktate*, Eingaben und Denkschriften ausschließlich an jene, die des Lateins mächtig waren. Wer Sprachen beherrschte, war im Vorteil. Die zeitweilig geradezu omnipotente Präsenz des römischen Königs in der ersten Konzilsphase beruhte nicht zuletzt auf seinen enormen rhetorischen Fähigkeiten: Flüssig konnte er in sechs, vielleicht auch sieben Sprachen parlieren und damit kommunikative Barrieren überspringen. Glänzend konnte er sich auf das jeweilige Gegenüber einstellen, egal ob es sich um einen Fürsten, Prälaten oder einfachen Bürger gehandelt hat, ebenso auf die entsprechende Situation.[4] Kapital schlagen konnte Sigmund aus seinen Fähigkeiten allerdings nur, solange er in eigener Person in Konstanz war. Zwar wurden seine Briefe auch weiterhin, während der langen Zeit seiner Abwesenheit, auf dem Konzil verlesen, doch es fehlte die persönliche Präsenz, die ihm eigene Ausstrahlung, um auf das Geschehen entscheidend Einfluss zu nehmen.

Vor allem im nicht- bzw. außerkirchlichen Alltag – dem von J. Helmrath als »Sekundärfunktion des Generalskonzils« bezeichneten Begleitprogramm des Konzils – dominierten die Volkssprachen. Für den Nachrichtenaustausch zwischen den Gesandten und ihren fernen Auftraggebern bedienten sich Briefschreiber und Nachrichtenüberbringer in aller Regel der eigenen Sprache, wie entsprechende Beispiele aus dem Briefverkehr mit der Stadt Nürnberg oder der Krone *Aragón* deutlich machen.[5] Wenig bekannt ist, wer welche Sprache überhaupt verstand und in welcher Sprache man im Konstanzer Alltag miteinander kommunizierte. Denn zweifellos wurde viel miteinander gesprochen, auch über bestehende Sprachgrenzen hinweg.[6] Gab es Dolmetscher, Übersetzer? Wie war das Übersetzungswesen organisiert? Dass Beichtväter in den verschiedensten Sprachen zur Verfügung standen, weist auf eine multilinguale Atmosphäre am Konzilsort hin,[7] ebenso aber auf die oft beschränkten Fremdsprachenkenntnisse der Konzilsbesucher. Nicht nur beim Bischofelekten von Posen, Andreas Lascary, beklagte Richental, er *kond bös tutsch*, so dass seine Predigten – obwohl in deutscher Sprache gehalten – »übersetzt« werden mussten. Genauere Untersuchungen zu den Formen der Kommunikation zwischen den vielen Menschen vor Ort und zu den verwendeten Sprachen liegen derzeit jedoch noch nicht vor. Immerhin 27 verschiedene Sprachen hatte der Informant der Klingenberger Chronik gezählt.[8] Für die Gelehrten dürfte die Sprache allerdings eine weniger hohe Hürde dargestellt haben. Als Absolventen universitärer Studien, als Kleriker mit meist nur minderen Weihen, als Mitarbeiter an der Kurie beherrschten sie in aller Regel die lateinische Sprache. Für diese traf zweifellos zu, was J. Helmrath beschrieb: »Die ›konziliare Öffentlichkeit‹ war international, aber doch weitgehend auf den Klerus und die Universitätsgelehrten, die selbst meist Kleriker waren, beschränkt«.[9]

Aus geistes- und kulturgeschichtlicher Perspektive betrachtet, wird man Konstanz zweifellos als einen zentralen Umschlagplatz von neuen Ideen charakterisieren können – selbst wenn es darin von Basel anderthalb Jahrzehnte später deutlich übertroffen werden sollte. Der am Ufer des Bodensees liegende Veranstaltungsort des Konzils wurde gleichzeitig zu einem wichtigen Markt für Bücher (P. Lehmann), dem neben der direkten Begegnung damals wohl wichtigsten Medium zur Verbreitung von Gedanken, Ideen und Vorstellungen. Dies alles zusammen machte jedenfalls »einen guten Teil der elektrisierenden Wirkung der Konzilien [gleichermaßen gilt dies für das *Constantiense* wie das *Basiliense*] *auf* die Intellektuellen Europas« (J. Miethke) aus.[10]

Das Konzil übte – weit über Italien hinaus – eine starke Anziehungskraft auf die gelehrten Geister ganz Europas aus; denn hier am Bodensee konnten sie sich monate-, ja jahrelang in ständigem Austausch untereinander mit der geistigen Überlieferung von Antike und Mittelalter wie mit den aktuellen Themen der Gegenwart beschäftigen (H. Maurer).[11] Die von Ferne Angereisten, vor allem die von der Apenninenhalbinsel, hatten in ihrem Gepäck Berge von Büchern und Texten mitgebracht. Hier in Konstanz fanden diese ihre Abnehmer – durch Verkauf, Tausch oder Abschrift. Nachweislich wurden nicht wenige dieser Texte kopiert, teilweise sogar öffentlich zur Mitschrift vorgelesen.[12]

Mit den Intellektuellen und ihren Schriften kamen zugleich die Einflüsse neuer geistesgeschichtlicher Strömungen, die unter dem Begriff »Humanismus« subsumiert werden können, aus Italien über die Alpen in den Süden des Reichs. Für viele Besucher der Konzilsstadt, die aus anderen Regionen gekommen waren, dürften die Ideale von menschlicher Bildung und Gesinnung, die sich an den Werten der griechisch-römischen Antike orientierten, neu und gleichermaßen verlockend gewesen sein. So strahlte das humanistische Gedankengut von Konstanz zurück in die Mittelmeerregion, nach Italien und Spanien, ebenso aber auch nach Frankreich, England und Ungarn[13] und selbst bis in das ferne Polen und nach Skandinavien. Skepsis ist allerdings angebracht, ob durch das *Constantiense* bereits eine breitere Humanismus-Rezeption nördlich der Alpen einsetzte bzw. in welchem Maß einer solchen Rezeption der Boden bereitet wurde.[14] Das anderthalb Jahrzehnte später stattfindende *Basiliense* hat hier mit Sicherheit eine wichtigere Rolle gespielt. Immerhin, der Boden wurde bereitet für eine »Diffusion« einer neuen Sicht der Antike.[15] Verbreitung fanden damit auch neue stilistische Vorbilder im lateinischen Sprachgebrauch.[16] Trotz der wegweisenden Vorarbeiten von J. Helmrath[17] zur Rolle des Humanismus auf dem Konzil wie zu dessen Verbreitung wissen wir jedoch speziell für die Konstanzer Zeit noch relativ wenig über dessen Erfolg jenseits der Alpen.

Die Reise über die Alpen sollten die italienischen Humanisten auch dazu nutzen, um im Bodenseeraum und im weiteren Umkreis nach Manuskripten antiker wie christlicher Autoren zu fahnden, die sie dort zurecht in den alten Klöstern vermuteten. Insbesondere nach den Verwerfungen und Umbrüchen, die durch die Flucht Johannes' XXIII. ausgelöst wurden und auch personelle Konsequenzen im Bereich der Kurie nach sich zogen, fanden einige von ihnen die nötige Zeit und Muße, um den Klöstern der näheren und weiteren Umgebung (St. Gallen, Reichenau, Fulda, Hersfeld, Cluny usw.) Besuche abzustatten und gezielt nach den dort vermuteten alten Handschriften zu suchen. Die Schätze, die sie fanden, lagen oft unbeachtet unter dem Staub der Jahrhunderte. Von den in den Klöstern lebenden Mönchen wurden sie ob ihres Alters wenig geschätzt, zudem waren diese wohl kaum in der Lage, die alte, zum Teil vorkarolingische Schrift zu lesen, in der viele dieser Texte geschrieben waren.[18] Diese Suche nach längst verloren geglaubten Schriften war von erstaunlichem Erfolg gekrönt.[19] Poggio Bracciolini versorgte etwa seine geistesverwandten Freunde im fernen Italien mit Abschriften neu entdeckter Texte, vielleicht manchmal auch mit den »auf Dauer entlehnten« Exemplaren, wie H. Finke das Verhalten ironisch überzeichnet aufspießte.[20] Quintilians *Institutio oratoria*, Valerius Flaccus' erste Bücher der *Argonautica*, Kommentare zu Ciceros Reden und manches mehr fiel den Bücherfreunden in die Hände. Auch die Geschichtsschreiber Marcellus Ammianus und Tacitus wurden wiederentdeckt.

Nachweislich wurden in der Konzilsstadt sogar Vorlesungen gehalten, [21] wenn auch kaum für die normalen Konstanzer Bürger. Man blieb unter seinesgleichen; beim Diktat von Dantes *Divina Comedia* vermutlich ebenso.[22] Ob es darüber hinaus gar eine institutionalisierte Konzilsuniversität in Konstanz, ähnlich wie der in Basel, gegeben hat, mit formalisiertem Lehrbetrieb und Graduierung, wie es J. Miethke vermutet,[23] wäre noch zu untersuchen.

Neben dem Kreis humanistisch gesinnter und geprägter Italiener ist ein weiteres für die Ausbreitung humanistischer Ideen wichtiges personelles Netzwerk erwähnenswert, das seinen Mittelpunkt in Paris und am dortigen Collège de Navarre hatte[24]. Namhaft vertreten wurde diese Gruppe auf dem Konzil durch Persönlichkeiten wie den Pariser Kanzler Gerson, den königlichen Gesandten Jean de Montreuil und – wenn auch nicht persönlich anwesend – Nicolas de Clémanges. Dieser Personenkreis war der französischen Krone und dem Hof aufs Engste verbunden. Eine wichtige Rolle spielte er in den auf dem Konzil ausgetragenen Kontroversen zwischen der *Gallicana* und der *Anglicana* über die Frage, wer denn eine Nation bilden könne.

Wohl ist es durch eine verstärkte Hinwendung zu prosopographischen Forschungen in den vergangenen zwei Jahrzehnten gelungen, einzelne personelle wie auch institutionell verflochtene Netzwerke genauer zu erschließen und deren Verknüpfungspunkte zu analysieren. Dies konnte dazu beitragen, das Verständnis für die Funktionsweise der intellektuellen Drehscheibe »Konstanzer Konzil« zu verbessern.[25] Dass diese Netzwerke auch enormen Einfluss auf die Debatten auf dem Konzil haben konnten, lässt sich im Einzelfall nachweisen, auch wenn die entsprechende Forschung insgesamt noch in den Kinderschuhen steckt. Beispielhaft sei hier an Kardinal Zabarella, den vielleicht bedeutendsten Kanonisten* seiner Zeit, erinnert.[26] Sein Ruf als Rechtslehrer hatte zahlreiche Schüler aus allen Teilen Europas nach Padua gelockt, an deren Universität er viele Jahre erfolgreich gelehrt hatte.[27] Stellvertretend sollen hier Matthäus von Krakau († 1410), Job Vener und Paulus Vladimiri genannt sein. Im Umfeld dieses Personenkreises lässt sich eine Reformdiskussion verorten, die ihren Niederschlag nicht zuletzt in einer Reihe während des Schismas verfasster Reformtraktate gefunden hat, deren mittelbare Auswirkungen bis in die Reformdebatten auf dem *Constantiense* reichten.

Einer gründlicheren Analyse harren trotz der Vorarbeiten von H. Minnich und A. Frenken ebenfalls die theologischen Schulen auf dem Konzil, in gewisser Weise auch sie Netzwerke. Überhaupt bietet die Bedeutung der Ordenszugehörigkeit für die Selbstwahrnehmung ihrer Mitglieder wie auch für deren Arbeit auf dem Konzil noch ein weites Feld für Studien. Gruppenzugehörigkeiten und Loyalitäten bestimmten in hohem Maß den Umgang miteinander, vermutlich hatten sie auch erheblichen Einfluss auf die auf dem Konzil geführten Diskussionen und die dort zustande gekommenen Entscheidungen. Durch eine Aufdeckung solcher Strukturen sollte es mithin möglich sein, Konzilsentscheidungen besser zu erklären. Hier gibt es aber noch erhebliche Lücken aufzuarbeiten.

Man geht nicht fehl in der Annahme, dass in der Konstanzer Öffentlichkeit hart um mediale Aufmerksamkeit für die eigenen Ansichten und Positionen gerungen wurde. »Flugblätter«, welche an die Tür des Münsters angeschlagen wurden, erlebten eine erste Blüte. Mit ihrer Hilfe wurden gezielt Nachrichten lanciert, Gerüchte gestreut und Stimmungen erzeugt, ohne dass immer klar war, wer dahinter gestanden hat. Denn nicht immer gab sich der Verfasser zu erkennen, was der Wirkung seines Anliegens aber nicht geschadet haben muss.

Zweifellos ist auf den Konzilien – sowohl in Konstanz als auch später in Basel – so etwas wie »eine neue Öffentlichkeit« entstanden[28]. J. Miethke legte dazu eine grundlegende Studie vor; auch J. Helmrath untersuchte die Bedeutung der Kommunikation auf den spätmittelalterlichen Konzilien, wobei hier allerdings das Basler Konzil stärker im Zentrum der Analyse stand. Vieles davon lässt sich aber wohl genauso auf die Konstanzer Verhältnisse übertragen.

Auch für Künstler und Musiker war Konstanz durchaus eine Reise wert. Bekannt ist, dass das Konzil Künstler aus unterschiedlichen Ländern und Kulturbereichen an den Bodensee lockte, wo sie in einem intensiven Austausch untereinander gestanden haben dürften. Zu vermuten ist daher, dass die Konzilstadt ein Umschlagplatz für neue künstlerische Ideen, ein Ort für die Auseinandersetzung mit neuen künstlerischen Strömungen gewesen ist. Allerdings wissen wir nur wenig darüber, die überlieferten Informationen sind äußerst dürftig. Dies ist beileibe aber kein Zufall, da »es für die Kunstkontakte (Wanderungen von Künstlern; Personenbeziehungen, gesehene Kunstwerke und ggf. eigene Arbeiten am Konzilsort, deren Auftraggeber usw.) meistens an Quellenbelegen mangelt«.[29]

Für Künstler ebenso wie für Musiker war das Konzil zugleich eine Art Stellenmarkt, auf dem sie sich selbst wie ihre Fähigkeiten anpreisen konnten und somit das Interesse eines künftigen Auftraggebers auf sich lenken konnten. Hier traf man auf potentielle Förderer und Mäzene. Vielleicht gelang es dem einen oder anderen einen lukrativen Auftrag zu akquirieren, möglicherweise sogar eine Anstellung über die Konzilszeit hinaus zu erhalten. Immerhin waren die Kirche und die weltlichen Höfe die wichtigsten Auftraggeber für die damaligen Künstler und unter den weltlichen und geistlichen Großen fand sich der eine oder andere freigebige Sponsor.

Mit den angereisten Musikern trafen in Konstanz oftmals recht unterschiedliche musikalische Einflüsse aus England, Frankreich, Italien und dem deutschen Raum aufeinander, von hier aus strahlten sie wieder zurück in die verschiedenen Herkunftsländer.[30] Für Aufsehen sorgte die Mehrstimmigkeit, die von Konstanz ihren Triumphzug quer durch Europa begann oder doch zumindest weitere Verbreitung fand.[31] Dass Musik in unterschiedlichen Formen eine wichtige Rolle in Konstanz gespielt hat, liegt geradezu auf der Hand, wenn man bedenkt, welche Funktion sie im sakralen liturgischen Rahmen einnahm. Auch die weltlichen Großen bedienten sich der Musik, um wichtige politische Akte zu umrahmen oder schlicht auf sich selbst und ihre Botschaften aufmerksam zu machen.

Musik war ebenso wichtiger Bestandteil des Unterhaltungsprogramms, das den Besuchern des Konzils geboten wurde. In den Kneipen der Stadt erklangen die Lieder, traten Sänger auf. Der bekannteste unter ihnen, Oswald von Wolkenstein, war gewiss nicht der einzige, der Musik bisweilen auch mit politischen Aussagen verband. Auch Hugo von Montfort, der Lieder und Dichtungen verfasste, war damals in Konstanz. Insgesamt ist jedoch nur wenig über die in der Stadt während der Konzilsjahre gespielte Musik bekannt, noch weniger wurde diese bislang gründlich untersucht.

---

1 Eine prosopographische Aufarbeitung der Teilnehmer fehlt bislang ebenso wie die Auswertung aller bekannter Teilnehmerlisten. Die Schwierigkeiten, die mit einem solchen Vorhaben verbunden sind, dürften dessen Realisierung in große Ferne rücken lassen. Eine wertvolle Vorarbeit leistete eine von Heinrich Finke betreute Dissertation zu Beginn des vergangenen Jahrhunderts: Joseph K. Riegel, Die Teilnehmerlisten des Konstanzer Konzils. Ein Beitrag zur mittelalterlichen Statistik, (Diss.) Freiburg 1916. Die lange als verschollen geltenden, da ungedruckt gebliebenen, Listen zu dieser Arbeit befinden sich in der theologischen Fakultätsbibliothek der Universität Freiburg (vgl. Thomas Martin Buck, Die Riegelschen Teilnehmerlisten. Ein wissenschaftsgeschichtliches Detail der Konstanzer Konzilienforschung, in: FDA 111 [1998] 347–356).

2 Zum Begriff »Vorreformation« und seiner Bedeutung für die spätmittelalterliche Konzilienforschung vgl. Heinrich Finke, Die Auffassung des ausgehenden Mittelalters I–II, in: Allgemeine Zeitung (München), Beilage Nr. 32/33 vom 8./9. Februar 1900 [als eigenständige Veröffentlichung:] Das ausgehende Mittelalter. Ergebnisse und Lücken der Vorreformationsforschung, München 1900. Dazu ausführlich: Frenken, Erforschung 69–79.

3 Finke, Bilder 62, weist allerdings darauf hin, dass vereinzelt auch in nationalen Sprachen gepredigt wurde.

4 Hoensch, Kaiser Sigismund 484; Frenken, König 182; Ders., Sig(is)mund von Luxemburg 1374 f.

5 Frenken, Nürnberger Angelegenheiten; den Briefwechsel zwischen Konstanz und der Krone Aragóns publizierte H. Finke, wenn auch nicht vollständig, in ACC III–IV. – Als weitere Beispiele können die Briefe, die der Arzt Pietro di Bernardo, der inoffizielle Vertreter Sienas in Konstanz, an seine Heimatstadt schickte (aus denen Brandmüller, Konzil von Konstanz I–II, passim, häufiger zitierte) sowie der Briefverkehr zwischen dem Deutschen Orden und seinen Vertretern in Konstanz (Koeppen, Berichte) angeführt werden.

6 Helmrath, Kommunikation 127, 135 f.

7 Ein schönes Beispiel für die Vielsprachigkeit, die in der Konzilsstadt geherrscht haben muss, reflektiert das Lied Oswald von Wolkensteins »Bog dep'mi was duftu da« (Klein [Hg.] Lieder Oswalds (2. Aufl.) 305 f. Nr. 119; übersetzt ins Neuhochdeutsche in: Dieter Kühn, Ich – Wolkenstein. Eine Biographie, Frankfurt [2]1980, 517).

8 Klingenberger Chronik 189.

9 Helmrath, Kommunikation 159.

10 Miethke, Konzilien als Forum 762 f.

11 Maurer, Konstanz im Mittelalter II 32.

12 Grundlegend dazu: Miethke, Konzilien als Forum.

13 Zur Bedeutung der Rolle Vergerios für die Verbreitung des Humanismus nach Ungarn vgl. zuletzt Zsuzsanna Kiséry, Vergerio und Sigimund von Luxemburg, in: Sigismundus – Rex et imperator 292–294.

14 Patschovsky, Italienischer Humanismus 19, der die eher skeptische Annahme von Lehmann, Büchermärkte, relativierte. – Für mehr Klarheit mag hier die Arbeit von Revest, Romam veni, sorgen, die mir nicht vorgelegen hat.

15 Müller, Kirchliche Krise 22.

16 Miethke, Große Konzilien 321.

17 Hervorzuheben ist der Beitrag von Helmrath, Diffusion 9–54.

18 Patschovsky, Italienischer Humanismus 13–15, dort auch der Hinweis auf die Briefe Poggios und des Cencius über die von ihnen vorgefundene Situation in den Klöstern, insbesondere St. Gallens (mit weiterführenden Nachweisen). Vgl. Phyllis W. G. Gordan, Two Renaissance Book Hunters. The Letters of Poggius Bracciolini to Nicolaus de Niccolis, New York-London 1974 (ND New York 1991).

19 Literarisch war dieses Thema bereits von Conrad Ferdinand Meyer in seiner Erzählung »Plautus im Nonnenkloster« in der zweiten Hälfte des 19. Jahrhunderts aufgegriffen worden. Eingehender beschäftigte sich dann Finke, Bilder, mit diesem Thema.

20 FINKE, Bilder 65.

21 Ludwig BERTALOT, Benedictus de Pileo in Konstanz, in: QFIAB 29 (1938/39) 312–316, ND in: DERS., Studien zum italienischen und deutschen Humanismus II, hg. v. Paul O. KRISTELLER, Roma 1975, 305–310.

22 MIETHKE, Medienereignis 319. – Zu Giovanni Bertoldi da Serravalle, einem Vertrauensmann Carlo Malatestas und Bischof von Fermo (römische Obödienz!): DBI 9 (1967) 574–578; vgl. auch FINKE, Bilder 69–72.

23 MIETHKE, Medienereignis 318.

24 Gilbert OUY, Le collège de Navarre, berceau de l'Humanisme français, in: Enseignement et vie intellectuelle (IXe–XVIe siècle). Actes du 95e Congrès nat. des Sociétés Savantes, Reims 1970. Section de phil et d'hist. jusqu'à 1610, I, Paris 1975, 275–299; Nathalie GOROCHOV, Le Collège de Navarre de sa fondation (1305) au début du XVe siècle (1418). Histoire de l'institution, de sa vie intellectuelle et de son recruitment, Paris 1997.

25 Allerdings steckt die prosopographische Forschung zum Constantiense nach wie vor in ihren Kinderschuhen (FRENKEN, Gelehrte 130, ein paar Hinweise ebd. 130–133), nicht zuletzt aufgrund fehlender Teilnehmerverzeichnisse. Die Richental-Liste (BUCK, Chronik 138–207) ist hier ebenso wenig ein ausreichender Ersatz wie die Dacher'sche Liste (abgedruckt in MOCC V/7 12–50).

26 Eine wichtige Studie im Kontext: GIRGENSOHN, Stellung.

27 GIRGENSOHN, Francesco Zabarella 232–277; DERS., Studenti; zum Reformkreis: FRENKEN, Gelehrte 130–132.

28 BOOCKMANN – DORMEIER, Konzilien 48. – Grundlegend: MIETHKE, Forum 736–773; DERS., Medienereignis 291–322; HELMRATH, Kommunikation 116–172.

29 HELMRATH, Kommunikation 168.

30 SCHULER, Musik 150–168.

31 KEUPP – SCHWARZ, Konstanz 140 f.

# 11 Das Konzil als politischer Kongress und Forum weltlicher Aktivitäten

Dass das Konzil nicht nur kirchliches Ereignis[1] gewesen ist, das sich mit explizit geistlichen Themen beschäftigt hat, ist wahrlich keine neue Erkenntnis.[2] Hatte doch schon B. Bess in seinem Konstanz-Artikel für die Realenzyklopädie (1902) moniert, dass es noch keine Darstellung gebe, »welche versucht, den verschiedenartigen ständischen und politischen Interessen, die in jenen Versammlungen sich begegneten, nachzugehen, sie zurückzuverfolgen in die jeweilige Heimat ihrer Vertreter und die Wechselwirkung zwischen den Ereignissen hier und den Debatten des Konzils festzustellen«.[3] Bess sprach damit bereits zwei große Themen an, die politisch motivierten Interessen und die nationalen Befindlichkeiten, die in Konstanz aufeinanderprallten. Dieses Desiderat konnte bislang trotz einzelner Vorarbeiten und verschiedener Aufsätze, vor allem aus der Feder von H. Boockmann,[4] noch nicht befriedigend geschlossen werden.

Das Konzil stellte sozusagen den Rahmen für diplomatische Verhandlungen, die sich keineswegs auf den theologisch-religiösen bzw. kirchenpolitischen Bereich beschränken mussten. Die weltlichen Fürsten und andere hohe Herren, die Gesandten und ihr Gefolge dürften im Alltag der Konzilsstadt mehr als nur ein bunter Farbtupfer gewesen sein. Auch sie prägten das weltgeschichtliche Geschehen, zu dem K. A. Fink das *Constantiense* einst apostrophiert hatte.[5] Darüber hinaus stellten sie eine in ihrer Bedeutung kaum zu unterschätzende Gruppe zahlungskräftiger Konsumenten dar und fragten nach den unterschiedlichsten Dienstleistungen nach.

Einige exemplarische Aspekte, die in der Forschung zum *Constantiense* eine größere Relevanz zu besitzen scheinen, sollen im Folgenden kurz angesprochen werden.

## *Das Konzil als Gesandtenkongress*

Wie und wo wurde eigentlich Politik gemacht, die über die im engeren Sinne »geistlichen Angelegenheiten« hinausging – auf und/oder neben dem Konzil? Eine tiefer schürfende Analyse dieser Frage wird sich zunächst den institutionellen Problemen stellen müssen und fragen, wie das Forum »Konstanzer Konzil« für die vielfältigen politischen Anliegen genutzt wurde.

Neben der hohen Geistlichkeit waren bekanntlich zahlreiche Fürsten bzw. deren Gesandtschaften nach Konstanz gekommen – also Laien mit bestenfalls eingeschränkten Möglichkeiten der Mitarbeit und fehlender Entscheidungsbefugnis, zumindest in kirchlichen Dingen. Da indes die Wiederherstellung der Union – die zentrale Aufgabe des *Constantiense* – entscheidend von ihrer Bereitschaft abhing, die auf dem Konzil gefundene Lösung zu akzeptieren, musste diese von den weltlichen Herrschaftsträgern mitgetragen und auch faktisch in ihren Territorien durchgesetzt werden. In Wahrnehmung dieser Aufgabe nahmen die weltlichen Großen bzw. die sie vertretenden Prokuratoren* zwar an den Konzilssitzungen teil, ohne dort aber über ein qualifiziertes Stimmrecht zu verfügen.

Dass sie jedoch nicht ausschließlich in Verfolgung des Ziels, das Schisma zu überwinden, nach Konstanz gekommen waren, sondern das Aufeinandertreffen vieler Fürsten und Herren ebenso dazu genutzt haben, sich auch über andere sie berührende politische Themen miteinander auszutauschen, mitunter sogar Verhandlungen zu führen und Verträge abzuschließen, dürfte auf der Hand liegen. Für die Vielzahl der nach Konstanz mitgeführten »weltlichen« Probleme konnte das Konzil (im engeren Sinn) auch kaum das Forum sein, auf dem die entsprechenden Gespräche und Verhandlungen geführt werden konnten.

Schon im Vorfeld, bei der Zusammenstellung der Delegationen, hatte man dieser doppelten Aufgabe Rechnung getragen: Zahlreiche Fürsten und territoriale Herrschaften schickten Gesandtschaften an den Bodensee, deren Aufträge lediglich zum Teil kirchenpolitischer Natur waren bzw. in denen die kirchenpolitischen Fragen nur bedingt im Zentrum der Mission standen. Stattdessen ging es vornehmlich um die Pflege der »auswärtigen Beziehungen« oder »Außenbeziehungen« – Termini, die dem stärker neuzeitlich geprägten Begriff der »Außenpolitik« vorzuziehen sind.

In einzelnen Delegationen lässt sich sogar eine förmliche Aufgabenteilung nach kirchlichen und weltlichen Anliegen nachweisen, was zu entsprechenden Konsequenzen bei der Bestellung der Gesandten führte. Exemplarisch habe ich dies an den Vertretern der Reichsstadt Nürnberg aufzeigen können: der Pfarrer Albert Fleischmann von St. Sebald vertrat seine Heimatstadt auf dem Konzil, die Ratsherren Petrus Volckmeir, Sebald Pfintzing und Erhart Schürstab bei Hof und auf den *tagen*.[6]

Gerade für das Reich lässt sich umgekehrt aber auch eine tendenzielle Vermischung zwischen den engeren Aufgaben des Konzils und den politischen Angelegenheiten des Reichs beobachten. Die in der späteren Literatur als Reichstage deklarierten, in ihrer Funktion aber eher Hoftagen gleichenden Veranstaltungen,[7] die den König, die Fürsten und die Vertreter der Herrschaften und Reichsstädte des Deutschen Reiches zusammenbrachten und auf denen vornehmlich Reichsangelegenheiten beraten wurden, fanden jedoch nicht, wie der Eindruck der königlichen Einladungen dies vermuten lassen könnte, auf, sondern parallel zum Konzil statt. Sigmund hatte seine Vorstellung von einem Junktim zwischen weltlichen und geistlichen Angelegenheiten nicht durchsetzen können, auch nicht im Zusammenhang mit der geplanten Reform. Gewiss war der Luxemburger erst an den Bodensee gekommen, als die grundlegenden Strukturen für die Arbeit des Konzils längst geschaffen waren.[8] Als Begründung kann dies allerdings nicht ausreichen. Auch ohne sein verspätetes Eintreffen ist es mehr als zweifelhaft, ob die Konzilsteilnehmer, an ihrer Spitze der Papst und die Kardinäle, bereit gewesen wären, sich einem Diktat des römischen Königs in zentralen Fragen der Konzilsorganisation unterzuordnen. Schließlich war selbst er nur ein Laie, dem im innerkirchlichen Bereich keine Entscheidungsgewalt zustand. Wann die Weichen gestellt worden sind, die vom König in seinen Einladungsschreiben angedeutete Einheit von geistlichen und weltlichen Angelegenheiten nicht umzusetzen, ob ein solches Junktim nicht von vornherein als ziemlich unrealistisch zu gelten hatte, harrt noch einer gründlicheren Erforschung. Zu berücksichtigen bleibt ferner, dass es sich dabei vor allem um ein partikuläres Interesse des Königs gehandelt hat, bei dem nicht einmal gesichert ist, dass es auf breite Zustimmung im Reich traf. Andere durch ihre Gesandtschaften in Konstanz vertretene Königreiche und Fürstentümer dürften an einer solchen Verknüpfung noch weit weniger interessiert gewesen sein.

Schon in Konstanz wurde jedenfalls versucht, eine klare Trennung zwischen den beiden Bereichen »weltlich« und »geistlich« vorzunehmen, worauf insbesondere J. Helmrath aufmerksam gemacht hat.[9] Ob allerdings eine solche Unterscheidung vom Erkenntnisgewinn her gesehen überhaupt sinnvoll ist, sei dahingestellt, denn »zum einen war es auf Grund der gegenseitigen Durchdringung grundsätzlich problematisch, die Gremien organisatorisch zu trennen. Zum anderen überschnitten sich die Teilnehmerfelder«.[10] Insbesondere für das Reich lässt sich nicht selten eine Überschneidung von geistlichem Amt und weltlicher Herrschaft beobachten:

Häufig waren der Bischof oder der Abt zugleich auch weltlicher Fürst. In seiner Person vereinigte er quasi beide Bereiche. Auch thematisch war eine strikte Trennung nur bedingt vorzunehmen. Dies gilt insbesondere für das Reformanliegen, wo zumindest graduelle Überschneidungen von kirchlicher und weltlicher Sphäre kaum zu vermeiden waren. Man denke nur an die Eigeninteressen weltlicher Herrscher bei der Vergabe von Pfründen.

In jüngerer Zeit ist das Boten- und Gesandtschaftswesen in Westeuropa intensiver erforscht worden, die Arbeiten von M. Kintzinger (für Frankreich) und A. Reitemeier (für England) haben hier zweifellos Neuland betreten.[11] Auch wenn beide Arbeiten das *Constantiense* nur am Rande behandelt haben, so sind die Ergebnisse ihrer Forschungen auch für das Verständnis kirchlicher Großveranstaltungen wie des Konstanzer Konzils von Bedeutung. Deutlich wird, dass sich der im weitesten Sinne diplomatische Verkehr in den westeuropäischen Königreichen auf einer sichtlich »moderneren«, sprich professionalisierten Organisationsstufe befand als in Zentral- und Osteuropa und damit in die Zukunft wies; der Bürokratisierungsprozess zeigt sich tendenziell stärker vorangeschritten. Wie der Informationsaustausch im Einzelnen ablief, wie häufig Boten hin- und hergeschickt wurden, wann neue Vorschläge oder auch Handlungsanweisungen nach Konstanz gesandt wurden, welche Formen zur Informationsübermittlung gewählt wurden (Boten, Briefe oder mündliche Botschaften, ggf. chiffrierte Nachrichten[12] etc.), harrt jedoch noch einer systematischen Untersuchung.

Das Agieren Sigmunds, im unmittelbaren persönlichen Kontakt mit anderen Herrschern politische Fragen zu lösen, wirkt dagegen noch stärker mittelalterlichen Gepflogenheiten verhaftet.

Den diplomatischen Austausch zwischen dem König und anderen europäischen Fürsten, mehr noch das Gesandtschaftswesen in seiner Gänze, darf man als Teil eines umfassenden Gestaltungsraumes der auswärtigen Beziehungen betrachten, der in seinem Fall allerdings auch Weltliches und Geistliches immer wieder vermischte. Eine neuzeitlich strikte Trennung zu erwarten, wäre indes ziemlich anachronistisch.

## *Formen und Akteure der Konfliktschlichtung – das Aufkommen national geprägter Animositäten und Spannungen*

Durch die Krankheit Karls VI., die vom König immer häufigere Absenzphasen von der politischen Bühne erzwang, befand sich Frankreich in einer politisch instabilen Situation. Die Prinzen aus königlichem Geblüt, die königlichen Onkel und Cousins, füllten das dadurch entstandene Machtvakuum aus. Da diese allerdings sehr unterschiedliche, ja gegensätzliche Vorstellungen von der Gestaltung der französischen Politik hatten, befand sich Frankreich seit der Jahrhundertwende in einem Jahrzehnte dauernden Konflikt, der schließlich in einen blutigen Bürgerkrieg münden sollte.

Die angespannte Situation wurde darüber hinaus von einem neuerlichen Ausbruch des Hundertjährigen Krieges noch zusätzlich beeinträchtigt. König Heinrich V. von England nutzte seit seinem Regierungsantritt 1413 die politische und militärische Schwäche des Gegners eiskalt aus, um die Position Englands gegenüber Frankreich auszubauen.[13] Allein das Zustandekommen des Konzils und seine erfolgreiche Durchführung waren unter diesen Umständen schon an sich ein kleines Wunder. Dass der römischen König Sigmund dies zustande gebracht hatte und die beiden verfeindeten Gegner immer wieder dazu bringen konnte, das Konzil zu unterstützen, ist gewiss als eine diplomatische Meisterleistung einzustufen. Aus diesem Verdienst erwuchs zweifelsohne auch die spätere Tätigkeit Sigmunds als Mittler, die er der erfolgreichen Mission nach Narbonne und Perpignan folgen ließ.[14] Seine Leistung bei der Wiederherstellung der Union begann mit der Vorstellung eines Friedensfürsten und -mittlers zu korrespondieren, dessen häufig als utopisch abgestempelten Pläne weit über das Konzil in die Zukunft hinausgriffen. Denn nach Beilegung des Schismas und der Beendigung des englisch-französischen Kriegs plante der Luxemburger nicht nur die Union mit den Griechen, sondern auch einen Kreuzzug zur Befreiung Konstantinopels und des Heiligen Lands anzuführen.[15] Allerdings scheiterten diese Pläne bereits mit dem Versuch einer Friedensmittlung in der französischen Hauptstadt.

Von den zunehmenden Spannungen zwischen den beiden westeuropäischen Königreichen konnte die Kirchenversammlung auf Dauer nicht unberührt bleiben. Das ist auch ein Zeichen dafür, dass die den wachsenden nationalen Loyalitäten geschuldeten Diskrepanzen auch um Konstanz keinen Bogen machten. Trotz einzelner Arbeiten zum Thema »Nation« und deren Rolle auf dem Konzil, die schwerpunktmäßig den wachsenden Einfluss der sich herausbildenden Nationen für das Funktionieren des Kirchenversammlung im Rahmen der Geschäftsordnung untersuchten,[16] ist dem Gesamtthema »Nationalismus« – dem Aufkommen von durch nationale Loyalitäten begründeten Spannungen, der Entstehung des

Nationalismus im Kontext des *Constantiense* – bislang nur ansatzweise nachgegangen worden.[17] Vielleicht wird man im Rahmen einer solchen Untersuchung zu ganz neuen Erkenntnissen, insbesondere im Hinblick auf das Diskussions- und Entscheidungsverhalten der Konzilsteilnehmer kommen können.

Sicher wird man das Konstanzer Konzil nicht als einen Friedenskongress apostrophieren können, da die virulenten Konflikte des damaligen Europas zwar an den Bodensee mitgebracht worden sind, hier aber keineswegs geschlichtet oder gar überwunden werden konnten. Wohl wurden direkte, mitunter auch indirekte Gespräche geführt, es fehlte aber an den nötigen Verfahren, vor allem auch an den politischen Handlungsträgern und dem Gestaltungswillen, damit solche Verhandlungen erfolgreich hätten geführt werden können. Das Scheitern selbst des römischen Königs macht diese Defizite ebenso deutlich wie der Umstand, dass gerade in dessen Abwesenheit die nationalen Spannungen besonders anwuchsen. Darüber hinaus waren Entscheidungen des Konzils grundlegend dafür, dass neue »national« grundierte Konflikte erst ausbrachen bzw. massiv verstärkt wurden. Die Auseinandersetzung mit den Anhängern des in Konstanz verbrannten Jan Hus, die nicht zuletzt im tschechischen Nationalismus einen wichtigen gemeinschaftstiftenden Identitätsanker fanden, wuchs zu einem grenz- und regionenüberschreitenden Konfliktherd.

Auch wenn die Bedeutung Frankreichs und der Franzosen auf dem Konzil durch die politische Lage in ihrem Heimatland nicht nur peripher in Mitleidenschaft gezogen wurde, darf der Einfluss des westeuropäischen Königreichs auf den Verlauf des *Constantiense* nicht unterschätzt werden. Mit d'Ailly, Fillastre und Gerson stammten immerhin führende Köpfe unter den Konzilsvätern aus Frankreich. Die Bedeutung der königlich-französischen Delegation und der der Pariser Universität auf den Verlauf des Konzils und seine Entscheidungen kann nicht hoch genug angesetzt werden.

## *Sigmund als politischer Akteur auf und neben dem Konzil*

Obgleich die Rolle des römischen Königs auf dem Konzil bereits mehrfach untersucht worden ist,[18] sind Desiderate selbst hier nicht zu verkennen.

Insbesondere in der Anfangsphase spielte er als faktischer Kopf des Konzils eine Schlüsselrolle. Nahezu unwidersprochen wird dem König das Verdienst für das Zustandekommen der Kirchenversammlung zugesprochen. Mit seiner Ankunft übernahm er die seinen Ansprüchen und

Vorstellungen gemäße Führungsrolle. Damit kollidierte er jedoch zunehmend mit einer Wirklichkeit, die diesen Anspruch nicht einfach zu akzeptieren bereit war. Als weltlicher Herrscher war er weder ein Geistlicher noch wurde die von ihm eingenommene Führungsrolle von den gekrönten Häuptern anderer Reiche auf Dauer uneingeschränkt geduldet. Entstand bisweilen der Anschein, der römische König könne womöglich Hoheitsrechtsrechte anderswo, d.h. außerhalb des Reiches, usurpieren, verwahrte man sich ganz entschieden dagegen, wie die missglückte Mission Sigmunds nach Frankreich zeigte. Seine diplomatischen Bemühungen standen daher nicht nur unter einem günstigen Stern, wie der gescheiterte Vermittlungsversuch zwischen den im Hundertjährigen Krieg verstrickten Königreichen Frankreich und England 1416 nachdrücklich zeigt. Ebenso misslang ihm ein Ausgleich zwischen dem Königreich Polen-Litauen und dem Deutschen Orden. Sigmund disqualifizierte sich in diesem Konflikt als Vermittler, weil er zu hohe (pekuniäre) Forderungen stellte. Als Schiedsrichter wurde der König deshalb Anfang August 1417 durch Papst und Konzil ersetzt. Um den Erfolg des Konzils nicht aufs Spiel zu setzen, musste dem Luxemburger daran gelegen sein, grenzüberschreitende Konflikte zu unterbinden; eine endgültige Lösung des Konflikts brachte er indes nicht zustande.

Aber auch in Böhmen sollte der römische König scheitern. Nach Hus' Tod bemühte sich Sigmund zwar um eine Versöhnung der Hussiten mit der Kirche.[19] Gleichzeitig versuchte er sich gegenüber den hussitischen Herren zu rechtfertigen.[20] Gebracht hat ihm dies nichts, er blieb mit dem Makel eines Geleitbrechers behaftet. Die Anerkennung als böhmischer König wurde ihm 1419, als Nachfolgers seines verstorbenen Bruders Wenzel, faktisch verwehrt.

Aufgrund der von ihm beherrschten, geografisch jedoch weit verstreuten Herrschaftskomplexe übte Sigmund seine Herrschaft in der Tradition des mittelalterlichen Reisekönigtums aus. Über eine eigentliche Hausmacht verfügte er nicht, zumindest nicht innerhalb der Grenzen des Reichs. Sein großes Plus war die persönliche Präsenz, der direkte Umgang mit Päpsten, Königen und Fürsten ebenso wie mit einfachen Leuten. Seine rhetorischen Fähigkeiten wie seine gewinnenden Umgangsformen waren ein Pfund, mit dem er im direkten Aufeinandertreffen wuchern konnte. Diese personale und zugleich soziale Präsenz war durch Gesandtschaften nur schwer auszugleichen. Das zeigte sich in Konstanz, nachdem Sigmund nach Südfrankreich aufgebrochen war. Der Umstand, dass er so lange weg war, machte ihn immer mehr zu einem ›fernen‹, da abwesenden König, der eine politische Leerstelle hinterließ. Königliches Handeln ließ sich während seiner Absenz zunehmend weniger umsetzen. Der Luxemburger verlor nach und nach seinen Einfluss auf das Geschehen am Bodensee, trotz permanenten Nachrichtenverkehrs und Botenaustauschs.

Seit gut zwei Jahrzehnten ist das Feld der Diplomatiegeschichte wieder verstärkt in das Zentrum der wissenschaftlichen Forschung getreten, eine ganze Reihe von Studien zum Spätmittelalter beschäftigt sich implizit mit dieser Thematik. Dass dabei die Außenpolitik Sigmunds neuerliches Interesse gefunden hat, ist ebenso wenig überraschend, wie dass das Konstanzer Konzil in den Fokus eines solchen diplomatiegeschichtlichen Zugriffs gerückt ist. Erst jüngst hat M. Kintzinger für eine methodisch innovative Diplomatiegeschichte gerade auch im Bereich der Konzilshistoriographie plädiert. Damit ist ein auf einem Kommunikationsansatz basierender Forschungsansatz gemeint, der das sichtbare Handeln Einzelner, etwa eines Herrschers, als Folge eines Verständigungs- und Aushandlungsprozesses – unter Beteiligung zahlreicher miteinander vernetzter Akteure im internationalen Zusammenspiel – sichtbar werden lässt.[21] Dass sich das Konstanzer Geschehen für solche Untersuchungen anbietet, liegt auf der Hand.

### *Die Wahrnehmung des Konstanzer Geschehens in der Nähe und der Ferne*

Ein weiterer Aspekt, der bislang nur unbefriedigend von der Konstanz Forschung aufgearbeitet wurde, ist die zeitgenössische Wahrnehmung des Konstanzer Geschehens sowohl im geografisch nahen Umfeld des Konzilsorts wie auch in fernen Ländern. Vergleichsweise wenig weiß man darüber, wie die Konstanzer Ereignisse außerhalb der Bodenseestadt und außerhalb der dort teilnehmenden Kreise aufgenommen und rezipiert wurden. Allein für das Königreich Böhmen (einschließlich der Markgrafschaft Mähren) ist die Forschungslage eine gänzlich andere, was allerdings ursächlich mit den Prozessen gegen Hus und Hieronymus sowie den Auseinandersetzungen um den Laienkelch zu tun hat.

Den letztgenannten Aspekt der Außenwahrnehmung griff die Reichenau-Tagung im Herbst 2011 auf.[22] Nachdem für Frankreich, England und teilweise auch für das Reich mehr über die unterschiedliche Perzeption des Konzils und des neben der eigentlichen Kirchenversammlung stattfindenden politischen Geschehens bekannt ist, stand die iberische Halbinsel auf der genannten Tagung im besonderen Fokus des Interesses. Portugal wurde allerdings ausgespart. Auch Italien blieb weitgehend außen vor, wobei jedoch dem italienischen Blick auf das *Constantiense* von W. Brandmüller in seiner Konzilsdarstellung bereits ein breiter Raum eingeräumt worden war.

Nicht viel anders sieht es für den Nahraum aus. Über die Wahrnehmung des Konzils in Baden liegt eine ältere Studie H. Finkes vor,[23] die jedoch ziemlich feuilletonistisch geraten ist. Das Fehlen weiterer Studien ist umso erstaunlicher, als die Region nicht nur unmittelbar an den Ort des Konzils stieß, sondern durch die Flucht des Papstes zeitweilig in den Mittelpunkt rückte. Für Oberschwaben sieht es noch viel schlechter aus. Der Blickwinkel der Eidgenossen auf die Konstanzer Ereignisse war vor allem gerichtet auf die politischen Veränderungen im Bodenseeraum im Gefolge des Reichskriegs gegen den Habsburger Herzog Friedrich IV., der mit dessen Unterwerfung und dem Entzug der Reichslehen endete.[24]

Von ganz anderer Art dürfte der Blick des nächsten Umfelds auf das Großereignis gewesen sein. Bisher wurde diese Region jedoch von der Forschung weitgehend vernachlässigt. Auch über die vor allem wirtschaftlich geprägten Beziehungen zwischen Konstanz und seinem Um- und Hinterland ist nur Bruchstückhaftes bekannt; selbst die Richental-Chronik bleibt hier ziemlich wortkarg. Bayern, Österreich und andere Teile des südlichen Reichs – auch hier tun sich noch erhebliche Forschungslücken auf, die auf ihre Bearbeiter warten.[25] Eine Wahrnehmungs- und Wirkungsgeschichte des Gesamtphänomens Konzil wird man erst schreiben können, wenn die angesprochenen Desiderate gründlich aufgearbeitet sind.

---

1 Zum Ereignisbegriff vgl. die grundlegende Untersuchung von Rathmann, Geschehen.

2 Vgl. die beiden paradigmatischen Vorträge von Bäumer, Bedeutung 26–45, und Boockmann, Politische Geschichte 45–63.

3 Bernhard Bess – Gustav Voigt (†), Art. »Konstanz, Konzil«, in: RE[3] 11 (1902) 30–34, worauf bereits Bäumer, Erforschung 30, aufmerksam gemacht hat.

4 Vgl. oben Anm. 2. – Außerdem: Boockmann, Reichstag 15–24.

5 So beispielsweise im Titel eines Aufsatzes: Fink, Weltgeschichtliche Bedeutung 1–23.

6 Frenken, Nürnberger Angelegenheiten 383–433.

7 DRTA 7, 255–348. Dazu Moraw, Versuch 1–36. Bezeichnend für das Schillern des Reichstagsbegriffs, dass das Konstanzer Reichtagsgeschehen in der Arbeit von Gabriele Annas, Hoftag – Gemeiner Tag – Reichstag. Studie zur strukturellen Entwicklung deutscher Reichsversammlungen des späteren Mittelalters (1349–1471), I–II, Göttingen 2004, nur ganz am Rande erwähnt wird (vgl. die entsprechenden Leerstellen: ebd. I 394, II 245).

8 Vgl. oben Kap. »Vom Beginn des Konzils …«.

9 Helmrath, »Geistlich und werntlich« 477–517.

10 Daldrup, König und Reich.

11 Kintzinger, Westbindungen; Reitemeier, Außenpolitik.

12 Im Umkreis Benedikts XIII. wurde dieses Verfahren für wichtige Nachrichten, die nicht in die falschen Hände geraten sollten, gepflegt. Entsprechende Briefe finden sich im Original im ACA Barcelona, teilweise wurden sie abgedruckt in: Puig y Puig, Episcopologio.

13 Detailliert bei Reitemeier, Außenpolitik.

14 Die Versuche einflussreicher französischen Fürsten, aber auch des englischen Königs, den römischen König auf ihre Sache zu ziehen, und die daraus resultierenden Bestrebungen, die Sigmund zweifellos in seiner Vermittlungsmission bestärkt haben, werden kursorisch abgehandelt in: Martin Kintzinger, Kaiser und König. Das römisch-deutsche Reich und Frankreich im Spätmittelalter, in: Dieter Berg – Martin Kintzinger – Pierre Monnet (Hg.), Auswärtige Politik und internationale Beziehungen im Mittelalter (13.–16. Jahrhundert), Bochum 2002, 113–136, hier 131–135.

15 Ausführlich diskutiert bei Erkens, *Grosse Reise* 739–762, der der Vorstellung G. Beckmanns (Gustav Beckmann, Der Kampf Kaiser Sigismunds gegen die werdende Weltmacht der Osmanen 1392–1437, Gotha 1902), dass Sigmund ein umfassendes Programm verfolgt haben soll, allerdings mit Zurückhaltung begegnet.

16 Friedrich Stuhr, Die Organisation und Geschäftsordnung des Pisaner und Konstanzer Konzils, (Diss. Berlin) Schwerin 1891; Hollnsteiner, Geschäftsordnung 240–256 (ND 121–142); Sieben, Konzilsgeschäftsordnungen 338–370.

17 Zum Forschungsgang wie zur älteren Literatur vgl. Frenken, Erforschung 352–357. Finke, Nation 323–338 (ND 347–368, 353 f.); Walter Brandmüller, Konzil von Konstanz I[2] 196–208; Schmidt, Raumgliederung 440–512. Speziell zur englischen Perspektive vgl. George C. Powers, Nationalism at the Council of Constance (1414–1418), Ph. D. Washington, D.C. 1927; Jean-Philippe Genet, English nationalism: Thomas Polton at the Council of Constance, in: Nottingham Medieval Studies 28 (1984) 60–78.

18 Hoensch, Kaiser Sigismund; Frenken, König.

19 Brief aus Paris, 21. März 1416: RI IX 130 Nr. 1937 (Regest); Palacký, Documenta 609 ff.

20 Josef Válka, Sigismund und die Hussiten, oder, wie eine Revolution beenden, in: Hruza – Kaar, Kaiser Sigismund 21–56, hier 29 f.

21 Kintzinger, Konzil konstruieren; Decaluwé, Tagungsbericht.

22 Vgl. Decaluwé, Tagungsbericht. Der Berichtband liegt noch nicht vor, seine Publikation ist aber für das laufende Jahr (2014) zu erwarten.

23 Heinrich Finke, Das badische Land und das Konstanzer Konzil, in: Fg. der Badischen Historischen Kommission zum 9. Juli 1917, Karlsruhe 1917, 19–70.

24 Vgl. Wilhelm Baum, Friedrich IV. von Österreich und die Schweizer Eidgenossen, in: Peter Rück (Hg.), Die Eidgenossen und ihre Nachbarn im Deutschen Reich des Mittelalters, Darmstadt 1991, 87–109; Ders., Die Habsburger in den Vorlanden 1386–1486. Krise und Höhepunkt der habsburgischen Machtstellung in Schwaben am Ausgang des Mittelalters, Köln u. a. 1993; Ders., Reichs- und Territorialgewalt; Koller, Siegmunds Kampf.

25 Zu Bayern demnächst der Übersichtsartikel von Ansgar Frenken, Art. »Konzil von Konstanz«, in: »http://www.historisches-lexikon-bayerns.de/artikel/«, zu Österreich: Bäumer, Österreich 17–30.

# 12 Ein kritischer Blick zurück auf die Leistungen des *Constantiense*

Knapp vier Jahren nach seiner feierlichen Eröffnung war die bis dahin längste und bestbesuchteste Kirchenversammlung des Mittelalters zu Ende gegangen, die Teilnehmer waren abgereist und die Stadt war zurück in den Alltag gekehrt. Das gibt die Gelegenheit, das Geschehen noch einmal kritisch Revue passieren zu lassen und abschließend zu bewerten.

Zweifellos lag die epochale Leistung des Konzils in der Überwindung des Schismas: Die Union konnte wiederhergestellt und ein neues Oberhaupt, das – nahezu überall in der westlichen Christenheit – anerkannt wurde, gewählt werden. Insofern ging das *Constantiense* zurecht als das »Konzil der Einheit« in die Literatur ein.[1] Der in der Historiographie zuweilen arg kritisierte[2] vorherrschende Pragmatismus* auf dem Konzil hatte sich letzten Endes als ein überaus probates Mittel erwiesen, die Union wiederherzustellen. Denn in der verfahrenen Situation eines nicht enden wollenden Schismas und schier endlos geführter Debatten[3] bedurfte es schon ungewöhnlicher Wege, um das angestrebte Ziel einer wiedervereinigten Kirche mit nur einem einzigen Oberhaupt überhaupt noch erreichen zu können. Der Begriff Pragmatismus* ist in den Quellen zwar so nicht zu finden, was jedoch nichts daran ändert, dass das Verhalten der Konzilsväter mit diesem Terminus recht treffend beschrieben werden kann. In seiner Verwendung ist sich die neuere Forschung jedoch nicht einig, hat der Begriff doch mitunter einen leicht pejorativen Akzent. Ph. Stump bevorzugt deshalb den der damaligen Rechtssprache entnommenen Begriff des *bonum commune*, der besagt, dass dem übergeordneten Ziel der Wiedergewinnung der Union die individuellen Rechtsansprüche eines jeden Papstprätendenten untergeordnet wurden[4]. Der Unterschied scheint mir im vorliegenden Kontext aber weniger von Bedeutung zu sein, insbesondere wenn man berücksichtigt, dass bei dem am Bodensee praktizierten Pragmatismus* die Regeln des kanonischen Rechts, bei Ausschöpfung aller Auslegungsmöglichkeiten, strikt eingehalten wurden. Die Konzilsväter blieben fest auf dem Boden kirchlicher Tradition verankert, Konstanz war kein radikaler noch weniger ein revolutionärer Bruch mit der Geschichte der Kirche. Wie stark das Konzil in der Tradition verankert war, ist *ex negativo* schon daran abzulesen, dass es dem kanonistisch äußerst beschlagenen Aragonesen Pedro de Luna (Benedikt XIII.) nicht gelang, das *Constantiense* und dessen Weg zur Wiederherstellung der Einheit mit den Mitteln des kanonischen Rechts zu Fall zu bringen.

Bewertet man sodann die Ergebnisse, die das *Constantiense* zustande gebracht hat, so lassen sie sich auf eine einfache, wenn auch in ihrer Verkürzung nicht ganz befriedigende Formel bringen:

1. Das Schisma wurde überwunden, die Einheit der Kirche wieder hergestellt (sofern man das Fortbestehen des *factum Paniscolae* einmal außer Acht lässt). An der Spitze stand wieder ein allgemein anerkannter, unumstrittener Papst. Die Rückkehr des Pontifex und seiner Kurie nach Rom, dem traditionellen Sitz der Nachfolger Petri, stand bevor, selbst wenn die Restituierung der päpstlichen Herrschaft im *Regnum**, dem Herrschaftsbereich der Päpste in Mittelitalien, noch eine gewisse Zeitspanne beanspruchen sollte. Dem Papsttum gelang es insbesondere, seine Position gegen »alternative« ekklesiologische Konzepte konziliarer wie auch kardinalizischer Prägung dauerhaft zu festigen; das Auslaufen der Konkordate* nach nur fünf Jahren hatte in diesem Kontext zweifellos mehr als nur eine symbolische Bedeutung gehabt. Selbst das zwei Jahrzehnte später ausgebrochene Basler Schisma konnte diese Entwicklung zum päpstlichen Absolutismus nicht mehr dauerhaft bedrohen, wenn auch kurzfristig aufhalten.

2. Trotz einzelner Reformanstöße, wie sie vor allem in den Reformdekreten und den sog. Konkordaten* fixiert worden waren, konnte diese *Causa* aber noch keineswegs als erledigt gelten. Daher sollte sie auf der Tagesordnung eines kommenden Konzils wieder aufgenommen werden. Durch das Dekret *Frequens* war die Einberufung künftiger Synoden zunächst auch abgesichert. Das Konzil wäre so zu einer ‹permanenten Institution› geworden, wenn auch nicht zu einer ständig tagenden, zu dem dann das Basler Konzil durch seine gewaltige Dauer wurde – oder wie J. Miethke formulierte, »aus dem *frequens* [wurde] nachgerade ein *semper*«.[5] Durch das *Frequens* nachfolgende *De vero* war zugleich für den Fall eines erneuten Schismaausbruchs eine Notfallregelung getroffen worden, die einen Rückfall in die Wirren der Schismazeit verhindern sollte.

Die vielfach geforderte umfassende Reform »an Haupt und Gliedern« blieb indes ein Torso, zu unterschiedlich waren die Vorstellungen davon, wer und was zuerst reformiert werden sollte. Wenn man auch nicht die zur Euphorie neigenden Urteile – »die alte, oft wiederholte Behauptung, daß die Synode wenig für die Reform der Kirche getan hat, ist völlig ungerechtfertigt« und »sie hat ein großartiges Programm aufgewiesen in vielen Hunderten von Sitzungen und eine Reihe von ganz bedeutenden Reformbeschlüssen ist gefaßt worden«[6] – uneingeschränkt teilen möchte, so bedeutet dies aber nicht im Umkehrschluss eine Negierung der Reformanstrengungen und ihrer Ergebnisse. Dass sich »die Reformtätigkeit des Konzils [ausschließlich] in der Befriedung ökonomischer Verteilungskämpfe erschöpft« hätte,[7] scheint mir insofern ebenso eine arge Verkürzung wie eine unangemessene Bewertung der Leistungen der Konzilsväter zu sein. Das gilt selbst dann, wenn man berücksichtigt, dass die Impulse für eine Reform *in membris**, zur Besserung der religiösen Verhältnisse, weitgehend ausgeblieben sind. Immerhin zeigten Reformanstöße im Ordensbereich nachhaltige Auswirkungen, die weit über die Konzilszeit hinausreichten. Anders sah es mit dem Teil der Reformen aus, der die zentralistische Spitze der kirchlichen Hierarchie im Fokus hatte. Soweit diese Reformmaßnahmen in den Konkordaten* festgeschrieben wurden, verloren sie nach nur fünf Jahren ihre Geltung, da diese Abmachungen mit Ausnahme des englischen Konkordats ausliefen und das Konzil von Pavia-Siena es versäumte, für die nötige Fortschreibung zu sorgen. Das von Martin V. mitverursachte Scheitern der konziliaren Option ließ den Pontifex indes nach anderen Wegen suchen, auf denen die eingeforderte Reform vorangebracht werden konnte; er machte das Reformanliegen sozusagen zu seiner eigenen Sache. Das lange von Martin gezeichnete Bild eines Reformbremser bzw. -gegners ist jedenfalls nicht mehr aufrechtzuerhalten.

3. Die Grenzen des Konstanzer Konzils zeigten sich deutlich bei der dritten *Causa*, der *Causa fidei**. Zwar hatte man mit Jan Hus und Hieronymus von Prag zwei Köpfen der böhmischen Reformbewegung den Prozess gemacht und diese als Häretiker verbrannt; der Kampf gegen den Einfluss wyclifitischer Ideen in Böhmen und der nationalen und sozialrevolutionären Tendenzen, wie sie im Leitbegriff des Hussitismus zusammenfielen, war damit allerdings alles andere als gewonnen. Die lodernden Flammen der Konstanzer Scheiterhaufen wurden vielmehr zum Fanal für einen Aufstand, der nicht nur in Böhmen zu dramatischen Umwälzungen führte, sondern darüber hinaus ganz Mittelosteuropa in einen gewaltigen Kriegsschauplatz verwandelte. Die Gefahren, die der Kirche als Institution durch die hussitische Häresie drohten, waren sowohl von den Konzilsvätern wie auch von König Sigmund grob unterschätzt worden. Erst anderthalb Jahrzehnte später, auf dem Konzil von Basel, gelang es diesen Flächenbrand mühsam auszutreten. Kirchlich wie theologisch weist dieser

Konflikt mit seiner Infragestellung des herkömmlichen Kirchenbegriffs, der die sakramental grundgelegte, hierarchisch verfasste Heilsgemeinschaft einer päpstlich geleiteten, römischen Kirche negierte, bereits auf die Reformation voraus. Nicht zufällig sah W. Brandmüller in diesem Konflikt »Wesenstruktur und Heilsbedeutung der Kirche überhaupt« in Frage gestellt. Ob es indes sinnvoll ist, einen kausalen Zusammenhang zwischen dem Erfolg der *Causa unionis** und dem Scheitern in der *Causa fidei** zu konstruieren, sei dahingestellt.[8] Allerdings ist es dem Konzil nicht gelungen, die ihm mit der *Causa fidei** gestellte Aufgabe zu lösen. Die theologische Auseinandersetzung mit den Kritikern wurde weitgehend verschlafen. Die Anstrengungen, zu einer tiefgreifenden religiösen Erneuerung zu kommen, blieben im Ansatz stecken. Dies sollte weitreichende Konsequenzen haben. So ist davon auszugehen, dass das Scheitern des Konzils in der Bekämpfung des hussitischen Kirchen- und Eucharistiebegriffs die neuzeitliche Konfessionalisierung letztlich mit heraufbeschworen hat.[9]

Nicht weniger glücklich agierte das Konzil in der Frage des Tyrannenmords. Sowohl in der Sache Petit als auch in der Falkenberg-Affäre stieß es an die Grenzen, die ihm von der Politik diktiert wurden. Streitfragen, die weit über den kirchlichen Bereich hinausgingen und auf politischer Ebene nicht zu lösen waren, ließen sich auch nicht durch eine Kirchenversammlung entscheiden. Die Möglichkeiten einer Einflussnahme auf die weltlich-politische Sphäre seitens des Konzils sollte man daher nicht überschätzen und keineswegs als Gradmesser für dessen Erfolg nehmen. Ein Friedenskongress in einem engeren politischen Verständnis ist das Konzil ohnehin nicht gewesen.

Vielleicht lag der Konzilsforscher Heinrich Finke gar nicht so verkehrt, als er vor gut einem Jahrhundert resümierte: »Nichts Dauerndes wurde in Konstanz erreicht, vor allem nicht in der Besserung der religiösen Verhältnisse, aber Anstoß zu Neuem und Anregung zu Weiterentwicklungen gaben jene Jahre von 1414 bis 1418 reicher als irgendein anderes Ereignis und darin liegt die weltgeschichtliche Bedeutung dieser Kirchenversammlung«.[10]

Nach Erfolg oder Misserfolg des Konzils zu fragen, verlangt insofern auch, das Fortwirken und die Rezeption des Konzils stärker in den Blick zu nehmen. Die Vehemenz, mit der um die Konstanzer Dekrete und deren richtige Auslegung gestritten wurde und bisweilen immer noch gestritten wird, ist zumindest ein Indiz dafür, dass das Konstanzer Konzil weit über seine Zeit hinaus wirkungsmächtig gewesen ist. Dem *Constantiense* deshalb bleibenden Erfolg zu attestieren, wäre allerdings problematisch.

Denn gerade den beiden Dekreten *Haec Sancta* und *Frequens*, den »Konstanzer Dekreten« schlechthin, war nur ein relativ kurzzeitiger Erfolg beschieden. Schon mit der übernächsten Folgesynode in Basel fanden beide Dekrete in ihrer faktischen Umsetzung ein Ende, selbst wenn noch lange über sie heftig diskutiert werden sollte. Auf Pisa, Konstanz Pavia-Siena und Basel folgte kein weiteres Konzil in dem in *Frequens* festgeschriebenen Zeitrahmen; das aus der Not eines nicht enden wollenden Schismas gestärkte konziliare Element, wie es sich in *Haec Sancta* niederschlug, erlitt schließlich in seiner dogmatisierten Form auf dem *Basiliense* Schiffbruch. Allein in dieser Form wurde es zu dem »belastende[n] Erbe«, wie es W. Brandmüller in seinem Konstanz-Buch beklagte.[11] Der eigentliche Sieger war das in Konstanz quasi wiedererrichtete Papsttum mit seiner zentralisierenden Tendenz, für das das kooperative Element eine zunehmend unwichtigere Rolle spielte. Eine klare Antwort auf Erfolg bzw. Misserfolg muss daher zwiespältig ausfallen.

Sicher nicht völlig zu Unrecht hatte das Konzil lange Zeit vor allem als kirchliche Veranstaltung Interesse und Aufmerksamkeit auf sich gezogen. Darüber ging aber der Blick etwas verloren für das, was das Besondere, das Faszinierende dieses Großereignisses eigentlich ausmachte und was Konstanz aus der Reihe der spätmittelalterlichen Konzilien heraustreten ließ. Wie später Basel war schon Konstanz ein »polyvalentes Ereignis« gewesen[12]: Über das eigentliche kirchlich-theologische Programm hinaus war das »Konzil« zugleich auch politischer Kongress, eine Drehscheibe für diplomatische, intellektuelle, künstlerische und nicht zuletzt persönliche Kontakte, ein Umschlagplatz für Ideen und intellektuelle Anregungen. Die Stadt am Bodensee war überdies ein fast vier Jahre dauernder, ständiger Jahrmarkt mit allem, was dazu gehört, ein »Großevent«, wie ihn die damaligen Menschen noch nicht erlebt hatten. Dies macht zweifellos das Faszinosum dieses Ereignisses aus. Wenn man so will, war der ganze Erdkreis zu Gast in Konstanz, während umgekehrt das Weltereignis am Ufer des Bodensees global wahrgenommen wurde. Konstanz wurde für wenige Jahre nicht nur zum Zentrum der abendländischen Christenheit, sondern zum Nabel der Welt.

---

1 Programmatisch im Titel eines zum 550jährigen Jubiläum erschienenen Aufsatzes des Freiburger Kirchenhistorikers A. Franzen (August Franzen, Das Konzil der Einheit, in: Erzbischöfliches Ordinariat Freiburg/Br. [Hg.], Das Konzil der Einheit. 550-Jahrfeier des Konzils von Konstanz, Karlsruhe 1964, 40–50, ND in: Bäumer [Hg.], Konstanzer Konzil 295–305).

2 Wie ein roter Faden zieht sich die Kritik an dem in Konstanz gehandhabten Pragmatismus durch Brandmüller, Konzil von Konstanz I–II. Der Augsburger Kirchenhistoriker konnte sich dabei auf einen prominenten Zeugen berufen. In seinem resignativ angehauchten Rückblick auf das Konzil schrieb Gerson (1418): *Hoc unum scio quod zelus habendae unionis in schismate tam desperato tantique temporis, fecit multa tolerari, que fuissent aliunde nec tolerabilia nec toleranda* (Dialogus apologeticus, in: Glorieux VI 296–304, hier 303).

3 Vgl. hierzu etwa Frenken, Ultimativer Lösungsversuch [im Druck].

4 Stump, Council of Constance 397.

5 Miethke, Medienereignis 308.

6 Fink, Abendländisches Schisma 563; Ders., Die konziliare Idee im späten Mittelalter, in: Welt zur Zeit des Konstanzer Konzils 119–134, ND in: Bäumer (Hg.), Entwicklung 275–294 [S. 120–121 des Erstdrucks fehlen im ND!], 130.

7 Brandmüller, Konzil von Konstanz II 353, 428 u.ö. Ähnlich bei Helmrath, Reform.

8 Brandmüller, Konzil von Konstanz II 426.

9 Vgl. Prügl, *Antiquis iuribus* 73.

10 Finke, Badisches Land 20 f.

11 Brandmüller, Konzil von Konstanz II 436. – Auf die notwendige Unterscheidung zwischen dem Konstanzer Dekret *Haec Sancta* und dem Basler *Sacrosancta* machte zuletzt Prügl, *Antiquis iuribus* 72–74, aufmerksam.

12 Die Begriffsbildung scheint auf J. Helmrath und H. Müller (Dies., Einführung 11) zurückzugehen.

# 13 Glossar

Die in dem nachfolgenden Glossar verzeichneten Begrifflichkeiten und *termini technici* sind im Text mit * gekennzeichnet.

**Anathema** – feierliche Verhängung des (↗) Kirchenbanns

**Appellation** – Berufung; Rechtsmittel, das gegen ein Urteil bei einer höheren Instanz eingelegt wird (z. B. beim Konzil)

**Approbation** – Zustimmung

***avisamenta* (Avisament)** – Stellungnahme, Gutachten

**Benefizium** – kirchliches Amt, das mit einer nutzungsfähigen Vermögensmasse ausgestattet ist, das dem Inhaber die Nutzung erlaubt

**Bulle** – ursprünglich die Kapsel, die das Siegel umschloss, später in seiner Bedeutung erweitert auf das besiegelte Aktenstück

**Camera apostolica** – päpstliche Kammer, zentrale Finanzverwaltung der päpstlichen Kurie

***Causa fidei*** – zentrale Konzilsaufgabe, die sich mit Angelegenheiten des Glaubens befasste (Bekämpfung von Häresien)

***Causa reformationis*** – zentrale Konzilsaufgabe, die sich mit der Reform der Kirche an Haupt und Gliedern befasste

***Causa unionis*** – zentrale Konzilsaufgabe, die sich mit der Überwindung des Schisma und der Wiederherstellung einer allseits anerkannten Kirchenspitze befasste

**Cedula** – eigentlich: Zettel; hier im übertragenen Sinn: kurzes Statement

**Cessio** – (freiwilliger) Rücktritt

***conciliabulum*** – pejorative Bezeichnung eines nicht vollwertigen Konzils, beispielweise wenn es von einem nicht allgemein anerkannten Papst für die eigene Obödienz einberufen bzw. allein von dieser besucht wird

***congregatio doctorum*** – Zusammenschluss aller Graduierten (*doctores et magistri*, im weiteren Sinn auch derjenigen, die den Grad des Bakkalaureus bzw. des Lizentiaten besitzen)

***contumacia*** – Halsstarrigkeit, Unnachgiebigkeit als kanonistischer Straftatbestandteil

**Deposition (*depositio*)** – Absetzung

**Diarium** – Tagebuch

**Dispens** – Aufhebung einer kirchlichen Vorschrift oder eines kirchlichen Gesetzes

**Exemtion** – Ausgliederung von Gebieten und juristischen Personen aus der üblichen Organisation der Kirche

**Exkommunikation** – Ausschließung aus der kirchlichen Gemeinschaft

***fructus medii temporis*** – Einkünfte, die während einer Vakanz eines Benefiziums anfallen und auf die die Kurie Anspruch hat

***facultas theologica*** – Expertengremium, dem die auf dem Konzil anwesenden *doctores et magistri* der Theologie angehörten (im weiteren Sinn auch: ↗ *congregatio doctorum*)

**Inkorporation** – Eingliederung eines Pfarrbenefiziums einer juristischen Person (bischöflicher Stuhl, Kloster, Dom- oder Stiftskapitel)

**Interdikt** – Verbot der Spendung geistlicher Gnaden (Messen, Taufen, Begräbnisse), beispielsweise an Orten, wo ein Exkommunizierter sich aufhielt

**Kanonist** – ein im Kirchenrecht ausgebildeter und ausgewiesener Jurist

**Konklave** – Vorgang der Papstwahl, die üblicherweise von den Kardinälen vorgenommen wurde. In Konstanz wurde das Wahlgremium allerdings um je sechs Delegierte einer jeden Nation erweitert. Gewählt war der Kandidat, der nicht nur in der Gesamtzahl, sondern auch von der Gruppe der Kardinäle sowie von jeder der fünf Nationen zwei Drittel der Stimmen auf sich vereinigen konnte.

**Konkordat** – staatsrechtlich gültige Vereinbarung zwischen der Kurie und Staaten; im Zusammenhang mit dem Konstanzer Konzil: Vereinbarungen zwischen dem Hl. Stuhl und den Konzilsnationen

**Konsistorium** – Versammlung der Kardinäle unter Vorsitz des Papstes

**Konstitution** – Erlasse kirchlicher Oberer, beispielsweise des Papstes

**Konvokationsbulle** – päpstliche Mitteilung zur Konzilseinberufung verbunden mit der Aufforderung zum Besuch bzw. der Beschickung mit Prokuratoren

**Nepotismus** – im engeren Sinne Förderung seiner Verwandten durch den Papst

**Obödienz** – allg.: Gehorsam; im großen Schisma Bezeichnung für die Anhängerschaft (und das von ihr bewohnte Gebiet) eines Papstes, dem sie den Gehorsam leistete

**Obstination, Obstinenz** – Halsstarrigkeit, Starrsinn

**Patronatsrechte** – Verfügungsgewalt über die höheren Kirchenämter

***plenitudo potestatis*** – Vollgewalt des Papstes

**Pragmatismus** – entsprechend der vorherrschenden kanonistischen Lehre: es ist rechtlich zulässig, einen Eid zu brechen, wenn es die höhere Forderung nach *caritas* verlangt.

**Prokurator(en)** – rechtlich bevollmächtigte(r) Vertreter

***reformacio in capite et in membris* (Reform an Haupt und Gliedern)** – gemeint ist: eine umfassende Reform, die sowohl (institutionell) Papst und Kurie reformieren als auch die Zustände vor Ort und insgesamt das geistlich-sittliche Niveau anheben wollte

***Regnum*** – der Kirchenstaat, das Gebiet, in der das Papsttum auch die weltlichen Herrschaftsrechte besessen hat

***rotulus*** (Plural: ***rotuli***) – eine Liste (eigentlich eine Rolle) mit Namen, die von den Universitäten (oder von Königreichen) dem Papst zur Verleihung von Pfründen vorgeschlagen werden

**Salvus conductus** – Geleitbrief, der normalerweise Hin- und Rückreise einschloss

**Sedisvakanz** – die Zeit, in der nach Absetzung oder Tod bis zur Neuwahl (↗ Konklave) kein Papst existiert und die diesem vorbehaltene Aufgaben weitgehend ruhen

**Sentenz** – hier: Urteilsspruch

***Sermones*** – Predigten und Reden, die im Kontext des Konzils gehalten wurden

***Sessio generalis*** – feierliche Konzilssitzung mit festgelegtem Ablauf und vorgeschriebener Liturgie

***Sessio publica*** – eine öffentliche Sitzung, bei der alle Konzilsteilnehmer ohne ausreichende Entschuldigung anwesend zu sein hatten

**Subtraktion** – Entzug des Gehorsams, Aufkündigung der Obödienz gegenüber einem der Papstprätendenten

**Superiorität** – wörtlich: Oberaufsicht, hier: übergeordnete Stellung

**Suprematie** – Vorrang, Vormacht[stellung], Vorherrschaft

**Traktat** – längerer, systematisch aufgebauter Text, Abhandlung

**Transubstantiation(slehre)** – Realpräsenz Christi in Brot und Wein durch Verwandlung der ursprünglichen Substanzen (im Unterschied zur Remanenzlehre, die von der Erhaltung der materiellen Bestandteile der Eucharistie ausgeht)

**Vakanz** – Zeitraum, in der eine Stelle nicht besetzt ist (↗ Sedisvakanz)

***via cessionis*** – Beendigung des Schismas durch den Rücktritt aller Schismapäpste

***via concilii*** – Beendigung des Schismas durch ein Konzil

***via iustitiae*** – Beendigung des Schismas durch ein juristisches Verfahren, welches die rechtmäßigen Ansprüche der einzelnen Prätendenten überprüft

***via substracionis*** – Beendigung des Schismas durch Obödienzentzug

**Zitation** – Vorladung zu einem Gerichtsverfahren

# 14 Auswahlbibliographie*

## 14.1 Bibliographien


Bäumer, Remigius (Hg.), Das Konstanzer Konzil [= WdF 415], Darmstadt 1977, 417–427.

Brandmüller, Walter, Art. »Konstanz, Konzil von (1414–1418)«, in: TRE 19 (1990 ND 2006) 534 f.

Frenken, Ansgar, Die Erforschung des Konstanzer Konzils (1414–1418) in den letzten 100 Jahren, Paderborn 1995 [= AHC 25 (1993)], 421–491.

Müller, Heribert, Die kirchliche Krise des Spätmittelalters [= Enzyklopädie deutscher Geschichte 90], München 2012, 77–97 (Kommentierung und Einordnung), 142–146 (Titelverzeichnis).


Neuerscheinungen zum Konstanzer Konzil werden verzeichnet in den (halb-)jährlich erscheinenden Bibliographien der Zeitschriften AHP und AHC, lassen sich darüber hinaus auch dem Gesamtverzeichnis der »Jahresberichte für deutsche Geschichte« »jdg.bbaw.de/cgi-bin/jdg« entnehmen.

## 14.2 Quellen

Umfassende Quellensammlungen zum Konstanzer Konzil (nach Erscheinungsjahr geordnet):


Acta scitu dignissima docteque concinnata Constantiensis concilii celebratissimi, Hagenau 1500. [*Ausschließlich mit historiographischem Wert!*]

Schelstrate, Emmanuel, Acta Constantiensis concilij ad expositionem decretorum eius sessionum quartae et quintae …, Antverpiae 1683. [*Von historiographischem Wert!*]

Labbé, Philippe – Cossart, Gabriel (éd.), Sacrosancta concilia … XII, Lutetiæ Parisiorum 1672.

Hardt, Hermann von der (Ed.), Magnum Oecumenicum Constantiense Concilium I-VI, Frankfurt-Leipzig 1697–1700 / VII [= Index] hg. v. G. Ch. Bohnstedt, Berlin 1742 [= MOCC]. Als pdf unter »digital.ub.uni-duesseldorf.de/ihd/content/titleinfo/952625« abzurufen.

Hardouin, Jean (Ed.), Acta conciliorum et epistolae decretales ac constitutiones summorum pontificum VIII, Parisiis 1714.

Bourgeois du Chastenet, M. (Louis), Nouvelle Histoire du Concile de Constance où l'on fait voir combien la France contribue à l'extinction du Schisme. Avec plusieurs pièces qui n'ont point encore paru, tirées des manuscrits des meilleurs bibliothèques, Paris 1718.


* Aus Gründen der Praktikabilität entsprechen die Siglen der zitierten Zeitschriften und Reihen dem von Siegfried Schwertner erarbeiteten Abkürzungsverzeichnis [IATG] (= Abkürzungsverzeichnis der Theologische Realenzyklopädie [TRE]), Berlin-New York 1976[2] 1992. – Die im Fettdruck markierten Kurztitel entsprechen den in den Anmerkungen verwendeten Kurztiteln mehrfach zitierter Literatur.

MANSI, Giovanni Domenico (Ed.), Sacrorum conciliorum nova et amplissima collectio XXVII-XXVIII, Venetiis 1784 f. (ND Parisiis 1903, erneut Graz 1961), auch: »www.documentacatholicaomnia.eu/01_50_1692–1769_Mansi_JD.html«.

FINKE, Heinrich u. a. (Hg.), Acta Concilii Constanciensis I-IV, Münster 1896–1928 (ND Münster 1976–1982) [= ACC]. Bd. 1 liegt digitalisiert vor unter »www.fscire.it/mansi/immagine/1/«.

[Englische Übersetzung der sog. Tagebücher von Fillastre und Cerretano in: LOOMIS, Louise R., The Council of Constance. The Unification of the Church. Ed. by MUNDY, John H. – WOODY, Kennerly M., New York-London 1961, 200–447, 466–527.]

Weitere wichtige Quellen- und Regestenwerke (in Auswahl, in alphabetischer Ordnung):

ALTMANN, Wilhelm (Hg.), Eberhart Windeckes Denkwürdigkeiten zur Geschichte des Zeitalters Kaiser Sigmunds, Berlin 1893. [*Eine Neuedition ist im Rahmen der MGH geplant.*]

CARO, Jakob, Aus der Kanzlei Kaiser Sigismunds, Urkundliche Beiträge zur Geschichte des Constanzer Concils, in: AÖG 59 (1880) 1–175.

Conciliorum oecumenicorum decreta, ed. Josepho Alberigo et alii, Bologna [3]1973 [= COD[3]]; (seitenidentische Ausg. mit dt. Übersetzung) hg. v. Josef Wohlmuth, Düsseldorf 2000 [= COD[4]].

Chronique du Religieux de Saint-Denys V-VI, contenant le règne de Charles VI de 1380 a 1422, éd. Louis-François BELLAGUET, Paris 1844/1852.

CROWDER, Christopher M. D., Correspondence between England and the Council of Constance, 1413–1418, in: SCH(L) 1 (1964) 154–206.

Deutsche Reichtstagsakten unter Kaiser Sigmund. 1. Abteilung (1410–1420), bearb. v. Dietrich KERLER, München 1878, ND Göttingen 1956 [= DRTA VII].

DÖLLINGER, Johann Josef Ignaz von, Beiträge zur politischen, kirchlichen und Cultur-Geschichte der sechs letzten Jahrhunderte II: Materialien zur Geschichte des 15. und 16. Jahrhunderts, Regensburg 1863, 299–392.

EHRLE, Franz (Hg.), Martin de Alpartils Chronica actitatorum temporibus domini Benedicti XIII, Paderborn 1906.

[Edition mit Übersetzung ins Spanische: SESMA MUÑOZ, José Angel (ed.), Martín de Alpartil: Crónica actitatorum temporibus dominici Benedicti XIII pape, Zaragoza 1994.]

FEGER, Otto (Bearb.]), Urkundenbuch für Stadt und Bistum Konstanz II: 1356–1547, o.J., ad datum [geheftetes Exemplar des StadtA Konstanz]

FIRNHABER, Friedrich, Petrus de Pulka, Abgesandter der Wiener Universität am Concilium zu Constanz, in: AÖG 15 (Wien 1856) 1–70, ND Graz 1970.

HEIMPEL, Hermann, Aus der Kanzlei Kaiser Sigmunds (1410–1437) [über den Cod. Pal. Lat. 701 der Vatikanischen Bibliothek], in: AUF 12 (1931) 111–180.

– Regensburger Berichte vom Konstanzer Konzil. Der reichsstädtische Jurist Konrad Duvel von Hildesheim († 1430), in: WEGERER, Wilhelm (Hg.), FS Karl Gottfried Hugelmann, zum 80. Geburtstag am 26. September 1959 dargebracht von Freunden, Kollegen und Schülern, Aalen 1959, I 213–272.

KNÖPFLER, Alois, Ein Tagebuchfragment über das Konstanzer Konzil, in: HJ 11 (1890) 267–283.

KOEPPEN, Hans (Hg.), Die Berichte der Generalprokuratoren des Deutschen Ordens an der Kurie II: Peter von Wormditt (1403–1419), Göttingen 1960.

LEIDINGER, Georg (Hg.), Andreas von Regensburg. Sämtliche Werke, München 1903, 159–286 [= »Concilium Constantiense«].

MARTÈNE, Edmond – DURAND, Ursin (Ed.), Thesaurus novus anecdotorum ... II, Parisiis 1717 (ND New York 1968).

PUIG Y PUIG, Sebastián, Episcopologio barcinonense. Pedro de Luna, último papa de Aviñón (1387–1430), Barcelona 1920.

Ratsbuch [der Stadt Konstanz] II: 1414–1419 [StadtA Konstanz, Sign: B I 2].

Regesta Imperii XI/1: Die Urkunden Kaiser Sigmunds (1410–1437). Teil 1: 1410–1420, bearb. v. Wilhelm ALTMANN, Innsbruck 1896/97 [= RI XI]. Digital abzurufen unter »regesta-imperii.digitale-sammlungen.de/band/ri11_alt1896«.

Regesta Imperii XI: Regesten Kaiser Sigismunds (1410–1437) nach Archiven und Bibliothek geordnet, hg. v. Karel HRUZA und bearb. v. Petr ELBEL, Wien 2012.

STETTLER, Bernhard (Bearb.), Die sog. Klingenberger Chronik des Eberhard Wüst, Stadtschreiber von Rapperswil, St. Gallen 2007 (= Mitteilungen zur vaterländischen Geschichte 53).

VOIGT, Klaus, Italienische Berichte aus dem spätmittelalterlichen Deutschland. Von Francesco Petrarca zu Andrea de' Franceschi (1333–1492), Stuttgart 1973, 48–63. [*Enthält Auszüge von Texten italienischer Humanisten über Konstanz zur Konzilszeit!*]

WALCH, Christian Wilhelm Franz (Ed.), Monimenta medii aevi I fasc. 4, Gottingae 1757 (ND Ridgewood 1967).

Zu Richental:

- Das Concilium buoch geschehen zuo Costencz (Faksimile der Druckausgabe: A. Sorg, Augsburg 1483): »http//:tudigit.ulb.tu-darmstadt.de/show/inc-iii-55/0080«.
- Faksimile der Druckausgabe: H. Steyner, Augsburg 1536 (Meersburg am Bodensee 1936).
- Das Konzil zu Konstanz 1414 – 1418, I-II, Starnberg 1964 [Bd. 1: Faksimile-Ausgabe d. Hs. im Rosengarten-Museum zu Konstanz (mit 800 Wappen); Bd. 2: Kommentar u. Text, bearb. von Otto FEGER, Starnberg 1964 [= FEGER (Hg.), Ulrich Richental].
- Bilder aus der Richental-Chronik des Konstanzer Rosgarten-Museums (Faksimile 1964, ed. Feger) in: »archiv.twoday.net/stories/6309832/« bzw. »commons.wikimedia.org/wiki/Category:Konstanzer_Richental_Chronik« [seit Ende 2013 abgeschaltet], stattdessen jetzt:
- Chronik des Konzils zu Konstanz 1414 – 1418 – Faksimile der Konstanzer Handschrift (mit einem kommentierten Beiheft von Jürgen KLÖCKLER), Darmstadt 2013 [= Richental-Faksimile].
- BUCK, Thomas Martin (Hg.), Chronik des Konstanzer Konzils 1414–1418 von Ulrich Richental [= Konstanzer Geschichts- und Rechtsquellen XLI, hg. v. Stadtarchiv Konstanz], Ostfildern 2010 ²2011 (mit Karte).

*ersetzt die älteren Ausgaben*:

- BUCK, Michael R. (Hg.), Ulrichs von Richental Chronik des Constanzer Concils – 1414 bis 1418, Tübingen 1882 [= 158ste Publication des Litterarischen Vereins in Stuttgart], ND Hildesheim 1962 ³2004 ⁴2008 [*zuletzt auch als CD-Rom erschienen*].
- BRANDT, Otto H. (Hg.), Ulrichs von Richental Chronik des Konzils zu Konstanz, 1414–1418, Leipzig 1913.
- MÜLLER, Michael (Hg., Bearb.), Chronik des Konstanzer Konzils. Mit Geleitwort, Bildbeschreibung und Textübertragung in unsere heutige Sprache, Konstanz 1965 ND 1984.

[Englische Übersetzung: LOOMIS, Louise R., The Council of Constance. The Unification of the Church. Ed. by MUNDY, John H. – WOODY, Kennerly M., New York-London 1961, 84–190.]

Zu Gerson / d'Ailly:

DU PIN, Louis Ellies (Ed.), Johannes Gersonii Doctoris Theologi et Cancellarii Parisiensis opera omnia I-V, Antwerpiae [tatsächlich Amsterdam] 1706 (ND Hildesheim-Zürich-New York 1987). [*Enthält auch zahlreiche Werke d'Aillys.*]

GLORIEUX, Palémon (Ed.), Jean Gerson. Œuvres complètes I-X, Paris 1960–1973.

Zu Zabarella:

Franciscus de Zabarellis: Tractatus de schismatibus auctoritate imperatoris tollendis seu De schismate pontificum tractatus (›De eius temporis schismate tractatus‹) [drei Fassungen, entstanden 1402–1408]; Druck: Simon SCHARD[ius], De jurisdictione, auctoritate et ..., Basileae 1566, 688–711.

Zu Hus / Hieronymus von Prag:

ERŠIL, Jaroslav (Ed.), Acta Summorum Pontificum res gestas Bohemicas aevi prehussitici et hussitici illustrantia II-III, Pragae 1980/1996.

NOVOTNÝ, Václav (Ed.), M. Jana Husi korespondence a dokumenty, Praze 1920. Als pdf unter »ia600300.us.archive.org/31/items/mjanahusikorespo00husjuoft/mjanahusikore-¬spo00husjuoft.pdf« abzurufen.

[Deutschsprachige Übersetzung: DACHSEL, Joachim (Hg.), Jan Hus. Briefe vom Herbst 1414 bis zum Juli 1415, Berlin 1964; englischsprachige Übersetzung: SPINKA, Matthew (Ed.), The letters of John Hus, Manchester 1972].

– (Ed.), Petri de Mladonovic opera historica nec non aliae de M. Johanne Hus et M. Hieronymo Pragensi relationes et memoriae / Historické spisa Petra z Mladoňovic a Jiné Zprávy a paměti O M. Janovi Husovi a M. Jeronymovi z Prahy, in: Fontes rerum Bohemicarum / Prameny dějin českých [= FRerBoh 8], Prag 1932, 25–120.

[Deutschsprachige Übersetzung: BUJNOCH, Josef (Hg.), Hus in Konstanz. Der Bericht des Peter von Mladoniowitz [= Slavische Geschichtsschreiber 3], Graz-Wien-Köln 1963; englischsprachige Übersetzung: SPINKA, Matthew (Ed.), John Hus at the Council of Constance, New York-London 1965 (*Enthält Mladonovič-Bericht sowie eine Reihe von Hus-Briefen.*)].

– (Ed.), Narracio de Magistro Hieronymo Pragensi, pro Christo nomine Constancie exusto [= FRB 8], Prag 1932, 339–350.

– (Ed.), Passio etc. secundum Johannem Barbatum, rusticum quadratum [= FRB 8], Prag 1932, 14–24.

PALACKÝ, František (Ed.), Documenta Mag. Iohannis Hus vitam, doctrinam, causam in Constantiensi concilio actam et controversias de religione in Bohemia annis 1403–1418 motas illustrantia, Prag 1869 (ND Osnabrück 1966).

Zur Causa reformationis:

MERCATI, Angelo (Ed.), Raccolta di Concordati su materie ecclesiastiche tra la Santa Sede e le Autorità civili I: 1098–1914, Roma 1919 / Città del Vaticano 21954, 144–168.

STUMP, Phillip H., Constance Reform Comittee Deliberations, in: DERS., The Reforms of the Council of Constance (1414–1418), Leiden-New York-Köln 1994, 273–419.

MIETHKE, Jürgen – WEINRICH, Lorenz (Hg.), Quellen zur Kirchenreform im Zeitalter der großen Konzilien des 15. Jahrhunderts. Erster Teil: Die Konzilien von Pisa (1409) und Konstanz (1414–1418), Darmstadt 1995 [= AQDGMA 38a], 186–545 [lateinisch-deutsche Ausgabe].

## 14.3 Literatur zum Konstanzer Konzil

Für die nach 1993 bis in den Herbst 2013 erschienene Literatur wird in der nachfolgenden Bibliographie größtmögliche Vollständigkeit angestrebt. Ältere Titel sind dagegen nur selektiv aufgenommen worden; eine Nennung erfolgt in der Regel nur dann, wenn der Titel mehrfach in dieser Arbeit zitiert wird und auch heute noch von größerer Relevanz für die

Erforschung des *Constantiense* ist. Die ältere Literatur ist den umfangreichen Bibliographien von BÄUMER (1977) und FRENKEN (1993) zu entnehmen.
Ein subjektive »shortlist« von Titeln, die zur Einführung in die Geschichte des Konstanzer Konzils sowie in bestimmte Schwerpunktthemen mir als besonders geeignet erscheinen, wurde mit * gekennzeichnet.

ALBERIGO, Giuseppe, Il movimento conciliare (XIV-XV sec.) nella ricerca storica recente, in: Studi Medievali 3,19 (1978) 913–950.
– Chiesa conciliare: Identità e significato del conciliarismo, Brescia 1981.
ÁLVAREZ PALENZUELA, Vicente Ángel, El Cisma de Occidente, Madrid 1982.
ARENDT, Paul, Die Predigten des Konstanzer Konzils, Freiburg 1933.
BADA I ELIAS, Joan, L'Església catalana entre Constança i Benet XIII (1416), in: INSTITUT D'ESTUDIS CATALANS (Ed.), Jornades sobre el cisma d'occident a Catalunya, les Illes i el país Valencià, Barcelona-Peníscola, 19–21 d'abril de 1979, Barcelona 1988, 309–314.
BÄUMER, Remigius, Das Verbot der Konzilsappellation Martins V. in Konstanz, in: FRANZEN – MÜLLER (Hg.), Konzil von Konstanz 187–213.
– Die Stellungnahme Eugens IV. zum Konstanzer Superioritätsdekret in der Bulle ›Etsi non dubitemus‹, in: FRANZEN – MÜLLER (Hg.), Konzil von Konstanz 337–356, ND in: BÄUMER (Hg.), Konstanzer Konzil 248–274.
– Die Interpretation und Verbindlichkeit der Konstanzer Dekrete, in: ThPQ 116 (1968) 44–53, ND in: DERS. (Hg.), Entwicklung 229–246.
– Die Bedeutung des Konstanzer Konzils für die Geschichte der Kirche, in: AHC 4 (1972) 26–45.
– Die Konstanzer Dekrete Haec Sancta und Frequens im Urteil der katholischen Kontroverstheologen des 16. Jahrhunderts, in: DERS. (Hg.), Von Konstanz nach Trient, Fg. August Franzen, Paderborn 1972, 547–574, ND in: DERS. (Hg.), Entwicklung 360–392.
– (Hg.), Die Entwicklung des Konziliarismus. Werden und Nachwirken der konziliaren Idee, Darmstadt 1976.
– (Hg.), Das Konstanzer Konzil, Darmstadt 1977. (*)
– Die Erforschung des Konstanzer Konzils, in: DERS. (Hg.), Konstanzer Konzil 3–34. (*)
– Das Konstanzer Münster – Tagungsstätte des Konstanzer Konzils, in: DERS. – BROMMER, Hermann (Hg.), Das Münster Unserer Lieben Frau zu Konstanz, München u. a. 1989, 16–25.
– Johannes Eck und das Konstanzer Konzil, in: AHC 27/28 (1995/96) 571–591.
– Österreich und das Konstanzer Konzil, in: BAUM, Wilhelm, u. a. (Hg.), Konziliarismus und Humanismus. Kirchliche Demokratisierungsbestrebungen im spätmittelalterlichen Österreich, Wien 1996, 17–38.
BARTOŠ, František Michálek, Das Reformprogramm des Mag. Johannes Cardinalis von Bergreichenstein, des Gesandten der Karls-Universität in Prag, für das Konzil zu Konstanz, in: FS Hermann Heimpel II, Göttingen 1972, 652–685 [Erstveröffentlichung in: Jihočeský sborník historický 38 (1969) 99–118].
BASLER, Otto, Das Konzil zu Konstanz im Spiegel deutscher Ereignislieder, in: FRANZEN – MÜLLER (Hg.), Konzil von Konstanz 429–446.
BAUER, Clemens, Diskussionen um die Zins- und Wucherfrage auf dem Konstanzer Konzil, in: FRANZEN – MÜLLER (Hg.), Konzil von Konstanz 337–356.
– Rentkauf-Gutachten der Konstanzer 14er Kommission, in: ISERLOH, Erwin – REPGEN, Konrad (Hg.), Reformata Reformanda. Fg. Hubert Jedin I, Münster 1965, 196–213.
BECKER, Hans-Jürgen, Die Appellation vom Papst an ein allgemeines Konzil. Historische Entwicklung und kanonistische Diskussion im späten Mittelalter und in der frühen Neuzeit, Köln-Wien 1988.

BELCH, Stanislaus F./Stanisław, Paulus Vladimiri and His Doctrine Concerning International Law and Politics I-II, London-The Hague-Paris 1965.

BELLITTO, Christopher M., The early development of Pierre d'Aillys conciliarism, in: CHR 83 (1997) 217–232.

– Ambivalence and Infallibility at the Council of Constance, in: CrSt 22 (2001) 5–21.

– The Reform Context of the Great Western Schism, in: ROLLO-KOSTER, Joëlle – IZBICKI, Thomas M. (Ed.), A Companion to the Great Western Schism (1378–1417), Leiden-Boston 2009, 303–331.

BERMEJO, Luis M., The case of the Council of Constance, in: DERS., Infallibility on trial. Church, conciliarity and communion, Westminster, Md. 1992, 264–289.

BESS, Bernhard, Johannes Falkenberg O.P. und der preußisch-polnische Streit vor dem Konstanzer Konzil (mit archivalischen Beilagen), in: ZKG 16 (1896) 385–464.

BIANCA, Concetta, Art. »Martino V«, in: Enciclopedia dei Papi II (2000) 619–634.

– Art. »Martino V«, in: DBI 71 (2008) 277–287.

BOOCKMANN, Hartmut, Zur politischen Geschichte des Konstanzer Konzils, in: ZKG 85 (1974) 45–63.

– Johannes Falkenberg, der Deutsche Orden und die polnische Politik. Untersuchungen zur politischen Theorie des späteren Mittelalters. Mit einem Anhang: Die Satira des Johannes Falkenberg, Göttingen 1975. (*)

– Reichstag und Konzil im 15. Jahrhundert, in: MEUTHEN, Erich (Hg.), Reichstage und Kirche, Göttingen 1991, 15–24.

– [Rezension zu] W. Brandmüller, Das Konzil von Konstanz I, Paderborn u. a. 1991, in: ZHF 22 (1995) 405 f.

– (– DORMEIER, Heinrich), Konzilien, Kirchen- und Reichsreform 1410–1495 (= Gebhardt. Handbuch der deutschen Geschichte 10. Aufl.), Stuttgart 2005, 35–60.

BORROMÉE, Christian, Le procès de Jean XXIII: dix semaines qui ébranlèrent l'Église, Paris 2007. [*Wissenschaftlich ohne Nutzwert!*]

BRANDMÜLLER, Walter, Besitzt das Konstanzer Dekret ›Haec Sancta‹ dogmatische Verbindlichkeit? in: RQ 62 (1967) 1–17; erweiterte Fassung in: AHC 1 (1969) 96–113, ND in: BÄUMER (Hg.), Entwicklung 247–271, ND in: BRANDMÜLLER, Papst und Konzil 225–242.

– Causa reformationis. Ergebnisse und Probleme der Reformen des Konstanzer Konzils [zuerst in: AHC 13 (1981) 49–66] in: DERS., Papst und Konzil 264–281.

– Das Konzil, demokratisches Kontrollorgan über den Papst? Zum Verständnis des Konstanzer Dekrets ›Frequens‹ vom 9. Oktober 1417, in: AHC 16 (1984) 328–347, ND in: DERS., Papst und Konzil 243–263.

– Art. »Konstanz, Konzil von (1414–1418)«, in: TRE 19 (1990) 529–535.

– Papst und Konzil im Großen Schisma (1378–1431). Studien und Quellen, Paderborn-München-Wien-Zürich 1990. [*Aufsatzsammlung mit den wichtigsten früheren Aufsätzen des Autors zum Constantiense!*] (*)

– Art. »Konstanz, Konzil v.«, in: LexMA 5 (1991) 1402–1405.

– Das Konzil von Konstanz (1414–1418). I: Bis zur Abreise Sigismunds nach Narbonne, Paderborn-München-Wien-Zürich 1991 [2]1999, II. Bis zum Konzilsende, ebd. 1997 [*Grundlegende Gesamtdarstellung – aus römisch-katholischer Perspektive!*] (*)

– Martin V. und die Griechenunion. Der »Sermo in presentacione cuiusdam episcopi Ruteni« des Mag. Mauritius Rvačka in Konstanz, 25. Januar 1418, in: LINEHAN, Peter (Ed.), Life, law and letters. Historical studies in honour of Antonio García y García [= Studia Gratiana 28], Roma 1998, I 133–148.

– Art. »Constance, Council of«, in: Encyclopedia of the Renaissance 2 (New York 1999) 72–74.

– Hus vor dem Konzil, in: Seibt, Ferdinand u. a. (Hg.), Jan Hus. Zwischen Zeiten, Völkern, Konfessionen, München 1997, 235–242, leicht erweiterter ND in: Semeraro, Cosimo (a cura di), Walter Brandmüller – scripta maneant: raccolta di studi in occasione del suo 80. Genetliaco, Città del Vaticano 2009, 196–204.
– Art. »Constance, Council of«, in: Encyclopedia of the Renaissance II, New York 1999, 72–74.
– Johannes XXIII. im Urteil der Geschichte – oder die Macht des Klischees, in: AHC 32 (2000) 106–145.
– Johannes Hus vor dem Konzil von Konstanz, in: Reinhardt, Elisabeth (ed.), Tempus implendi promissa. Homenaje al Prof. Dr. Domingo Ramos-Lissón, Pamplona 2000, 601–616.
– Sigismund – Römischer König, das Schisma und die Konzilien, in: Takács, Imre (Hg.), Sigismundus. Rex et imperator, Kunst und Kultur zur Zeit Sigismunds von Luxemburg 1387–1437 – Ausstellungskatalog, Mainz 2006, 430–432.
– L'elezione di Martino V, in: Piatti – Ronzani (a cura di), Martino V, 3–9.

Brennan, Timtohy M., Just war, sovereignty, and canon law: Legal arguments over the Lithuanian Crusade and the rights of unbelievers at the Council of Constance (1414–1418), Diss. University of Kansas 2006.

Buck, Thomas Martin, Text, Bild, Geschichte. Papst Johannes XXIII. wird auf dem Arlberg umgeworfen, in: AHC 30 (1998) 37–110.
– Zu den historiographischen Prinzipien Ulrich Richentals, in: Schriften des Vereins für Geschichte des Bodensees . . . 117 (1999) 11–32.
– Fiktion und Realität. Zu den Textinserten der Richental-Chronik, in: ZGO 149 (2001) 61–96.
– Figuren, Bilder, Illustrationen. Zur piktoralen Literalität der Richental-Chronik, in: Münsch, Oliver – Zotz, Thomas (Hg.), Scientia veritatis. FS für Hubert Mordek zum 65. Geburtstag, Ostfildern 2004, 411–443.
– Zur Überlieferung der Konstanzer Konzilschronik Ulrich Richentals, in: DA 66 (2010) 93–108.
– (Hg.), Chronik des Konstanzer Konzils 1414–1418 von Ulrich Richental, Ostfildern 2010 22011 (mit Karte). (*)
– Das concilium sass allweg in dem münster – Zur Topographie des Konstanzer Konzils nach der Chronik des Ulrich Richental, in: AHC 44 (2012) 119–142.
– Das concilium sass allweg in dem münster. Zur Topographie des Konstanzer Konzils nach der Chronik des Ulrich Richental, in: Laule, Ulrike (Hg.), Das Konstanzer Münster Unserer Lieben Frau. 1000 Jahre Kathedrale – 200 Jahre Pfarrkirche, Regensburg 2013, 41–45.

Cable, Martin John, ›Real‹ and ›Personal‹ Obedience. Pluralism, Sovereignty and ›communis error‹ in the Great Western Schism (1378–1417), o.O. 2006. [*Grundlegende Studie!*]
– Resolving benefice disputes after the Great Schism: the survival of the council of Constance's 4 July 1415 decrees »Omnia et singula« and »Pro majori pace« in two disputes from Auch and Rieti brought before the rota auditor Gimignano Inghirami at the time of the council of Basle, in: AHC 38 (2006) 321–424.
– Cuius regio, eius . . . Papa? The decree on ›real obedience‹ at the council of Constance (1414–18). Konrad von Soest and the Contest for a parish church in the diocese of Regensburg brought before the rota auditor Gimignano Inghirami, in: ZSRG.K 125 (2008) 66–102.
– Haec Sancta and the continuity of judicial process at the Council of Constance: A comparison of the Jean Petit tyrannicide case and the dispute for the master-generalship of the Crociferi at Bologna, in: AHC 40 (2008) 431–470.

CAILLE, Jacqueline, La conclusion des accords de Narbonne: Le contexte local, in: Le Midi et le grand schime d'Occident, in: Cahiers de Fanjeaux 39 (Toulouse 2004) 487–516.

– Sur les pas de l'empereur Sigismond à Narbonne en 1415, in: STUDNIČKOVÁ, Milada (Hg.), Čechy jsou plné kostelů [= Boemia plena est ecclesiis]. Kniha k poctě PhDr. Anežky Merhautové, Dr.Sc, Praha 2010, 462–478.

COVILLE, Alfred, Les vins de Bourgogne au concile de Constance, in: Moyen Âge 12 (1899) 326–330.

– Jean Petit. La question du tyrannicide au commencement du XVe siècle, Paris 1932, ND Genève 1974. [*Klassische Studie!*]

CROWDER, Christopher M. D., Some Aspects of the English ›Nation‹ at the Council of Constance to the Election of Martin V (1414–1417), (Diss.) Oxford 1953.

– Le concile de Constance et l'edition de von der Hardt, in: RHE 57 (1962) 409–445.

– Constance Acta in English Libraries, in: FRANZEN – MÜLLER (Hg.), Konzil von Konstanz 477–517.

– Correspondence between England and the Council of Constance, 1413–1418, in: SCH(L) 1 (1964) 154–206.

– (Ed.), Unity, Heresy and Reform, 1378–1460. The Conciliar Response to the Great Schism, London 1977 (ND Kingston/Ontario 1986). [*Arbeitsbuch mit guter Quellenauswahl!*] (*)

DECALUWÉ, Michiel, A new and disputable text-edition of the decree Haec Sancta of the council of Constance (1415), in: CrSt 27 (2006) 417–445.

– Three Ways to Read the Constance Decree Haec Sancta (1415): Francis Zabarella, Jean Gerson, and the Traditional Papal View of General Councils, in: CHRISTIANSON, Gerald – IZBICKI, Thomas M. – BELLITTO, Christopher M. (Ed.), The Church, the Councils, and Reform: the Legacy of the Fifteenth Century, Washington, D.C. 2008, 122–139. (*)

– Das Dekret *Haec Sancta* und sein gedanklicher Kontext auf dem Konzil von Konstanz und auf dem Konzil von Basel, in: AHC 41 (2009) 313–340.

– Tagungsbericht ›Das Konstanzer Konzil als europäisches Ereignis. Begegnungen, Medien und Rituale‹. 27.09.2011–30.09.2011, Reichenau, in: H-Soz-u-Kult, 13.01.2012, »hsozkult.geschichte.hu-berlin.de/ tagungsberichte/id=3985«.

EHRLICH, Ludwik (Ed.), Pisma wybrane Pawla Wlodkowica / Works of Paul Wladimiri (A Selection) II, Warszawa 1966.

ELM, Kaspar (Hg.), Reformbemühungen und Observanzbestrebungen im spätmittelalterlichen Ordenswesen, Berlin 1989.

ENGELS, Odilo, Der Reichsgedanke auf dem Konstanzer Konzil, in: HJ 86 (1966) 80–106, ND in: BÄUMER (Hg.), Konstanzer Konzil 369–403.

ERDŐ, Péter, A pápásag é a magyar királság Zsigmond király idejében (1378–1437) [= Das Papsttum und das ungarische Königreich während der Herrschaft Sigmunds (1378–1437)], in: ZOMBORI, Istvan (Hg.), Magyarország és a Szentszék kapcsolatának ezer éve, Budapest 1996, 96–117.

– La »bolla del Concilio di Costanza« e il supremo patronato dei re ungheresi nella ricerca di Vilmos Fraknói, in: AHC 36 (2004) 167–176, ND in: DERS., Kirchenrecht im mittelalterlichen Ungarn. Gesammelte Studien, Berlin 2005, 196–205.

ERKENS, Franz-Rainer, »... Und will ein grosse Reise do tun«. Überlegungen zur Balkan- und Orientpolitik Sigismunds von Luxemburg, in: HELMRATH, Johannes – MÜLLER, Heribert (Hg.), Studien zum 15. Jahrhundert. FS für Erich Meuthen, München 1994, 739–762.

ESCH, Arnold, Bankiers der Kirche im Großen Schisma, in: QFIAB 46 (1966) 277–398.

– Das Papsttum unter der Herrschaft der Neapolitaner. Die führende Gruppe Neapolitaner Familien an der Kurie während des Schismas 1378–1415, in: FS Hermann Heimpel, Göttingen 1972, II 713–800.

FEGER, Otto, Das Konstanzer Konzil und die Stadt Konstanz, in: FRANZEN – MÜLLER (Hg.), Konzil von Konstanz 310–333.

FINK, Karl August, Art. »Konstanz. Konzil«, in: LThK[2] 6 (1961, ND 1986) 501–503.

– Das Konzil von Konstanz. Seine welt- und kirchengeschichtliche Bedeutung, in: FEGER, Otto (Hg.), Ulrich Richental. Das Konzil zu Konstanz II, Konstanz 1964, 11–20, ND in: BÄUMER (Hg.), Konstanzer Konzil 143–164.

– Die Wahl Martins V., in: FRANZEN – MÜLLER (Hg.), Konzil von Konstanz 138–151, ND in: BÄUMER (Hg.), Konstanzer Konzil 306–322.

– Zu den Quellen für die Geschichte des Konstanzer Konzils, in: FRANZEN – MÜLLER (Hg.), Konzil von Konstanz 471–476.

– Weltgeschichtliche Bedeutung des Konstanzer Konzils, in: ZSRG.K 51 (1965) 1–23.

– Das abendländische Schisma und die Konzilien, in: HKG(J) III/2 (Freiburg 1968, ND Freiburg-Basel-Wien 1985) 490–516, 539–588. [*Knappe Darstellung mit Schwerpunkt auf der kirchlich-theologischen Seite des Konzils!*]

– Zum Finanzwesen des Konstanzer Konzil, in: FS Hermann Heimpel, Göttingen 1972, II 627–651.

– ›Sic in sua obedientia nominatus‹, in: QFIAB 60 (1980) 189–199.

FINKE, Heinrich, Forschungen und Quellen zur Geschichte des Konstanzer Konzils, Paderborn 1889.

– Bilder vom Konstanzer Konzil, Karlsruhe 1903.

– Das badische Land und das Konstanzer Konzil, in: Fg. der Badischen Historischen Kommission zum 9. Juli 1917, Karlsruhe 1917, 19–70.

– Das Quellenmaterial zur Geschichte des Konstanzer Konzils, in: ZGO 70 NF 31 (1916) 253–275.

– Quellenveröffentlichungen zum Konstanzer Konzil / Verzeichnis der Konzilshandschriften / tatsächlich oder vermeintlich verlorene Konzilsquellen, in: ACC IV, S. I-CIII.

– Die Nation in den spätmittelalterlichen allgemeinen Konzilien, in: HJ 57 (1937) 323–338, ND in: BÄUMER (Hg.), Konstanzer Konzil 347–368.

FLANAGIN, David Zachariah, God's Divine Law: the Scriptural Founts of Conciliar Theory in Jean Gerson, in: CHRISTIANSON, Gerald – IZBICKI, Thomas M. – BELLITTO, Christopher M. (Ed.), The Church, the Councils, and Reform: the Legacy of the Fifteenth Century, Washington, D.C. 2008, 101–121.

FLEMMIG, Stephan, Die Beziehungen des Deutschen Ordens zum Reich vom Thorner Frieden bis zum Tag von Breslau, in: Miscellanea Historico-Archivistica 19 (2012) 7–42.

FRANZEN, August (– MÜLLER, Wolfgang [Hg.]), Das Konzil von Konstanz. Beiträge zu seiner Geschichte und Theologie, Freiburg-Basel-Wien 1964. (*)

– Zur Vorgeschichte des Konstanzer Konzils. Vom Ausbruch des Schismas bis zum Pisanum, in: FRANZEN – MÜLLER (Hg.), Konzil von Konstanz 3–35.

– Das Konstanzer Konzil. Probleme, Aufgaben und Stand der Konzilsforschung, in: Conc(D) 1 (1965) 555–574, ND in: BÄUMER (Hg.), Konstanzer Konzil 165–207.

FRECH, Karl Augustin, Reform an Haupt und Gliedern. Untersuchung zur Entwicklung und Verwendung der Formulierung im Hoch- und Spätmittelalter, Frankfurt/M. 1992.

FRENKEN, Ansgar, Art. »Gregor XII. (Angelo Correr)«, in: LexMA 4 (1989, ND 2002) 1674 f.

– Art. »Johannes XXIII. (Baldassare Cossa)«, in: LexMA 5 (1991, ND 2001) 546 f.

– Die Erforschung des Konstanzer Konzils (1414–1418) in den letzten 100 Jahren, Paderborn 1995 [= AHC 25 (1993)]. (*)

- Die Reform auf dem Konstanzer Konzil, in: AHC 26 (1994) 376–388.
- Nürnberger Angelegenheiten in Konstanz. Präsenz und Interessenvertretung der Reichsstadt auf dem Konzil und den Reichstagen von 1414–1418, in: Bäumer, Remigius – Chrysos, Evangelos – Grohe, Johannes – Meuthen, Erich – Schnith, Karl (Hg.), Synodus. Beiträge zur Konzilien- und allgemeinen Kirchengeschichte. FS für Walter Brandmüller, Paderborn 1997 [= AHC 27/28 (1995/96)] 383–433.
- Art. »Konstanz. Konzil«, in: LThK[3] 6 (1997) 319–321, ND in: Lexikon der Kirchengeschichte II, Freiburg 2001, 913–919 .
- Die Quellen des Konstanzer Konzils in den Sammlungen des 17. und 18. Jahrhunderts, in: AHC 30 (1998) 416–439.
- Theologischer Sachverstand in der Auseinandersetzung um aktuelle und grundsätzliche Fragen. Der Rückgriff der Konstanzer facultas theologica auf die Heilige Schrift, die Kirchenväter und die alten Konzilien, in: AHC 35 (2003) 345–362. [ND in:] Grohe, Johannes – Leal, Jerónimo – Reale, Vito (a cura di), I Padri e le scuole teologiche nei concili. Atti del VII Simposio Internazionale della Facoltà di Teologia della Pontificia Università della Santa Croce, Roma, 6–7 marzo 2003, Città del Vaticano 2006, 365–383.
- Der König und sein Konzil – Sigmund auf dem Konstanzer Konzil. Macht und Einfluss des römischen Königs im Spiegel institutioneller Rahmenbedingungen und personeller Konstellationen, in: AHC 36 (2004) 185–251. (*)
- Art. »Constanza, Concilio de, I: Desarollo«, in: Kasper, Walter (ed.), Diccionario enciclopédico de historia de la iglesia I, Barcelona 2005, 326–329.
- Gelehrte auf dem Konzil. Fallstudien zur Bedeutung und Wirksamkeit der Universitätsangehörigen auf dem Konstanzer Konzil, in: Helmrath – Müller (Hg.), Konzilien 107–147.
- Die Rolle der Kanonisten auf dem Konstanzer Konzil: Personen, Aktivitäten, Prozesse, in: Krafl, Pavel (Hg.), Sacri canones servandi sunt. Ius canonicum et status ecclesiae saeculis XIII-XV, Praha 2008, 398–417.
- Wohnraumbewirtschaftung und Versorgungsdeckung beim Konstanzer Konzil (1414–1418). Zur logistischen Bewältigung eines Großereignisses im Spätmittelalter, in: ZGO 156 (2008) 109–146. (*)
- Der endgültige Bruch Kastiliens mit Benedikt XIII. und das Ende des großen abendländischen Schismas. Ein Beitrag zur Lösung einer offenen Forschungsfrage, in: ZKG 119 (2008) 327–357.
- Das Konstanzer Konzil (1414–18) – ein concilium generale et universale? Eine aktuell gestellte Streitfrage auf dem Prüfstand der modernen Konzilienforschung, in: AHC 40 (2008) 323–360.
- Art. »Sig(is)mund von Luxemburg«, in: BBKL 29 (2008) 1374–1395, »www.bbkl.de/s/¬sigismund_ d_k.shtml«.
- El trabajoso y difícil camino hacia la unión: Sancho Sánchez de Rojas, arzobispo de Toledo, y el papel clave que jugó en la extinción del gran cisma de Occidente en el reino de Castilla, in: En la España medieval 32 (2009) 51–83.
- Darstellende Quellen zum Konstanzer Konzil: kritische Anmerkungen zum Genus der ›Tagebücher Fillastres, Cerretanis und Turres‹ und ihres spezifischen Quellenwertes, in: AHC 42 (2010) 379–402.
- Gregor XII., in: Karl-Heinz Braun u. a. (Hg.), Das Konstanzer Konzil – Weltereignis des Mittelalters 1414–1418. Essays, Darmstadt 2013, 116–120 [im Druck].
- Johannes XXIII., in: Karl-Heinz Braun u. a. (Hg.), Das Konstanzer Konzil – Weltereignis des Mittelalters 1414–1418. Essays, Darmstadt 2013, 47–51 [im Druck].

– Kastilien und das Konstanzer Konzil, in: Signori, Gabriele – Studt, Birgit (Hg.), Das Konstanzer Konzil als europäisches Ereignis. Begegnungen, Medien und Rituale [= VuF 79], Ostfildern 2014, 141–170 [im Druck].

Förstel, Christian, Guillaume Fillastre et Manuel Chrysoloras: Le premier humanisme français face au grec, in: Marcotte, Pierre (éd.), Humanisme et culture géographique à l'époque du Concile de Constance. Actes du Colloque de'l Universite de Reims, 18–19 novembre 1999, Turnhout 2002, 63–76.

Genet, Jean-Philippe, English Nationalism: Thomas Polton at the Council of Constance, in: Nottingham Medieval Studies 28 (1984) 60–78.

Gerogiorgakis, Stamatios, Jan Hus wird disputiert und exekutiert, in: Borgolte, Michael u. a. (Hg.), Mittelalter im Labor: Die Mediävistik testet Wege zu einer transkulturellen Europawissenschaft, Berlin 2008, 421–428.

Gill, Joseph, Constance et Bâle-Florence, Paris 1965 / dt. Ausgabe: Konstanz und Basel-Florenz [= GÖK 9], Mainz 1967.

Gilli, Patrick, L'humanisme français au temps du concile de Constance, in: Marcotte, Pierre (éd.), Humanisme et culture géographique à l'époque du Concile de Constance. Actes du Colloque de'l Universite de Reims, 18–19 novembre 1999, Turnhout 2002, 41–62.

Girgensohn, Dieter, Peter von Pulkau und die Wiedereinführung des Laienkelchs, Göttingen 1964.

– Venezia e il primo Veneziano sulla cattedra di S. Pietro: Gregorio XII (Angelo Correr) 1406–1415, in: Centro Tedesco di Studi Veneziani Quaderni 30 (1985) 3–32.

– Berichte über Konklave und Papstwahl auf dem Konstanzer Konzil, in: AHC 19 (1987) 351–391.

– Ein Schisma ist nicht zu beenden ohne die Zustimmung der konkurrierenden Päpste. Die juristische Argumentation Benedikts XIII. (Pedro de Lunas), in: AHP 27 (1989) 197–247.

– [Rezension zu] W. Brandmüller, Das Konzil von Konstanz II, Paderborn u. a. 1997, in: QFIAB 79 (1999) 690–693.

– Francesco Zabarella aus Padua. Gelehrsamkeit und politisches Wirken eines Rechtsprofessors während des großen abendländischen Schismas, in: ZSRG.K 79 (1993) 232–277.

Goñi Gaztambide, José, Los españoles en el Concilio de Constanza. Notas biográficas, in: HispSac 15 (1962) 253–385, 18 (1965) 103–158, 265–332; [als eigenständige Veröffentlichung:] Madrid-Barcelona 1966.

– [Rezension zu] W. Brandmüller, Das Konzil von Konstanz I, Paderborn u. a. 1991, in: AHIg 1 (1992) 398 f.

Goudot, Jean-Philippe, La restauration de l'unité de l'Église au concile de Constance (1414/15–1418), in: NRTh 128 (2006) 594–612. [*Beruht allein auf französischsprachiger Literatur, ohne neue Erkenntnisse!*]

Grohe, Johannes, Die Synoden im Bereich der Krone Aragón von 1418 bis 1429, Paderborn u. a. 1991.

– Spanien und die großen Konzilien von Konstanz und Basel, in: Herbers, Klaus – Jaspert, Nikolas (Hg.), »Das kommt mir spanisch vor«. Eigenes und Fremdes in den deutsch-spanischen Beziehungen des späten Mittelalters, Münster 2004, 493–509.

– Art. »Concilio di Costanza«, in: Bucci, Onorato – Piatti, Pierantonio (a cura di), Storia dei Concili Ecumenici. Attori, Tematiche, Eredità, Milano 2014, 313–338 [im Druck].

Gügel, Dominik, Ohne den Thurgau kein Konstanzer Konzil!, in: DelphinBuch. Konstanzer Beiträge zu Geschichte und Gegenwart NF 11 (2013) 161–173.

Guenée, Bernard, Pierre d'Ailly (1351–1420), in: Ders., Entre l'Église et l'État. Quatre vies de prélats français à la fin du moyen âge (XIIIe-XVe siècle), Paris 1987, 125–299 / engl. Ausgabe: Between Church and State. The Lives of four French prelates in the late Middle Ages, Chicago-London 1991, 102–258.

Hartmann, Sieglinde, Sigismunds Ankunft in Perpignan und Oswalds Rolle als »wisskunte von Türkei«, in: Hofmeister, Warnfried – Steinbauer, Bernd (Hg.), *Durch aubenteuer muess man wagen vil.* FS für Anton Schwob zum 60. Geburtstag, Innsbruck 1997, 133–139.

– A medieval poet's sense of humour: Oswald von Wolkenstein and emperor Sigismund in Paris, in: Grafetstätter, Andrea (Ed.), Islands and cities in medieval myth, literature, and history. Papers delivered at the International Medieval Congress, University of Leeds, in 2005, 2006, and 2007, Frankfurt/M. [u. a.], 2011, 141–152.

Hefele, Carl Joseph, Geschichte des Concils von Constanz (= Conciliengeschichte VII/1), Freiburg 1869, ND Frankfurt 1989.

Heimpel, Hermann, Aus der Kanzlei Kaiser Sigmunds (1410–1437) [über den Cod. Pal. Lat. 701 der Vatikanischen Bibliothek], in: AUF 12 (1931) 111–180.

– Dietrich von Niem (c. 1340–1418), Münster 1932.

– (Hg.), Dietrich von Niem: Dialog über Union und Reform der Kirche 1410 (De modis uniendi et reformandi ecclesiam in concilio universali). Mit einer zweiten Fassung aus dem Jahre 1415, Leipzig-Berlin 1933 (ND Wiesbaden 1969).

– Regensburger Berichte vom Konstanzer Konzil. Der reichsstädtische Jurist Konrad Duvel von Hildesheim († 1430), in: FS Karl Gottfried Hugelmann I, Aalen 1959, 213–272.

– Die Vener von Gmünd und Straßburg 1162–1447. Studien und Texte zur Geschichte einer Familie sowie des gelehrten Beamtentums und der Konzilien von Pisa, Konstanz und Basel I-III, Göttingen 1982.

– Königlicher Weihnachtsdienst auf den Konzilien von Konstanz und Basel, in: Kamp, Norbert – Wollasch, Joachim (Hg.), Tradition als historische Kraft. Interdisziplinäre Forschungen zur Geschichte des frühen Mittelalters, FS Karl Hauck, Berlin 1982, 388–411.

Helmrath, Johannes, Kommunikation auf den spätmittelalterlichen Konzilien, in: Pohl, Hans (Hg.), Die Bedeutung der Kommunikation für Wirtschaft und Gesellschaft, Stuttgart 1989, 116–172.

– Reform als Thema der Konzilien des Spätmittelalters, in: Alberigo, Giuseppe (Ed.), Christian unity. The Council of Ferrara-Florence 1438/39–1989, Louvain 1991, 75–152 (modifizierte Fassung: Theorie und Praxis der Kirchenreform im Spätmittelalter, in: Rottenburger Jahrbuch für Kirchengeschichte 11 [1992] 29–40). (*)

– Locus concilii. Die Ortswahl für Generalkonzilien vom IV. Lateranum bis Trient. Mit einem Votum des Johannes de Segovia, in: AHC 27/28 (1995/96) 593–662.

– Rangstreite auf den Generalkonzilien des 15. Jahrhunderts als Verfahren, in: Stollberg-Rilinger, Barbara (Hg.), Vormoderne politische Verfahren [= ZHF.Beiheft 25], Berlin 2001, 139–173.

– »Geistlich und werntlich«. Zur Beziehung von Konzilien und Reichsversammlungen im 15. Jahrhundert, in: Peter Moraw (Hg.), Deutscher Königshof, Hoftag und Reichstag im späteren Mittelalter [= VuF 58], Stuttgart 2002, 477–517. (*)

– Diffusion des Humanismus und Antikerezeption auf den Konzilien von Konstanz, Basel und Ferrara-Florenz, in: Grenzmann, Ludger – Grubmüller, Klaus u. a. (Hg.), Die Präsenz der Antike im Übergang vom Mittelalter zur frühen Neuzeit, Göttingen 2004, 9–54, ND in: Helmrath, Johannes, Wege des Humanismus: Studien zu Praxis und Diffusion der Antikeleidenschaft im 15. Jahrhundert. Ausgewählte Aufsätze, Tübingen 2013, 115–158.

– (– Müller, Heribert [Hg.]), Die Konzilien von Pisa (1409), Konstanz (1414–1418) und Basel (1431–1449). Institutionen und Personen [= VuF 67], Stuttgart 2007.

– (– Müller, Heribert) Zur Einführung, in: Dies. (Hg.), Konzilien 9–29.

– Schisma – Konzilien – Reform. Die Zeit der großen Konzilien (1409–1449), in: Kaufmann, Thomas – Kottje, Raymund (Hg.), Ökumenische Kirchengeschichte II, Darmstadt 2008, 133–165.

Herold, Vilém, Der Streit zwischen Hieronymus von Prag und Johann Gerson. Eine spätmittelalterliche Diskussion mit tragischen Folgen, in: Włodek, Sophie (Ed.), Société et Église. Textes et discussions dans les universités d'Europe centrale pendant le moyen âge tardif, Turnhout 1995, 77–89.

Herkommer, Hubert, Die Geschichte vom Leiden und Sterben des Jan Hus als Ereignis und Erzählung, in: Grenzmann, Ludger – Stackmann, Karl (Hg.), Literatur und Laienbildung im Spätmittelalter und in der Reformationszeit. Symposion Wolfenbüttel 1981, Stuttgart 1984, 114–147 [dazu Diskussionsbericht, ebd. 148–151].

Hilsch, Peter, Johannes Hus [um 1370–1415]. Prediger Gottes und Ketzer, Regensburg 1999.

– »Verlasset euch nicht auf die Fürsten«: Jan Hus und das Konstanzer Konzil, in: Damals 38/H.3 (2006) 24–31.

– Jan Hus – ein Reformator als Bedrohung von Reich und Kirche?, in: Machilek, Franz (Hg.), Die hussitische Revolution: religiöse, politische und regionale Aspekte, Köln u. a. 2012, 25–37.

Hlaváček, Ivan – Patschovsky, Alexander (Hg.), Reform von Kirche und Reich zur Zeit der Konzilien von Konstanz (1414–1418) und Basel (1431–1449). Konstanz-Prager Historisches Kolloquium (11.-17. Oktober 1993), Konstanz 1996.

Hledíková, Zdeňka, Hussens Feinde, in: Seibt (Hg.), Jan Hus 91–102.

Hoensch, Jörg K., Kaiser Sigismund. Herrscher an der Schwelle zur Neuzeit 1368–1437, München 1996 ND Darmstadt 1997. [*Detaillierte und quellengestützte Biographie zur Person des römischen Königs!*] (*)

Hoke, Rudolf, Der Prozeß des Jan Hus und das Geleit König Sigmunds, Ein Beitrag zur Frage nach der Kläger- und Angeklagtenrolle im Konstanzer Prozeß von 1414/1415, in: AHC 15 (1983) 173–193.

Hollnsteiner, Johannes, Studien zur Geschäftsordnung am Konstanzer Konzil. Ein Beitrag zur Geschichte des Parlamentarismus und der Demokratie, in: Abhandlungen aus dem Gebiet der mittleren und neueren Geschichte und ihrer Hilfswissenschaften. Fg. Heinrich Finke, Münster 1925, 240–257, ND in: Bäumer (Hg.), Konstanzer Konzil 121–142.

Hruza, Karel, Die Verbrennung von Jan Hus auf dem Konstanzer Konzil 1415, in: Scheibelreiter, Georg (Hg.), Höhepunkte des Mittelalters, Darmstadt 2004, 202–220, 248 f.

– (– Kaar, Alexandra [Hg.]), Kaiser Sigismund. Zur Herrschaftspraxis eines europäischen Monarchen (1368–1437), Wien-Köln-Weimar 2012.

Institut d'Estudis Catalans (Ed.), Jornades sobre el cisma d'occident a Catalunya, les Illes i el país Valencià I-II [durchgehende Seitenzählung!], Barcelona-Peníscola, 19–21 d'abril de 1979, Barcelona 1986/1988.

Izbicki, Thomas M., Papalist Reaction to the Council of Constance: Juan de Torquemada to the Present, in: ChH 55 (1986) 7–20, ND in: Ders., Friars and jurists. Selected studies, Goldbach 1997, 81–94.

– Reform and Obedience in Four Conciliar Sermons by Leonardo Dati, O.P., in: Ders. – Christopher M. Bellitto (Ed.), Reform and Renewal in the Middle Ages and the Renaissance. Studies in honor of Louis Pascoe, Leiden 2000, 174–192, ND in: Izbicki, Thomas M., Reform, ecclesiology, and the Christian life [= Variorum Collected Studies 893], Aldershot u. a. 2008, part I.

- Leonardo Dati's Sermon on the Circumcision of Jesus (1417), in: McMICHAEL, Steven J. – MYERS, Susan E. (Ed.), Friars and Jews in the Middle Ages and Renaissance, Leiden 2004, 191–198, ND in: IZBICKI, Thomas M., Reform, ecclesiology, and the Christian life [= Variorum Collected Studies 893], Aldershot u. a. 2008, part XI.

JÄHNIG, Bernhart A., Johann von Wallenrode O.T. Erzbischof von Riga, Königlicher Rat, Deutschordensdiplomat und Bischof von Lüttich im Zeitalter des Schismas und des Konstanzer Konzils (um 1370–1419), Bonn-Bad Godesberg 1970.

JASPERT, Nikolas, Das aragonesische Dilemma. Die Heimat Benedikts XIII. zwischen Obödienzstreit, herrschaftlichem Umbruch und internationaler Verflechtung, in: SIGNORI, Gabriela – STUDT, Birgit (Hg.), Das Konstanzer Konzil als europäisches Ereignis. Begegnungen, Medien und Rituale [= VuF 79], Ostfildern 2014 [im Druck].

JEDIN, Hubert, Bischöfliches Konzil und Kirchenparlament? Ein Beitrag zur Ekklesiologie der Konzilien von Konstanz und Basel, Basel 1963 ²1965, ND in: BÄUMER (Hg.), Entwicklung 198–228.

JOHANNES, Klaus-Frederic, [Rezension zu] W. Brandmüller, Das Konzil von Konstanz I/II, Paderborn u. a. ²1999/1997, in: ZSRG.K 90 (2004) 605–609.

KADLEC, Jaroslav, Mistr Mařik Rvačka na koncilu kostnickém [= Magister Mauritius Rvačka auf dem Konzil von Konstanz], in: Jaroslav PÁNEK – Miloslav POLÍVKA – Noemi REJCHRTOVÁ (Hg.), Husitství-Reformace-Renesance I. Sborník k 60. narozeninám doc. PhDr. Františka Šmahela DrSc, Praha 1994, 381–390 (dt. Zusammenfassung 390).
- Husovi odpurci [= Hussens Gegner (in tschechisch)], in: DRDA, Miloš – HOLECEK, František J. (Hg.), Jan Hus na prelomu tisíciletí (= Husitský Tábor. Supplementum 1), Tabor 2001, 325–342.

KAMINSKY, Howard, A History of the Hussite Revolution, Berkeley-Los Angeles 1967.

KEJŘ, Jiří, Husitský právník M. Jan z Jesenice [= Der hussitische Jurist M. Jan von Jesenice], Praha 1965.
- [Rezension zu] W. Brandmüller, Das Konzil von Konstanz I, Paderborn u. a. 1991, in: ZSRG.K 79 (1993) 494–498.
- M. Jan Hus a M. Štepán z Pálce, in: M. Jan Hus a M. Štepán z Pálce. Sborník z kolokvia uspořádaného referátem kulury Okresního úřadu Kladno 25. května 2000 v kláštere bosých karmelitánů ve Slaném, Kladno 2000, 14–30.
- [Rezension zu] W. Brandmüller, Das Konzil von Konstanz II, Paderborn u. a. 1997, in: ZSRG.K 86 (2000) 583–586.
- Husův proces [= Der Hus-Prozess (in tschechisch)], Praha 2000.
- Husův proces z hlediska práva kanonického [= Der Hus-Prozess aus dem Blickwinkel des kanonischen Rechts (in tschechisch)], in: DRDA, Miloš – HOLECEK, František J. (Hg.), Jan Hus na prelomu tisíciletí, Tábor 2001, 301–311.
- Die Causa Johannes Hus und das Prozessrecht der Kirche, Regensburg 2005. (*)
- K pramenům husova procesu: Tzv. Ordo procedendi [= Zu den Quellen des Husprozesses: Die s.g. Ordo procedendi (in tschechisch; mit dt. Zusammenfassung)], in: Právněhistorické studie 38 (2007) 57–67.
- Dekret kostnického koncilu o suspensi pražské university [= Das Dekret des Konstanzer Konzils über die Suspendierung der Prager Universität (in tschechisch; mit dt. Zusammenfassung)], in: Acta Universitatis Carolinae 47 (2007) 43–48.
- K Husovu procesu v Kostnici, in: Acta Universitatis Carolinae 48 (2008) 11–19.
- Jan Hus známý i neznámý (Resumé knihy, ktera nebude nasána), Prag 2009.

KELLY, Henry Ansgar, Trial procedures against Wyclif and Wycliffites in England and at the Council of Constance, in: The Huntington Library quarterly 61 (1999) 1–28, ND in: Ders., Inquisitions and other trial procedures in the medieval west, Aldershot 2001, 1–28.

Keupp, Jan – Schwarz, Jörg, Konstanz 1414–1418. Eine Stadt und ihr Konzil, Darmstadt 2013. [*Populär gehaltene Darstellung mit Ungenauigkeiten im Detail und mit manchmal schiefen und nicht immer zutreffenden Wertungen! Guter sozialgeschichtlicher Überblick zum Tagungsort des Konzils!*]

Kintzinger, Martin, Das Konzil konstruieren. König Sigismund und die internationale Kommunikation, in: Signori, Gabriele – Studt, Birgit (Hg.), Das Konstanzer Konzil als europäisches Ereignis. Begegnungen, Medien und Rituale [= VuF 79], Ostfildern 2014 [im Druck].

Koep, Leo, Die Liturgie der Sessiones Generales auf dem Konstanzer Konzil, in: Franzen – Müller (Hg.), Konzil von Konstanz 241–251.

Kohlschein, Franz, Die älteste deutsche Beschreibung der orthodoxen Liturgie in der Chronik des Ulrich von Richtental über das Konzil von Konstanz, in: ALW 29 (1987) 234–241.

Koller, Heinrich, Kaiser Siegmunds Kampf gegen Herzog Friedrich IV. von Österreich, in: Fahlbusch, Friedrich Bernward – Johanek, Peter (Hg.), Studia Luxemburgensia. FS Heinz Stoob, Warendorf 1989, 313–352.

Kramer, Hans, Das Meraner Bündnis Herzog Friedels mit der leeren Tasche mit Papst Johann XXIII., in: Der Schlern 15 (1934) 440–452.

Kraus, Andreas, Das Konzil von Konstanz. Anmerkung zu einer Neuerscheinung [= Rezension zu: W. Brandmüller, Das Konzil von Konstanz I/II, Paderborn u. a. 1991/1997], in: ZBLG 61 (1998) 455–463.

Krzenck, Thomas, Johannes Hus. Theologe, Kirchenreformer, Märtyrer [= Persönlichkeit und Geschichte 170], Gleichen u. a. 2011.

Kwiatkowski, Stefan, Der Deutsche Orden im Streit mit Polen-Litauen. Eine theologische Kontroverse über Krieg und Frieden auf dem Konzil von Konstanz (1414–1418) [= Beiträge zur Friedensethik 32], Stuttgart u. a. 2000.

Lehmann, Paul, Konstanz und Basel als Büchermärkte während der großen Kirchenversammlungen, in: Zeitschrift des deutschen Vereins für Buchwesen und Schrifttum 4 (1921) 6–11, 17–27, ND in: Ders., Erforschung des Mittelalters. Ausgewählte Abhandlungen und Aufsätze I, Leipzig 1941 (ND Stuttgart 1959), 253–280.

Lenfant, Jean, Histoire du concile de Constance, Amsterdam 1714 [2]1727, engl. Ausgabe: London 1730. [*Die Arbeit besitzt heute ausschließlich historiographischen Wert.*]

Lepper, Herbert, Aquensia zum Konzil von Konstanz, in: Helmrath, Johannes – Müller, Heribert (Hg.), Studien zum 15. Jahrhundert. FS für Erich Meuthen, München 1994, I 43–64.

Lewis, Anna L., Tyrannicide: heresy or duty? The debates at the council of Constance, Diss. Cornell Univ., Ithaca, N.Y. 1990.

Liebmann, Maximilian, Kirchliche Konfliktlösung am Beispiel des Konstanzer Konzils (1414–1418), in: Diakonia 31 (2000) 25–29.

Linehan, Peter, Papa Luna in 1415: A Proposal by Benedict XIII for the Ending of the Great Schism, in: English Historical Review 113 (1998) 91–98. [Appendix 94–98: Abdruck der Instruktion].

Löther, Andrea, Rituale im Bild: Prozessionsdarstellungen bei Albrecht Dürer, Gentile Bellini und in der Konzilschronik Ulrich Richentals, in: Mundus in imagine. Bildersprache und Lebenswelten im Mittelalter. Fg. für Klaus Schreiner, München 1996, 99–123.

Machilek, Franz, Hus in Konstanz. Zu einer Übersetzung der ‹relatio de magistro Joanne Hus' des Peter von Mladoňovic, in: ZRGG 18 (1966) 163–170.

– Art. »Hus/Hussiten«, in: TRE 15 (1986 ND 2008 [als Online-Version]) 710–735. (*)

Magaz Fernández, José Maria, Posiciones teológicas en el torno conciliarismo de Constanza, in: RET 58 (1998) 141–180. [*Gibt die Positionen der 60er-80er Jahre wieder; ohne neue Erkenntnisse!*]

MÁLYUSZ, Élemér, Das Konstanzer Konzil und das königliche Patronatsrecht in Ungarn, Budapest 1959.

MANDACH, Andre de, English ›Dramatic‹ Performances at the Council of Constance 1417, in: Records of Early English Drama Newsletter 2 (1982) 26–28.

MARCOTTE, Pierre (éd.), Humanisme et culture géographique à l'époque du Concile de Constance. Actes du Colloque de'l Universite de Reims, 18–19 novembre 1999, Turnhout 2002.

MARKOWSKI, Mieczyslaw, Universytet Krakowski a Sobory Pierwszej Połony XV wieku [= Die Krakauer Universität und die Konzilien in der ersten Hälfte des 15. Jahrhunderts], in: Acta Mediaevalia 12 (Lublin 1999) 177–213 (in polnisch; dt. Zusammenfassung 212 f.).

MARIN, Olivier, Orgueil et préjugé? Jean Gerson face á Jean Hus, in: HRDINA, Jan (Hg.), Pater familias: Sborník prispevku k životnímu jubileu Prof. Dr. Ivana Hlavácka, Praha 2002, 381–399.

MATTHIESSEN, Wilhelm, Ulrich Richentals Chronik des Konstanzer Konzils. Studien zur Behandlung eines universalen Großereignisses durch die bürgerliche Chronistik, in: AHC 17 (1985) 71–191, 323–455.

MAURER, Helmut, Geschichte der Stadt Konstanz. Konstanz im Mittelalter II: Vom Konzil bis zum Beginn des 16. Jahrhunderts, Konstanz 1989 [Kap. »Konstanz und sein Konzil (1414–1418)«, 9–47], (überarb.) [2]1996. (*)

– Das Konstanzer Konzil als städtisches Ereignis, in: HELMRATH – MÜLLER (Hg.), Konzilien 149–172. (*)

MERTENS, Dieter, Reformkonzilien und Ordensreform im 15. Jahrhundert, in: ELM, Kaspar (Hg.), Reformbemühungen und Observanzbestrebungen im spätmittelalterlichen Ordenswesen, Berlin 1989, 431–457.

MIERAU, Heike Johanna, Über Gerüchte schreiben. Quellen zur Gerüchteforschung vom Konstanzer Konzil (1414 – 1418), in: BROKOFF, Jürgen (Hg.), Die Kommunikation der Gerüchte, Göttingen 2008, 44–67.

– Fama als Mittel zur Herstellung von Öffentlichkeit und Gemeinwohl in der Zeit des Konziliarismus, in: KINTZINGER, Martin – SCHNEIDMÜLLER, Bernd (Hg.), Politische Öffentlichkeit im Spätmittelalter [= VuF 75], Ostfildern 2011, 237–286.

– Zur Bedeutung von publica vox und fama bei der Absetzung Papst Johannes' XXIII., in: LORI SANFILIPPO, Isa – RIGON, Antonio (a cura di), Fama e publica vox nel Medioevo: atti del convegno di studio svoltosi in occasione della XXI edizione del Premio internazionale Ascoli Piceno, Ascoli Piceno, Palazzo dei Capitani, 3–5 dicembre 2009, 47–70.

MIETHKE, Jürgen, Die Konzilien als Forum der öffentlichen Meinung im 15. Jahrhundert, in: DA 37 (1981) 736–773. (*)

– [Rezension zu] W. Brandmüller, Das Konzil von Konstanz I, Paderborn u. a. 1991, in: DA 47 (1991) 692–695.

– Kirchenreform auf den Konzilien des 15. Jahrhunderts. Motive – Methoden – Wirkungen, in: HELMRATH, Johannes – MÜLLER, Heribert (Hg.), Studien zum 15. Jahrhundert. FS für Erich Meuthen, München 1994, I 13–42.

– Konziliarismus – eine neue Doktrin einer neuen Kirchenverfassung?, in: HLAVÁČEK, Ivan – PATSCHOVSKY, Alexander (Hg.), Reform von Kirche und Reich zur Zeit der Konzilien von Konstanz (1414–1418) und Basel (1431–1449), Konstanz 1996, 29–59.

– Die Prozesse in Konstanz gegen Jan Hus und Hieronymus von Prag. Ein Konflikt unter Kirchenreformern? in: ŠMAHEL, František – MÜLLER-LUCKNER, Elisabeth (Hg.), Häresie und vorzeitige Reformation im Spätmittelalter, München 1998, 147–167.

– [Rezension zu] W. Brandmüller, Das Konzil von Konstanz II, Paderborn u. a. 1997, in: DA 56 (2000) 313 f.

– Raumerfassung und Raumbewußtsein auf den Allgemeinen Konzilien des Spätmittelalters. Die Repräsentanz der Regionen in der Entwicklung der Geschäftsordnung vom 13. zum 15. Jahrhundert, in: Moraw, Peter (Hg.), Raumerfassung und Raumbewußtsein im späteren Mittelalter [= VuF 49], Stuttgart 2002, 127–154.
– Die Konzilien des 15. Jahrhunderts als Drehscheibe internationaler Beziehungen, in: Krimm, Konrad – Brüning, Rainer (Hg.), Zwischen Habsburg und Burgund. Der Oberrhein als europäische Landschaft im 15. Jahrhundert, in: Oberrheinische Studien 21 (2003) 257–274.
– Die großen Konzilien des 15. Jahrhunderts als Medienereignis. Kommunikation und intellektueller Fortschritt auf den Großtagungen, in: Cesalli, Laurent a.o. (ed.), University, council, city: intellectual culture on the Rhine (1300 – 1550). Acts of the XIIth international colloquium of the Société Internationale pour l'Étude de la Philosophie Médiévale, Freiburg im Breisgau, 27–29 October 2004, Turnhout 2007, 291–322.
– Lavoro e festa nei concili del tardo medioevo, in: Rigon, Antonio (a cura di), Festa e politica e politica della festa nel Medioevo: atti del convegno di studio svoltosi in occasione della XVIII edizione del Premio internazionale Ascoli Piceno, Ascoli Piceno, Palazzo dei Capitani, 1–2 dicembre 2006, Roma 2008, 233–250.
– Heiliger Heidenkrieg? Theoretische Kontroversen zwischen Deutschem Orden und dem Königreich Polen vor und auf dem Konstanzer Konzil, in: Schreiner, Klaus – Müller-Luckner, Elisabeth (Hg.), Heilige Kriege. Religiöse Begründungen militärischer Gewaltanwendung: Judentum, Christentum und Islam im Vergleich, München 2008, 109–125.
– Formen der Repräsentation auf Konzilien des Mittelalters, in: Peltzer, Jörg – Schwedler, Gerald – Többelmann, Paul (Hg.), Politische Versammlungen und ihre Rituale [= Mittelalter-Forschungen 27], Ostfildern 2009, 21–36.

Millet, Hélène, Fin du Grand schisme d'Occident: la résolution de la rupture en obédiences, in: Europa e Italia: Studi in onore di Giorgio Chittolini, Firenze 2011, 309–328.

Minnich, Nelson H., The Changing Status of the Theologians in the General Councils of the West: Pisa (1409) to Trent (1545–63), in: AHC 30 (1978) 196–229 (ND in: Ders., Councils of the Catholic Reformation: Pisa I [1409] to Trent [1545–1563], Aldershot 2008, no. IV).
– Councils of the Catholic Reformation (Pisa I to Trent): An Historiographical Survey, in: AHC 32 (2000) 303–337; in erweiterter Form: Councils of the Catholic Reformation, in: Christianson, Gerald – Izbicki, Thomas M. – Bellitto, Christopher M. (Ed.), The Church, the Councils, and Reform: the Legacy of the Fifteenth Century, Washington, D.C. 2008, 27–59.
– The first printed Editions of the modern Councils: from Konstanz to Lateran V (1499–1526), in: AISIG 29 (2003) 447–468 (ND in: Ders., Councils of the Catholic Reformation: Pisa I [1409] to Trent [1545–1563], Aldershot 2008, no. III).
– The Role of Schools of Theology in the Councils of the Late Medieval and Renaissance Periods: Konstanz to Lateran V, in: AHC 35 (2003) 50–85, bes. 53–61 (ND in: Ders., Councils of the Catholic Reformation: Pisa I [1409] to Trent [1545–1563], Aldershot 2008, no. VII).
– Councils of the Catholic Reformation: Pisa I (1409) to Trent (1545–1563), Aldershot 2008 [*Sammlung verschiedener Aufsätze des Autors zum Thema*].

Morrissey, Thomas E., The Decree ‹*Haec Sancta*› and Cardinal Zabarella. His Role in its Formulation and Interpretation, in: AHC 10 (1978) 145–176.
– Franciscus Zabarella (1360–1417): papacy, community and limitations upon authority, in: Lytle, Guy Fitch (Ed.), Reform and Authority in the Medieval and Reformation Church, Washington, D.C. 1981, 37–54.

– Emperor-elect Sigismund, Cardinal Zabarella, and the council of Constance, in: CHR 69 (1983) 353–370.
– The Call for Unity at the Council of Constance: Sermons and Addresses of Cardinal Zabarella, 1415–1417, in: ChH 53 (1984) 307–318.
– Cardinal Franciscus Zabarella (1360–1417) as a Canonist and the crisis of his age: Schism and the Council of Constance, in: ZKG 96 (1985) 196–208.
– »More Easily and More Securely«: Legal Procedure and Due Process at the Council of Constance, in: SWEENEY, James Ross – CHODOROW, Stanley (Ed.), Popes, Teachers and Canon Law in the Middle Ages, Ithaka/NY 1989, 234–247.
– Canonists in Crisis ca. 1400–1450: Pisa, Constance, Basel, in: IZBICKI, Thomas – BELLITTO, Christopher M. (ed.), Nicholas of Cusa and his age: intellect and spirituality, Essays dedicated to the memory of Edward Cranz, Thomas P. McTighe and Charles Trinkaus, Leiden 2002, 63–75.

MÜLLER, Heribert, Art. »Abendländisches Schisma«, in: LThK³ 1 (1993, ND 2006) 24–30.
– Der französische Frühhumanismus um 1400. Patriotismus, Propaganda und Historiographie, in: HELMRATH, Johannes – MUHLACK, Ulrich – WALTER, Gerrit (Hg.), Diffusion des Humanismus. Studien zur nationalen Geschichtsschreibung europäischer Humanisten, Göttingen 2002, 318–376, ND in: MÜLLER, Heribert, Frankreich, Burgund und das Reich im späten Mittelalter – Ausgewählte Aufsätze, hg. v. Gabriele ANNAS u. a., Tübingen 2011, 156–203.
– Konzilien des 15. Jahrhunderts und Zweites Vatikanisches Konzil. Historiker und Theologen als Wissenschaftler und Zeitgenossen, in: HEIN, Dieter – HILDEBRAND, Klaus – SCHULZ, Andreas (Hg.), Historie und Leben. Der Historiker als Wissenschaftler und Zeitgenosse. FS für Lothar Gall zum 70. Geburtstag, München 2006, 115–135; ND in: ThR 103 (2007) 1–17.
– Universitäten und Gelehrte auf den Konzilien von Pisa (1409), Konstanz (1414–1418) und Basel (1431–1449), in: SCHWINGES, Rainer Christoph (Hg.), Universität, Religion und Kirchen, Basel 2011, 109–144.
– Die kirchliche Krise des Spätmittelalters: Schisma, Konziliarismus und Konzilien (= Enzyklopädie Deutscher Geschichte 90), München 2012. [*Ein präziser, auf dem neuesten Forschungsstand beruhender Überblick mit zutreffenden Interpretationen und Wertungen!*] (*)
– Kirche in der Krise: I. Das große abendländische Schisma (1378 – 1417) / II. Die Konzilien von Konstanz und Basel – am Vorabend der Reformation, in: HERBERS, Klaus – SCHULLER, Florian (Hg.), Europa im 15. Jahrhundert: Herbst des Mittelalters – Frühling der Neuzeit?, Regensburg 2012, 10–21; 22–36.

MÜLLER, Wolfgang, Der Widerschein des Konstanzer Konzils in den deutschen Städtechroniken, in: FRANZEN – MÜLLER (Hg.), Konzil von Konstanz 447–468.

MUREŞAN, Dan Ioan, Une histoire de trois empereurs: Aspects des relations de Sigismond de Luxembourg avec Manuel II et Jean VIII Paléologue, in: MITSIOU, Ekaterini (Ed.), Emperor Sigismund and the orthodox world, Wien 2010, 41–101, bes. 74–81.

NIGHMAN, Chris, Reform and Humanism in the Sermons of Richard Fleming at the Council of Constance (1417), (Ph.D. diss.) University of Toronto 1996, 267–426.
– New dating for *Ecce sedes posita in caelo*: A sermon by Richard Fleming at the Council of Constance, in: Notes and Queries n.s. 42 (1995) 433 f.
– Hermann von der Hardt's *MSCt Erfurtensis*: A Major Source for His Editions of Sermons from the Council of Constance, in: Medieval Sermon Studies 38 (1996) 38–45.
– Another look at the English staging of an Epiphany Play at the Council of Constance, in: Records of Early English Drama Newsletter 2 (1997) 11–18, auch »jps.library.utoronto.ca/index.php/reed/article/viewFile/10001/6947«.

– Accipiant qui vocati sunt: Richard Fleming's reform sermon at the Council of Constance, in: JEH 51 (2000) 1–36.
– Confronting Heinrich Finke's Stettin Mariengymnasium Ms 33: a contribution to conciliar sermon studies, in: Codices 36 (2001) 13–30.
– Rhetorical self-construction and its political context in Richard Fleming's reform sermon for Passion Sunday at the Council of Constance, in: AHC 33 (2001) 405–425.
– Prudencia, Plague and the Pulpit: Richard Fleming's Eulogy for Robert Hallum at the Council of Constance, in: AHC 38 (2006) 183–198.
– (– Stump, Phillip H.) New Bibliographical Register of the Sermons and other Speeches delivered at the Council of Constance (1414–18), in: Medieval sermon studies 50 (2006) 71–84.
– (– Vallery-Radot, Sophie), Bernardus Baptizatus (Bernard de la Planche) and the Sermon *Sedens docebat turbas* at the Council of Constance, in: AHC 38 (2006) 313–320.
– Citations of ›Noster‹ John Pecham in Richard Fleming's Sermon for Trinity Sunday: Evidence for the Political Use of Liturgical Music at the Council of Constance, in: Medieval sermon studies 52 (2008) 31–41.

Oakley, Francis, The Political Thought of Pierre d'Ailly: the Voluntarist Tradition, New Haven-London 1964.
– Gerson as Conciliarist, in: McGuire, Brian Patrick (Ed.), A Companion to Jean Gerson, Leiden-Boston 2006 (Tb. 2011), 179–204.

Ortalli, Gherardo, Art. »Gregorio XII«, in: Enciclopedia dei Papi II (2000) 584–593. [*Erschöpfende Bibliographie!*]
– Art. »Gregorio XII, papa«, in: DBI 59 (2002) 195–204.

Ourliac, Paul, Das Schisma und die Konzilien (1378–1449) [dt. Bearbeitung: Bernhard Schimmelpfennig], in: Die Geschichte des Christentums. Religion – Politik – Kultur VI: Mollat du Jourdin, Michel – Vauchez, André (Hg.), Die Zeit der Zerreißproben (1274–1449), Freiburg u. a. 1991 ND 2010, 75–123.

Paravicini, Werner, Signes et couleurs au Concile de Constance: le témoignage d'un héraut d'armes portugais, in: Turrel, Dennis (éd.), Signes et couleurs des identités politiques: du Moyen Âge à nos jours. Colloque international organisé par l'Université de Poitiers, 14–16 juin 2007, Rennes 2008, 155–187 + Farbtafeln XVIII-XXII, ND in: Paravicini, Werner, Noblesse: Studien zum adeligen Leben im spätmittelalterlichen Europa. Gesammelte Aufsätze, Ostfildern 2012, 539–570.
– Das Schwert in der Krone, in: Felten, Franz Josef u. a. (Hg.), Institution und Charisma. FS für Gert Melville zum 65. Geburtstag, Köln u. a. 2009, 279–304, ND in: Paravicini, Werner, Noblesse: Studien zum adeligen Leben im spätmittelalterlichen Europa. Gesammelte Aufsätze, Ostfildern 2012, 571–598.

Partner, Peter D., The Papal State under Martin V., The administration and government of the temporal power in the early fifteenth century, London 1958.

Pascoe, Louis B., Jean Gerson: Principles of Church Reform, Leiden 1973.
– Theological Dimensions of Pierre d'Ailly's Teaching on the Papal Plenitude of Power, in: AHC 11 (1979) 357–366.
– Church and reform: bishops, theologians, and canon lawyers in the thought of Pierre d'Ailly (1351 – 1420), Leiden u. a. 2005.

Patschovsky, Alexander, Ekklesiologie bei Johannes Hus, in: Boockmann, Hartmut – Moeller, Bernd – Stackmann, Karl (Hg.), Lebenslehren und Weltentwürfe im Übergang vom Mittelalter zur Neuzeit. Politik-Bildung-Naturkunde-Theologie. Bericht über Kolloquien der Kommission zur Erforschung der Kultur des Spätmittelalters 1983–1987 [= AAWG.PH 3,179], Göttingen 1989, 370–429.

– Der Reformbegriff zur Zeit der Konzilien von Konstanz und Basel, in: HLAVÁČEK, Ivan – PATSCHOVSKY, Alexander (Hg.), Reform von Kirche und Reich zur Zeit der Konzilien von Konstanz (1414–1418) und Basel (1431–1449), Konstanz 1996, 7–28.
– Der italienische Humanismus auf dem Konstanzer Konzil (1414–1418), Konstanz 1999.
– Das Gewissen als Letztinstanz. Wahrheit und Gehorsam im Kirchenverständnis von Jan Hus, in: POTESTÀ, Gian Luca (Hg.), Autorität und Wahrheit: kirchliche Vorstellungen, Normen und Verfahren (13. – 15. Jahrhundert), München 2012, 147–158.

PAULY, Michel – REINERT, François (Hg.), Sigismund von Luxemburg. Ein Kaiser in Europa, Mainz 2006.

PEDRETTI, Marco, A Catalan diplomat, theologian and preacher at the Council of Constance: master Felip de Malla, in: Revue des sciences religieuses 86 (2012) 143–161.

PERARNAU I ESPELT, Josep, Felip de Malla. Correspondència política (1425–1430) I: Introducció, Barcelona 1978.
– El punt de ruptura entre Benet XIII i Sant Vicent Ferrer, in: CORTS I BLAY, Ramón (ed.), Miscel.lànea Àngel Fàbrega, Barcelona 1998 (= Analecta Sacra Tarraconensia 71 [1998]), 625–651.

PETER, Hermann Georg, Die Informationen Papst Johanns XXIII. und dessen Flucht von Konstanz bis Schaffhausen, (Diss.) Freiburg 1926.

PICHLER, Isfried H., Die Verbindlichkeit der Konstanzer Dekrete. Untersuchungen zur Frage der Interpretation und Verbindlichkeit der Superioritätsdekrete Haec Sancta und Frequens, Wien 1967.

PODSKALSKY, Gerhard, L'intervention de Grigorij Camblak, métropolit de Kiev, au concile de Constance (février 1418), in: Revue des Ètudes Slaves 70 (1988) 289–297.

POSTHUMUS MEYJES, G. M. H., Jean Gerson: Apostle of Unity, Leiden 1999.

PRINZHORN, Walter, Die Verhandlungen Sigismunds mit Benedikt XIII. und seiner Obedienz in Perpignan August – September 1415, (Diss. 1925) Freiburg 1926.

PROVVIDENTE, Sebastian, »Factum hereticale, representatio et ordo iuris«: le procès contre Jean Hus au Concile de Constance (1414–1418), in: Temas medievales 17 (2009) 103–138.
– Inquisitorial Process and Plenitudo Potestatis at the Council of Constance (1414–1418), in: The Bohemian Reformation and Religious Practise [= Filosofický časopis, Supplementum 3] 8 (2011) 98–114.
– »Interdictum aut intimatio«. Il viaggio come strategia processuale: Hus verso il Concilio di Costanza (1414), in: CARDINI, Franco – GAGLIARDI, Isabella (a cura di), Questo nomade nomade mondo: la necessità del viaggio tra Medioevo ed età moderna, Bologna 2011, 155–188.
– The synodial practices of the Council of Constance (1414–1418): Between symbol and trace, in: Les nouveaux horizons de l'ecclésiologie: du discours clérical à la science du social (= Bulletin du centre d'études médiévales d'Auxerre 7 [Auxerre 2013] o.Pag.).
– »Causa unionis, fidei, reformationis«: les pratiques judiciaires et la définition de l'autorité du Concile de Constance (1414–1418), in: Médiévales 65 (2013) 155–178.

PRÜGL, Thomas, Antiquis iuribus et dictis sanctorum conformare. Zur antikonziliaristischen Interpretation von Haec Sancta auf dem Basler Konzil, in: AHC 32 (1999) 72–143.
– Il decreto di superiorità? ›Haec Sancta‹ di Costanza e la sua ricezione al concilio di Basilea, in: ACERBI, Antonio (a cura di), Il ministero del Papa in prospettiva ecumenica. Atti del Colloquio, Milano, 16–18 aprile 1998, Milano 1999, 111–128.

RADZIEJOWSKA, I. M., Sermon conciliaire de Poggio Bracciolini, in: Przegląd Tomistyczny 8 (2000) 362–396.

RAPP, Keith Duane, The effects of William of Ockham, Jean Gerson and Pierre d'Ailly on the decrees of the Council of Constance, Louisville, Ky. 2001.

Rathmann, Thomas, Geschehen und Geschichten des Konstanzer Konzils: Chroniken, Briefe, Lieder und Sprüche als Konstituenten eines Ereignisses, München 2000.

– Eine Schlacht der Worte und Bilder. Das Konstanzer Konzil als Medienereignis ersten Ranges, in: Jeismann, Michael (Hg.), Das 15. Jahrhundert. Alte und neue Mächte, München 2000, 51–56.

– Beobachtung ohne Beobachter? Der schwierige Umgang mit dem historischen Ereignis am Beispiel des Konstanzer Konzils, in: Helmrath – Müller (Hg.), Konzilien 95–106.

Revest, Clémence, Romam veni. L'humanisme à la fin du Grand Schisme, d'Innocent VII au concile de Constance (1404–1417), (Diss. Université de Paris) 2012.

Robertshaw, Alan, Reimpublizistik und Lieddichtung am Konstanzer Konzil. Zum historisch-politischen Gedicht des Spätmittelalters, in: Edwards, Cyrill – Hellgardt, Ernst – Ott, Norbert C. (Hg.), Lied im deutschen Mittelalter. Überlieferung, Typen, Gebrauch. Chiemsee-Kolloquium 1991, Tübingen 1996, 245–266.

Robiglio, Andrea A., Les usages politiques du savoir: le Concile de Constance (1414–1418), théâtre d'action de l'autorité magistériale, in: Bulletin de philosophie médiévale 51 (2009) 77–82.

Rubio Sacristán, José-Antonio, La política de Benedicto XIII desde la substracción de Aragón a su obediencia hasta su destitución en el concilio de Constanza (enero de 1416 a julio de 1417), (Diss. Freiburg) Zamora 1926.

Rusconi, Roberto, Vicent Ferrer e Pedro de Luna: sull'iconografia di un predicatore fra due obbedienzie, in: Conciliarismo, Stati nazionali, inizi dell'Umanesimo. Atti del XXV Convegno Storico Internazionale, Todi, 9 – 12 ottobre 1988, Spoleto 1990, 213–234, ND in: Pavone, Mario Alberto (a cura di), Modelli di lettura iconografica. Il panorama meridionale, Napoli 1999, 49–68.

Rychterová, Pavlína, Liturgia ereticale: le lettere di Jan Hus come fondamento dell'ufficio utraquista nella Boemia del secolo XV, in: Rivista di storia del cristianesimo 5 (2008) 131–140.

– Die Verbrennung von Johannes Hus als europäisches Ereignis: Öffentlichkeit und Öffentlichkeiten am Vorabend der hussitischen Revolution, in: Kintzinger, Martin – Schneidmüller, Bernd (Hg.), Politische Öffentlichkeit im Spätmittelalter [= VuF 75], Ostfildern 2011, 361–383.

Schelle, Klaus, Das Konstanzer Konzil (1414–1418). Eine Reichsstadt im Brennpunkt europäischer Politik, Konstanz 1996 [2]2010. [*Populär gehaltene Darstellung; wisssenschaftlichen Ansprüchen nur bedingt genügend!*]

Schenk, Gerrit Jasper, Sehen und gesehen werden. Der Einzug König Sigismunds zum Konstanzer Konzil 1414 im Wandel von Wahrnehmung und Überlieferung. Am Beispiel von Handschriften und frühen Augsburger Drucken der Richental-Chronik, in: Mauelshagen, Franz (Hg.), Medien und Weltbilder im Wandel der Frühen Neuzeit, Augsburg 2000, 71–106 (mit Illustrationen).

– Zeremoniell und Politik. Herrschereinzüge im spätmittelalterlichen Reich, Köln-Weimar-Wien 2003.

Schimmelpfennig, Bernhard, Zum Zeremoniell auf den Konzilien von Konstanz und Basel, in: QFIAB 49 (1969) 273–292.

– Die Degradation von Klerikern im späten Mittelalter, in: ZRGG 34 (1982) 305–323.

Schmidt, Hans-Joachim, Kirche, Staat, Nation. Raumgliederung der Kirche im mittelalterlichen Europa, Weimar 1999, hier 440–512 (zu den Konzilsnationen).

– Was ist eine Nation? Debatten auf den Konzilien des 15. Jahrhunderts, in: Bosshart-Pfluger, Catherine u. a. (Hg.), Nation und Nationalismus in Europa. Kulturelle Konstruktion von Identitäten. FS für Urs Altermatt, Frauenfeld 2002, 139–154.

SCHMIDT, Tilmann, König Sigmund und Johannes Hus, in: DERS. – GUNST, Péter (Hg.), Das Zeitalter König Sigmunds in Ungarn und im Deutschen Reich, Debrecen 2000, 145–159.

SCHNEIDER, Hans, Der Konziliarismus als Problem der neueren katholischen Theologie. Die Geschichte der Auslegung der Konstanzer Dekrete von Febronius bis zur Gegenwart, Berlin-New York 1976.

– Die Siegel des Konstanzer Konzils. Ein Beitrag zur Geschichte der spätmittelalterlichen Reformkonzile, in: AHC 10 (1978) 310–345.

SCHNEIDER, Herbert, »(. . .) cum forma sit de essentia rei«. Konzilsliturgie im Konziliarismus, in: ERDÖ, Peter – SZUROMI, Szabolcs Anzelm (Ed.), Proceedings of the Thirteenth International Congress of Medieval Canon Law, Esztergom, 3–8 August 2008, Città del Vaticano 2010, 731–746.

SCHOENSTEDT, Friedrich, Der Tyrannenmord im Spätmittalter. Studien zur Geschichte des Tyrannenbegriffs und der Tyrannenmordtheorie insbesondere in Frankreich, Berlin 1938 (zugleich Diss. Leipzig 1936 u.d.T.: Studien zum Begriff des Tyrannen und zum Problem des Tyrannenmordes im Spätmittelalter, insbesondere in Frankreich).

SCHULER, Manfred, Die Musik in Konstanz während des Konzils von 1414–1418, in: Acta Musicologica 38 (1966) 150–168.

SCHWEITZER, Franz-Josef, Das Lehrgedicht »Des Teufels Netz« und die Konzilien von Konstanz und Basel, in: FLUELER, Christoph – ROHDE, Martin (Hg.), Laster im Mittelalter / Vices in the Middle Ages, Berlin – New York 2009, 125–137.

SEIBT, Ferdinand, Die revelatio des Jacobellus von Mies über die Kelchkommunion, in: DA 22 (1966) 618–624, ND in: DERS., Hussitenstudien 113–120.

– Hussitenstudien. Personen, Ereignisse, Ideen einer frühen Revolution, München 1987 ²1991. [*Sammlung wichtiger Aufsätze des Autors!*]

– Jan Hus. Das Konstanzer Gericht im Urteil der Geschichte, Fürth 1993.

– Nicht überführt und nicht geständig. Jan Hus in Konstanz, in: SCHULTZ, Uwe (Hg.), Große Prozesse. Recht und Gerechtigkeit in der Geschichte, München 1996 ³2001, 89–102 (Tschechische Ausgabe: ›Neodvolám!‹ Jan Hus před koncilem kostnickým, in: SCHULTZ, Uwe [Ed.], Velké procesy: Právo a spravedlnost v dějinách, Praha 1997, 84–97).

– (Hg.), Jan Hus. Zwischen Zeiten, Völkern, Konfessionen, München 1997. (*)

SIEBEN, Hermann Josef, Traktate und Theorien zum Konzil. Vom Beginn des Großen Schismas bis zum Vorabend der Reformation (1378–1521), Frankfurt 1983.

– Aristoteles bei Konstanzer und Basler Konziliaristen, in: DOMÍNGUEZ, Fernando et alii (Ed.), Aristotelica et Lulliana magistro doctissimo Charles H. Lohr septuagesimum annum feliciter agenti dedicata, Steenbrugis (Abbatia s. Petri) 1995, 129–153.

– Zur Entstehung und Eigenart der Konziliensammlung des Severin Binius (1. Auflage, Köln 1606), in: AHC 30 (1998) 387–415 (ND in: DERS., Studien zur Gestalt und Überlieferung der Konzilien, Paderborn u. a. 2005, 267–292).

– Die Konzilsgeschäftsordnungen von Konstanz bis Vatikan II und ihre älteren Vorstufen. Ein Überblick, in: AHC 32 (2000) 338–370, bes. 347–352 (ND in: DERS., Studien zur Gestalt und Überlieferung der Konzilien, Paderborn u. a. 2005, 123–152).

– Augustinus-Rezeption in Konzilien von seinen Lebzeiten bis zum Zweiten Vatikanum, in: Theologie und Philosophie 84 (2009) 161–198.

SIEGMANN, Maren, Hoppäzgen zum Wucherpreis? Fallbeispiel: Ernährung in Konstanz 1414–1418, in: Archäologische Informationen 28 (2005) 79–99.

SIGNORI, Gabriela – STUDT, Birgit (Hg.), Das Konstanzer Konzil als europäisches Ereignis. Begegnungen, Medien und Rituale [= VuF 79], Ostfildern 2014 [im Druck]. (*)

Šmahel, František, Mistr Jeroným Prazský na soudu dìjin [= Magister Hieronymus von Prag im Urteil der Geschichte (in tschechisch)], in: Drda, Miloš – Holecek, František J. (Hg.), Jan Hus na prelomu tisíciletí (= Husitský Tábor. Supplementum 1), Tabor 2001, 313–324.

– Akta kostnického procesu mistra Jeronýma Pražského [= Die Akten des Konstanzer Prozesses gegen Magister Hieronymus von Prag (in tschechisch)], in: Studie o rukopisech 34 (2001) 65–96.

– Die hussitische Revolution I-III [= MGH.Schriften 43,1–3], Hannover 2002. [*Monumentales Werk mit ausführlichem Analyseteil zu den politischen und sozialen Rahmenbedingungen der Epoche bis zum Jahr 1437 – plus einem weiterführenden Ausblick!*]

– The »Acta« of the Constance trial of Master Jerome of Prague, in: Barr, Ellen (Ed.), Text and controversy from Wyclif to Bale. Essays in honour of Anne Hudson, Turnhout 2005, 323–334.

– Johannes Hus und Hieronymus von Prag vor dem Gericht des Konzils und vor dem Gericht der Geschichte, in: Ders., Konstanzer und Prager Begegnungen, Konstanz 2007, 13–43.

– Die Prager Universität und der Hussitismus, in: Ders., Die Prager Universität im Mittelalter = The Charles University in the Middle Ages. Gesammelte Aufsätze, Leiden u. a. 2007, 172–195.

– Život a dílo Jeronýma Pražského. Zpráva o výzkumu [= Leben . . . (auf Tschechisch)], Praha 2010.

– Polemik über die kulturelle und andere Überlegenheit der Tschechen und Deutschen auf dem Konstanzer Konzil, in: Pešek, Jiří (Hg.), Neue tschechische Interpretationen der Fragen des tschechisch-deutschen Zusammenlebens: 47. Historikertag, Dresden 2008. Die Vorträge der tschechischen Gastsektion, Magdeburg 2011, 9–20.

Stejskal, Karel, Obvinûní mistra Jeronýma Pražkého z ikonoklasmu a modláfiství na kostnickém koncilu [= Die Anklagen gegen Mag. Hieronymus von Prag wegen Bilderstürmerei und Götzendienst auf dem Konstanzer Konzil], in: Pánek, Jaroslav – Polívka, Miloslav – Rejchrtová, Noemi (Hg.), Husitství-Reformace-Renesance I. Sborník k 60. narozeninám doc. PhDr. Františka Šmahela DrSc, Praha 1994, 369–380 (dt. Zusammenfassung 380).

Studt, Birgit, Papst Martin V. (1417–1431) und die Kirchenreform in Deutschland, Köln u. a. 2004.

– Zwischen Kurfürsten, Kurie und Konzil. Die Hussitenpolitik König Sigismunds, in: Pauly – Reinert (Hg.), Sigismund 113–125.

– Das Konstanzer Konzil und die gegenwärtige historische Forschung, Vortrag auf dem Symposion zum Konstanzer Konzil am 22./23. Januar 2010, Schloss Hersberg, Immenstaad/Bodensee [»www.konstanzer-konzil.de/cms/upload/Vortraege/Vortrag-Studt.pdf«].

Stuhr, Friedrich, Die Organisation und Geschäftsordnung des Pisaner und Konstanzer Konzils, (Diss. Berlin) Schwerin 1891.

Stump, Phillip H., Reform in head and members: the reform ideas of the council of Constance (1414–1418), (Diss. Univ. of California) Los Angeles 1978.

– The Reform of Papal Taxation at the Council of Constance (1414–1418), in: Spec. 64 (1989) 69–105.

– The Reforms of the Council of Constance (1414–1418), Leiden-New York-Köln 1994. (*)

– The Official Acta of the Council of Constance in the Edition of Mansi, in: Mayali, Laurent – Tibbets, Stephanie A. J. (Ed.), The Two Laws. Studies in Medieval Legal History dedicated to Stephan Kuttner, Washington D.C. 1990, 221–239.

– (– NIGHMAN, Chris L.), A New Bibliographical Register of the Sermons and other Speeches delivered at the Council of Constance (1414–18), in: Medieval sermon studies 50 (2006) 71–84.
– The Council of Constance (1414–18) and the End of the Schism, in: ROLLO-KOSTER, Joëlle – IZBICKI, Thomas M. (Ed.), A Companion to the Great Western Schism, Leiden-Boston 2009, 395–442. (*)
SUÁREZ FERNÁNDEZ, Luis, Benedicto XIII – ¿Antipapa o Papa? (1328–1423), Barcelona 2002.
TAKÁCS, Imre (Hg.), Sigismundus. Rex et imperator, Kunst und Kultur zur Zeit Sigismunds von Luxemburg 1387–1437 – Ausstellungskatalog, Mainz 2006.
TINTEROFF, Natacha-Ingrid, The Councils and the Holy Spirit: Liturgical Perspectives, CHRISTIANSON, Gerald – IZBICKI, Thomas M. – BELLITTO, Christopher M. (Ed.), The Church, the Councils, and Reform: the Legacy of the Fifteenth Century, Washington, D.C. 2008, 140–154.
– Assemblée conciliaire et liturgie aux conciles de Constance et Bâle, in: CrSt 26 (2005) 395–425.
TRENNERT-HELWIG, Mathias, Konstanzer Konzil kompakt 1414–1418. Verlauf – Personen – Orte, Konstanz 2013. [*Populär gehaltene Kurzeinführung!*]
TÜCHLE, Hermann, Die Stadt des Konzils und ihr Bischof, in: FRANZEN – MÜLLER (Hg.), Konzil von Konstanz 55–66.
UGINET, François-Charles, Art. »Giovanni XXIII«, in: DBI 55 (2000) 621–627.
– Art. »Giovanni XXIII, antipapa«, in: Enciclopedia dei Papi II (2000) 614–619.
VALLERY-RADOT, Sophie, Les clercs français du Midi au concile de Constance, in: Le Midi et le Grand Schisme d'Occident, Toulouse 2004, 443–460.
– Benoît Gentien et la défense des intérêts de l'Université de Paris au Concile de Constance, in: RevSR 85 (2011) 391–409.
– Les Français à Constance: participation au concile et construction d'une identite nationale (1414–1418), (Thèse Université de Lyon 2) Lyon 2011. [nur in elektron. Form]
VAVRA, Elisabeth, »Te deum laudamus«. Kirchliche Feier zur Zeit des Konstanzer Konzils, in: SCHULTZ, Uwe (Hg.), Das Fest. Eine Kulturgeschichte von der Antike bis zur Gegenwart, München 1988, 127–139.
VÁZQUEZ JANEIRO, Isaac, Una colección de documentos del Concilio de Constanza, in: Revista Española de Derecho Canónico 46 (1989) 115–126.
– »Nominetur ille doctor«. El ultimo deseo incumplido de Juan Hus en Costanza, in: Anton. 66 (1991) 265–300.
– El decreto »Haec Sancta« de Constanza. La más antigua formulación de su ›iter‹ conciliar, in: Peter LINEHAN (Ed.), Life, law and letters. Historical studies in honour of Antonio García y García, Roma 1998, II 863–882.
VIDMANOVÁ-SCHMIDTOVÁ, Anežka, Zitationsprobleme zur Zeit des Konstanzer Konzils, in: Communio viatorum 40 (1998) 16–32.
WEISE, Erich (Hg.), Die Staatsschriften des Deutschen Ordens in Preußen im 15. Jahrhundert I: Die Traktate vor dem Konstanzer Konzil (1414–1418) über das Recht des deutschen Ordens am Lande Preußen, Göttingen 1970.
WEISS, Martin, Cesta M. Jana Husa do Kostnice – glejt Zikmunduv, in: M. Jan Hus a M. Štepán z Pálce. Sborník z kolokvia uspořádaného referátem kulury Okresního úřadu Kladno 25. května 2000 v klåštere bosých karmelitánů ve Slaném, Kladno 2000, 30–32.
WEISS, Sabine, Salzburg und das Konstanzer Konzil (1414–1418). Ein epochales Ereignis aus lokaler Perspektive – Die Teilnehmer aus der Erzdiözese Salzburg einschließlich der Eigenbistümer Gurk, Chiemsee, Seckau und Lavant, in: Mitteilungen der Gesellschaft für Salzburger Landeskunde 132 (1992) 143–307.

– Herzog Friedrich IV. auf dem Konstanzer Konzil. Neue Dokumente zum Konflikt der Tiroler Landesfürsten mit König Sigismund, in: Tiroler Heimat 57 (1993) 31–56.

– Salzburg und das Konstanzer Konzil (1414–1418). Register – Nachträge – Korrekturen, in: Mitteilungen der Gesellschaft für Salzburger Landeskunde 134 (1994) 173–189.

Weissen, Kurt, I banchieri fiorentini ai concili di Costanza e Basilea, in: Tanzini, Lorenzo – Tognetti, Sergio (Hg.), »Mercatura è arte«. Uomini d'affari toscani in Europa e nel Mediterraneo tardomedievale, Roma 2012, 81–95.

Welsh, Frank, The Battle for Christendom. The Council of Constance, the East-West Conflict, and the Dawn of Modern Europe, Woodstock–New York 2008. [*Populär gehaltene Darstellung, aber wisssenschaftlichen Ansprüchen nicht genügend!*]

Die Welt zur Zeit des Konstanzer Konzils. Reichenau-Vorträge im Herbst 1964 [= VuF 9] hg. v. Konstanzer Arbeitskreis Für Mittelalterliche Geschichte, Konstanz-Stuttgart 1965.

Wohlmuth, Josef, Die Konzilien von Konstanz (1414–1418) und Basel (1431–1449), in: Alberigo, Giuseppe (Hg.), Geschichte der Konzilien. Vom Nicaenum bis zum Vaticanum II, Düsseldorf 1993, 233–290.

– Universität und Konzil. Verfassungsrechtliche und wissenschaftstheoretische Einflüsse der Universitäten auf die Konzilien von Konstanz und Basel, in: Craemer-Ruegenberg, Ingrid – Speer, Andreas (Hg.), Scientia und ars in Hoch- und Spätmittelalter [= MM 22/2], Berlin-New York 1994, 877–892.

Zeller, Joseph, Das Provinzialkapitel im Stifte Petershausen im Jahre 1417, in: SMBO 41 N.F. 10 (1921/ 22) 1–73.

Zimmermann, Harald, Die Absetzung der Päpste auf dem Konstanzer Konzil. Theorie und Praxis, in: Franzen – Müller (Hg.), Konzil von Konstanz 113–137, ND in: Zimmermann, Harald, Papstabsetzungen des Mittelalters, Graz-Wien-Köln 1968, 273–295.

Nach Fertigstellung der entsprechenden Teile des Manuskripts bis zur endgültigen Drucklegung erschienen noch folgende Arbeiten, die allerdings nicht mehr berücksichtigt werden konnten:

Bader, Ruth, Wein auf dem Konstanzer Konzil (1414 – 1418). Versorgung, Geschenk, Vorteilsnahme, Wiesbaden 2013.

Braun, Karl-Heinz u. a. (Hg.) Das Konstanzer Konzil 1414–1418 – Weltereignis des Mittelalters. Essays, Darmstadt 2013. (*)

Buck, Thomas Martin – Kraume, Herbert, Das Konstanzer Konzil (1414–1418). Kirchenpolitik – Weltgeschehen – Alltagsleben, Ostfildern 2013.

Gaschick, Daniel – Würtz, Christian, Das Konstanzer Konzil: eine kleine Geschichte, Karlsruhe 2014.

Souza, José Antônio de Camargo Rodrigues de – Bayona Aznar, Bernardo (ed.), Doctrinas y relaciones de poder en el Cisma de Occidente y en la época conciliar (1378–1449), Zaragoza 2013.

Weitere, mehrfach zitierte Literaturtitel:

Ait, Ivana, Art. »Urbano VI«, in: Enciclopedia dei papi II (2000) 561–569.

Ammann, Hektor, Konstanzer Wirtschaft nach dem Konzil, in: Schriften des Vereins für die Geschichte des Bodensees 69 (1949/50) 63–174.

Barker, John W., Manuel II Palaeologus (1391–1425). A Study in Late Byzantine Statesmanship, New Brunswick/NJ 1969 [*Nach wie vor die beste Informationsquelle zu Biographie und Politik des Kaisers!*].

BÄUMER, Remigius, Konrad von Soest und seine Konzilsappellation 1409 in Pisa, in: Westfalen 48 (1970) 26–37, ND in: DERS. (Hg.), Konstanzer Konzil 96–118.
– (Hg.), Von Konstanz nach Trient. Fg. August Franzen, Paderborn 1972.
BAUM, Wilhelm, Reichs- und Territorialgewalt (1273–1437). Königtum, Haus Österreich und Schweizer Eidgenossen im späten Mittelalter, Wien 1994.
BECKER, Petrus, Benediktinische Reformbewegungen im Spätmittelalter. Ansätze, Entwicklungen, Auswirkungen, in: MAX-PLANCK-INSTITUT FÜR GESCHICHTE (Hg.), Untersuchungen zu Kloster und Stift, Göttingen 1980, 167–187.
BRANDMÜLLER, Walter, Das Konzil von Pavia-Siena (1423–24) I/II, Münster 1968/1974 [Band II ist eine Quellensammlung!]; erweiterter ND von Bd. I: Das Konzil von Pavia-Siena (1423–24) Paderborn 2002 (übers. ins Italienische: Il Concilio di Pavia-Siena, 1423–1424: verso la crisi del conciliarismo, Siena 2004).
– Zur Frage nach der Gültigkeit der Wahl Urbans VI., in: AHC 6 (1974) 78–120, verb. ND in: DERS., Papst und Konzil 3–41.
– Geschichtliche Kirche – kirchliche Geschichte. Reflexionen über das wissenschaftliche Selbstverständnis der Kirchengeschichte, in: ThGl 75 (1985) 402–420.
– Die kanonistischen Hintergründe der Wahl von Fondi, in: AHC 39 (2007) 125–130.
– Zum Problem der Ökumenizität von Konzilien, in: AHC 41 (2009) 275–312.
BRESC, Henri, La genèse du schisme. Les partis cardinalices et amibitions dynastiques, in: HAYET (éd.), Genèse 45–57.
CHIABÒ, Maria et al. (a cura di), Alle origini della nuova Roma: Martino V (1417–1431). Atti del convegno, Roma, 2–5 marzo 1992, Roma 1992.
CORNIDES, Elisabeth, Rose und Schwert im päpstlichen Zeremoniell von den Anfängen bis zum Pontifikat Gregors XIII., Wien 1967.
DACHSEL, Joachim, Jan Hus. Leben und Briefe des tschechischen Reformators, Berlin 1964.
DALDRUP, Oliver, Zwischen König und Reich. Träger, Formen und Funktionen von Gesandtschaften zur Zeit Sigmunds von Luxemburg (1410–1437), Münster 2010.
DE MATTEIS, Maria Consiglia, L‹elezione di Urbano VI: un'interpretazione oltre le apparenze, in: BERTAZZO, Luciano (a cura di), Arbor ramosa: studi per Antonio Rigon da allievi amici colleghi, Padova 2011, 77–86.
DENDORFER, Jürgen, Inszenierung von Entscheidungsfindungen auf Konzilien des 15. Jahrhunderts. Zum Zeremoniell der sessio generalis des Basler Konzils, in: PELTZER, Jörg
– SCHWEDLER, Gerald – TÖBELMANN, Paul (Hg.), Politische Versammlungen und ihre Rituale, Ostfildern 2009, 37–53.
– (– LÜTZELSCHWAB, Ralf [Hg.]), Geschichte des Kardinalats im Mittelalter, Stuttgart 2011.
– (– MÄRTL, Claudia), Papst und Kardinalskolleg im Bannkreis der Konzilien – von der Wahl Martins V. bis zum Tod Pauls II., in: DENDORFER – LÜTZELSCHWAB (Hg.), Geschichte des Kardinalats 335–397.
DYKMANS, Marc, Du conclave d'Urbain VI au Grand Schisme. Sur Pierre Corsini et Bindo Fesulani, écrivains florentins, in: AHP 13 (1975) 207–230.
– La troisième élection du pape Urbain VI, in: AHP 15 (1977) 217–264.
– Art. »Clemente VII, antipapa«, in: Enciclopedia dei papi II (2000) 593–606.
EHLERS, Joachim, Ludwig von Orléans und Johann von Burgund (1407/1419). Vom Tyrannenmord zur Rache als Staatsraison, in: DEMANDT, Alexander (Hg.), Das Attentat in der Geschichte, Köln-Weimar-Wien 1996, 107–121.
ESCH, Arnold, Bonifaz IX. und der Kirchenstaat, Tübingen 1969.
EUBEL, Conrad, Hierarchia catholica medii aevi ... I, Münster [1]1898 [2]1913 (ND Padua 1960).
FEGER, Otto (Bearb.), Vom Richtebrief zum Roten Buch. Die ältere Konstanzer Ratsgesetzgebung, Konstanz 1955.

Fink, Karl August, Martin V. und Aragon, Berlin 1938 (ND Vaduz 1965).
– Zur Beurteilung des großen abendländisches Schisma, in: ZKG 73 (1962) 335–343.
– Das Scheitern der Kirchenreform im 15. Jahrhundert, in: MedBoh 3 (1970) 237–244.
Finke, Heinrich, Die Auffassung des ausgehenden Mittelalters« I-II, in: Allgemeine Zeitung (München), Beilage Nr. 32/33 vom 8./9. Februar 1900 [als eigenständige Veröffentlichung:] Das ausgehende Mittelalter. Ergebnisse und Lücken der Vorreformationsforschung, München 1900.
Frenken, Ansgar, Art. »Páleč, Stephan«, in: BBKL 5 (1993) 1453–1456. »www.bbkl.de/p/palec.shtml«
– Art. »Petrus von Ailly«, in: BBKL 7 (1994) 320–324. www.bbkl.de/p/petrus_v_ai. shtml
– Art. »Wladimiri, Paulus«, in: BBKL 13 (1998) 1447–1451. »www.bbkl.de/w/wladimiri. shtml«
– Art. »Zabarella, Franciscus«, in: BBKL 14 (1998) 289–292. »www.bbkl.de/z/zabarella_f.shtml«
– Nürnberg, König Sigmund und das Reich. Die städtischen Ratsgesandten Sebolt Pfintzing und Petrus Volkmeir in der Reichspolitik, in: Jahrbuch für fränkische Landesforschung 58 (1998) 97–165.
– Die Grundlagen der konziliaren Theorie. Anmerkungen zu einer Neuauflage von Brian Tierneys gleichnamiger Studie, in: AHC 32 (2000) 405–415.
– Wege zur Überwindung der Kirchenspaltung: der Nachhall des »Schismas« von 1054 und der Eroberung Konstantinopels 1204 auf den allgemeinen Konzilien des Spätmittelalters, in: Bruns, Peter – Gresser, Georg (Hg.), Vom Schisma zu den Kreuzzügen: 1054–1204, Paderborn 2005, 67–104.
– Das Konzil als ultimativer Lösungsversuch zur Beendigung des Großen abendländischen Schismas: Eine Übersicht französischer und italienischer Beiträge zur Propagierung der via concilii vor dem Hintergrund ihres historischen Entstehungskontextes, in: Jamme – Chiffoleau (éd.), Papauté [im Druck].
Friedberg, Aemilianus[= Emil] (Ed.), Corpus Iuris Canonici I-II, Lipsiae 1874–1881 ND Graz 1959.
Frühwirth, Andreas (Ed.), Acta Capitulorum generalium ordinis praedicatorum III (1380–1498), Romae 1900.
Gatto, Ludovico, Storia di Roma nel Medioevo, Roma 1999 [2]2000.
Genequand, Philippe, Kardinäle, Schisma und Konzil: das Kardinalskolleg im Großen Abendländischen Schisa (1378–1417), in: Dendorfer, Jürgen – Lützelschwab, Ralf (Hg.), Geschichte des Kardinalats im Mittelalter, Stuttgart 2011, 303–334.
Gilles, Henri, La vie et les œuvres de Gilles Bellemère, in: BECh 124 (1966) 30–136, 382–431.
Girgensohn, Dieter, Wie wird man Kardinal? Kuriale und außerkuriale Karrieren an der Wende des 14. bis zum 15. Jahrhundert, in: QFIAB 57 (1977) 138–162.
– Art. »Pisa, Konzil v. (1409)«, in: LexMA 6 (1993 ND 2002) 2182 f.
– More sanctorum patrum alias utiliter in ecclesia observat: die Einberufung des Pisaner Konzils von 1409, in: AHC 27/28 (1995/96) 325–382.
– Art. »Pisa, Konzil von«, in: TRE 26 (1996) 644–649 [mit umfassenden Angaben zu Quellen und Literatur].
– Kirche, Politik und adelige Regierung in der Republik Venedig zu Beginn des 15. Jahrhunderts, Göttingen 1996.
– Die Stellung Francesco Zabarellas im Humanismus, in: Radziminski, Andrzej – Tandecki, Janusz (Hg.), Prusy – Polska – Europa. Studia z dziejów średniowiecza i czasów wczesnonowożytnych. Prace ofiarowane Profesorowi Zenonowi Hubertowi Nowakowi

w sześćdziesiąta piątą rocznicę urodzin i czterdziestolecie pracy naukowej, Torún 1999, 57–72.

- Studenti e tradizione delle opere di Francesco Zabarella nell' Europa centrale, in: PIOVAN, Francesco (Ed.), Studenti, università, città nella storia padovana, Atti del convegno Padova, 6.-8. febbraio 1998, Padova 2001, 127–176.
- Von der konziliaren Theorie des späteren Mittelalters zur Praxis: Pisa 1409, in: HELMRATH – MÜLLER (Hg.), Konzilien 61–94 (ital. Fassung: Dalla teoria conciliare del tardo medioevo alla prassi: il concilio di Pisa del 1409, in: Bolletino storico pisano 76 [2007] 99–134).

GOÑI GAZTAMBIDE, José, Recompensas de Martin V. a sus electores españoles, in: HispSac 11 (1958) 259–267.

- Presencia de España en los concilios generales del siglo XV, in: GARCIA VILLOSLADA, Ricardo (Ed.), Historia de la Iglesia en España III/1, Madrid 1980, 25–114.

GROHE, Johannes, Die Synoden im Bereich der Krone Aragón von 1418 bis 1429, Paderborn u. a. 1991.

GUENÉE, Bernard, Un meurtre, une société. L'assassinat du duc d'Orleans, 23 novembre 1407, Paris 1992.

HACK, Achim Thomas, Das Empfangszeremoniell bei mittelalterlichen Papst-Kaiser-Treffen, Köln u. a. 1999.

HAYET, Michel (éd.), Genèse et débuts du Grand Schisme d'Occident: Avignon 25–28 septembre 1978 [= CNRS 586], Paris 1980.

HEIMPEL, Hermann, Königlicher Weihnachtsdienst auf den Konzilien von Konstanz und Basel, in: KAMP, Norbert – WOLLASCH, Joachim (Hg.), Tradition als historische Kraft. Interdisziplinäre Forschungen zur Geschichte des frühen Mittelalters, FS Karl Hauck, Berlin 1982, 388–411.

- Königlicher Weihnachtsdienst im späten Mittelalter, in: DA 39 (1983) 131–206.

HELMRATH, Johannes, Das Basler Konzil 1431–1449. Forschungsstand und Probleme, Köln-Graz 1987.

HOENSCH, Jörg K. (Hg.), Itinerar König und Kaiser Sigismunds von Luxemburg 1368–1437, Warendorf 1995.

JAMME, Arnaud – CHIFFOLEAU, Jacques (éd.), La Papauté et le Grand Schisme (Avignon/ Rome). Langages politiques, impacts institutionnels, ripostes sociales et culturelles (= Collection de l'École Française de Rome) [im Druck].

JANSSEN, Johannes (Hg.), Frankfurts Reichscorrespondenz nebst andern verwandten Aktenstücken von 1376–1519, I: Aus der Zeit König Wenzels bis zum Tode König Albrechts II. (1376–1439), Freiburg i. Br. 1863.

JONES, Philip J., The Malatesta of Rimini and the Papal States. A political history, London 1974.

JOOS, Edi, Die Unruhen der Stadt Konstanz 1300–1450, in: ZGO 116 NF 77 (1968) 31–58.

KAEPPELI, Thomas, Scriptores Ordinis Praedicatorum Medii Aevi III, Roma 1980.

KAMINSKY, Howard, Simon de Cramaud and the Great Schism, New Brunswick, N.J. 1983.

- Cession, Subtraction, Deposition: Simon de Cramaud's formulation of the French solution to the Schism, in: Studia Gratiana 15 (1972) 293–317.
- The Great Schism, in: JONES, Michael (Ed.), The new CMH VI, Cambridge 2000, 674–696.

KEJŘ, Jirí, Husitský právník M. Jan z Jesenice [= Der hussitische Jurist M. Jan von Jesenice], Praha 1965.

KINTZINGER, Martin, Westbindungen im spätmittelalterlichen Europa. Auswärtige Politik zwischen dem Reich, Frankreich, Burgund und England in der Regierungszeit Kaiser Sigmunds, Stuttgart 2000.

– Hausmachtpolitik oder internationale Politik? Die Diplomatie Sigismunds in Europa, in: Pauly – Reinert (Hg.), Sigismund 35–42.

– Entre exercice du pouvoir et droit des gens, in: Weiß, Stefan (Hg.), Regnum und Imperium. Die französisch-deutschen Beziehungen im 14. und 15. Jahrhundert, München 2008, 219–233.

– (– Schneidmüller, Bernd), Politische Öffentlichkeit im Spätmittelalter – Eine Einführung, in: Dies. (Hg.), Politische Öffentlichkeit im Spätmittelalter [= VuF 75], Ostfildern 2011, 7–20.

Klein, Karl Kurt (Hg.), Die Lieder Oswalds von Wolkenstein [= Altdeutsche Textbibliothek 55], Tübingen 1962 [2]1975 [3]1989 (neubearb. u. erw.).

Küng, Hans, Strukturen der Kirche, Freiburg 1962 21963, ND München-Zürich 1987 (engl. Ausgabe: Structures of the Church, New York 1964).

Lewin, Alison Williams, Negotiating survival. Florence and the Great Schism, 1378–1417, Madison, N.J. 2003.

Loenertz, Raymond-Joseph, Les dominicains byzantins Théodore et André Chrysobergès et les nêgociations pour l'union des êglises grecque et latine de 1415 à 1430, in: AFP 9 (1939) 5–61, ND in: Ders., Byzantina et Franco-byzantina. Series Altera, Roma 1978, 77–130.

Madre, Alois, Nikolaus von Dinkelsbühl. Leben und Schriften, Münster 1965.

McFarlane, Leslie, An English account of the election of Urban VI, 1378, in: BIHR 26 (1953) 75–85.

Miethke, Jürgen, Die Universitäten und das Basler Konzil, in: Müller, Heribert – Müller-Luckner, Elisabeth (Hg.), Das Ende des konziliaren Zeitalters (1440–1450). Versuch einer Bilanz, München 2012, 197–232.

Millet, Hélène, Les pères du concile de Pise (1409): édition d'une nouvelle liste, in: MEFRM 93 (1981) 713–790 (erweiterter ND in: Dies., Concile de Pise 37–284).

– L'Église du Grand Schisme 1378–1417, Paris 2009. [*Sammelband mit Nachdrucken wichtiger Aufsätze zum Schisma!*]

– Le concile de Pise. Qui travaillait à l'union de l'Église d'Occident en 1409?, Turnhout 2010. [*Sammelband mit Nachdrucken wichtiger Aufsätze zum Pisanum!*]

– La représentativité, source de la légitimité du concile de Pise (1409), in: Dies., Concile de Pise 285–308 (EA: Théologie et droit dans la science politique de l'Ètat moderne. Actes de la table ronde organisée par l'Ecole Française de Rome avec le concours du CNRS – Rome, 12-14 novembre 1987, Rome 1991, 241–261).

Moraw, Peter, Versuch über die Entstehung des Reichstags, in: Weber, Hermann (Hg.), Politische Ordnungen und soziale Kräfte im Alten Reich, Wiesbaden 1980, 1–36 (ND in: Moraw, Peter, Über König und Reich. Aufsätze zur deutschen Verfassungsgeschichte des späten Mittelalters, Sigmaringen 1995, 207–242).

Müller, Harald – Hotz, Brigitte (Hg.), Gegenpäpste – ein unerwünschtes mittelalterliches Phänomen, Wien-Köln-Weimar 2012.

Müller, Heribert, Die Franzosen, Frankreich und das Basler Konzil (1431–1449), Paderborn u. a. 1990.

Niederstätter, Alois, Ante portas. Herrscherbesuche am Bodensee 839–1507, Konstanz 1993.

Oakley, Francis, Art. »Councils, Western (1311–1449)«, in: DictMA 3 (1983) 642–656.

Partner, Peter, The Lands of St Peter, Berkeley-Los Angeles 1972.

Piatti, Pierantonio – Ronzani, Rocco (a cura di), Martino V: Genazzano, il pontefice, le idealità. Studi in onore di Walter Brandmüller, Roma 2009.

Poeschke, Joachim, Martin V. als Restaurator Urbis, in: Staubach, Nikolaus (Hg.), Rom und das Reich vor der Reformation, Frankfurt a. M. 2004, 9–20.

PŘEROVSKÝ, Olderico, L'elezione di Urbano VI e l'insorgere dello scisma d'occidente, Roma 1960.

PRÜGL, Thomas, Ökumenisches Konzil oder Sacrosancta synodus? Zur Diskussion um die Ökumenizität des Basler Konzils, in: AHC 40 (2008) 131–166.

REHBERG, Andreas, Le inchieste dei re d'Aragona e di Castiglia sulla validità dell'elezione di Urbano VI nei primi anni del Grande Scisma. Alcune piste di ricerca, in: RIGON, Antonio – VERONESE, Francesco (a cura di), L'età die processi. Inchieste e condanne tra politica e ideologie nel ‹300, Roma 2009, 247–304.

REINHARDT, Volker, Geschichte Roms von der Antike bis zur Gegenwart, München 2008.

REITEMEIER, Arnd, Außenpolitik im Spätmittelalter. Die diplomatischen Beziehungen zwischen dem Reich und England 1377–1422, Paderborn u.a. 1999.

ROLLO-KOSTER, Joëlle, Raiding Saint Peter: Empty Sees, Violence and the Initiation of the Great Western Schism (1378), Leiden-Boston 2008.

– (– IZBICKI, Thomas [Ed.]), A Companion to the Great Western Schism, Leiden-Boston 2009.

ROOVER, Raymond de, The rise and decline of the Medici Bank [1397–1494], Harvard 1963 / New York 1966 (italienische Übersetzung: Firenze 1970).

RYDER, Alan, Alfonso the Magnanimous. King of Aragon, Naples and Sicily (1396–1458), Oxford u.a. 1990 (spanische Übersetzung: Valencia 1992).

SAGGI, Ludovico, Bartolomeo Peyroni, O. Carm., vescovo di Elne e la sua testimonianza circa il conclave del 1378, in: AHP 4 (1966) 59–77.

SCHIMMELPFENNIG, Bernhard, Das Papsttum. Von der Antike bis zur Renaissance, Darmstadt 62009.

SCHNEIDER, Joachim, Herrschererinnerung in Text und Bild. Zu Besonderheiten des wieder aufgefundenen illustrierten Exemplars von Eberhard Windeckes Sigmund-Buch, in: Sigismundus. Rex et imperator 433–437.

– Herrschererinnerung und symbolische Kommunikation am Hof König Sigismunds. Das Zeugnis der Chronik des Eberhard Windeck, in: HRUZA, Karel – KAAR, Alexandra (Hg.), Kaiser Sigismund. Zur Herrschaftspraxis eines europäischen Monarchen (1368–1437), Wien-Köln-Weimar 2012, 429–448.

SCHNERB, Bertrand, Jean sans Peur: le prince meurtrier, Paris 2005.

SCHUCHARD, Christiane, Die Deutschen an der Päpstlichen Kurie im späten Mittelalter [1378–1447], Tübingen 1987.

SCHULTE, Aloys, Geschichte des mittelalterlichen Handels und Verkehrs zwischen Westdeutschland und Italien I-II, Leipzig u.a. 1900 ND Berlin 1966.

SCHWARZ, Brigide, Die Abbreviatoren unter Eugen IV. Päpstliches Reservationsrecht, Konkordatspolitik und kuriale Ämterorganisation, in: QFIAB 60 (1980) 200–274.

– Die römische Kurie im Zeitalter des Schisma und der Reformkonzilien, in: MELVILLE, Gert (Hg.), Institutionen und Geschichte. Theoretische Aspekte und mittelalterliche Befunde, Köln u.a. 1992, 231–258.

SCHWEDLER, Gerald, Herrschertreffen des Spätmittelalters: Formen – Rituale – Wirkungen [= Mittelalter-Forschungen 21], Ostfildern 2008.

SEIDLMAYER, Michael, Die Anfänge des großen abendländischen Schismas. Studien zur Kirchenpolitik insbesondere der spanischen Staaten und zu den geistigen Kämpfen der Zeit [= SFGG 5], Münster 1940.

SIEBEN, Hermann Josef, Die Konzilsidee im lateinischen Mittelalter (847–1378), Paderborn u.a. 1984.

– Die katholische Konzilsidee von der Reformation bis zur Aufklärung, Paderborn u.a. 1988.

– Die via concilii zur Wiedervereinigung der Kirchen. Befürwortende Stimmen, Hindernisse, konkrete Projekt, in: Ders., Vom Apostelkonzil zum Ersten Vatikanum. Studien zur Geschichte der Konzilsidee, Paderborn u. a. 1996, 304–337.

– Die Liste der Ökumenischen Konzilien der katholischen Kirche. Wortmeldungen, historische Vergewisserung, theologische Deutung, in: Theologie und Philosophie 82 (2007) 525–561, ND in: Ders., Studien zum Ökumenischen Konzil, Paderborn u. a. 2010, 153–190.

Spiess, Karl-Heinz, Rangdenken und Rangstreit im Mittelalter, in: Paravicini, Werner (Hg.), Zeremoniell und Raum. 4. Symposium der Residenzen-Kommission ..., Potsdam 25. bis 27. September 1994, Sigmaringen 1997, 39–61.

Stadtluft, Hirsebrei und Bettelmönch. Die Stadt um 1300 (Ausstellungskatalog), Zürich-Stuttgart 1992/93.

Tierney, Brian, Foundations of the Conciliar Theory. The Contribution of the Medieval Canonists from Gratian to the Great Schism, Cambridge 1955 ND ebd. 1968 / erweiterter ND Leiden u. a. 1998.

Trexler, Richard C., Rome on the Eve of the Great Schism, in: Speculum 42 (1967) 489–509.

Ullmann, Walter, The Origins of the Great Schism, London 1948 (ND Hamden/Conn. 1967 [2]1972).

Vespasiano da Bisticci: Le Vite di unomini illustri del secolo XV, I-II, ed. critica Aulo Greco, Firenze 1970/1976.

Villarroel González, Óscar, El rey y el papa. Política y diplomacia en los albores de Renacimiento (el siglo xv en Castilla), Madrid 2009.

Vincke, Johannes, Acta concilii Pisani, in: RQ 46 (1938, erschienen 1941) 82–331.

Wacker, Gisela, Ulrich Richentals Chronik des Konstanzer Konzils und ihre Funktionalisierung im 15. und 16. Jahrhundert. Aspekte zur Rekonstruktion der Urschrift und zu den Wirkungsabsichten der überlieferten Handschriften und Drucke, (Diss.) Tübingen 2002 [»tobias-lib.uni-tuebingen.de/volltexte/2002/520/«].

Weiss, Sabine, Herzog Friedrich IV. auf dem Konstanzer Konzil. Neue Dokumente zum Konflikt der Tiroler Landesfürsten mit König Sigismund, in: Tiroler Heimat 57 (1993) 31–56.

Weiss, Stefan, Kredite europäischer Fürsten für Gregor XI. Zur Finanzierung der Rückkehr des Papsttums von Avignon nach Rom, in: QFIAB 77 (1997) 176–205.

– Prag – Paris – Rom: Der Ausbruch des Großen Abendländischen Schismas im Kontext der deutsch-französisch-päpstlichen Beziehungen, in: Drossbach, Gisela – Schmidt, Hans-Joachim (Ed.), Zentrum und Netzwerk. Kirchliche Kommunikationen und Raumstrukturen im Mittelalter, Berlin 2008, 183–246.

– Luxury at the papal Court in Avignon and the Outbreak of the Great Western Schism, in: Rollo-Koster – Izbicky (Ed.), Companion 67–87 (dt. Fassung: Luxus und Verschwendung am päpstlichen Hof in Avignon und der Ausbruch des Großen Abendländischen Schismas, in: Paravicini, Werner [Hg.], Luxus und Integration. Materielle Hofkultur Westeuropas vom 12. bis zum 18. Jahrhundert, München 2010, 169–185).

Werner, Ernst, Jan Hus. Welt und Umwelt eines Prager Frühreformators, Weimar 1991.

Williman, Daniel, Schism within the Curia: the twin papal elections of 1378, in: JEH 59 (2008) 29–47.

Włodek, Zofia/Sophie, La Satire de Jean Falkenberg. Text inédit avec introduction, Wroclaw-Varsovie-Cracovie-Gdansk 1973 [= Mediaevalia Philosophica Polonorum 18], 51–120.

– Krakovská eklesiologie v dobì kostnického a basilejského koncilu [= Die Krakauer Ekklesiologie in der Zeit des Konzile von Konstanzer und Basel], in: Drda, Miloš – Holecek, František J. (Hg.) Jan Hus na prelomu tisíciletí, Tabor 2001, 169–185.

Wünsch, Thomas, Konziliarismus und Polen. Personen, Politik und Programme aus Polen zur Verfassungsfrage der Kirche in der Zeit der mittelalterlichen Reformkonzilien, Paderborn u. a. 1998.

Zonta, Gasparo, Francesco Zabarella (1360–1417), Padova 1915.

# 15 Personen- und Ortsnamenregister

Personen – soweit sie nicht wie Herrscher- und Papstnamen üblicherweise in deutscher Sprache im Text genannt werden – sind in der jeweiligen Landessprache verzeichnet. Gleiches gilt für die ins Register aufgenommenen Orte. Ausgewertet wurde nur der Textteil ohne die Fußnoten.

## A



## B

## C



## D



## E



## F

## G



## H



## I

## J



## K



## L



## M

## N



## O



## P

## U



## V



## W



## Z